叠彩文存

汉语言学与广西语言研究

HANYUYANXUE YU GUANGXI YUYAN YANJIU

孙建元　主编

中国社会科学出版社

图书在版编目(CIP)数据

汉语言学与广西语言研究/孙建元主编. —北京：中国社会科学出版社，2015.4
（叠彩文存）
ISBN 978 - 7 - 5161 - 5846 - 3

Ⅰ.①汉…　Ⅱ.①孙…　Ⅲ.①汉语—语言学—研究②汉语方言—研究—广西　Ⅳ.①H1

中国版本图书馆 CIP 数据核字(2015)第 063908 号

出 版 人	赵剑英
责任编辑	郭晓鸿
特约编辑	王冬梅
责任校对	王立峰
责任印制	戴 宽

出　　版	中国社会科学出版社
社　　址	北京鼓楼西大街甲 158 号（邮编 100720）
网　　址	http://www.csspw.cn
发 行 部	010 - 84083685
门 市 部	010 - 84029450
经　　销	新华书店及其他书店

印　　刷	北京大兴区新魏印刷厂
装　　订	廊坊市广阳区广增装订厂
版　　次	2015 年 4 月第 1 版
印　　次	2015 年 4 月第 1 次印刷

开　　本	710×1000　1/16
印　　张	27.25
插　　页	2
字　　数	428 千字
定　　价	86.00 元

目　　录

音韵研究

语法训诂研究

方言研究

民族语言研究

序　言

　　呈现在诸君面前的五卷本《叠彩文存》，是广西师范大学文学院在职教师历年来公开发表的、有代表性的学术论文的结集。之所以冠以"叠彩"二字，理由有二：一是20世纪五六十年代，广西师范大学文学院的前身广西师范学院中国语言文学系曾在横亘桂林市区的叠彩山下办学；二是文存所收录的文章，无论是内容还是形式、风格都各具特色，可谓异彩叠呈。

　　文学院是广西师范大学办学历史悠久、学术积累深厚、办学特色鲜明、社会影响显著的二级学院之一，其主体远可追至1932年10月创办的广西省立师范专科学校文学组（旋即改为文学科，陈望道为首任主任），近可溯及1953年8月以原广西大学文教学院和语文专修科为基础组建的广西师范学院中国语言文学系。1983年5月，广西师范学院中国语言文学系更名为广西师范大学中国语言文学系。2006年12月，在原有中国语言文学学科的雄厚基础上构筑了新的发展平台——广西师范大学文学院。

　　创办八十多年来，文学院老一辈知名学者陈望道、夏征农、欧阳予倩、谭丕模、穆木天、沈西苓、吴世昌、逯钦立、冯振、林焕平、贺祥麟等笃信精勤，弘文励教，奠定了坚实的学科基础和学术特色。经过几代中文人薪火相传，锐意进取，传承创新，文学院在学科专业建设方面实现了跨越式发展：1979年，开始招收硕士研究生；1981年，获批为全国第一批硕士学位授权点；1995年，成为首批"国家文科基础学科（中国语言文学）人才培养和科学研究基地"，并在2001年的终期验收评估中被评为"优秀"等级；2005年，中国古代文学、文艺学被认定为广西高校重点学科；2006年，获批为中国古代文学博士学位授权点和全国第一批中国语言文学一级学科硕士学位授权点；2008—2009年间，汉语言文学被确认为高等学校国家级特色专业和广西高校自治区级精品专业；2010 年，审美人类学研究中心、八桂文化与文学研究中心被认定为首批广西高校人文社会科学重点研究基地；2012 年，获批设立中国语言文学博士后科研流动站和第一、二批"广西特聘专家"岗位；2013 年，中国语言文学学科被认定为广西优势特色重点学科，桂学研究协同创新中心被认定为广西"2011 协同创新中心"培育建设单位。

目前，文学院拥有一支高学历、高职称、年龄与学缘结构优化、敬业乐教、具有协同创新精神、可持续发展的师资队伍。有教职工 89 人，专任教师 75 人，教授 36 人（广西终身教授 1 人、二级教授 4 人），副教授 25 人，博士 45 人；博士生导师 11 人，硕士生导师 53 人。专任教师中，具有省部级及以上人才称号（国务院特贴专家、教育部跨世纪人才、广西特聘专家、广西优秀专家、广西"十百千"第二层次人选）者 4 人，广西高校自治区级教学名师 1 人，广西高校卓越学者 1 人，广西高校优秀人才资助计划人选 2 人，广西高校教学管理先进工作者 1 人。学院还建有高等学校国家级教学团队 1 个，广西高校自治区级教学团队 3 个，广西创新人才培养团队 2 个，"广西特聘专家"科研团队 3 个，"广西高校卓越学者"科研团队 1 个，广西人文社会科学发展中心特色团队 5 个。

文学院科学研究成果显著，学术影响力日益增强。近五年来，学院教师承担省部级以上纵向科研课题 51 项，其中"桂学研究"为国家社科基金重大招标课题、国家社科基金类其他课题 22 项，教育部人文社科课题 9 项；荣获中国高校人文社会科学研究优秀成果奖 1 项、全国少数民族文学创作"骏马奖"1 项、广西社会科学研究优秀成果奖 30 多项、广西文艺创作"铜鼓奖"4 项；在《文学评论》《文学遗产》《文艺研究》《中国语文》《方言》《外国文学评论》《民族文学研究》等重要刊物发表论文 50 多篇，在其他 CSSCI 期刊发表论文 500 多篇；在中华书局、商务印书馆、中国社会科学出版社、人民文学出版社、生活·读书·新知三联书店等国家级出版社出版学术专著 40 多部。

经过长期凝炼，文学院在中国古代文学与文献、中外文论与文学批评、现当代作家群与流派、汉语言学与广西语言、多民族文学与民俗文化等五个学术方向和研究领域，形成了"学理性与地方性研究相结合、语言文学与民族文化研究相促进"的学术传统和特色，尤其在中国中古文学研究、壮族文学史研究及桂学研究等领域处于国内领先水平。《叠彩文存》就是围绕上述五个学术方向和研究领域对文学院在职教师历年来特别是改革开放以来公开发表的、有代表性的论文进行收录的，每个学术方向和研究领域的文章结成 1 卷共 5 卷，每卷版面规模 25 万字左右。收入文存的文章坚持高标准、严要求，精选精编，既忠实于原稿，又坚持与时俱进，力求全面体现文学院教师的学术成就和水平。文存在教师个人自选的基础上，由文存编委会和编辑工作小组统一组织编辑和审稿，送出版社审定出版。

　　为做好《叠彩文存》的编辑出版工作，文学院专门成立了以胡大雷教授为主编的编委会及编辑工作小组，并得到了全院教师的大力支持。学院教师多年来的不懈努力和艰辛探索而创造的丰厚理论成果，为文存的编辑出版奠定了坚实基础。尽管编委会及编辑工作小组秉承精益求精、宁缺毋滥的原则，严把编校质量关，力求使每一卷都成为精品，但百密总有一疏，在浩大的编辑工作中难免疏漏和差错，敬请诸君不吝赐教！

杨树喆

2014 年 1 月 20 日于桂林三里店，7 月 17 日修订

（作者系广西师范大学文学院院长）

音韵研究

中古影、喻、疑、微诸纽
在北京音系里全面合流的年代

孙建元

一

现代北京音系里ø声母字的范围，包括以《切韵》音系为代表的中古音系里影、云、以、疑、微诸母字。

云、以二母，在宋人三十六字母里已合而为一，称为喻母。此后，影、喻二母合流，这在14世纪以前就完成了，元人周德清于泰定元年（1324）写成的《中原音韵》一书里已经有了明确的记载。

疑、微二母演变为ø声母，与影、喻二母全面合流，从而形成现代北京音系里ø声母字的规模，这个演变完成的年代，目前学术界尚无定论。

朝鲜著名语言学家崔世珍《四声通解》一书，全面系统地著录了当时的北京音系。他的另一部著作《翻译老乞大·朴通事》里，也用当时的北京音系著录了众多的汉字读音。此外，还有申叔舟的《四声通考》，也反映了当时北京音系的一些语音现象。我们从上述注音材料中发现，中古影、喻、疑、微诸纽在当时的北京音系中已经全面合流。

二

影、喻两母合流这一语音演变现象，《四声通解》"今俗音"与《中原音韵》音系一脉相承。①书中虽然用ᅙ和〇两个字母分别转写中古影、喻

---

① 《四声通解》所谓"今俗音"，即当时的北京语音。参见孙建元《〈四声通解〉俗音、今俗音的性质》，《广西师范大学学报》1989年第1期。

母字，但实际上当时影、喻两母读音上已经没有区别。

首先，当时朝鲜语中的ㆆ和ㅇ两个字母在作声母时，没有音值上的区别。《训民正音解例》"合字解"一条中说：

> 初声之ㆆ与ㅇ相似，于谚可以通用也。

其次，表面上看，书中以ㆆ转写中古影母字，以ㅇ转写中古喻母字，但实际上，ㆆ字母转写的"影"母字中，有些其实是中古喻母字，而ㅇ字转写的"喻"母字中，有不少又恰恰是中古影母字。如：

1.ㅇ字母下收的影母字

勿韵：熨

东韵：拥雍

业韵：泡裛腌

2.ㆆ字母下收的喻母字

贿韵：芴闶洧鲔痏匙苇伟韠㕧炜玮

篠韵：宎漾鷕杳

尤韵：攸悠滺

如果当时影、喻两母在读音上还有区别的话，那么，ㅇ（喻）母下收影母字尚可解释，但ㆆ（影）母下收喻母字便无法作出合理的解释。在此之前，影、喻两母在北方音系中的演变轨迹是：

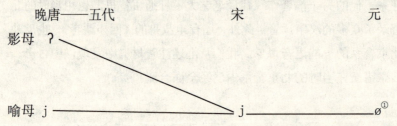

从影、喻两母演变的历史可以看出，只有影母字变入喻母，而无喻母字变入影母。今俗音于ㆆ、ㅇ两字母下兼收影、喻母字，这种现象说明，

---

① 王力先生认为，"影、喻合并，应该是影并于喻，即半元音〔j〕"，然后再演成ø声母。参见王力《汉语语音史》，中国社会科学出版社1985年版。

当时影、喻两母字已经没有区别，在实际语音的影响下，连编著者也弄不清哪些原本是影母字，哪些原本是喻母字，无意之间把二者错置一处了。

再次，崔世珍同期还著有《翻译老乞大·朴通事》，编这部书的目的，就是教当时的朝鲜人学习当时的北京话，于各字之下标注有当时的北京音。在这部书里，中古影、喻两母一律用〇字母来转写。

三

中古汉语的疑母，在《中原音韵》音系里，大部分跟影、喻两母变音合流了。如：

鱼模[平声阳]　鱼渔虞$_疑$余馀徐竿于畲雩與旟璵舁好誉$_喻$愚$_疑$盂$_喻$隅禹$_疑$臾榆愉俞鲵觎瑜窬逾渝阋腴谀萸$_喻$

　[去声]　　御驭遇$_疑$妪$_影$裕谕芋誉豫预$_喻$

也有一小部分疑母字，自成小韵，并且跟"影喻"小韵对立。例如：

江阳[平声阳] 昂卬$_疑$

　[上声]　　仰$_疑$/养$_喻$

　[去声]　　仰$_疑$

萧豪[去声]　傲軪鏊$_疑$/奥$_影$

　[入去]　　虐瘧$_疑$/约$_喻$

因此，《中原音韵》音系中，疑母仍然是一个独立的声母，它的音值是 ŋ。但是属于 ŋ 声母的字已经很少，这是疑母字并入"影喻"变音过程中的残存形态的反映。

疑母的完全消变，在 16 世纪以前就已经完成了。这在《四声通解》今俗音和同期其他一些语音资料中都有明确的体现。

中古汉语的疑母字，在《四声通解》的著录里，有三种情况：

1. 收在〇（喻）字母之下。例如：

药韵：月刖嶽岳乐虐瘧　　　陌韵：鹝鶂鷁鷁逆咋额

齐韵：倪儿麑鲵霓蜺輗麝　　先韵：妍研言芫原源沅刓嫄

支韵：宜仪犧疑嶷沂　　　　霰韵：衍羡砚筵彦唁谚

纸韵：钀轙蚁拟儗嶷　　　　　盐韵：严岩

真韵：诣食羿盼垠帠艺义谊议毅刈　琰韵：俨曮

很明显，这一类疑母字已与“影喻”母变音合流。

2.收在ㆁ（疑）字母之下，但注明俗音或今俗音读入○（喻）母。例如：

质韵：忔疙屹	翰韵：岸犴矸玩忨
陌韵：役疫域淢罭棫蜮	谏韵：雁赝鳫
勿韵：兀屼虺杌扤	艳韵：酽验噞
皆韵：涯厓崖睚捱	文韵：垠
爻韵：遨敖熬厫鳌鼇獒螯翱磝	真韵：银龈龂狺
效韵：傲鳌敖骜奡	侵韵：吟崟
寒韵：犴岏刓	轸韵：听
删韵：颜顽痯	震韵：慭迩
覃韵：岩	养韵：仰
产韵：眼	漾韵：酿
感韵：颔黯	

毫无疑问，俗音、今俗音中，这一类疑母字也已经同“影喻”变音合流了。

3.收在ㆁ（疑）字母下，未加说明者。例如：

葉韵：业牒邺嶫	屋韵：玉狱
屑韵：孽蘖糵薛齧櫱蚏钺越粤曰	皆韵：皑敳獃
模韵：吾梧齬郚蜈吴	解韵：騃
姥韵：五伍午仵迕旿	泰韵：艾悊碍阂外歪
暮韵：误悮悟寤梧捂晤忤	药韵：谔愕鄂萼鳄腭咢噩
灰韵：危峞嵬巍桅	巧韵：咬
贿韵：隗嵬頠	效韵 墝乐硗
队韵：魏伪	尤韵：龋腢
鱼韵：鱼渔瞧虞禺愚隅龋娱	有韵：偶藕腢
语韵：语龉圄御圉	铣韵：阮
御韵：御驭禺寓	霰韵：愿願

这类疑母字，是否也同“影喻”母变音合并，《四声通解》里未加说明。根据我们的考察发现，它们也已经同“影喻”母变音混一了。

从书中著录的今俗音内部来看，疑母字在今俗音里都已变入○（喻）

母。说明今俗音中疑、喻二母的读音是一致的。

从书中全部的疑母字分布的情况来看，虽然有上述三种情况，但实际上只有两类：一类变入〇（喻）母，另一类隶属于ㆁ字母。这两类字各自的韵部不同，没有对立现象。〇（喻）母的读音与《中原音韵》一脉相承，其音值为ø，变入〇（喻）母的疑母字的声母也应当是ø。隶属于ㆁ字母的疑母字的声母是什么呢？是否像《中原音韵》音系的一些疑母字那样，有一个ŋ声母？

《四声通解》有些韵里，ㆁ字母之下兼收疑母字和喻母字，这些韵计有：

屑韵：月刖钺越粤曰_疑悦说阅_喻

铣韵：阮_疑远_喻

霰韵：愿願_疑远瑗媛援院_喻

真韵：银垠龈龂狺_疑寅夤瞋螾_喻

毫无疑问，屑、铣、霰、真诸韵里ㆁ字母下的这些疑母字和喻母字的声母相同。疑、喻二母在北方音系里演变的历史告诉我们，只有疑母字变入喻母，而无喻母字变入疑母。因此，这些韵里的疑母字和喻母字的声母都是ø。值得注意的是，这类ø声母字，崔世珍并没有把它们置于〇字母之下，而是置于ㆁ字母之下，并且未加任何说明。这个现象表明，崔世珍在《四声通解》一书中用作声母记音符号的这个ㆁ字母不具备ŋ这个音值，《四声通解》里收在ㆁ字母之下的疑母字，尽管崔世珍未作任何说明，我们也可以肯定，它们的声母不是ŋ。

朝鲜古代没有自己的文字，一直使用汉文字作为书面交际的工具。他们在长期使用汉文字的过程中，也曾尝试借用汉字来记写朝鲜语。但始终没有能够解决用汉字记写语言系属完全不同于汉语的朝鲜语时所存在的种种不便。因此，到了朝鲜李氏王朝的世宗二十五年（1443），世宗召集集贤殿的一批学者，创制出便于记写朝鲜语的拼音字母"训民正音"，并于三年后正式颁行。当时颁行的这套正音文字，大体上仿照当时中国北方音系一系韵书的声、韵框架而设制。从《训民正音解例》提供的材料来看，正音文字中ㆁ这个字母的设制，直接受到当时汉语北方音系中疑、喻两个声母合而为一这种语言现象的影响。"制字解"里说：

唯牙之ㆁ，虽舌根闭喉声气出鼻，而其声与〇相似，故韵书疑与喻多相混用。今亦取象于喉而不为牙音制字之始。

还附有口诀：

牙取舌根闭喉音，唯业似欲取义别。

"业"为疑母字，"欲"为喻母字，因为当时反映中国北方音系的韵书里中古疑母字和喻母多相混了，所以在设制ㆁ（疑）这个字母时，字形上不像其他牙音字母ㄱ（见）、ㅋ（溪）那样取象于牙，而与〇（喻）、ㆆ（影）等喉音字母一样取象于喉。从ㆁ这个字母制形的理据上就可以看出，它表示的音值已不是牙音 ŋ 了，而是跟〇字母表示的音值 ø 相类。

崔世珍在 1515 年左右利用正音文字翻译了《老乞大》和《朴通事》二书，后人结集为《翻译老乞大·朴通事》，稍后于 1527 年又写成《训蒙字会》，这两部书是当时朝鲜人学习北京话的重要课本。在《老乞大·朴通事谚解》里，中古疑、喻二母字崔世珍都用〇（喻）字母来转写。在《训蒙字会》里，虽然因循《训民正音》旧制，分别设制了ㆁ、〇两个字母，但崔世珍在该书"凡例"里有一个说明：

汉音ㆁ音初声或归于尼音，或ㆁ、〇相混无别。

就是说，在当时北京音系中，中古疑母字有些变入尼（n）母（这跟现代北京音正相吻合），其余的都变入喻母。《四声通解》成书于 1517 年，它和《老乞大·朴通事谚解》、《训蒙字会》是同一作者在同一时期本着同一编纂目的著成的，它所著录的今俗音中疑母的读音与《老乞大·朴通事谚解》中的崔音完全一致，同样，崔世珍在《训蒙字会》中对ㆁ字母音值的说明，也适合于《四声通解》今俗音中的ㆁ字母。在《四声通解》今俗音音系里，那些收在ㆁ字母下而又未加任何说明的疑母字，其声母当与"影喻"变音一样，为 ø。

四

中古汉语的微母，在《中原音韵》里还是一个独立的声母，其音值各家一般认为是 v。

从《四声通解》今俗音和同期其他注音材料来看，微母在当时已经完成由 v 到 ø 的演变，成为 ø 声母。

《四声通解》里用来转写微母的字母是ퟗ，这个字母的音值，崔世珍在该书后面所附的《翻译老乞大·朴通事凡例》里有一段专门的解说：

> 微母作声近似于喻母而四声皆同。如惟字本微母而洪武韵亦自分收于两母ힹ或ꙩ，今之呼ힹ亦归于ꙩ，此微母近喻之验也。今之呼微母或从喻母亦通。

这段解说里值得注意的现象有两点：

①微母发音近似喻母，微母读为喻母亦通。

②当时ힹ音节已并入ꙩ音节。

ꙩ音节中的字母〇是喻母的转写符号，其音值是 ø。只有当ힹ音节中字母ퟗ的音值演变成ꙩ音节中字母ㅜ代表的音值 u 时，ힹ、ꙩ两个音节的读音才完全一样，才有可能合而为一。这就表明，当时ힹ音节中微母ퟗ已经完成了由 v 向 u 的转化，由辅音变为元音，由声母变入韵母。这里，崔世珍虽然只具体说明了ힹ音节里微母的演变结果，但他在"凡例"里总说了微母的读音情况，他所列举的这种演变结果应当具有周遍性，能够统摄全部微母字，反映全部微母字的情况。正由于全部微母字的声母已完成由 v 向 u 的转化，它们的声母已成为 ø，所以"凡例"里才说"微母作声近似喻母而四声皆同"，"今之呼微母或从喻母亦通"。

《四声通解》支韵ퟗ字母下，同时收有中古微母字和喻母字，例如：

微薇溦_微惟维唯潍_喻

崔世珍在这组字里加了两个注解。第一个加在"微"字下面，注云：

> 今俗音ꙩ，下至上、去声同。

第二个注加在"惟"字下面，注云：

> 《韵会》夷加切。《洪武正韵》本注云：又夷佳切，并下同。○臣按，夷佳切以雅音呼之则ᅱ，合在灰韵。盖ᇹ、ᅱ声相近，故收在此耳，本非微母也。《集成》收在灰韵，以追切。

我们从这些材料里面发现以下几个问题：

①ᇹ字母下收喻母字的问题。这个问题，第二个注解里说明了这样做的理由：因为"惟"等喻母字跟"维"等微母字读音相近。我们联系《翻译老乞大·朴通事凡例》里的说明和第一个注解的内容来看，它们的读音实则相同。但是，为什么不把上述微母字放到○字母下，反把喻母字放到ᇹ字母下来？从微、喻两母演变的历史上说，喻母要先于微母变成 ø 声母，如果当时微母和喻母在读音上还有差别的话，就应该把上述变入喻母的微母字归到喻母之下，而不会像书中那样反把喻母字归到微母之下。这正说明当时微母跟喻母一样都成为 ø 声母了。无怪乎崔氏在《翻译老乞大·朴通事凡例》中把原本属于喻母的"惟"字说成"惟字本微母"。这些现象可以佐证《翻译老乞大·朴通事凡例》所述"今之呼微母或从喻母亦通"之说真而无疑。

②今俗音"ᅱ"的问题。这个今俗音在拼写上不同于ᇹ的地方在于增加了一个代表 u 这个元音的字母ㅜ。由于当时微母已由 v 变成 u，由声母变入韵母，因此，崔氏这样改写，更能从拼写上体现这一语音演变的结果。经过这样改写之后，ᇹ就不再具备 u 这个音值，而是跟字母○的音值一样，为 ø。今俗音ᅱ之下所收的字当中，"微"、"未"二字曾见于《翻译老乞大·朴通事》"崔音"当中。在那里这两个字的声母都写作○。这一方面验证了今俗音中的ᇹ的音值确实等同于○，另一方面又说明ᇹ、○作声母时可以通用。这样就又便于从拼写上说明"微母作声则近似喻母"、"今呼微母或从喻母亦通"的语音现象。不然，ᇹ音节中的ᇹ读 u，ᅱ音节中的○读 ø，怎么能说"微母作声则近似喻母"、"今呼微母或从喻母亦通"呢？

稍早于崔世珍的另一位朝鲜著名语言学家申叔舟，在他所著《四声通考》一书里，同样反映了微母已由 v 演变成 u 这一语音现象。但在拼写上跟崔氏不一样。《四声通解》文韵微母"文"（ᄝ）字下注云：

> 俗音ᅙ，下至去声同。

根据《四声通解·凡例》中"注内只曰俗音者即通考元著俗音也"的说明，这条注里的俗音，当是《四声通考》一书所著录的。《四声通解》一书还附有《四声通考凡例》，该"凡例"中说：

> 以图韵诸书及令中国人所用定其字音，又以中国时音所广用而不合图韵者，逐字书俗音于反切之下。

因此，书中文韵微母字，按韵书反切的读音则写作ᄝ，按实际读音则改写为ᅙ。ᆫ本用于转写真韵洪音，其音值为 ən；ᆬ本用于转写文韵洪音，其音值为 uən。文韵微母字，按照申氏著录的俗音，好像当时已从文韵变入真韵，从合口韵变为开口韵。这显然不符合当时的实际情况。合理的解释是：微母当时已由 v 演变成 u，在文韵字里，它已和后面的介音 u 融为一体。因此，申叔舟改用字母ᅙ直接作为 u 来拼写，而舍去原来的韵母中的 u 介音，把原韵母由合口韵母改写成开口韵母。由此可以看出，申氏改ᄝ为ᅙ，虽然改在韵母的写法上，但它所反映的却是声母演变的现象。

申叔舟在《四声通考》里还用字母ᅙ来转写流、效两摄字的韵尾。例如：

钩　写作ᅙ

高　写作ᅙ

这件事可以作为他把字母ᅙ直接当作 u 来拼写的佐证。同时又可以反过来证明微母当时确已演变成 u，因为当时流、效两摄字的韵尾都是 u。

崔世珍在《翻译老乞大·朴通事》"凡例"里，曾经批评过申叔舟用字母ᅙ转写流、效两摄字的韵尾的做法，其中涉及三个方面的问题：

①肯定当时流、效两摄字的韵尾是 u。他说："萧爻韵之ᅙ呼如ㅜ，尤韵之ᅙ呼如ㅜ。"这又验证，申叔舟用ᅙ来转写流、效两摄韵尾，确是把ᅙ

当作 u 来拼写的。

②指出"ㅇ本非ㅜ"。那么，他认为ㅇ本是什么呢？当时微母已经演变成 u，当它变成 u 时，同时也就进入韵母，成为韵母的一个组成部分。从声母的角度看，微母字已变成 ø 声母字。

在《训民正音》里，ㅇ是"初声"，本是辅音字母。用来转写汉语音系，它则代表微母字的声母。所以，当微母演变成 u 时，崔世珍就将ㅟ改写成ㅟ，这样，ㅇ在音节中仍然是代表声母的符号。申叔舟则不同，他改ㅸ为ㅸ，把ㅇ直接作为 u 来拼写，这样，虽然也能反映微母已演变成 u 这一语音现象，但却将字母ㅇ当作了韵母的转写符号，当成了元音字母。这显然改变了字母ㅇ的性质，违反了字母的使用规则。所以，崔氏要特地指出"ㅇ本非ㅜ"。在他看来，字母ㅇ本是作声母的辅音符号，不应当作韵母里的元音符号使用。因此，他在《翻译老乞大·朴通事》里，对流、效两摄字的韵尾，一律改用元音字母ㅜ和ㅗ来转写。ㅗ的音值本是元音 o，但它作韵头韵尾时，音值则是 u。按照当时的拼写规则，要求音节内部元音和谐，因此，u 在元音 a 的前面或后面，则写作ㅗ，在其他元音的前面或后面则写作ㅜ。

③他说《四声通考》用ㅇ来作流、效两摄字的韵尾，虽然对初学者有些帮助，但是"颇多疑碍"。有什么帮助呢？他没有说。我们看来，申氏这样做，可以帮助读者通过流、效两摄字韵尾的读音把握微母字的读音。由于流、效两摄字韵尾 u 的生成年代远远早于微母变成 u 的年代，通过这两摄字韵尾的读音来领会那些随着微母由 v 变为 u 而由开口呼变入合口呼的微母字的读音实为一条以易知难的途径。申氏将流、效两摄字的韵尾和微母都写作ㅇ，两相比较，自然可以直接把ㅇ当作 u 来读。例如ㅟ就不必像崔氏那样改写成ㅟ而又能读出 ui 这个音来。"疑碍"在什么地方？崔氏只说"ㅇ本非ㅜ"。崔氏长于音节结构分析，他认为微母变成 u 后即由声母变入韵母，所以才将ㅟ改写成ㅟ，而仍然把ㅇ作为声母保留在音节当中，并说明ㅇ跟〇相通。因为当时微、喻两母已合而为一，所以ㅇ就不便再用来拼写流、效两摄字的韵尾。《四声通考》里，除了流、效两摄字的韵尾用ㅇ来转写外，其余阴声韵也设制了一个〇韵尾。但是这个〇韵尾的音值为 ø，实际上形同虚设。这样，在崔氏看来，就存在着"疑碍"：ㅇ作声母时，跟〇一样，同为 ø 声母，而作流、效两摄字的韵尾时，跟〇又不一样。此其

一。ㆆ作声母时，其音值为ø，作流、效两摄字的韵尾时，其音值为u，一个字母兼表两个音素，容易引起混乱，此其二。其三，把ㆆ当作u来拼写，对于那些因为微母由v变为u而由开口呼变入合口呼的微母字固然适宜，但对于那些本来就是合口呼的微母字来说，微母由v变为u，实则是被它后面韵母里原来就有的u同化的结果，并没有再另外生成一个u。在这些微母字里，ㆆ也不能作为u来拼写。其四，如前所述，把ㆆ当作u来拼写，改变了它本来的属性，不符合字母使用规则。在我们看来，申叔舟并未专门考虑微母字声母的读音情况，而是从微母字整体读音即全字音上着眼的。由于当时微母已完成由v到u的演变，因而所有微母字都属合口呼字。这样，他把ㆆ直接作为u来拼写，对于识读微母字的"时音"，并无大的"疑碍"。崔氏则着重于音节结构的分析，着重于微母字声母的考察。因为当时有了微、喻两母读音一致这一语音现象可资参证，从微、喻两母字声母的比较中，他发现申氏把ㆆ当作u来拼写这种做法的种种失当之处。但是，无论是申氏的失当，还是崔氏纠正申氏的失当，都因当时微母已由v演变成u这一语音现象的影响所致。这正说明当时微母已变入喻母。崔氏改变申氏的做法，把ㆆ只用作声母的符号，这样，ㆆ作为零声母仍然可以用来拼写全部微母字，不管是因微母由v变成u后才由开口呼变入合口呼的微母字还是原本就是合口呼的微母字。

《中原音韵》里，v母字计有[①]：

江阳韵 aŋ 韵母字：忘亡罔网辋望忘妄　　真文韵 uən 韵母字：文纹闻蚊刎吻
　　　　　　　　　　　　　　　　　　　　　　　　　　　　　　　问紊

齐微韵 i 韵母字：微薇维惟尾亹未味　　寒山韵 an 韵母字：晚挽万蔓曼

鱼模韵 u 韵母字：无芜巫诬武舞鹉侮　　家麻韵 a 韵母字：袜
　　　　庑务雾骛戊物勿

当微母由v演变成u、由声母变入韵母的同时，上述江阳、齐微、寒山、家麻韵里的微母字的韵母里就新添一个韵头u，由开口呼变入合口呼。因

---

① 所引《中原音韵》各韵韵母的拟音据杨耐思《中原音韵音系》，中国社会科学出版社 1981年版。

此，考察这些微母字的韵母，有助于说明微母的演变情况。我们把见于《四声通考》、《翻译老乞大·朴通事》"崔音"和《四声通解》"今俗音"里的这类微母字及其韵母的注音先列在下面的表中，然后再进行分析、说明。

附表《通考》音、《老·朴》崔音、《通解》今俗音

《中原音韵》音		《四声通考》音			《翻译老乞大·朴通事》"崔音"			《四声通解》今俗音		
韵	韵母	所见字	韵母		所见字	韵母		所见字	韵母	
			转写符号	音值		转写符号	音值		转写符号	音值
江阳	aŋ	亡忘网罔惘辋魍妄忘望	ㅏ	aŋ	忘	ㅏ	uaŋ			
齐微	i	微薇溦惟维潍尾亹未味	ㅣ	i	微未	ㅟ	ui	微薇溦惟维潍尾亹未味	ㅟ	ui
寒山	an	晚輓挽娩萬万曼蔓	ㅘ	uan	晚	ㅘ	uan			
家麻	a	襪	ㅘ	ua	襪	ㅘ	ua			

现在，我们分别分析表中的材料：

①《四声通考》音。单从韵母的写法上看，江阳、齐微韵里微母字的韵母仍同《中原音韵》音一样，没有 u 介音。但是，如果联系前面所述申氏将ㅱ直接当作 u 来拼写的做法来看，这类微母字的韵母实际上是合口呼。它跟《翻译老乞大·朴通事》"崔音"只是拼写方法上的不同。因此，《四声通考》里这两韵中的微母字不能单从韵母的写法上看，这就如同不能因为申氏将文韵微母字的韵母由ㅜ改写成ㅡ就认为它们的韵母由 uən 变为 ən 一样。如前所述，申氏只从音节的整体读音即全字音上着眼，因而他所用作声母的ㅱ，实际上只起到标明微母字读音时要先发一个 u 音的作用，而疏于音节结构的分析。因而字母ㅱ后面的合口韵母，他既可以写作开口，也可以写作合口。

②《四声通解》今俗音。表中《四声通解》"今俗音"下只有齐微韵字，其他三韵字均未见于"今俗音"之中。这一点，崔氏在《四声通解》"凡例"中曾有过交代：

今俗音或著或否，非谓此存而彼无也。

参考表中《翻译老乞大·朴通事》"崔音"下所见字，就足见其说不谬。《翻译老乞大·朴通事》"崔音"和《四声通解》"今俗音"同出自崔氏之手，且《翻译老乞大·朴通事》成书在《四声通解》之前，因此，《翻译老乞大·朴通事》"崔音"下所见其他三韵微母字韵母的读音就是它们在《四声通解》今俗里的读音。

③《翻译老乞大·朴通事》"崔音"。"崔音"下所见的这类微母字虽少，但从分布上看，涉及江阳、齐微、寒山、家麻诸韵。语音的变化很齐整，具有同时、同条件下发生同样变化的特点。《翻译老乞大·朴通事》"崔音"的这些微母字韵母的读音，完全能够代表它们各自所在韵系里的全部微母字的韵母的读音。"崔音"中所见这些微母字的韵母，都由《中原音韵》时期的开口呼演变成合口呼。其中新出现的介音 u，正是微母由 v 演变成 u，因而由声母变入韵母的结果。这也说明当时微母字已演变成 ø 声母字。

综上所述，从ᅙ代表的音值上看：申叔舟用它来代表 u，崔世珍把这个 u 归之于韵母，因而用ᅙ来代表声母 ø。二者都表明微母当时已完成由 v 到 u 的演变。从微母字的韵母来看，原来的开口呼韵母已经随着微母由 v 变成 u、由声母变入韵母而变成合口呼韵母。这又说明当时微母已完成由 v 到 u 的演变。因此，我们认为，微母字当时已变成零声母字，同中古影、喻、疑三母"变音"合流。到这个时期，中古影、喻、疑、微四母在北京音系里已全面合流，现代北京音里零声母的范围已基本确定。

稍后，徐孝在《司马温公等韵图经》里说：

> 吴无、晚玩、悟勿之类，母虽二三，音为一味，不当分而分也。或曰："唇、牙、喉三者，安得为一乎！"不然，此乃器异金同之象。今并于影母率领。

《四库全书提要》说徐孝是顺天布衣。王力先生认为"徐孝讲的是顺天府（今北京）的音系"，所以他在描写明代音系时"以《等韵图经》

为准"。①徐孝所述微母字声母的读音，与我们所述《四声通解》诸书里微母字的读音正相呼应。

五

　　《训民正音》制定于 1443 年，1446 年颁布，这才有了正音文字，亦即《四声通解》诸书所用的转写符号。1455 年《洪武正韵译训》刊行。《四声通考》本是由于《洪武正韵译训》篇帙巨大浩穰难阅而另编的一个简本，当在《洪武正韵》编成之后，但不晚于 1455 年，因为这一年申叔舟在《洪武正韵译训》序文中提到了《四声通考》。从这些情况看，《四声通考》的编订当在 1446 年至 1455 年之间。《翻译老乞大·朴通事》成书于 1515 年左右。②《四声通解》成书于 1517 年。因此，中古影、喻、疑、微诸母在北京音系里全面合流的年代至迟不晚于《四声通解》成书的年代，当在明代中叶以前。

　　[原载《广西师范大学学报》（哲学社会科学版）1990 年第 3 期，《中国人民大学复印资料·语言文字学》1991 年第 5 期全文转载]

---

① 参见王力《汉语语音史》，中国社会科学出版社 1985 年版。
② 参见丁邦新《"老乞大谚解"、"朴通事谚解"序》，（台湾）联经出版事业公司 1979 年版。

朝鲜李氏王朝时期转写汉字音中"正音"韵母音值的推定方法

孙建元

一

朝鲜李氏王朝在制定《训民正音》之后，开始用正音文字转写汉语韵书字音，影响最大的是申叔舟的《四声通考》和崔世珍的《四声通解》。申叔舟的《四声通考》以《洪武正韵》为"正音"，同时还记录了他所闻见的"中国时音"，称之为"俗音"。崔世珍的《四声通解》是在《四声通考》的基础上新撰的一部韵书，除了迻录《四声通考》的"正音"、"俗音"之外，还附注崔氏所闻见的"中国时音"，称之为"今俗音"。我们从80年代中期开始对二书的"俗音"、"今俗音"进行了讨论，提出"俗音"是申叔舟参照北音和韵书折合成的官话读书音，"今俗音"跟今北京音一脉相承，尉迟治平先生（1990）说是今北京音的前身辽阳音，这跟林焘先生（1987）关于现代北京话的渊源的考证大体一致，后来平田昌司（2000）对"官话"和今北京音在"官话"中的影响力有过更为细致的论述，我们是赞同的。对二书中"正音"音值的性质我们还未及考辨。

崔世珍在《四声通解》"序"里说："洪惟皇明太祖高皇帝，见古韵书，愍其乖杂，当天下混一之初首，诏词臣一以《中原雅音》并同析异，刊定《洪武正韵》，然后千古蹎驳始归于一也。"这是其时李朝语言学家以《洪武正韵》为正音的缘由：尊崇钦定正音。但是，《洪武正韵》以反切注音，这些反切的实际读音如何，是需要在用正音文字转写的过程中来斟酌的。

正音文字在创制过程中借鉴了八思巴字的造字构思而更切近字符发音时发音器官的形象。崔世珍《四声通解》大量迻录《蒙古韵略》汉字音作为与申叔舟"俗音"一样来"证其正俗之同异",这样就排除了"正音"有取于《蒙古韵略》音的可能。

二

申叔舟在《四声通考》"凡例一"里说:"以图韵诸书及今中国人所用定其字音,又以中国时音所广用而不合图韵者逐字书俗音于反切之下。"申氏第一句话说的是转写过程中用正音文字给《洪武正韵》的反切注音的两个标准:一是图韵诸书里的音类;二是"今中国人所用"之实际读音。第二句话说的是"时音"与图韵音类不合的字 "时音"的附注问题。讨论"正音"音值问题的关键是要弄清申叔舟为"正音"注音时所依据的"今中国人所用"之音和"中国时音所广用而不合韵图者"当中的图韵字音("正音")的推定方式。下面我们把《四声通考》、《四声通解》汉字音稍作整理后做成几个表格,分别说明申氏推定"正音"的过程和思路。

表 一

《洪武正韵》韵目	《洪武正韵》韵类	《四声通解》所转《洪武正韵》	正音		俗音		今俗音	
东董送	红孔贡	红孔贡	ㆆ	uŋ	ㆆ	uŋ	ᅙ	wiŋ
							ㆆ	uŋ
	中勇用	中勇用	ㆍ	iuŋ	ㆍ	iuŋ	ㆍ	iuŋ
庚梗敬	庚梗邓	庚梗邓	ᅙ	wiŋ	ㅡ	uŋ	ㅡ	uŋ
	宏矿横	宏矿横	ㆆ	uiŋ	ㆆ	uŋ	ㆆ	uŋ
					ㆍ	iuŋ	ㆍ	iuŋ
	营迥咏	营迥咏	ㆍ	iuiŋ				
	经郢正	经郢正	ㅣ	iŋ	ㅣ	iŋ	ㅣ	iŋ

通摄舒声一等和三等两类,"时音"分别读 uŋ、iuŋ,申叔舟将它们分

别标为ㆆ、ㅎ。其中有一部分三等字时音读同一等字的 uŋ 韵，申叔舟依据图韵里它们跟读 iuŋ 韵的字同类这个事实，把它们复归其同类，把它们的"正音"定为 iuŋ，另外标注"俗音"uŋ。崔世珍更发现一等唇音字读ㅱ 韵，但是其主体为 ㆆ 韵，仍然从申氏所作之正音，而将 ㅱ 韵一读标注为"今俗音"。

梗、曾两摄舒声在《洪武正韵》中并为"庚梗敬"韵系，对这个韵系的处理可见申氏琢磨非常精细：这个韵系的"时音"比较复杂，一些字其时已经读同"通摄"字，申叔舟根据韵图里这个韵系跟通摄字分属两系和这个韵系的一等入声字为 ɰi 韵，确定以ㅣ为"中声（韵腹）"来拟定"正音"。他将《洪武正韵》的"庚梗敬"细析为四类，分别拟作ㆆ、ㅓ、ㆆ、ㆆ，其拟音构架大体相当于后来的开、齐、合、撮四呼格局。

表　二

《洪武正韵》韵目	《洪武正韵》韵类	《四声通解》所转《洪武正韵》	正音		俗音		今俗音	
支纸寘	兹子四 知止智 非尾沸 靡庀意	兹四翅	ㅡ	ɯ	一	ɯ	△	ɿ
							ㅿ	ɿ
		知庀沸	ㅣ	i	ㅣ	i	ㅣ	əi
							ㅣ	i
齐荠霁	西礼计	西礼计	ㅖ	iei	ㅖ	iei	ㅣ	i
灰贿队	回委对	回委对	ㅟ	ui	ㅟ	ui	ㅟ	ui
							ㅓ	əi
皆解泰	来亥盖	来亥盖	ㅐ	ai	ㅐ	ai	ㅐ	ai
	皆骇迈	皆骇迈	ㅒ	iai	ㅖ	iei	ㅖ	iei
							ㅐ	ai
	怀买夬	怀买夬	ㅙ	uai	ㅙ	uai	ㅙ	uai

止摄在《洪武正韵》里并为"支纸寘"，这个韵系里《切韵指掌图》放在一等的字，申叔舟将其正音标注为ㅡ，其余的字的正音一律标注为ㅣ，构成开、齐两呼相配的格局。至于ㅣ类中的知庄章组字"时音"读ㅿ的、非组字读ㅜ的，都作为"俗音"标注。朝鲜语没有汉语的舌尖元音ɿ和ʅ，申

叔舟根据非组"时音"的ㅓ，将舌尖前元音标注为与之对应的 ㅡ，将舌尖后元音标注为 ㅿ，舌面元音 i 标注为ㅣ。崔氏《四声通解》改申叔舟的 ㅡ 为 ㅿ，改申氏的 ㅿ 为 ㅿ，舌面元音仍作ㅣ，因为 ㅡ 在其他韵系里标注的是元音 ɯ 而非ɿ。

蟹摄在《洪武正韵》里分为"齐荠霁"、"灰贿队"、"皆解泰"三个韵系。申氏根据"齐荠霁"、"灰贿队""时音"读ㅣ类韵母，以"齐荠霁"配"灰贿队"，将"齐荠霁"韵系字的韵母标注为既有 i 介音又有 i 韵尾的ㅖ，灰韵系字的韵母标注为对应的合口韵母 ㅞ。"皆解泰"韵系字的"时音"有的读ㅐ类韵母，有的读同"齐荠霁"韵系字，申氏以读ㅐ类韵母的为"正音"，分别标为ㅐ、ㅒ、ㅙ，形成开、齐、合三呼相配的格局。至于"齐荠霁"字读同"支纸寘"韵系ㅣ韵字的、"灰贿队"韵系唇音字读同"支纸寘"韵系ㅓ韵字的、"皆解泰"韵系字读同"齐荠霁"韵系ㅖ韵字的，都作为"俗音"标注。申氏拟定蟹摄诸韵系"正音"的过程中，以"齐荠霁"配"灰贿队"而让"皆解泰"单独自成一体，显然是受了《中原音韵》"齐微"、"皆来"二分格局的提示，但是在音值的拟测上完全是他根据"时音"及其与《中原音韵》分韵的联系、差别来推定的。《中原音韵》是申氏、崔氏在标注汉字音时十分重视并且多所借鉴的一部韵书。

表　三

《洪武正韵》韵目	《洪武正韵》韵类	《四声通解》所转《洪武正韵》	正音		俗音		今俗音	
鱼语御	于吕据	于吕据	ㅠ	iu	ㅠ	iu	ㅠ	iu
模姥暮	胡古故	胡古故	ㅜ	u	ㅜ	u	ㅜ	u

遇摄《洪武正韵》分为"模姥暮"、"鱼语御"两个韵系，申氏依据其"时音"分别标注为ㅜ、ㅠ，形成合、撮两呼相对的格局。这两个韵系"正音"、"俗音"无别，所谓"正音"，其实就是其时的"时音"。

表　四

《洪武正韵》韵目	《洪武正韵》韵类	《四声通解》所转《洪武正韵》	正音		俗音		今俗音	
萧筱啸	招了吊	招了吊	ㅛ	iɛu	ㅛ	iau	ㅛ	iau
爻巧效	交巧教	交巧教	ㅛ	iau			ㅛ	iau

续表

	刀皓到	刀皓到	ㅎ	au	ㅎ	au	ㅎ	au
尤有宥	侯口候	侯口候	ㅎ	ɯɯ	ㅎ	ɯɯ	ㅎ	ɯɯ
	尤九救	尤九救	ㅎ	iɯɯ	ㅎ	iɯɯ	ㅎ	iɯɯ

流摄《洪武正韵》并为"尤有宥"一个韵系，申氏根据韵图里这个韵系有一等、三等两类而将其析为ㅎ、ㅎ两类，形成开、齐两呼相配的格局。效摄《洪武正韵》分为"萧筱啸"、"爻巧效"两个韵系，"时音""爻巧效"韵系里牙喉音二等字读ㅎ，其余声母字读ㅎ，申氏根据"时音"将"爻巧效"韵系对应析为两类，将其"正音"分别标注为ㅎ、ㅎ，虽然韵书、韵图里"爻巧效"韵系字有一、二等之别，但是其界划与申氏ㅎ、ㅎ两类的并不一致。申氏有徵于韵图韵书，并非要探求古音，只是在韵书韵图中寻找"时音"之或"正"或俗的根据。"萧筱啸"这个韵系，"时音"读同"爻巧效"韵系的ㅎ韵，但是韵图提示这个韵系的字都是三四等字，与"爻巧效"韵系有别，申氏将其"正音"标注为ㅎ，而将"时音"ㅎ注为"俗音"。申氏将流摄字定为ㅡ类韵母，效摄字定为ㅏ类韵母，也是直接以"时音"为据的。

表　五

《洪武正韵》韵目	《洪武正韵》韵类	《四声通解》所转《洪武正韵》	正音		俗音		今俗音	
麻馬禡	伽	巴叉沙	ㅏ	a	ㅏ	a	ㅏ	a
	加下駕	伽下駕	ㅑ	ia	ㅑ	ia	ㅑ	ia
	瓜瓦掛	瓜瓦掛	ㅘ	ua	ㅘ	ua	ㅘ	ua
遮者蔗	遮野夜	遮野夜	ㅕ	iɛ	ㅕ	iɛ	ㅕ	iɛ
	靴	靴	ㅞ	iuɛ	ㅞ	iuɛ	ㅞ	iuɛ
歌哿箇	何可箇	何可箇	ㅓ	ɛ	ㅓ	ɛ	ㅓ	ɛ
							ㅗ	o
	禾果臥	禾果臥	ㅝ	ɜɛ	ㅝ	ɜɛ	ㅝ	ɜɛ

假摄《洪武正韵》分为"麻馬禡"、"遮者蔗"两个韵系。申氏据"时音"更将"麻馬禡"这个韵系析为ㅏ、ㅑ、ㅘ三韵，形成开、齐、合三呼相

配的格局，其中开齐两呼分立的格局迥异于《洪武正韵》反切下字系联的结果：《洪武正韵》没有这种分立的格局。申氏开齐两呼分立是取"时音"为据的，即以"时音"为"正音"。"遮者蔗"这个韵系，韵图中的等列与"麻馬禡"有异，"时音"也不同于"麻馬禡"韵系而与果摄字"时音"相近，与ㅑ对应的齐齿呼韵母ㅕ已经用于腭化的二等牙喉音字，所以"时音"中源自三等的齐齿呼字便改借用相近的ㅓ类元音来标记，定为ㅓ韵。"遮者蔗"这个韵系的字和果摄字的"正音"一并定为ㅓ类韵母，而将"麻馬禡"韵系字的正音定为ㅏ类韵母，申氏此举实际上突破了韵书的规制而偏重于以实际语音为据。

表　六

《洪武正韵》韵目	《洪武正韵》韵类	《四声通解》所转《洪武正韵》	正音		俗音		今俗音	
真轸震	鄰忍刃	鄰忍刃	ㅣㄴ	in	ㅣㄴ	in	ㅣㄴ	in
文吻问	痕懇恨	痕懇恨	ㅡㄴ	ɯn	ㅡㄴ	ɯn	ㅡㄴ	ɯn
	昆本困	昆本困	ㅜㄴ	un	ㅜㄴ	un	ㅜㄴ	un
	倫允閏	倫允閏	ㅠㄴ	iun	ㅠㄴ	iun	ㅠㄴ	iun
侵寢沁		揨岑渗	ㅡㅁ	ɯm	ㅡㅁ	ɯm	ㅡㄴ	ɯn
	林錦禁	林錦禁	ㅣㅁ	im	ㅣㄴ	in	ㅣㄴ	in

臻摄舒声《洪武正韵》分为"真轸震"、"文吻问"两个韵系。申氏根据"时音"将"文吻问"韵系析为三韵分别定其"正音"为ㅡ、ㅜ、ㅠ，将"真轸震"韵系的"正音"定为ㅣ，四者适成开、齐、合、撮四呼相配的格局。深摄舒声《洪武正韵》为"侵寢沁"韵系，申氏将其析为开、齐相配二韵分别定其"正音"为ㅡ、ㅣ。"侵寢沁"析为二类据的是"时音"，其"正音"标以收 m 的ㅡ、ㅣ，则是依据韵书臻、深二摄有别的提示，人为折合的痕迹显而易见。至于臻摄ㅡ韵唇音字读ㅡ韵、ㅠ韵知庄章组字读ㅡ韵、深摄ㅣ韵读ㅣ韵与臻摄"真轸震"合并的这些"时音"，则标为"俗音"。崔氏"今俗音"里，深摄ㅡ韵读同臻摄ㅡ韵。

表　七

《洪武正韵》韵目	《洪武正韵》韵类	《四声通解》所转《洪武正韵》	正音		俗音		今俗音	
寒旱翰	寒旱幹	寒旱幹	ㅓ	ɛn	ㅏ	an	ㅏ	an
	官管玩	官管玩	ㅝ	uɛn	ㅘ	uan	ㅘ	uan
删产谏	遷縮患	遷縮患	ㅘ	uan	ㅏ	an	ㅏ	an
	丹但旦	丹但旦	ㅏ	an				
	閑簡諫	閑簡諫	ㅑ	ian	ㅑ	ian	ㅕ	iɛn
先跣霰	延典甸	延典甸	ㅕ	iɛn	ㅕ	iɛn		
	綠泫絹	綠泫絹	ㅠ	iuɛn	ㅠ	iuɛn	ㅠ	iuɛn
覃感勘	含感绀	含感绀	ㅏ	am	ㅏ	an	ㅏ	an
	監減陷	監減陷	ㅑ	iam	ㅑ	ian	ㅕ	iɛn
鹽琰豔	廉冉艷	廉冉艷	ㅕ	iɛm				

　　山摄舒声《洪武正韵》分为"寒旱翰"、"删产谏"、"先跣霰"三个韵系。"时音""寒旱翰"韵系有开、合二类,"删产谏"有开、齐、合三类,"时音""寒旱翰"韵系开、合二类与"删产谏"韵系开、合二类并而同读ㅏ、ㅘ,申氏据韵书之别而定"寒旱翰"韵系开、合二类之"正音"为ㅓ、ㅝ,定"删产谏"韵系开、合二类之"正音"为ㅏ、ㅘ,将"寒旱翰"韵系的"时音"ㅏ、ㅘ一读标注为"俗音"。"先跣霰"韵系"时音"有齐、撮两类,申氏以"先跣霰"配"寒旱翰",将其"正音"都标注为韵腹为ㅓ类元音的韵母。《洪武正韵》山摄二等字独立为一类,申氏将其牙喉音字独立出来定为齐齿呼的ㅑ,显然也是以"时音"为据的。崔氏《四声通解》"今俗音"更将"先跣霰"韵系齐齿呼一类与"删产谏"韵系的齐齿呼合为一类。

　　咸摄舒声《洪武正韵》分为"覃感勘"、"鹽琰豔"两个韵系。"时音""覃感勘"有开、齐两类且分别与"删产谏"韵系开、齐两类同,申氏据韵书二摄有别的提示将"覃感勘"韵系开、齐二类正音定为收 m 尾的ㅏ、ㅑ,而将其"时音"ㅏ、ㅑ一读标注为"俗音"。"鹽琰豔"韵系的"时音"也读同"删产谏"韵系的ㅑ韵,申氏依据韵书的分韵、参照山摄"先跌霰"的注音将其"正音"定为韵腹为 ᅵ 的 ᄅ 韵母，将"时音"这一读标注为"俗音"。

表　八

《洪武正韵》韵目	《洪武正韵》韵类	《四声通解》所转《洪武正韵》	正音		俗音		今俗音	
阳养漾	良兩亮	良兩亮	ᅣ	iaŋ	ᅣ	iaŋ	ᅣ	iaŋ
	郎黨浪	郎黨浪	ᅡ	aŋ	ᅣ	aŋ	ᅣ	aŋ
					ᅪ	uaŋ	ᅪ	uaŋ
	光往曠	光往曠	ᅪ	uaŋ	ᅪ	uaŋ		

　　江、宕二摄舒声《洪武正韵》并为"阳养漾"一个韵系，"时音"有开、齐、合三类，申氏据以定该韵系"正音"为ᅣ、ᅡ、ᅪ，合口ᅪ韵里的江摄庄组字，韵书与开口呼字同类，申氏据韵书将其"正音"复归ᅡ韵，而将其合口ᅪ韵一读标注为"俗音"。

表　九

《洪武正韵》韵目	《洪武正韵》韵类	《四声通解》所转《洪武正韵》韵类	正音		俗音		今俗音	
东董送屋	紅孔貢谷	紅孔貢谷	ㅜ	u	ㅜ	u	ㅜ	u
	中勇用玉	中勇用玉	ㅠ	iu	ㅠ	iu	ㅠ	iu
庚梗敬陌	經郢正歷	經郢正歷	ᅵ	i	ᅵ	i	ᅵ	i
	庚梗鄧格	庚梗鄧格	ᅴ	əi	ᅴ	əi	ᅴ	əi
							ᅢ	ai
							ᅥ	e
	宏礦橫虢	宏礦橫虢	ᅱ	ui	ᅱ	ui	ᅱ	uə
	罌迥咏昊	罌迥咏昊	ㅟ	iui	ㅟ	iui	ㅟ	iui
陽養漾藥	郎黨浪各	郎黨浪各	ᅶ	au	ᅶ	au	ᅶ	au
							ᅥ	e
	良兩亮角	良兩亮角	ᅸ	iau	ᅸ	iau	ᅸ	iau
							ㅛ	io

续表

	光往曠郭	光往曠郭	놔ᇢ	oau	놔ᇢ	oau	ㅗ	o
真轸震质	鄰忍刃質	鄰忍刃質	ㅣ	i	ㅣ	i	ㅣ	i
文吻问勿	痕懇恨櫛	痕懇恨櫛	ㅡ	ɯ	ㅡ	ɯ	ㅡ	ɯ
	昆本困沒	昆本困沒	ㅜ	u	ㅜ	u	ㅜ	u
	倫允閏律	倫允閏律	ㅠ	iu	ㅠ	iu	ㅠ	iu
侵寝沁緝		揕岑滲澀	ㅡ	ɯ	ㅡ	ɯ	ㅡ	ɯ
	林錦禁入	林錦禁入	ㅣ	i	ㅣ	i	ㅣ	i
删产谏辖	還綰患滑	還綰患滑	ㅘ		ㅘ	ua	ㅘ	ua
	丹但旦達	丹但旦達	ㅏ	a	ㅏ	a	ㅏ	a
	閑簡諫轄	閑簡諫轄	ㅑ	ia	ㅑ	ia	ㅑ	ia
先跣霰屑	延典甸列	延典甸列	ㅕ	iɛ	ㅕ	iɛ	ㅕ	iɛ
	綠泫絹劣	綠泫絹劣	ㆊ	iue	ㆊ	iue	ㆊ	ue
覃感勘合	含感紺合	含感紺合	ㅏ	a	ㅏ	a	ㅏ	a
							ㅓ	e
	監減陷洽	監減陷洽	ㅑ	ia	ㅑ	ia	ㅑ	ia
鹽琰豔葉	廉冉艷涉	廉冉艷涉	ㅕ	iɛ	ㅕ	iɛ	ㅕ	iɛ

　　申氏入声各韵"正音"、"俗音"皆依据阳声韵的拟音类推而定：取与入声韵对应的阳声韵之"中声"，"正音"分别加ㅂ p、ㄷ t、ㄱ k 尾，"俗音"一律加ㆆ尾，ㆆ是用于"正音"影母的转写符号，其音值为ʔ。"俗音"里加的这个韵尾也是人为折合的，这一点申叔舟自己已经有明确的说明，《四声通考》凡例八："入声诸韵终声，今南音伤于太白，北音流于缓弛。……本韵之作，并同析异，而入声诸韵牙舌唇终声皆别而不杂，今以ㅂ、ㄷ、ㄱ为终声。然直呼以ㅂ、ㄷ、ㄱ则又似所谓南音，但微用而急终之，不致太白可也。且今俗音虽不用终声，而不致如平上去之缓弛，故俗音终声于诸韵用喉音全清ㆆ，药韵用唇轻全清ㅸ以别之。"在他看来，"正音"的三个韵尾只在"南音"中尚存，若据南音习"正音"则"伤于太白"，但是也不能完全像北音一样把入声韵读同阴声韵，那样会如"北音"一样"流于缓弛"，加上一个ㆆ尾，以存入声韵收音稍微急促的特征，才是"正

音"。崔世珍认为申氏对入声字作这样的人为折中，不足为凭，取消了申氏加的 ㆆ尾，把入声韵直接标注为阴声韵。申叔舟对入声韵字读音的看法导致他在入声字"时音"的审辨上也比较粗略，崔世珍则要精细许多。

三

通过对申叔舟推定的"正音"和其附注的"俗音"的比较，我们可以发现申叔舟推定"正音"的方式和特点：

1. 申叔舟是据时音来推定"正音"的：首先是看《洪武正韵》里的一个韵系在"时音"里的实际读音面貌，实际读音里的韵母与韵书里的韵类整齐对应的，直接取"时音"作为"正音"；实际读音与《洪武正韵》韵类不合的，通过图韵观察二者之间的关系，确定其差别所在，从而推定一个"正音"，并同时标注"俗音（时音）"，其做法是将跟"正音"同类而在实际读音中变入另类的那些字复归于同类。我们从申氏确定的"正音"中多有与《洪武正韵》反切归类不一致的现象推断，申氏肯定没有做过《洪武正韵》反切系联的工作，而是就实际语音本身所具有的系统格局比照韵图等呼来判断"正音"各个韵类所辖之字从而发现实际读音中变入另类的那些字而将它们复归同类的。在申氏看来，"时音"中合于《洪武正韵》韵类的是就是"正音"，"俗音"是"时音"中不合《洪武正韵》韵类的因素，它们的"正音"应该是与其所在韵类相合的"时音"。申氏标注的俗音和没有标注俗音的"正音"合起来就是当时的"时音"。这个"时音"是申氏为《洪武正韵》韵类拟音的参照音系。在我们今天看来，所谓"正音"实则是"俗音"的"前身"而已。明清韵书很多都是借用一个传统的与所要表达的音系相近的韵书框架来表达某个实际语音系统，这些韵书所注反切多沿用韵书旧切或者干脆不注反切，传统的反切系联方法常常无能为力。申氏将实际语音韵母所辖字跟韵书韵类所辖字进行比较，观察韵书中哪些韵类的字从该类中变到别类里了，从而据实际语音中其同类之音复原其"前身"，则可进而观其所由、所变。申氏这种做法为我们研究明清韵书跟"时音"的关系首创了一个简洁的方法。

值得特别指出的是，开口二等牙喉音字《洪武正韵》并未反映出它们的腭化、开口三等知庄章组字《洪武正韵》也未反映出它们由齐齿呼变成开口呼。申氏据"时音"给予开口二等腭化字独立的地位，凡是有牙喉音字的开口二等韵，其牙喉音字都独立为一个韵母，标为齐齿呼，定为"正音"。对开口三等知庄章组字有些直接标注开口呼，定为"正音"，如"侵寝沁"韵系，但多数仍以齐齿呼一读为"正音"、开口呼一读为"俗音"。合口三等知庄章组字皆以撮口呼一读为"正音"、合口呼一读为"俗音"。合口唇音字变读为开口的，亦皆以合口一读为"正音"、开口一读为"俗音"。由此可见，申氏的"正音"、"俗音"之辨，在遵从"时音"还是遵从《洪武正韵》韵类上尚多彷徨徘徊，其间尚多折中之举。所以他在"凡例"里只是含糊笼统地说"以图韵诸书及今中国人所用定其字音"而未详审这两个标准的取用需要有个先后次序：照理应该先以《洪武正韵》的韵类作为推定"正音"韵母的依据，然后你才能根据实际语音为它们拟定一个音值。申氏很多时候并不取据于《洪武正韵》而径取"时音"为"正音"。

2. 申氏的注音虽然尚有人为折合的痕迹，但是总体上较好地展示了其时汉语北方话语音系统的结构形态和各个韵母之间的关系，首次最直观地把汉语北方话韵母的音值完整地描写出来。下面是申氏"正音"韵母系统结构表：

表　十

ㅿ ㄱㅅㅎ	ㅣ i	ㅜ u	ㅠ iu
ㅏ a	ㅑ ia	ㅘ oa	
ㅓ ɜ	ㅕ iɛ	ㅝ ɜuɛ	ㅖ iɜuɛ
ㅐ ai	ㅒ iai	ㅙ oai	
	ㅖ iei	ㅟ ui	
ㅎ au	ㅎ iau		
	ㅎ iɜu		
ㆆ ɰɯ	ㅎ iu		
ㅗ an	ㅛ ian	ㅗ oan	
ㄷ ɜn	ㅗ iɜn	ㅛ uɜn	ㅕ iuɜn
ㄷ ɯn	ㅛ in	ㅛ un	ㅛ iun
ㅂ am	ㅂ iam		
	ㅂ iɜm		

匸 ɯm	凸 im		
ㆍ aŋ	ㆍ iaŋ	ㆍ oaŋ	
ㆯ ɯiŋ	ㆍ iŋ	ㆣ uiŋ	ㆣ iuiŋ
		ㆢ uŋ	ㆤ iuŋ

从这个表可见申氏的拟音具有非常显著的系统特征：

（1）四呼格局。申氏"正音"的系统性表现之一是很好地把握住当时汉语北方话音系的四呼格局，在拟音上按照四呼的格局来拟测同一个韵系的韵母，序秩井然。

（2）韵腹分 a、e 二系。申氏"正音"韵母系统韵腹分 a、e 二系

  a 系　假摄效摄山摄咸摄江宕摄蟹摄皆韵系

  e 系　止摄遇摄果摄流摄臻摄深摄曾梗摄通摄蟹摄齐、灰韵系

  a 系用卜"中声"，只有假、效、山、咸摄三四等字借用 e 系的 ㅖ "中声"，因为这四摄的齐齿呼都有两类，一类是腭化的开口二等牙喉音字，一类是开口三四等字。二等牙喉音字的中声用卜类的卜，三四等则借用 e 系的 ㅕ。e 系分别用 ㅓ 类"中声"（果摄、蟹摄摄"齐"、"灰"韵系）、丨"中声"（止摄）、ㅡ"中声"（流摄、臻摄、深摄，齐齿呼用丨"中声"，合口呼用ㅜ"中声"，撮口呼用ㅠ"中声"）、ㅓ"中声"（曾梗摄，齐齿呼用丨"中声"，合口呼用ㅔ"中声"，撮口呼用 ㅖ 中声"）、ㅜ"中声"（遇摄、通摄，撮口呼用ㅠ"中声"）。e 系各韵，除了蟹摄齐韵系、果摄的齐齿呼保留韵腹之外，其余各摄的齐、合、撮三呼韵母一律省去韵腹，齐齿呼韵母只用丨"中声"，合口呼韵母只用ㅜ 或者 ㅜ 加韵尾丨，撮口呼用ㅠ或ㅠ加韵尾丨。e 系各韵"中声"选用不同的音素以及齐齿、合口、撮口三呼韵母的写法有审音严细的因素，如蟹摄齐韵系、果摄的齐齿呼保留韵腹而其余各摄中的齐齿、合口、撮口三呼韵母省去韵腹，也有出于区别韵类的需要而为之的因素，如曾梗摄用带韵尾丨的"中声"ㅓ，是为了在合口呼韵母写法上区别于通摄合口呼韵母，在其撮口呼韵母的写法上区别于通摄的齐齿呼韵母，申氏据曾梗摄入声"时音"有ㅓ一类韵母，定曾梗摄"中

声"为-l。

（3）各个韵系的匹配。申氏的拟音除了从大体上区分 a 、e 二系外，还在韵母的标注表现出韵母结构上的系统特征和演变趋向。如假摄、效摄、山摄、咸摄两类齐齿呼的拟音表现出韵母结构上的一种平行关系；蟹摄"齐"、"灰"韵系拟音表现出韵母系统里蟹摄里的这些韵母向止摄靠拢的趋向，曾梗摄韵母的拟音揭示出其撮口类韵母和通摄齐齿呼韵母易混的事实。

申氏拟音中表现出的这些系统特征，缘于他是据"时音"反推"正音"的拟音方法。这些系统特征是"时音"里的一种客观存在，申氏只要比较细致地了解"时音"系统，就不难发现这些系统特征并且记录下来、描写出来的。

申叔舟在转写汉字音的时候，以"时音"迁就《洪武正韵》这个钦定的"正音"的意识特别浓厚，在入声韵尾、-m 尾韵和入声声调的处理上人为折合的痕迹尤其明显。崔世珍则比较追求实用，他的《四声通解》虽然也沿用《四声通考》的框架和存其"正音"，但在字音的写法上更加切近"时音"一些。因此，我们认为，申叔舟的"俗音"和崔世珍的"今俗音"所据的"中国时音"实际上都是今北京音的前身辽阳音。而所谓"正音"，只是据"时音"推定出来的一个假想的音系，是申氏对《洪武正韵》音的一种解释，跟《洪武正韵》作者所要表达的音系未必一样。

申氏的作为表明，韵书里韵类音值的构拟，在明代就有朝鲜学者系统做过了，这是我们所见到的先于高本汉的最早系统的古音构拟。他给《洪武正韵》反切的拟音给我们两点启示：其一，《洪武正韵》的韵类系统应当基于当时的"官话"，"俗音"、"今俗音"跟"正音"的差别，其实是当时官话的地域性特点的反映，"官话"涵盖的地域要比"俗音"、"今俗音"使用的地域广，明人所称"官话"，是就其音类大体而言的，若论音值，"官话"内部是有差别的。因此不可将明人所称官话锁定在某一个具体的太小的地域里。学术界关于明代官话是中原音、北京音、南京音的争论的意义只在于辨明当时这些地方的"官话"的影响力而已，而不应是为着确定"官话"的基础方言。"官话"的基础方言是一个很大的区域，不只是上述几个中的任何一个。自然形成的"官话"跟新中国成立后人为规定的普通话不是一个同质的概念，对官话的讨论不能用现代汉语普通话的观念去推求。

其二，韵书、韵图对于我们推求后代语音的前源、考证其甚至于后代语音的发展轨迹的作用是十分显著的，特别是那些跟后代某个语音系统关系密切的韵书、韵图。申氏据"时音"反求《洪武正韵》"正音"而对《洪武正韵》反切韵类的划分跟现代学人依据反切系联方法求出的韵类非常接近（参见王宝红，2001；童琴，2009；李雪，2009），说明直接从现代语音和相关韵书韵图的比较来推求其源流，跟完全依据文献考证的方法一样可以窥见语音发展的真实轨迹，在晚近的汉语语音演变研究中，后者的方法要更为可靠一些，现实语音可以帮助我们发现韵书中的一些因为存古而与其大体不侔的非同质语料。

参考文献

[1] 尉迟治平：《老乞大、朴通事谚解汉字音的语音基础》，《语言研究》1990 年第 1 期。

[2] 林焘：《北京官话溯源》，《中国语文》1987 年第 3 期。

[3] 平田昌司：清代鸿胪寺正音考》，《中国语文》2000 年第 6 期。

[4] 王宝红：《〈洪武正韵〉研究》，陕西师范大学硕士论文，2001 年。

[5] 童琴：《〈中原音韵〉与〈洪武正韵〉比较研究》，华中科技大学博士论文，2009 年。

[6] 李雪：《〈洪武正韵〉韵类考》，华中科技大学硕士论文，2009 年。

[7] 孙建元：《〈四声通解〉今俗音研究》，中华书局 2010 年版。

[8] 张晓曼：《〈四声通解〉研究》，齐鲁书社 2005 年版。

[9] 金基石：《朝鲜韵书与明清音系》，黑龙江朝鲜民族出版社 2003 年版。

[10] 李得春：《韩国汉字音韵母系统的几个特征》，《东疆学刊》2005 年第 1 期。

[11] 金基石：《近代音的热点问题与汉朝对音文献的价值》，《延边大学学报》（社会科学版）2004 年第 2 期。

[12] 杨剑桥：《朝鲜〈四声通解〉在汉语史研究上的价值》，《复旦学报》（社会科学版）2003 年第 6 期。

（原载《民族语言》2011 年第 4 期）

宋人音释的几个问题

孙建元

一 宋人音释研究的意义和方法

从汉语语音的发展历程看，两宋上承中古汉语末期，下启元明时期通常所说的"早期官话"，正处于汉语语音由中古音系向近代语音系统转变的重要过渡阶段。在三百多年的长时期里，汉语语音经历了"早期官话"形成以前的许多语音变化，如元音系统、辅音系统、韵母的结构类型、声韵的拼合规则、声调系统等好些重大音变，都在这个时期里发生、发展或完成。这个时期的语音系统，既是理清中古音系向近代音系转型过程中的发展脉络、并对各个语音演变现象进行细致的描述和阐释所必须借重的中介，又是"北音学"研究的起点。因此，这个时期的语音状况值得重视，应大力研究。

与先秦、隋唐、元代的语音研究比较而言，宋音的研究起步稍晚。1942年，周祖谟先生发表名作《宋代汴洛语音考》，是为宋代语音研究的开山之作。这篇重要论文的学术贡献主要有两个方面：一是大致勾勒出宋代汴洛文士韵系的面貌，并提出汴洛文士用韵所据之汴洛语音"为北音一系之代表"，即汴洛语为其时通语的基础方言这一著名论断。二是开辟了依据宋人诗词用韵这类贴近实际语音的材料来研究宋代语音的道路。其后三十余年间，宋代语音的研究无甚进展，只有一些零星的研究成果问世，如董同新、赵荫棠、姚荣松三人对《切韵指掌图》的研究，许世瑛对朱熹《诗集传》音注的研究。1979 年起，鲁国尧先生连续发表了有关山东、四川、江西、福建等地词人用韵研究的一系列论文，始将宋代语音的研究推进了一步：

从各地词人用韵中表现出来的韵系上的高度一致性，揭示出宋代以汴洛为中心的通语音系的广泛影响，从而确证了宋代通语的存在和汴洛语作为其时通语音系的基础方言的地位；在对其时词人用韵作了广泛、深入研究的基础上，建立起宋代词人的韵部系统，为宋代语音的研究提供了一个重要的参照系；方法上更加细密，如在材料的使用上细分诗、词，在语音分析中重视时间空间方面的差异和通语与方言的区别、单个韵字的考证以及词人的用韵风格等。80 年代以来，依据宋人音注、韵图对宋代语音所作的研究，亦有新的进展。如王力先生、赖江基先生对朱熹音注的研究，唐作藩先生对《四声等子》的研究。与汉语语音史其他平面音系的研究情况比较，宋代语音的研究有着鲜明的特色：非常注意材料语音性属上的一致性，注重在材料的挖掘上下苦功夫和对材料作穷尽式的分析和阐释。

宋代语音在汉语语音史上的重要地位，70 年代末期以来宋代语音研究所取得的重大进展，以及宋代语音的研究者所表现出来的扎实学风，使得宋代语音的研究以其鲜活的学术魅力吸引一大批学者尤其是中青年学者加入其研究行列，成为令学界瞩目的重要学术课题。

宋人音释，是研究宋代语音的重要资料。研究宋人音释，具有音韵学和校雠学两个方面的学术意义。

从音韵学方面看，首先，它可以发掘出许多反映宋人实际语音的字音资料，为宋代音系的研究和音系字表的建立填补一部分空白。与宋时其他反映实际语音的资料相比，音释材料具有独特的价值：它能反映字音全貌，包括声、韵、调及声韵配合关系。可以说，它是研究宋代字音声、韵、调面貌的最重要的一种资料。汉语语音发展过程中，常常会出现一些例外音变现象，宋人音释中对这类现象也多有记载。例如：地名"东莞"之"莞"，《广韵》"古丸切"，平声；《集韵》"沽丸"、"古玩"二切，平、去二声；今读上声，与《广韵》、《集韵》均不合，属例外音变。董衡《新唐书释音》有"古缓切"一音，与今读相应。"缸"字《广韵》"下江切"，《集韵》"胡江切"，均在匣母；今读gāng，亦属例外音变。董氏作"古双切"，亦与今读相应。这类材料不仅对于单字读音历史的研究有重要价值，而且便于我们在语音史研究中从规律和例外两个方面对语音演变作出更加精密的阐释。宋人音释中还有一些方言字音的记载，它们对于汉语方言史的研究很有裨益。例如，现代吴方言中多有从、邪相混现象，这在吕祖谦《毛诗集解释音》中就有反映："蝤"字《广韵》"自秋切"，从母；吕注"似修反"，邪母。董衡《新唐书释音》中则反映了当时方言中唇齿擦音和喉擦音相混的现象："坟，户吻切"。音韵学界对《切韵》的音系基础问题一直存在着不同的意见，对主要依据这一系韵书来研究汉语隋唐音系的状况亦皆不甚满意。王力先生《汉语语音史》对"隋—中唐音系"的描写只取《经典释文》和玄应《一切经音义》的反切作为依据，对"晚唐—五代音系"的描写系根据《说文系传》所用的朱翱反切，是想只据语音性属较为一致的材料来探求单一音系。国外的汉学家则更另辟途径，尝试通过汉语方言史的研究对汉语中古音系乃至整个汉语语音发展的历史作出新的描述和阐释。就汉语方言史的研究而言，一方面需要对现代汉语方言作充分的研究，另一方面也仍然需要文献中的方言材料的支持与验证。汉语是有着十分悠久而又极其丰富的文献记载的语言，研究汉语，岂能舍弃文献？文献方面，西汉扬雄《方言》之后，明代以前，在中间这段相当长的历史时期里，专门记叙方言的资料甚少，大多散见于注书家的注文或文人笔记中。宋代距今稍近，宋人关于方言的记述比较容易与现代方言联系，更具实用价值。

其次，研究宋人音释，还有助于对宋代的两部重要韵书《广韵》和《集韵》的研究。宋人编修的这两部巨著，都不同程度地受到当时实际语音的影响。宋人音释及其所反映的宋时语音面貌，有助于对这两部韵书的音切作更深入的研究。例如，这两部韵书、尤其是《集韵》里有许多因为其时实际语音的声、韵、调发生变化而新增的"又音"，辨析这类"又音"，可以通过与前代韵书比较并结合汉语语音的发展规律来进行，但最终仍然需要得到宋人实际语音材料的验证或者它所提供的语音背景的支持。《广韵》东韵三等"丰"小韵作"敷空切"。"空"为一等字，用它作三等字的切下字，是编者的疏失还是其受当时实际语音影响所致？董衡《新唐书释音》"沣"字作"敷东切"，"敷空切"，"酆"字作"敷空切"、"敷公切"。由董氏音注可知当时东韵三等轻唇音字已读如一等，因而可证《广韵》"敷空"一切是据实际语音而来。"履"字《广韵》"力几切"，属旨韵。《集韵》"两几"、"里弟"二切，兼收于旨、荠二韵。宋人音释里，止摄字和蟹摄细音字读音相混，孙兆《黄帝内经素问补注释文校正》："疠祭音利至。"董衡《新唐书释音》：“冫 费未，扶弟茅切。”萧常《续后汉书音义》：“瘗霁，音意志。”吕祖谦《毛诗集解释音》：“底旨，之礼茅反。”由宋人音释所反映的语音背景可知，《集韵》“两几”、“里弟”二切声、韵皆同，与《广韵》“力几切”声、韵无别。由此可知《集韵》之“又音”形异而实同。再如，《广韵》、《集韵》里著录的为数甚多的“又音”中，哪些是宋代实际语音里尚有的？这个问题，韵书本身没有提供什么线索，只能依靠对宋人语音资料的广泛研究才能解决。宋人音释的研究，是解决这个问题的一条重要途径。

从校雠学方面看，宋人音释资料可以用来校正所注之书后续刊本的讹误，对现代编纂重要辞书亦有裨益。中华书局 1975 年版点校本《新唐书》，“以百衲本（影印北宋嘉祐十四行本，残缺部分，以北宋十六行本、南宋十行本补）为工作本，参校了北宋闽刻十六行本（影印胶卷残本）、南宋闽刻十行影印本（缺四十多卷）、汲古阁本、殿本和浙江书局本”，参证甚广，应后出转精。然与董衡《新唐书释音》对勘，中华点校本仍有讹误，如卷 68《程异传》：

> 程异字师举，京兆长安人。居乡以孝称。第明经，再补郑尉。精吏治，为叔文所引，由监察御史为盐铁扬子院留后。叔文败，贬郴州司马。

> 孝巽领盐铁，荐异心计可任，请拔擢用之，乃授侍御史，复为扬子留后。

第二段中“拔擢”不辞。董衡《新唐书释音》“拔”字处作“抜”，“武粉切，抜拭”。所以言，“抜”“擢”而后用之者，缘于程异曾与王叔文集团有牵连、披罪被贬之故。董氏之释，切合文意，显然中华书局点校本误。1990 年新出的《汉语大字典》，乃当今古汉语辞书中的权威著作之一。若以宋人音释资料参之，仍有需补订之处。试举一例：“绤”，《广韵》、《集韵》均不载此字。《汉语大字典》收之，据《龙龛手鉴》“去戟反”定其今读为 xì，释义为“绤，葛衣也”，未出书证。董氏《新唐书释音》中载录此字，查《新唐书》卷 20《志》10《礼乐》10，可得该字的用例：

> 沐巾一，浴巾二，用絺若绤，实于笲，栉实于箱若簟。浴衣实于箧。皆具于西序下，南上。

董氏音"去逆切",未释义。根据董氏提供的音切,我们在《广韵》"绮戟切"和《集韵》"乞逆切"下发现"绤"字,《广韵》释为"絺绤",《集韵》解作"粗葛也"。《说文解字》训"絺"为"细葛也",释"绤"为"粗葛也"。以《说文》此二训解读《新唐书》此例,若合符节。可知《新唐书》之"綌"即《说文》、《广韵》、《集韵》之"绤"字。《汉语大字典》既据《说文》释"絺"为"细葛布"、"绤"为"粗葛布"(今读亦定为 xì),却未明"綌"即"绤",而另据《龙龛手鉴》训"綌"为絺绤,葛衣也",失之。《龙龛手鉴》的释义因袭《广韵》而申之,不及《说文》、《集韵》准确、具体。

我们对宋人 37 种音释著作的音切所作的调查表明,宋人音释著作大都集各种不同性质的音切于一体。这些不同性质的音切主要有:(一)当时比较有影响的韵书(如《广韵》、《集韵》)、字书(如《说文解字》、《玉篇》)、音义书(如《经典释文》)的音切。各家音释中,这类音切占绝大多数。由此可见宋人音释有依傍韵书、字书、音义书取音定切的风气。(二)依据当时通语音而定的音切。这类音切在各家音释中均有相当数量,说明宋时通语音对宋人音释亦有重要影响。(三)依据注家方音而定的音切。这类音切在总量上虽远不及前二类音切多,但各家以方音入注者亦自不少。针对宋人音释取音定切的兼容性,我们认为,研究宋人音释,在运用前修时贤阐发的反切比较方法时,尚需着力甄别不同性质的材料。首先,应将音释著作的音切与当时影响较大的韵书、字书、音义书中的音切进行对比,剔除注家从韵书、字书、音义书迻录的音切。这类音切系注家因循前人所为,是否反映实际语音,难于审辨,宜先排除。其次,专取音释中与上述韵书、字书、音义书字同义同而声不同、或韵不同、或调不同、或声韵不同、或声韵调均不同之音切进行考察,分析其差异,辨明这些差异现象的性质:(一)是规律性音变还是例外音变?(二)是通语音现象还是方音现象?(三)若属宋代通语语音现象,那么这些差异所反映的音类演变尚在起始阶段、进行阶段或是已经完成?然后对不同性质的差异分别进行阐释。与韵书、字书、音义书取音不同,系注家独创,最能反映注家自己对字音的认知,是考求宋音时最可靠的证据。

规律性音变还是例外音变,一般可据汉语语音通例作出判断。如"砭"

字《广韵》"府兼切"，添韵，帮母；孙兆《黄帝内经素问补注释文校正》作"普廉切"，盐韵、滂母。盐、添二韵合一，是汉语语音演变过程中的普遍现象，属规律性音变；汉语语音中，帮、滂二纽未合一，知此仅为个别字音的转变，属例外音变。有些现象则不易决断。如宋人音释中，塞音、塞擦音浊声母清化时的分派，既不像今北方大多数地区那样平声读送气清音、仄声读不送气清音，也不像客赣方言那样一律读送气清音，与邵荣芬先生发现的敦煌俗文学别字异文中一律与不送气清音代用的类型也不合。宋人音释中塞音、塞擦音浊声母无论平仄都或读送气清音、或读不送气清音。对于这类现象，我们都尽取其例，集中排比分析，取其大势，并据前修时贤相关研究成果论说。

通语语音现象我们主要依据汉语北方语音（以下简称官话音）发展规律及今北京音系字音进行确认。方音现象则取音释作者籍贯或其一生主要居地之现代方音作为参考。宋人音释所用之反切、直音，只能反映音类的分合，而不能显示音值的变化。有这种情况：其所反映的音类分合现象与今官话和方音的音类分合现象均相吻合，而官话、方音音值各异，这类现象归入官话还是归入方音？我们据如下三项原则进行处置：（一）官话优先。若无迹象表明其为方音现象，则归入官话。确立这条原则的依据主要是宋代通语对文士语音有着巨大影响这个事实。鲁国尧先生对宋词用韵的研究足以证之。兹举两条有关宋代语文风尚的材料予以印证。陆游《老学庵笔记》卷六：

> 四方之音有讹者，则一韵皆讹。如闽人讹高字，则谓高为歌，谓劳为罗。秦人讹青字，则谓青为萋，谓经为稽。蜀人讹登字，则一韵皆合口。吴人讹鱼字，则一韵皆开口。他仿此。中原，惟洛阳得天地之中，语音最正。然谓绞为玄，谓犬为遣，谓遣为犬之类，亦自不少。

张师正《倦游杂录》：

> 有太常博士杨献民，河东人。是时鄜州修城，差望青斫木，作诗寄郡中寮友，破题曰："县官伐木入烟萝，匠石须材尽日忙。"盖以乡音呼忙为磨方能叶韵。士

人徇俗而不典，亦可笑也。

陆游所举闽、秦、蜀、吴人之"讹音"，均系与中原通语音相对而言，陆氏以中原通语音为正音。张师正之言据诗之用韵现象而论，其所谓"典"，当指韵书规定的押韵标准而言。陆、张二人所言，概括了宋代文士公认的语音规范：或取则于韵书，或依据当时通语。音释的目的在于求正存雅，自然不能舍公认的语音规范不顾，而据一己之方音，宋人音释的音切，以与韵书、字书的音切或通语音相合者为常。（二）声、韵兼顾。确认某个音类合并例证属于官话读音现象还是方音现象，应当兼顾声、韵两个方面，不能将二者割离开来，单取其一。例如：知庄二组，官话和大多数方言均混而为一。宋人音注中的知庄互注现象，有些看似通语现象，其实不然。试举一例：萧常《续后汉书音义》"挝张瓜切，责加切"一音，反映语音现象二种：A、假摄开合混；B、知庄相混。A 为方音现象，与萧常居地今江西之客赣方言相应，则知萧氏以方音注此字，故 B 虽然亦与官话语音发展规律相符，却并非官话语音现象，反映的实际上只是方音中知庄二组相混。（三）注重音类合并的实质。官话、方音共有的音类合并现象，其音类合并的实质并不一样。宋人音释中的一些音类合并现象，需据其音类合并实质，方可辨明其属官话音还是属方音。例如，董衡《新唐书释音》有四条音注反映了崇、船、禅三母相混现象：

屏崇，市禅连切。郴禅，食船征切。觇崇，食船角切。剿崇，实船力切。官话、方音中都有崇、船、禅三母相混现象，董注反映的是官话音还是方音？我们认为它不是官话音：官话音中，崇、船、禅母相混，一部分字变为塞擦音，如屏、郴、觇、剿；一部分字变为擦音，如市、食、实。董注以"市"注"屏"、以"食"注"郴""觇"、以"实"注"剿"，没有反映出塞擦音和擦音的区别，与官话崇、船、禅合并的实质不符。此其一。其二，董注所反映的官话音中，全浊声母成系列清化，此 4 条音注为全浊声母字互注，亦与官话音不符。董注反映的是当时的吴方音：今吴方音中，有崇、船、禅三母合一且同读浊擦音现象，如宝山、浦东、吴江等地。董注无塞擦音、擦音之别，且全浊声母互注，适与上列各地之吴音相应。上三条原则，后二条作为第一条原则的补充，以免在运用"官话优先"原则时包揽方音现象。

确定某个音类合并现象反映的语音演变处在起始、进行阶段或已经完成，颇为不易。我们尝试从两个方面对这个问题进行探讨。一是参考已有的研究唐、五代汉语语音的成果，考察宋人音释中反映的音类合并现象的起始时段。二是辨明宋人音释中所反映的音类合并现象有无谨严的演变规律和语音结构规律，并结合已有的研究宋代语音的成果，考察同期其他语音资料反映这些音类合并现象的情况。

二　宋代通语音和《中原音韵》

宋代通语音系与《中原音韵》音系接近。然而，我们在宋人音释中也发现了与《中原音韵》不同的一些重要语音现象，主要是三等唇齿音字宋人所归韵类与《中原音韵》不同。例如：[董]侬（奴冬切）尼容切。樗（集，抽居切）抽吾切。蜉、鍪（莫浮切）莫侯切。[吕]缪（武彪切）莫侯反。三等齿音字"容"、"樗"，董氏分别与一等之"侬"、"吾"互注；《中原音韵》与鱼模韵细音字列为一类。"蜉"、"鍪"、"缪"皆三等唇音字，董、吕二氏分别与一等之"侯"字互注；《中原音韵》与尤侯韵细音字列为一类。鲁国尧先生研究《卢宗迈切韵法》，亦发现了其中有与《中原音韵》不同的语音现象："耻齿"二字，卢书视为同音；《中原音韵》"耻"隶齐微韵，"齿"属支思韵。宋人音释与《中原音韵》的这些差异显示，宋时通语音中已有比《中原音韵》更接近今音的因素。

三　宋人音释与韵书"又音"

《广韵》尤其是《集韵》中有许多同义又音。我们将宋人音释中反映的音类合并现象与《集韵》一字兼收数韵现象作了对比，发现二者之间有明显的对应关系。例如：

（一）东、冬兼收（音释此二韵字互注）：鼕，徒东切/徒冬切

（二）东三、钟兼收（韵释此二类字互注）：丰，符风切/敷容切

（三）东三唇、东一兼收（音释此二类字互注）：懜，谟中切/谟蓬切

（四）江、阳兼收（音释此二类字互注）：淙，鉏江切/仕庄切

（五）荠、旨兼收（音释此二韵字互注）：柅，乃礼切/女履切

（六）至、队兼收（音释此二韵字互注）：藜，力遂切/卢对切

（七）屋一、沃兼收（音释此二类字互注）：熇，呼木切/呼酷切

（八）铎、觉兼收（音释此二韵字互注）：泺，力各切/力觉切

上举《集韵》诸字，音各有二，义实为一。《集韵》二韵并收，当是此二韵实际语音已合而为一、《集韵》受实际语音影响所致。《集韵》中这类现象甚多，不仅一字一义兼隶数韵，亦有兼隶数声者，全浊上声与去声下并出之字亦多，且大都与宋人音释所见之声、韵合并现象及全浊上声归去声相应。限于篇幅，兹不细列。

四　董衡、吕祖谦、萧常音释中的方言现象

董衡、吕祖谦、萧常皆为南人，其音释均为个人私家著述，其中所反映的音类合并现象同当时实际语音关系密切，有的属于方音现象。本节专就这些方音现象进行讨论。

董衡为宋饶州州治在江西波阳人。《新唐书释音》题"宋将仕郎前权书学博士董衡进"仅存诸本误"衡"为"衝"，详本文"考叙篇"，知董氏进书时已去权书学博士之职而在将仕郎任上。徽宗崇宁二年（1004）始设书学，董衡音释崇宁五年（1006）已成。王观国记《新唐书释音》称"饶州老儒董衡所进"。推知董氏之为权书学博士、将士郎、进书皆其晚年间事，且其官甚微，宦游未远，其为将士郎，极可能是在饶州当地相应级职上。萧常里籍为吉州庐陵（今江西吉安），仕履未详。吕祖谦里籍在今之金华，一生居乡之时居多，临安次之。董、萧二人之里籍，今皆在客赣方言区内，松石的语音情况尚不清楚。吕祖谦里籍，今在吴语区内，吕氏的语音背景为当时吴音，应无可疑。董、萧二人的语音背景尚不能确定：客赣语形成年代较晚。客赣语形成之前，其境内居民的语音状况尚不清楚。从地缘上看，江西古有"吴头楚尾"之称，历史上几次大的移民均是由北往南，由东往西，这个事实说明吴语对今江西境内居民语音的影响甚于楚语，今湘赣交界之地的湖南省所辖醴陵诸县亦属客赣方言区，也说明古代语言渗透是由东向西推进的。因此，吴音西渐的可能性大于楚音东渐的可能性。我们在下面讨论董、吕、萧三家音释中的方音现象时，取今之客赣方音和吴音作为参照。客赣方音资料据李如龙、张双庆《客赣方言调查报告》，该书

共记载了 34 个客赣方言点的音系和部分单字音。吴方音材料据赵元任《现代吴语的研究》，该书共收有 33 个吴语方言点的音系记录。

　　董衡音释中反映方音现象的音共 24 例，吕祖谦音释中共 8 例，萧常共 17 例。我们把三家音释中反映方音的音切归纳成 17 种语音现象，分类列成一表，并取今客赣方音和吴音作为参照。音释中反映的方音现象，同于今客赣方音者，则在客赣方音栏下标以"+"号。同于今吴音者则在吴音栏下标以"+"号。比较原则有二：①音类对应原则，即音释中所见之例字与今客赣方音或吴音中用作参照的字古音类相同。②音系对应原则，即认定客赣方音或吴音中存在音释中所反映的音类合并现象，必须是同一个方言点里具有的音类合并现象，不能兼取各点之语音现象进行拼凑。鉴于今客赣方言、吴音距宋时已远，此二种方音宋代以来的演变情况尚不清楚，其现代方音中内部分歧现象亦较多，表中所列只是取其大势，但言此二大方音中尚见音释中所反映的语音现象而已。如表一所示：

表　一

方言现象	董衡 24 例	萧常 17 例	吕祖谦 9 例	客赣方言	吴音
①奉匣混	坟，户吻切			+	
②微上声敷混	庑，芳武切				+
③知庄精混		挝，仄加切2 槎，则加切 眦，紫戒切	苗，则劣反 苏，音疏	+	+
④澄崇床禅合一，变擦音	瑑，时充切 孱，市连切 鄜，食角切 齿乍，仕革切 剚，实力切	射，音石 市亦切 市直切 乘，承正切	甚，音甚 乘，成正反		+
⑤船邪混	褶，实入切			+	+
⑥从邪混			蟳，似修反	+	+
⑦日以影混	汭，余苪切 然，燕仙切				
⑧日泥混	鬤，女亮切			+	+
⑨匣疑混		闲，音言			+

⑩匣云混		鰪，音叶			+
⑪支合齐开混		恚，于计切		+	
⑫假二开合混		挝，责加切		+	
⑬假二假三混		车，尽加切2		+	
⑭山摄一、二等开合混		刮，古察切	愽，音丹 怛，旦未切 拔，蒲末切	+	
⑮-m，-ŋ混 深、曾三	庱，痴林切			+	+
⑯臻梗三曾三 -n，-ŋ混 山、宕二摄	疊，许敬切； 胤，以证切			+	+
			殿　丁亮切	+	
⑰屋铎混	穛，普木切 索，昔谷切			+	+

现据上表讨论以下两个问题：

1. 董衡、萧常音释中的方音现象既有仅同于今客赣方言者，亦有仅同于今吴音者。因此可作出两种推断：①宋时江西方音多行吴音，吴语区范围比现在广；②宋时客赣方已经存在。

表中第②种、第④种语音现象见于董衡音释：②为微母上声字与敷母字相混，今吴方音区内之靖江、江阴二地有此现象，客赣方音中未见此现象，④为澄崇船禅诸母合一，读擦音参本文"序篇"第二节，今吴方言区内宝山、浦东、吴江等地有此现象，客赣方言中未见。第⑨⑩两种语音现象见于萧常音释：⑨为匣母字与疑母字相混，⑩为匣母字与云母相混，此二者在今吴方言区中内分布甚广，而客赣方言中均未见。董、萧二人里籍都在今客赣语区内，然从董、萧二人音释中反映出的语音现象来推断，宋时应尚行吴语。辛弃疾蛰居江西时，作《清平乐·村居》词云："醉里吴音相媚好，白发谁家翁媪。"据邓广铭先生考证，此词为辛氏寓居带湖最初之三数年内所作。今考辛氏卜居之地，淳熙八年（1182）至绍熙元年（1190）十年间在今江西上饶，晚年在今江西铅山。今上饶方言属吴语，适与辛氏所记相合。据董、萧二人音释中反映的语音现象观之，宋时吴语的范围似比现在广。地缘关系、吴语远比客赣方言早成的事实，皆可支持这种判断。

　　表中第⑾⑿⒀⒃四种语音现象见于萧常音释。⑾为支韵合口字与齐韵开口子相混，⑿为假摄二等开合相混，⒀为假摄二等与三等相混，⒃为山、宕二摄韵母相混。今客赣语各方言中多有此四种语音现象；吴方言中未见⑾⑿⒀三种语音现象，中古-n，-ȵ尾之韵母合流，亦限于臻、梗二摄各韵，山、宕二摄不混。第⑦种语音现象见于董衡音释，为日以影三母合流。此种语音现象在今客赣方言中分布甚广，而吴语中亦未见。绍荣芬先生［敦］中亦披露了晚唐五代西北方音中已有日母与影以二母相混现象：如日/於影，与以/而日，益影/亦亦。80 年代末 90 年代初，鲁国尧先生相继发表有关通泰方音史、通泰方言和客赣方言在历史上的关系两篇很有影响的论文（109），依据移民史实和现代方音现象论证了南北朝时以建康话为标准的南朝通语为通泰方言、客赣方言共同之源。南朝通语是汉语北方方言在移民过程中向南伸展的结果。江西时候北来移民集居之地和重要的中转站之一。董、萧二人音释中全浊声母多读送气清音及上述日母与影以二母相混之情形，与罗、邵二人披露的宋代以前的北方方音一致，而与近在董、萧二人里贯之旁的吴音无涉。这些情况，都使我们相信，当时董、萧二人所处之地，因北人的迁入、南朝通语的影响而形成另一种方言。今客赣方言语音上的一些特点，如全浊声母一律读送气清音，日移影三母合流等，当时已经具备。

　　2.董、吕、萧三家音释所见之吴音及客赣方音的特点

　　三家音释所见之宋时吴方音特点共有 10 项：①微母在合口上声字中与敷母相混；②知庄精三组相混；③澄崇船禅相混；④船邪相混；⑤从邪相混；⑥泥日相混；⑦匣疑相混；⑧匣云相混；⑨-m、-ŋ尾韵相混；⑩屋铎相混。

　　三家音释所见之宋时客赣方音特点共有 11 项：①奉匣相混；②知庄精二组相混；③船邪相混；④从邪相混；⑤日影以相混；⑥泥日相混；⑦止摄合口和齐韵开口相混；⑧假摄二等开合相混；⑨假摄二、三等相混；⑩-m深，-ŋ曾三相混；⑾-n 山，-ŋ宕相混。

　　上述吴音、客赣方音特点，是将三家音释所见之音类合并现象与今之吴方音、客赣方音中相同之音类合并现象进行比较得出的结果，从中可见，有七项同见于吴音和客赣方音中。今吴方音和客赣方音虽然都有此七项音

类合并现象，但合并后所读之音有相同者（如知庄精合并后均有 ts 类声母
一读），亦有不同者（如吴音中今从邪二母读擦音，客赣方言则读塞音或塞
擦音，不读擦音）。

［原载《广西师范大学学报》（哲学社会科学版）1997 年第 3 期，收
入时作了增删］

吕祖谦音注三种研究

孙建元

一

《唐鉴音注》今见于《金华丛书》、《西京清麓丛书》、《丛书集成初编》。本文所用《金华丛书》本,系清同治十年(1871)退补斋刊本。《毛诗集解释音》见于《四库全书》、《摛藻堂四库全书荟要》、《通志堂经解》,四库本与通志堂本比较,错讹较少,今用四库本。《音注河上公老子道德经》见于《天禄琳琅丛书》,为1932年故宫博物院影印宋麻沙本。《周易音训》见于《金华文萃》,为同治六年(1867)退补斋刊本。《周易音训》二卷单行,余三种皆附丽文中。《唐鉴》前人无注,吕氏始为之。《毛诗集解释音》和《音注河上公老子道德经》,即有吕氏自为之音切,亦有择前人旧注音切入注者。今考其所因循之旧切,均取自陆德明《经典释文》。《周易音训》音注体例与吕氏另三书迥异。书中音注凡1064条,其中1062条皆于所注字下先以"陆氏曰"为标记迻录陆德明《经典释文》"正切"入注,亦仿陆氏广征博引之例,大量援引陆氏所举别家音切附于其后,所出音切,皆有名氏,无吕氏之音。仅二条例外,卷一:"恒,胡登反,陆氏曰如字。"卷二:"辩,如字。陆氏曰如字,徐扶免反。"此二条,"陆氏曰"前所举之音不称名氏,未知其所属,与全书体例不合。吕氏另三书基本上是一字一音,又音很少;《毛诗集解释音》和《音注河上公老子道德经》虽然多仍《经典释文》旧切,但皆不称名氏,而与吕氏自作之音浑然一体。清人胡丹凤《金华文萃书目提要》卷一"《古周易》一卷"条云:"又载《周易音训》二卷,乃祖谦门人王莘叟所笔受。"①则该书并非出自吕氏之手。王氏所记，又未明吕祖谦对陆氏之音的去取。今不取。

二

吕氏非常推崇陆德明《经典释文》。他说："读六经不可不参校《释文》点检。如'曾子闻之，瞿然曰呼'，呼音虚。呼与虚相去远矣。《释文》作'曰吁'。此决知呼字者误。"②故其《毛诗集解释音》和《音注河上公老子道德经》多采《经典释文》音切入注。但吕氏毕竟是一代鸿儒，对前人旧说，既不妄言其是非，认为"凡言之轻发而不知难者，以不曾下功夫也"③，亦不苟且盲从，而勇于存疑和创新，认为"小疑必小进，大疑必大进"④，"唯出窠臼外，然后有功"⑤。其于陆氏旧注亦如是。我们将吕氏《毛诗集解释音》和《音注河上公老子道德经》的音注与《经典释文》的音注作了对比，发现吕氏对陆氏旧注持为我所用之态度。

《毛诗集解》释音共有音注 941 条，其中 5 条注陆氏不注之字。可与陆氏比较的有 936 条音注，其中吕氏作了改动的有 187 条。《音注河上公老子道德经》共有音注 183 条，9 条注陆氏未注之字。可与陆氏比较的 174 条音注，吕氏改动的有 15 条。吕氏对陆氏音注的改动，有下面四种情形：

（一）有些字，陆氏只兼存诸家音切，去取未定，吕氏则择其一而定之。共 15 条，皆见于《毛诗集解释音》。例如：

《击鼓》"信"字：[陆]毛音伸，极也。郑如字，相亲信也。[吕]音伸。

《静女》"说怿"二字：[陆]毛、王上音悦，下音亦。郑悦音始锐反，怿作释，始亦反。[吕]说，音悦。怿，音亦。

《天保》"单"字：[陆]毛都但反，云信也，厚也。郑音丹，尽也。[吕]音丹。

《长发》"假"字：[陆]毛古雅反，大也。郑音格，至也。[吕]音格。

（二）有些字，陆氏所作音切不止一条，吕氏亦只择其一。共 58 条，《毛诗集解释音》55 条，《音注河上公老子道德经》3 条。例如：

---

① 见《金华文萃》，清退补斋同治 6 年刊本第 1 册，第 4 页 A 面第 6 行。
②③④⑤ 见《吕东莱先生遗集》，清敬胜堂刊本第 20 卷，第 12 页 A 面、第 17 卷，第 7 页；B 面第 10 行、第 20 卷，第 17 页 B 面第 8 行、第 12 卷，第 23 页 A 面第 7 行。

《谷风》"匍"字：[陆]音蒲，又音符。[吕]音蒲。

《北风》"邪"字：[陆]音馀，又音徐。[吕]音徐。

《硕人》"幩"字：[陆]孚云反，又符云反。[吕]符云反。

《老子·法本》"麗"字：[陆]其月反，又塞月反，又居卫反。[吕]其月反。

上二类，吕氏的改动虽然只表现在选择音切上，亦可见其审度之功。陆氏所注之字，绝大部分有其确认之"正切"，兼存诸家音切而不论去取，似有不能决者。吕氏则既有明确的去取，亦非专取某家，而是择善而从。陆氏一字兼作数音，明显带有追求全面反映字音的倾向。吕氏则着眼于字在文句中的具体读音，追求字有定音，故其音注绝少又音。吕氏对陆氏所作之音的选择，亦不专遵其"正切"，多有以陆氏之又音为正者。

（三）以《广韵》音系为参照，吕氏音注与陆氏音注文虽异而音值无别者84条，《毛诗集解释音》76条，《音注河上公老子道德经》8条。表面上看，吕氏的改动，似乎只是切语用字或音注形式的变换；但若仔细比较陆吕二人音注用字的差异，则可见吕氏之易字包含有反映当时实际语音的倾向。例如：

《君子偕老》"佗"字：[陆]待河反。[吕]徒河反。

《节南山》"毗"字：[陆]婢尸反。[吕]皮尸反。

《庭燎》""字：[陆]巨畿反。[吕]音祈。

宋时全浊声母清化，平仄异变。陆氏以仄声字注平声字，至宋时与当时实际语音不应，吕氏改用平声字。

《新台》"鲜"字：[陆]斯践反。[吕]斯浅反。

《新台》"浼"字：[陆]每罪反。[吕]音每。

宋时全浊上声变去声。陆氏以全浊上声字注非全浊上声字，至宋时与当时实际语音未合，吕氏改之。未见与上述两种情形相反的例证。

（四）以《广韵》音系为参照，吕氏音切与陆氏音切音值不同者45条。《毛诗集解释音》41条，《音注河上公老子道德经》4条。究其因有六：

1. 疑为刻写错讹所致者2条。《道德经》第二章"安民"中"道冲"的"冲"字，陆氏音"直隆反"，《广韵》"直弓切"，《集韵》"持中切"，皆为东韵三等、澄母。吕注"直随反"，殊不可解。疑"随"为隆之讹字。第五章"虚用"中"以万物为刍"之"刍"字，陆氏音"楚俱反"，《广韵》"测隅切"，《集韵》"窗俞切"，皆为虞韵、初母。吕注"楚狗反"。疑"狗"字为"拘"字之讹。"拘"字《广韵》有"举朱切"，《集韵》有"恭于切"，适在虞韵。吕氏《音注河上公老子道德经》今仅存本文所据之影印宋麻沙本，惜无别本可资校勘。

2. 有些字的几个读音，或意义无别，或虽有不同但包含相同的义项，陆、吕二人各取一音入注，因而互异。如此者有 5 条。《采萍》"于以湘之，维锜维釜"的"锜"字，《广韵》"渠绮切"下释为"釜也"，"鱼绮切"下训为"三足釜"。陆音"其绮反"，吕注"宜绮反"。《燕燕》"仲氏任只，其心塞渊"的"任"字，《广韵》有"如林"、"汝鸩"二切，前者义为"堪也、保也、当也"，后者未释义，《集韵》"如鸩切"下释为"克也"，与《广韵》"堪也"相当。陆氏音"入林反"，吕注"而鸩反"。《氓》"风其漂女"的"漂"字，《广韵》"抚招切"下训为"浮也"，"匹妙切"下训为"水中打絮"，《集韵》"纰招"、"匹妙"二切均有"浮义"。陆音"匹遥反"，吕注"匹妙反"。《七月》"猗彼柔桑"和《节南山》"有实其猗"中的两个"猗"字，《广韵》"於离切"下训为"长也，倚也，施也"，"於绮切"下解作"猗狔，犹窈窕也"。《广韵》这两条注解表达虽不同，但实质为互相阐发，均指绵长柔美。《集韵》作"倚可切"，训为"柔貌"。陆音"於倚反"，吕注"於宜反"。

3. 吕、陆二人之音各领其义者 3 条。《硕人》"鳣发发，葭菼揭揭"的"揭"字，《广韵》"居竭切"下训为"揭起"、"高举也"，"其竭切"下以为"撅"字之或体，释为"担撅物也"。陆音"其竭反"，吕注"居竭反"。《天保》序"君能下下以成其政"中的第二个"下"字，陆音"户嫁反"，吕注"如字"。《广韵》、《集韵》祃韵"下"字皆训为动词，马韵"下"字有"贱"、"底"之义。《道德经》第二十四"苦思"中"企者不立，跨者不行"的"跨"字，《广韵》"苦化切"下训为"越也"，"苦瓜切"下释为"吴人云坐"。陆音"苦化反"，吕注"苦花反"。

4. 陆氏据后起之音、吕氏取习用之旧读音 1 例。《七月》"六月莎鸡振羽"中的"莎"字，陆注云："音沙。徐又素和反。沈云，旧多作莎，今作沙，音素何反"。吕注"素和反"。此"莎"字朱熹《诗集传》亦音"素和反"。知此读相承积习，由来已久。

5.陆氏以方音入注，吕氏不取方音。如此者有 2 条。《敝笱》中"基鱼魴鱮"之"鱮"字，《广韵》"徐吕切"，《集韵》"象吕切"，均在邪母，陆氏"才吕反"，以从注邪。从邪相混为吴方言特点，陆德明为吴人，当为以吴音入注。吕氏"昔吕反"，以心注邪。邪变入心，为官话音变现象，其所据者，当是其时通语。《出车》"瘁"字，《广韵》、《集韵》皆"秦醉切"，属从母。陆氏"似醉切"，亦以邪注从。吕氏"音悴"，以从注从。

6.吕氏以时音入注，因而与陆氏之音相异。此类凡 30 条。例如：

《伐木》"湑"字：[陆]音叙。[吕]音湑。案，吕以心注邪。

《十月之交》"艳"字：[陆]余赡反。[吕]於赡反。案，吕以影注以。

《道德经·检欲》"妨"字：[陆]音芳。[吕]音方。案，吕以非注敷。

《权与》"簋"字：[陆]音轨。[吕]音鬼。案，吕以尾注旨。

《东山》"蠨"字：[陆]音萧。[吕]音消。案，吕以宵注萧。

《閟宫》"舄"字：[陆]音昔。[吕]音锡。案，吕以锡注昔。

此外，还有一条，即《摽有梅》"倾筐墍之"之"墍"字，陆氏注云："许器反，取也。"吕氏音"许既反"。《广韵》"墍"字二音，至韵"具冀切"下训为"息也。又仰涂也"。未韵"许既切"下亦训为"仰涂也"。《集韵》只有"许既切"一音，义为"仰涂也"。均无"取"义。寻绎《诗》意，训"墍"为"取"则安，释为"仰涂"则甚费解。若"墍"有"取"义而《广韵》、《集韵》失收，则陆、吕二人之音皆与其"许既切"对应。陆氏以至注未，至、未二韵混矣。若是，则似吕氏之音较陆氏之音滞后，其实不然。上举《权与》"簋"字说明，在吕氏所据音系里，至、未二韵已混，吕氏虽仍用《广韵》"许既切"，其反映的语音已与陆氏之"许器切"无别。

吕氏对陆氏音切的改动，尽管有上述四种不同情形，但都说明吕氏对陆注音切有自己的审度、权衡和抉择。吕氏改定的这 202 条音注当是他所认定的字音，这一点应无疑义。吕氏仍用陆氏音切而未作改动者，《毛诗集解释音》有 749 条，《音注河上公老子道德经》有 159 条，共 908 条。这908 条音注，既可能是吕氏审度之后认为合用而无须改者，也可能是其于未经意之时所迻录者，或者二者兼而有之。吕注本身没有显示可供我们据以对此进行甄别、确认的标志，尚需从别的途径来考察。我们对此作了两个方面的探讨。首先，我们从音系学的角度，将这 908 条音注中与《广韵》音系不同值的反切与吕氏改定的 202 条音注中的这类反切进行对比，以考察这 908 条音注中所反映的音变现象能否为吕氏所反映的实际语音系统所容纳。结果是：二者不仅在音变趋向上完全一致，而且绝大部分具体的音变类型都同见于这两部分反切中。这从我们在下面所列的字表中可以看到。其次，我们从语用的角度所作的考察亦显示，吕氏注音，当有实际语音为凭。从事讲学是吕氏一生的主要经历。宋乾道二年（1161）至乾道五年，吕氏居母丧，离职回金华，四方慕名而来的问学诸生集于其门下。乾道五年丧除，即添差严州教授，主持严州书院，为期一年。乾道九年至淳熙元年（1174），因服父丧，结庐于武义明招山侧，问学诸生复至，前后达三百人之多。晚年，吕氏与其弟祖俭一起在明招山侧创办了丽泽书院，并亲自为学生编写教材，如现存《丽泽讲义》等即是其为诸生课试而作[①]。今观《丽泽讲义》，多有据《诗》或老氏而论者。其《诗说拾遗》和《杂说》，亦多此类。知《诗》与《老子》皆为其课试诸生或传授门人的重要内容。其为二书所作音注，应有用于教学者，当有"音"可验诸口耳，而非纸上谈兵、依样画葫芦般迻录陆氏之注。集此二者，我们觉得有理由认为吕氏循用之陆氏音切，是取其所宜者而从之。《经典释文·序》云："若典籍常用，会理合时，便即遵承，标之于首。"陆氏认为"会理合时"之音，吕氏审度而后，去其不然者，取其然者，亦是情理中事。

三

我们将吕氏三种音释著作中与《广韵》音韵地位不同的反切合并一处分析，从中归纳出音类合并现象。各项音类合并现象之后所列之音切，则各详注其出处：[唐]为《唐鉴音注》之略，其后依次列该书《金华丛书》本卷次、页次、A 面或 B 面、行次。《毛诗集解释音》略为[毛]，其后依次列该书《四库全书》本页次、四库所据旧本卷次、四库所据旧本页次、行次。《音注河上公老子道德经》略为[老]，其后依次列该书故宫博物院影印宋麻沙本章次、页次、A 面或 B 面、行次。[毛]、[老]二书中吕氏改定的

---

① 见吕祖谦《东莱博义·序》。

音注，在出处后加注"吕"字，以与其循用陆氏之音而未改者区别、比较。

吕祖谦音释中与《广韵》音韵地位不同的音切凡 89 条、97 例。其中 83 例反映的音类合并现象与官话语音发展规律相合；9 例为方音；2 例为浊音清化时的不规则音变；3 例不反映音类合并，只是单字读音的转变。

（一）声类合并

1. 非敷 5

鴍敷勿切音弗分勿切[唐]5—11B7   菲敷尾切非鬼反[毛]《谷风》116—5—9—6吕   妨敷方切音方府良切

[老]《检欲》12—6A7吕   敷勿切音弗分勿切[毛]《硕人》165—7—33—8，《采杞》415—21—25—2

2. 滂/ 仄1

泮普半切音畔薄半切[毛]《氓》169—8—2—1吕

3. 端定 仄1

殿堂练切丁亮反[唐]11—9A5

4. 透定平2 透定1，定透1

啍徒浑切他敦反[毛]《大车》192—9—13—5   慆土刀切徒刀反[毛]《东山》355—18—9—12吕

5. 知澄 仄3

著张略切直略反[唐]16—2B1   适陟革切直革反[毛]《殷武》810—42—17—10

陟革切直革反[老]《重德》26—13B10

6. 清从平1

崔仓回切徂回反[毛]《卷耳》39—2—9—15

7. 心邪 2

鱮徐吕切昔吕反[毛]《敝笱》236—11—28—15吕   藇徐吕切音湑私吕切[毛]《伐木》380—19—28—10吕

8. 见/群平1

畿居依切音祈渠希切[老]《玄用》69—16B7

9. 晓匣 2 晓匣1，匣晓1

户圭切许规反[毛]《芄兰》173—8—12—9   咊呼怀切户回反[毛]《卷耳》41—2—12—2吕

10. 影以云 6 影以2，影云1，云影1，云以2

艳以赡切於赡反[毛]《十月》458—24—1—10吕   羡予线切於箭反[毛]《十月》458—24—1—15吕   烨筠辄切於辄反[毛]《十月》458—24—1—7   枉纡往切音往于两切[老]《益谦》22—11A6   以灼切于若反[毛]

《简兮》125—5—26—4吕   欥余律切于叔反[毛]《晨风》293—14—30—3吕

　　吕注中下列三例反切同音类合并无关，只反映个别字音的转变：禾直竹力切彻力反，疽七余切子余反，枭古尧切许娇反。疽、枭二字今音之声类与吕注同，说明吕注不虚，且此二字至迟吕祖谦之时已转入今读所在声类。禾直字吕注与今音未合，其因未详。

　　（二）韵类合并

　　1. 东一东三齿1

　　鍕户公切胡中反［唐］10—1B9

　　2. 清青蒸3清青1，青清1，劲證1

　　令郎丁切力征反［老］《检欲》12—6A3

　　菁子盈切子丁反［毛］《菁菁者莪》408—21—11—2

　　乘实證切成正反［毛］《閟宫》789—41—2—2

　　3. 真臻2真臻2

　　诜所臻切所巾反［毛］《冬斯》47—2—24—5

　　駪所臻切所巾反［毛］《皇皇者华》374—19—17—7

　　4. 山删2谏裥2

　　间古苋切音谏古晏切［唐］22—8B4

　　幻胡辨切音患胡惯切［唐］9—15A8

　　5. 仙先3铣狝3

　　鲜息浅切先典反［唐］5—4A4，9—15A7，10—3A9

　　6. 覃咸1敢赚1

　　掺所斩切所览反［毛］《遵大路》10—8—7—208

　　7. 支脂之微齐祭灰合21支齐1，支灰1，脂支2，旨纸1，至寘2，之支1，止纸1，志寘1，之脂1，志至2，志未1，微脂1，尾旨2，茅旨1，霁祭1，祭至1，祭霁1

　　嬀户圭切许规反［毛］《芄兰》173—8—12—9　　臷回切子垂反［老］《玄符》55—9B1　　赀即移切音资即夷切［唐］2—2B6　　猗於离切音伊伊脂切［毛］《那》799—41—23—3日　　仳匹婢切匹指反［毛］《中谷有蓷》186—9—1—5　　离郎智切音利力至切［老］《重德》26—13B3　　臂彼义切必寐反［老］《论德》18—1B2　　祗章移切朱时反［毛］《长发》807—42—11—7日　　枻丑豸切敕以反［毛］《小弁》471—25—1—15日　　易以豉切音异羊豉切［唐］1—8A4

　　祁渠脂切巨之反［毛］《七月》336—17—6—9　　比毗至切 志反［唐］17—5A4 虚器切许意反［毛］《氓》168—8—1—15日　　衣於既切於记反［毛］《丰》216—10—24—4　　騤渠追切求归反［毛］《采薇》

388—20—9—2 吕　簋 居洧切 居伟反 [毛]《权与》298—15—3—2 吕，《大东》487—26—5—5 吕　底 职雉切 之礼反 [毛]《小》464—24—14—15 吕

掋 丑例切 敕帝反 [毛]《君子偕老》143—6—25—3　　肄 羊至切 以世反 [毛]《谷风》116—5—9—14　　郲 计切 音厉 力制切 [唐] 10—6A9

8. 灰咍 唇 泰 唇 4 贿海 1，队泰 3

倍 薄亥切 蒲罪反 [老]《还淳》19—9B1　　沫 莫贝切 音妹 莫佩切 [毛]《桑中》146—6—30—5　　肺 集：普盖切 普背反 [毛]《东门之杨》307—15—21—5 吕　　旆 蒲盖切 音背 蒲昧切 [毛]《出车》391—20—15—8 吕

9. 鱼虞 4 鱼虞 1，语虞 1，御遇 2

响 匈于切 音虚 朽居切 [老]《无为》29—15A8　　踽 俱雨切 音举 居许切 [毛]《唐风·杕杜》263—13—9—2 吕　　数 色句切 音疏 所去切 [唐] 11—11A8　　之成切 之庶反 [毛]《小戎》281—14—7—6 吕

10. 侯幽 唇 1

缪 武彪切 莫侯反 [毛]《鸱鸮》351—18—1—6

11. 宵萧 2 宵萧 2

枭 古尧切 许骄反 [唐] 20—4B4

12. 屋三术质 1

鹬 余律切 于叔反 [毛]《晨风》293—14—30—3 吕

13. 锡昔缉 2 锡昔 1，缉锡 1

鶪 工役切 圭觅反 [毛]《七月》336—17—6—11　　弓 都历切 丁立反 [毛]《节南山》447—23—15—2

（三）全浊上声归去声

凡 8 见。如：殆 徒海切 田赖反 [老]《象元》25—12B8，岘 胡典切 乎面反 [唐] 10—6A9，食 祥吏切 音似 详里切 [毛]《权与》298—15—3—11 吕，禅 时战切 音善 常演切 [唐] 4—3B4。

（四）方音现象

凡 9 见。庄精二组混：茁，则劣反 [毛]《驺虞》94—4—7—1　　苏，音疏 [毛]《山有扶苏》212—10—16—9　　船禅二母混：甚，音甚 [毛]《氓》168—8—1—10　　乘，成正反 [毛]《閟宫》789—41—2—2 吕　　从邪二母混：蝤，似修反 [毛]《硕人》165—7—33—6 吕　　山摄洪音开合口混：博，音丹 [毛]《素冠》318—16—9—12 吕　　怛，旦末反 [毛]《甫田》233—11—23—2　　拨，蒲末反 [毛]《駉》279—14—3—5　　-n、-ŋ 二尾混：殿，丁亮反 [唐] 11—9A5

[原载《广西师范大学》（哲学社会科学版）1998 年第 4 期]

古今字音演变例外的计量研究

陈小燕

普通话中有少数字的读音和韵书上的反切对应不起来，且不符合古今音演变的一般规律，我们称之为古今音①演变的例外。如"谱"字今音 pu3②，依"博古切"应读为"bu3"；"特"字今音 te4，依"徒得切"应读为"de2"；"拉扯"的"拉"今音 la1，许多南方方言也读阴平调，似乎不是来自入声，与《广韵》"卢合切"的"拉"字不一定有必然联系。关于语音演变规律的例外，除了李荣先生曾以个案分析的方法作过宏观的讨论外，全面系统的研究成果尚不多见。我们用《古今字音对照手册》[1]（下文简称《手册》）作为封闭性语料，对普通话字音与中古音对应的例外现象作了穷尽性的计量考察，共发现例外字音 384 个，包括例外字 513 个（有些例外音不止一个字）。今不揣浅陋，初步梳理出例外现象的基本类型，并从历时考察与共时比较相结合的角度，对部分例外字音或例外类型进行了具体阐释，试图揭示造成语音演变例外的内在原因。由于笔者学疏才浅，文中定有不少错漏之处，恳请方家批评指正。

一　因音而变

在 384 个例外音中，不少字音是由于存留古音、连音变读、开合口互变等因素造成的，我们将其统称为"因音而变"现象。下面各分若干小类进行简要的分析。

---

① 本文中的"古音"指《广韵》所代表的古音系统；"今音"主要指《古今字音对照手册》所代表的今音系统。

② 本文主要用汉语拼音标音，其中的 1、2、3、4 分别表示阴平、阳平、上声、去声，轻声音节不标调。偶有需要用国际音标标音时，加括号［　］以示区别。

（一）存留古音

1.存留上古音。该类例外音 7 个（表 1）。

表　1

字	今音	中古音
大 1	da4	唐佐切
他它	ta1	讬何切
那	na4	奴个切
阿	a4	乌何切
爹	die1	陟邪切
彗	hui4	祥（于）岁切
汇（总汇）	hui4	于贵切

"大、他、它、那、阿"读ɑ韵，反映的是中古前的读音。陆志韦、李方桂、王力、董同龢等都持同样的观点，认为汉代歌韵字读ɑ；另外，汉代翻译梵文时均用"阿"来翻译"a"，如"罗阿陀"等，可为佐证。《汉语词典》[2]"他它、那、阿"均有异读，"他它"（ta1；tuo1），那（na3；nɑ4；nuo1；nuo4），阿（e1；a4；a3；a1），反映的是不同历史层次的读音。"阿"在南方方言中均读平声，读去声"a4"当是受满语影响所致，满语"阿哥（a4 ge1）"用于称男孩，清代用于称王子。

爹 die1：《广韵》麻韵，陟邪切，羌人呼父也；又哿韵，徒可切，北人呼父。直到汉代，汉人仍称父、称爷，爹是北方少数民族传入北方汉人的称谓。"徒可切"即现今官话区的"大 da4"的读法，如松江呼"父"为[ta]（阳去调）；"陟邪切"则是今"爹 die1"（[tiɑ]→[tiɛ]）的读法。从声母看，都保留了唐代以前"舌上归舌头"的读法。"爹 die1"的韵母是唐后麻韵三等的层次，"大 da4"的韵母则还是汉代歌韵的层次。

彗 hui4、汇（总汇）hui4：三等云母读为 h-声母，读同匣母。王力认为云母在上古尚未从匣母分化出来，到魏晋南北朝乃至中唐仍把云、匣合拟为[ɣ]，到了晚唐五代才把匣拟成[ɦ]，却又把云、以合拟为[j][3]。据《古音说略》[4]，《说文》中云母与晓、匣母谐声通转最为频繁，通转次数均为 27 次，为各声母之冠。云母在上古归匣母或近于匣母已成定论，所以云母字读为 h-声母是中古前的读音的留存。

2.存留《集韵》系统的古音。该类例外音 6 个（表 2）。

表　2

字	今音	中古音
廖（姓）	liao4	*力吊切（力救切）
窆	bian3	*悲检切（方验切）
苑	yuan4	於阮切（*纡愿切）
缯	zeng1	*咨腾切（疾陵切）
松	song1	*思恭切（详容切）
忸（怩）-心惭也	niu3	*女九切（女六切）

注：表中反切前标*的是《集韵》的反切，不标*的是《广韵》的反切。《手册》中只有少数字加注了《集韵》系统的古音。

根据表 2，我们发现，若按《集韵》的反切，今音是常例；若按《广韵》的反切，今音则是例外。这些字的今音大概是《广韵》以后的后起音。《集韵》虽只比《广韵》晚出 30 多年，但由于《广韵》基本沿袭《切韵》系统，故《集韵》中有别于《广韵》的读音很可能就是《切韵》以后的后起音。

3. 见系开口二等不腭化。

古见系二等字今音腭化属基本对应，是常例。根据统计，见系开口二等字不腭化之例外音共 34 个，主要集中在"梗、蟹、江"等摄。从这些例外音中我们发现，见系开口二等字存在各摄腭化不均衡的现象：其中假、效、咸、山等摄开口二等字多腭化，只有个别不腭化；而梗摄开口二等字多不腭化，如"梗、庚、羹、埂、革"等等，腭化的只是少数，如"茎、杏、行"。这种现象表明，在语音演变过程中，声、韵、调之间是互为条件的，彼此制约着演变的方向和速度。

（二）连音变读

连音变读是指邻近的音相互影响而引起的变读，是造成语音演变规律例外的重要原因之一[5]。该类字音均为不能单用的音节，只能与特定的音节构成双音节词语。

1. 同化。该类例外音 6 个（表3）。

表 3

字	今音	中古音
嚏（喷嚏）	ti4	都计切
悴（憔悴）	cui4	秦醉切
慨（慷慨）	kai3	苦爱切
槟（槟榔）	bing1	必邻切
婿（女婿）	xu4	苏计切
亲（亲家）	qing4	七遴切

"嚏、悴"之所以变为送气声母，可能是受"喷、憔"声母的影响。"慨"变为上声可能是"慷"（苦朗切）音的影响（《手册》"慷"标读"kang3"，为常例）。"槟"韵变为后鼻韵 ing，可能是"榔"韵影响的结果。而"婿"字韵母读 u 不读 i，大概是受"女"字圆唇 u 韵的影响。"亲"《广韵》两读，1) 真韵："亲，爱也，近也，《说文》至也，七人切"，今音"亲 qin1（亲人）"合乎语音演变常例；2) 震韵："亲，亲家，七遴切"，照常例今"亲家"应读为"qin4 jia"，何以变读为"qing4 jia"，李荣先生认为大概是受了"家"字声母的影响，而且这个影响是发生在见母腭化之前[5]。

2.异化。该类例外音 2 个（表 4）。

表 4

字	今音	中古音
翡（翡翠）	fei3	扶沸切
杉（杉木）	sha1	所咸切

"翡"读为上声 fei3，可能是叠韵异化；"杉"字古音有-m 尾，照常例今音应读 shan1，今读 sha1，大概是"杉木"二字连用，因"杉"字的韵尾-m 和"木"的声母 m 相同，异化作用而使前面音节的韵尾脱落了。今"杉木"的"杉"读 sha1，而"水杉"的"杉"仍读 shan1，似可作为旁证。

3.调变轻声。该类例外音 4 个（表 5）。

表 5

字	今音	中古音
（玻）璃	li	郎溪切
（薄）荷	he	许个切
（萝）卜	bo	蒲北切
（妯）娌	li	良士切

（三）开合互变

"开合互变"包含两层意思，一是指依反切本应读开口的今音为合口，如"汛、讯、轩"等；二是指依反切本应为合口的今音为开口，如"携、遗、恋"等。这类例外音共 25 个，它们的历史层次及造成例外的内在原因应当是不尽相同的。在此我们将其分为三小类：

1. "◆履 lü3、◆癣 xuan3、◆轩 xuan1、◆薛 xue1、寻₁浔挦 xun2、◆汛讯 xun4、*赚①（贝廉）"市物失实" zhuan4、嗟 jue1、◆沿 yan2、◆县 xian4、◆携 xie2、◆遗 yi2、血 xie3、恋 lian4、尹 yin3"等 15 个例外音。其中标◆的字的韵母古分开合韵，这些字今音之所以开合不合反切，可能是由于开合韵字音之间互相影响的结果。

笔者曾就此问题请教过刘镇发博士，刘先生认为："履、癣、轩、薛、寻₁浔挦、*赚（贝廉）、嗟₂"等字今音读合口，可能是"上古[y]音的遗留"。他一直坚持"上古有[y]音"的观点，并认为今有些方言仍保留[y]而有些方言已转为[i]或[u]。笔者认为刘镇发博士的观点有一定道理，否则，确实难以解释诸如"寻₁浔挦、汛讯、*赚（贝廉）、嗟₂"等字今普通话与许多方言都读合口的现象。

2. "科棵窠稞 ke1、蝌 ke1、颗 ke1、课 ke4、禾和龢盉 he2、和（声相应）he4、讹（讹诈）讹（以讹传讹）吪 e2、我 wo3"等 8 个例外音。该类字音中"古合口今读开口"现象当是晚起的，先是合口字丢失[u]，然后在舌根音后高化。可能是共时结构规律制约历时演变规律的结果。

"科棵窠稞、蝌、颗、课"等果摄合口字读开口"ke1"，大概是由于普通话语音系统中无"kuo1"音节，是今音结构规律制约历时演变规律的结果。

"禾和龢盉 he2"，本应读 huo2，普通话 huo2 音节只有"活"一字，可能因此而让路。

至于"我 wo3"读合口，很可能有方言影响的成分。据《汉语词典》，"我"有 wo3、e3 两读，其中 wo3 音后标注有"语音"，表明该音为口语音。江淮官话、西南官话、粤语等开口一等歌韵字多读为合口，郑州、敦煌、

---

① 《古今字音对照手册》中据《集韵》收入的字，在左上角加"*"号表示，注明集韵的反切。

兰州、烟台等"我"也读为合口，"wo3"音大概有方言影响的成分。"我"旧读"读音"（读书音）仍为 e3，符合语音演变常例。

3."拃 den4 *"引也"、嫩 nen4"。当属更晚起现象。其中的"嫩 nen4"依反切"奴困切"应读合口，今音为开口，汉语不少方言也普遍存在古合口韵与 n、l 相拼今读开口的现象，反映出 n、l 在语音演变过程中有不拼合口的趋势。

二　因形而变

字形的影响也会造成语音演变的例外。李荣认为因字形的影响而造成例外的有"读半边字"和"多音字的合并"两种情况[5]。关于"多音字的合并"，如"要领"的"要"由平声并入去声，读同"要点"的"要"；"太守"的"守"本应读去声，合并为上声，读同"看守"的"守"[5]……这类情况比较复杂，本文暂不作讨论。我们对另一类（我们称其为"声符类化"）作了较为全面的考察。根据被类化字音与"类化源"字音的"音同"程度的不同，又分为"完全类化"和"部分类化"两类。

（一）完全类化。指被类化字音与"类化源"字音完全一致。下分两小类：1. 读如"声符字"；2. 读如"同声符字"。

1. 读如"声符字"。这类例外音共 45 个，例如表 6。

表　6

字	今音	中古音	类化源
懈	xie4	古隘切	解：胡买切
栖（棲）	qi1	先稽切	妻：七稽切
殴	ou1	乌后切	区：乌侯切
嘲（嘲笑）	chao2	陟交切	朝：直遥切
仅（僅）廑瑾馑墐	jin3	渠遴切	堇：居隐切
贮（貯）	zhu4	展吕切	宁：直吕切
滂	pang2	普郎切	旁：步光切
慵	yong1	蜀庸切	庸：徐封切
米恋	lian4	龙眷切	恋：力卷切

懈 xie4：今音读如声符"解 xie4"。"解"有佳买切、古隘切、胡买切三个反切，以"解"为谐声声旁的字读匣母与读见母的都有，但读匣母的多于读见母的，如"解 xie4（解数）、蟹、邂"等，且较常用；读见母较常

用的只有"解 jie3（庖丁解牛）"。故"懈"往匣母靠——"从众"。

栖（棲）qi1、殴 ou1、嘲 chao2、仅（僅）廑瑾馑墐 jin3：这四组字旧读（据《汉语词典》）均有两读：栖（棲）（qi1；xi——又读）；殴（ou1；ou3——又读）；嘲（zhao1；chao2——语音）；仅（僅）廑瑾馑墐（jin3；jin4——又读）。其中"栖（棲）xi1、殴 ou3、嘲 zhao1、仅（僅）廑瑾馑墐 jin4"等读音符合语音演变规律，是常例；"栖（棲）qi1、殴 ou1、嘲 chao2、仅（僅）廑瑾馑墐 jin3"等读音是例外，属声符类化。新读（据《古今字音对照手册》、《现代汉语词典》[6]）只有一读，均表现为"舍常例而存留例外音"，反映了"声符类化"在语音演变过程中有着一定的影响力，还不时呈现出"邪压正"的有趣现象。由此看来，"有边读边"还确实是语音演变中不可忽视的一种现象。究其根源，可能是"声符类化"在某种程度上可以减轻语音习得的负担，符合语言的"经济性原则"。

贮（貯）zhu4、滂 pang2：这二字在《汉语词典》中分别读为 chu3、pang1，旧读合乎语音演变常例。"贮（貯）"新读变为 zhu4，读同声符"宁（直吕切）"；"滂"新读变为 pang2，读同声符"旁"，这种现象反映出"声符类化"字音有增多的趋势。

慵 yong1、米恋lian4：此二字分别读同声符"庸 yong1"、"恋 lian4"，而声符字读音本身也是例外（依反切，"庸、恋"本应读为"yong2、luan4"），属于跟着声符字音错读的现象。

2.读如"同声符字"。该类例外音共 14 个（表 7）。

表 7

字	今音	中古音	类化源
疗（療）	liao2	力照切	僚嘹辽（遼）撩：力昭切
*脸	lian3	居奄切	敛敧：力冉切

疗（療）liao2：《汉语词典》该字有 liao2、liao4（又读）两音，liao4音合常例。新读"舍常例而存留例外音"。

脸 lian3：《广韵》力减切，脸殲（"歺"旁改"月"旁），羹属；表"脸颊"义见于《集韵》，居奄切，本应读为 jian3。据沈兼士《广韵声系》，"佥"作声符，清母字 7，见母字 4，溪母字 2，群母 1，疑母 8，澄母 1，彻母 1，精母 2，心母 1，初母 1，晓母 9，来母 22。读来母最多，常用的有"殓、敛、莶、潋、敛、捡"等，随大流"脸"读为 lian3。

（二）部分类化。指被类化字音与"类化源"字音只是部分相同：或声母类化，或韵母类化，或声调类化。该类例外音共 14 个（表 8）。

表 8

字	今音	中古音	类化源
莞（莞尔一笑）	wan3	户板切	完：胡官切（声）
浣₃皖	wan3	胡管切	完：胡官切（声）
模（模范）谟	mo2	莫胡切	莫：慕各切（韵）
垢	gou4	古厚切	后：胡口切（调）

莞（莞尔一笑）、浣₃皖 wan3：三字本应读"huan4"，今读零声母"wan3"，可能是受声符"完"影响所致。而"完"为"胡官切"，本应读"huan2"，今音为零声母"wan2"，其本身也属例外。属于跟着声符字音错读的现象。

模（模范）谟 mo2：上古铎部到中古有并入遇摄的。"莫"声符本身即铎部，"模（模范）谟 mo2"大概是与"莫"韵母类化的结果。

垢 gou4：声符"后"有胡口切、胡遘切，为匣母去声字，但"垢、诟"与"后"义有别，故取见母拼法（古厚切）。"古厚切"当读为上声"gou3"，读去声可能是与"后"声调类化的结果。

三　因义而变

字义的影响也会造成语音演变的例外。主要有两种情况：一是由于字义的分化而产生新音；二是为了避讳而改读新音。

（一）因字义分化而产生新音。该类字音共 14 个（表 9）。

表 9

字	今音	中古音
苔（舌苔）	tai1	徒哀切
跑（奔跑）	pao3	薄交切
钻（穿孔）	zuan3	借官切
还（还是）	hai2	户关切
没（没有）	mei2	莫勃切

苔 tai1：今北京音和不少南方方言（如闽语、粤语、客家话）中，"舌苔"的"苔"读阴平调，"青苔"的"苔"读阳平调，二音别义。可能是中医所别，后起的因音别义，也可能本有二音而韵书失收。

跑 pao3：《广韵》"薄交切"（pao2），足跑地也（兽以足刨地），今杭州"虎跑（pao2）泉"（地名），乃此义也。用作疾走，音 pao3，是新读，大概是因音别义。之所以变读上声，可能是受了"走"字读上声的影响，即所谓的"感染作用"（语法上属于同一小类的用法相近的字，有时在读音上互相吸引，引起字音的改变[5]）。明李翊《俗呼小录》32 之 13 上"趋课之跑"可能是较早作"急走"解的注文；《水浒传》18 回：（宋江）"离离茶坊，飞也似跑到下处"是作"急走"义较早用例。《汉语词典》"跑"有两读：（1）pao2，疾走（又读）；足刨地。（2）pao3，走；逃。官话中，西安、武汉、合肥、扬州有阳平读法，是旧读；长春、赤峰、襄樊、桂林读上声，是新读。苏州表"奔走"义的"跑"今音仍为 [bæ2]；梅州、福州仍读阳平；南昌、厦门、广州等读上声。

钻 zuan3：《汉语词典》该字有三读，（1）zuan1，钻研；（2）zuan3，穿孔；（3）zuan4，穿孔器；钻石。三音别义。《现汉》两读，（1）zuan1，穿孔，穿过，钻研；（2）zuan4，打孔用具，钻石。二音别义。

还 hai2：副词，常用词语法化后出现的因音别义，别于动词"还 huan2"。《汉语词典》"还"已有"huan2、hai2"两读，读"hai2"义为"犹，尚"。

没 mei2：副词，常用词语法化后出现的因音别义，别于动词"没 mo4"。关于此音由来，学界主要有三种观点：（1）"无物"合音；（2）"无勿"合音；（3）从"没 mo4"变韵而来。笔者较倾向于第三种观点。

（二）为避讳而改读新音。该类例外音 8 个（表 10）。

表　10

字	今音	中古音
徙*蓰（五倍曰蓰）	xi3	所绮切
入	ru4	人执切
鸟茑	niao3	都了切
糙	cao1	七到切
蓖（麻）	bi4	边兮切
裨（益）	bi4	府移切
卑椑（似柿）	bei1	府移切
睥（睨）	bi4	匹诣切

徙*蓰 xi3：依反切，今音或为 si3，或为 shi3。北京"死 si3"字没有同音字，大概是因为别的按照音变规律可能读 si3 的字都避开了[5]；又

因"shi3"音同"屎 shi3",也容易引起误会,故改读 xi3。

入 ru4:在北京话里,"入"有两个音(ri4、ru4),"入 ri4"是个专用的禁忌字(也写作"日"),语音演变符合常例;"入 ru4"是个通用字,大概是避"ri4"之讳而分化出来的音[7],是例外。

鸟茑 niao3:本应读 diao3,因与粗野字"屌 diao3"同音,故改声母而读为 niao3。该字音在梅州客家话中是通过改变声调——由上声变读为阴平,以避粗野字"屌"。

糙 cao1:本应读 cao4,北京话"cao4"是个粗野字,为避讳而改读 cao1。在许多"cao4"为禁忌字的方言中,"cao4"都没有同音字,如北京、昌黎、献县、深县等[5];在不发生忌讳问题的方言"糙"仍读去声,如粤语、客家话等。

蓖 bi4、裨 bi4、卑椑 bei1:据反切,均应读为 bi1,变读去声大概是为了避官话粗野字"屄 bi1"之讳。在笔者母语中,读阴平调的"[pi]"音不存在忌讳问题,故这几个字仍读阴平"[pi]"音。

睥 bi4:本应读"pi4",音同"屁 pi4",变读可能也是为了避讳。

四　周边方言的影响

语言接触必然会造成方言之间的相互影响和相互渗透。由于各方言间语音演变规律不尽一致,渗入的部分往往不符合自身语音系统的演变规律。普通话语音系统基本以北京音为标准,北京音在发展演变进程中,由于周边方言的影响而出现的例外字音自然也进入了普通话的语音系统。

(一)方言借字。该类例外音 3 个(表 11)。

表　11

字	今音	中古音
尴(尲)	gan1	古咸切
尬	ga4	古拜切
搞(攪)	gao3	古巧切

尴尬 gan1ga4:按古今音演变的规律,应读"jian1 jie4"。今音读"gan1 ga4",可能是借吴语[kɛ ka]一类音的结果,字形也当是借自吴语。

搞:本来即《广韵》的"攪",本应读"jiao3",今字形和字音"搞 gao3"

可能是借自湘语。后来二字形音义都分化了，成为两个不同的字。

（二）文白异读。我们仅收了同韵字中只有个别字有白读现象的字音，视其为例外音，共 12 个。若同韵字有不少字有同样的白读音，则略收，视作条件对应，如"通摄合口三等屋韵"的"粥、熟、肉、轴"等等。例如表 12。

表　12

字	今音	中古音
浜	bang1	布耕切
盲₁虻（蝱）₁	mang2	武庚切
氓（流氓）	mang2	莫耕切

概括地说，普通话的文读音往往是地道的北京音，白读音往往是从外方言借来，如"浜 bang1"大概是从吴语借入的音；"盲、虻、氓"等字在西南官话、江淮官话中均读 mang2，普通话的读音大概是受南方官话的影响。

（三）古全浊入归去。该类例外音 19 个（表 13）。

表　13

字	今音	中古音
洽₂	qia4	侯夹切
特	te4	徒得切
涉	she4	时摄切
褐	he4	胡葛切
鹤₂	he4	下各切
◆度（揣度）踱	duo4	徒落切
硕₁	shuo4	常隻切
或惑	huo4	胡国切
获（獲）	huo4	胡麦切
◆穴	xue4	胡决切
秩袟帙	zhi4	直一切
掷₂	zhi4	直炙切
弼	bi4	房密切

续表

愎	bi4	符逼切
辟（开辟）擗辟（大辟）	pi4	房益切
甓	pi4	扶历切
剧	ju4	奇逆切
获（穫）镬	huo4	胡郭切
曝	pu4	蒲木切

有关表中标◆的字音的说明：1. 度（揣度）踱 duo4，《手册》标读 duo4，《汉语词典》也只有 duo4 音，属例外音；《现汉》标读 duo2，读音合常例。2. 穴 xue4，《手册》标读 xue4；《汉语词典》两读——xue4、xue2；《现汉》标读 xue2。该字在《汉语词典》中因音别义：（1）xue4，谓土室；孔也。（2）xue2，谓人身筋脉要害之处。《手册》与《现汉》均为一读，《手册》"穴 xue4"音为例外音，《现汉》"xue2"音合常例。

"全浊声母的入声字在官话区大致是归到阳平里去了"[8]。但各官话点的实际面目究竟如何呢？我们对长春、济南等几个官话点的全浊声母入声字的分化进行了穷尽式的统计分析（表 14），发现古浊入字主要派入两声——阳平和去声（唯郑州例外）。"全浊入归阳平"是官话区古浊入字分派的主流，但各点所占比例悬殊比较大，比如郑州，才占 55%，另有近 30%派入了阴平，这是值得注意的现象；柳州作为西南官话的代表点之一，85%归阳平，与一般人所持的"西南官话古入声字都读阳平"的观点也有一定的出入。"全浊入归去声"在各官话点均占一定比例，普通话与长春、济南、保定等官话点比例相当，占 15%左右；兰州则较高，达 28%。普通话的这类例外音大概是受周边官话影响的结果。

表　14

	古全浊入声字数	今读阳平字数	今读阳平比例	今读去声字数	今读去声比例
长春	138	104	75%	16	12%
济南	192	139	72%	30	16%
兰州	188	122	65%	53	28%
郑州	132	72	55%	10	8%

续表

保定	134	102	76%	24	18%
柳州	87	74	85%	7	8%
普通话	196	152	78%	34	17%

（四）古次浊入归非去声。该类例外音9个（表15）。

表 15

字	今音	中古音
额	e2	五陌切
膜	mo2	慕各切
捏	nie1	奴结切

次浊入声在官话区的分派不像全浊入那样有着较为一致的主流，胶辽官话、东北官话、北京官话、冀鲁官话、兰银官话主要派入去声，中原官话主要派入阴平，南方官话则主要派入阳平（表16）。普通话"古次浊入声归非去声"现象也可能是官话方言影响的结果。如"额"，济南、长春、西安、成都、武汉、柳州等均读阳平；"膜"，济南、西安、银川、成都、武汉、柳州等均读阳平；"捏"，济南、长春、烟台、成都、西安、武汉、柳州等均读阴平。

表 16

方言点	长春	北京	济南	保定	郑州	兰州	柳州
次浊入归阴平比例					70%		
次浊入归阳平比例							55%
次浊入归去声比例	88%	84%	91%	90%		91%	36%

（五）疑母拼细音归n-。该类例外音7个（表17）。

表 17

字	今音	中古音
孽（孼）蠥糵闑	nie4	鱼列切
臬啮陧	nie4	五结切
倪儿（姓）霓鹝猊輗鯢蜺	ni2	五稽切
拟儗	ni3	鱼纪切
逆	ni4	宜戟切
牛	niu2	语求切
虐疟	nue4	鱼约切

表 17 中各字在官话中也有仍读零声母的，如"孽"武汉读 ye2，"虐疟"济南、西安、武汉、成都读零声母。但多数官话方言读为 n-，北京话口语中"不言语"也说成"bu4 nian2 yu3"。在南方方言湘赣吴（温州除外）及部分粤语中疑母拼细音皆读鼻音[ȵ]，包括明清官话也应是[ȵ]。普通话疑母拼细音归鼻音 n-现象是南音影响北音的例证，也可视为疑母古音的一种残留形式。

（六）擦音变塞擦音。该类例外音 8 个（表 18）。

表　18

字	今音	中古音
赐₁	ci4	斯义切
伺（伺候，侍奉）	ci4	相吏切
豉	chi3	是义切
翅啻	chi4	施智切
瑞	rui4	是伪切
鞘	qiao4	私妙切
产	chan3	所简切
春憃	chong1	书容切

有些南方方言古"心、邪、书、禅"母字今有不少读塞擦音的，如闽语、客家、粤语等，普通话"擦音变塞擦音"现象可能有南音影响的因素。但个别音可能是其他原因造成的，如"豉、瑞"在南方方言中均读擦音，但张家口、郑州、济南、兰州、银川、长春、赤峰等均为塞擦音，普通话读塞擦音可能是北音间互相渗透的结果；"伺"读 ci4 也可能是"因音别义"，《汉语词典》"伺"两读，（1）ci4，见伺候条；（2）si4，侦察。《现汉》亦两读，（1）"伺 ci4 候"；（2）"伺 si4 机"。"si4"、"ci4" 二音别义。

（七）曾梗摄字收-n。该类例外音 8 个（表 19）。

表　19

字	今音	中古音
贞祯桢	zhen1	陟盈切
侦	zhen1	丑贞切
（相）称	chen4	昌孕切
亘	gen4	古邓切
肯	ken3	苦等切
皿₁	min3	武永切
矜	jin1	居陵切
馨₁	xin1	呼刑切

鼻韵尾的合并及卷舌声母与不卷舌声母的合并是官话的两大发展趋势[9]。"曾梗塞字收-n"是鼻韵尾相混淆现象的具体体现，而混淆是合而为一的前奏[9]，是语音由繁到简发展进程中的必经阶段。从官话区的方言实际看，南方官话曾梗摄字收-n 很普遍，普通话曾梗塞字收-n 可能是受南方官话的影响。

五　共时音系的制约

语音演变过程中，共时语音系统会在一定程度上制约历时演变规律，从而导致一些例外字音的产生。就普通话语音系统而言，某些例外字音很可能是受共时语音结构规律和语音发展趋势制约而形成的。

（一）今音结构规律制约。

1.疑母、云母、以母归 r-。该类例外音 5 个（表 20）。

表　20

字	今音	中古音
荣	rong2	永兵切
颙₁喁	rong2	鱼容切
融肜	rong2	以戎切
容熔（镕）溶蓉榕	rong2	徐封切
阮	ruan3	虞远切

关于"荣"读 rong2，李荣先生认为也是有规律的，理由是：北京话的前身"戎绒茸"读 rong2，"融容蓉镕颙荣"读 yong2；北京话 yong2 变成 rong2，"戎绒茸融容蓉镕颙荣"都读 rong2，所以 yong2 阳平无字[10]。按李荣先生的看法，"荣"读 rong2 是今音结构规律制约演变规律的结果，应不算例外，但其他疑母、云母、以母字归零声母也是呈条件对应规律的，由此看来，"荣"读 rong2 似乎还是应视为例外。同样地，"颙₁喁、融肜、容熔（镕）溶蓉榕"读 rong2，原因也是由于今普通话语音系统无 yong2 音，相对"疑母、云母、以母字今读零声母是呈条件对应的"而言，也当属例外。通过考察，"荣"在长治、大同、沂州、张家口、安庆、丹东、长春、佳木斯、烟台等官话点读零声母，属于常例；郑州、济南、保定、西安、南京、银川、成都、兰州、乌鲁木齐、北京等归 r-，属于例外。

阮 ruan3：普通话 yuan3 音节只有"远"一字，可能因此让路。"阮

ruan3"音也可能是周边方言影响所致，大同、郑州、保定、敦煌、兰州、银川、赤峰等"阮"均读 r-。

2.新读只保留旧读之例外音。该类例外音 3 个（表 21）。

表　21

字	今音	中古音
茂貿懋瞀袤	mao4	莫候切
禀	bing3	笔锦切
漱	shu4	所佑切

茂貿懋瞀袤：《汉语词典》两读：（1）mao4；（2）mou4（又读）。普通话语音系统"mou4"音节无字，故新读只保留例外"mao4"音。

禀：《汉语词典》两读：（1）bing3；（2）bin3。普通话语音系统"bin3"音节无字，故新读只保留例外"bing3"音。

漱：《汉语词典》两读：（1）sou4；（2）shu4（语音）。普通话语音系统"sou4"音节只有"嗽"一字，可能因此让路而只保留例外"shu4"音。

（二）今音发展趋势制约。

从共时角度考察，汉语语音有朝着"轻音化"发展的趋势。北京话的阴平字在增加，这不但是历史上的事，也是今天还在不断发生的事[11]。据 1928 年民国政府教育部审定的《国音常用字汇》，我们发现当时的阳平字比现在多，如"跌咄击唧浹掬鞠拙夹瘪"等字在当时都读阳平，现在却被阴平蚕食了。在所有例外字音中，"非阴平归阴平"的例外音不少，大概是受"轻音化"这一共时语音发展趋势影响所致。

1.新读变读阴平或只存留旧读之阴平读音。该类例外音 8 个（表 22）。

播 bo1：《汉语词典》读"bo4"，《手册》和《现汉》均变读阴平"bo1"。

掷 1（zhi1）：《汉语词典》为"zhi2"，《手册》两读：zhi1、zhi4。新读变阳平"zhi2"为阴平"zhi1"，另增加了一个去声读音。

跌 die1：《汉语词典》为"die2"；《手册》和《现汉》均变读阴平"die1"。

"纠、几（茶几）、剖、究"等字在《汉语词典》和《手册》中均有两读：纠 jiu1、jiu3；几 ji1、ji3；剖 pou1、pou3；究 jiu1、jiu4，其中读阴平调的均为例外音。到了《现汉》，均只存留阴平读音 jiu1、ji1、pou1、jiu1。

表 22

字	今音	中古音
播	bo1	补过切
掷₁（掷色子）	zhi1	直炙切
跌	die1	徒结切
纠₁（纠察）	jiu1	居黝切
几₁（茶几）	ji1	居履切
剖₁	pou1	普后切
究₁	jiu1	居佑切
夕	xi1	祥易切

夕：《汉语词典》为去声"xi4"，《手册》和《现汉》变读阴平"xi1"。《汉语词典》"夕"为去声，这个音很可能是误认反切造成的："祥易切"的下字"易"是"交易"的"易"（梗摄开口三等入声字），当切出"xi2"音；如果将"祥易切"的"易"误以为"难易"的"易"（止摄开口三等去声字），则切出"xi4"音。

2. 古浊平归阴平

（1）古全浊平归阴平。该类例外音8个（表23）。

表 23

字	今音	中古音	21 个官话点全浊平归阴平概况
疵	ci1	疾移切	银川
◆期 1	qi1	渠之切	多数
兮奚蹊徯鼷郎	xi1	胡鸡切	多数
殊殳	shu1	市朱切	多数
涛焘	tao1	徒刀切	多数
◆帆 1	fan1	符芝切	郑州、银川、长春、青岛、烟台
酣	han1	胡甘切	多数
◆丛 2	cong1	徂红切	郑州、银川、乌鲁木齐、烟台

表23中标◆的字在《手册》中两读：期 qi1、qi2；帆 fan1、fan2；丛 cong1、cong2。二音别义。《现汉》中这三字均只有一读：期 qi1、帆 fan1、丛 cong2。这种现象在一定程度上反映了汉字字音系统趋于简化的发展趋势。

（2）古次浊平归阴平。该类例外音12个（表24）。

表　24

字	今音	中古音	21 个官话点次浊平归阴平概况
妈	ma1		全部
椰（子）	ye1	以遮切	多数
巫诬（告）	wu1	武夫切	多数
悠攸	you1	以周切	多数
◆危₁	wei1	鱼为切	多数
◆微₁	wei1	无非切	多数
捞	lao1	鲁刀切	安庆、银川
颟（顸）	man1	母官切	济南、安庆、银川、兰州
鸢	yuan1	与专切	多数
抡	lun1		北京、佳木斯、昆明
庸佣（雇佣）墉鳙	yong1	馀封切	多数
猫	mao1	莫交切	全部

表 24 中标◆的字在《手册》中两读：危 wei1、wei2；微 wei1、wei2。《现汉》两字均只有阴平"wei1"音。

六　疑误而变

普通话字音中有一些不合演变规律的例外音，很可能是"本字有误"、"韵书有误"或"误解反切"等原因造成的，我们称其为"疑误而变"现象。

（一）疑本字有误。该类例外音 2 个（表 25）。

表　25

字	今音	中古音
拉	la1	卢合切
喫（吃）	chi1	苦击切

拉 la1："拉扯"的"拉"，从方言比较上看，似乎不是从古入声来的，和广韵"卢合切"的"拉"也不一定相干。

吃 chi1：声母何以变 ch，难以解释，"吃"恐非由"喫"而来。

（二）疑韵书有误。该类例外音 9 个，例如表 26。

表　26

字	今音	中古音
鼻	bi2	毗至切
歪（喎）	wai1	火娲切
建	jian4	居万切

鼻 bi2：闽语、粤语、客家方言"鼻"均读去声，合"毗至切"；普通话"鼻"读阳平，且声母不送气，应是来自古入声，今吴语"鼻"亦为入声，很可能《广韵》失收其入声读音。歪（喎）wai1：各官话点均为零声母或 v，结合汉语南方各方言该字的读音，该字可能是古微母字而非晓母字。疑韵书反切上字有误。

建 jian4：合口字（万）切开口字，似欠合理，疑韵书反切下字有误。

（三）疑《手册》标注反切有误。该类例外音 1 个（表 27）。

表　27

字	今音	中古音
菶	beng3	蒲蠓切

菶 beng3：《广韵》两个小韵有此字。1）"琫"小韵：边孔切，草盛。2）"菶"小韵：蒲蠓切，草盛皃；又方孔切。"beng3"音应是来源于"边孔切"或"方孔切"，而不是来自"蒲蠓切"，疑《手册》所标反切有误。

（四）疑误将古异音读为同音。该类例外音 1 个（表 28）。

表　28

字	今音	中古音
舴₁	ze2	陟格切

舴₁（ze2）：《广韵》两个小韵有此字。1）"磔"小韵：陟格切，舴艋；小船。2）"啧"小韵：侧伯切，舴艋。可见"舴"古音有两读。《手册》"舴₁、舴₂"均标读 ze2，可能是误将古异音读为同音，实际上是把"陟格切"的古音丢了。

（五）疑误解反切。

"误解反切有时也造成音变规律的例外。"[5]李荣先生认为今音"窕 tiao3"（徒了切，本应读 diao4）大概是误解反切造成的，很可能是后人把古书上的反切折合成今音时，只是简单地把"反切上字的今声母"和"反切下字的今韵母今声调"加在一起,而没有按古今音演变的规律折合。普通话"古全浊上归上"这类例外音中的一部分很可能是因为"误解反切"造成的。该类例外音共 15 个,如:殍 piao3(平表切)、釜腐辅 fu3(扶雨切)、袒 tan3(徒旱切)、殄 tian3(徒典切)等等①。

"古全浊上声今变去声,这是一条很重要的演变规律,官话区的方言几乎全是这样的。"[8]从汉语语音发展演变的总趋势看,这个论断无疑是正确的,但具体落实到方言尤其是南方方言中,情况还比较复杂。事实上,在官话区各方言中,"古全浊上归去"也并不是绝对的,下面是根据陈章太、李行健主编的《普通话基础方言基本词汇集·语音卷》若干官话点语料统计出来的一组数据(表 29),从中我们可以看出各官话点均存在"古全浊上归去不彻底"的现象。另外值得注意的是,各点"古全浊上"分派的基本格局亦很相近:"古全浊上归去"所占比例均在 70%—80%之间,而"古全浊上归上"则一般在 10%—15%之间,唯柳州略高些,将近 20%。据初步分析,官话区多数"古全浊上归上"例外字音很有可能是误解反切的结果。

表　29

	普通话	济南	保定	南京	兰州	北京	长春	柳州
古全浊上声字数	201	220	145	122	186	137	135	121
今归平声字数	11	20	3	3	17	8	10	14
今归上声字数	27	25	14	12	30	16	17	23
今归去声字数	163	175	128	107	139	113	108	84
今归去声所占比例/%	81.09%	79.55%	88.28%	87.70%	74.73%	82.48%	80.00%	69.42%
今归上声所占比例/%	13.43%	11.36%	9.66%	9.84%	16.13%	11.68%	12.59%	19.01%

七　余言

在对普通话字音与中古音对应的例外现象进行穷尽性计量统计分析

---

① 此类字的"误读"原因也许不完全是"误解文切"所致,还可能有别的原因,如黎良军教授认为:"古全浊上字今读上声的,恐怕不都是误解文切造成的,其中一部分古全浊上字今仍读上声的原因有可能是在浊上归去的潮流到来之前,这些浊上字的声母已经清化了,因此后来就留在上声中。韵书存古性质浓,故未反映出这种情况。"对此我们尚未能找到力证,故本文暂且将该类例外音归入"疑误而变"。

过程中，对其中某些类型的例外音，如"不别义的异读例外"等，其形成的内在原因我们还无法进行阐释、论证；另有 10%左右的例外字音的归类问题我们也尚未能解决。在本文中，这批例外字音我们暂未论及。

本文在修改过程中承蒙恩师黎良军教授悉心指正，谨致谢忱。

参考文献

[1] 丁声树、李荣：《古今字音对照手册》，中华书局 1981 年版。

[2] 中国大辞典编纂处：《汉语词典（简本）》，商务印书馆 1937 年版。

[3] 王力：《汉语语音史》，山东教育出版社 1987 年版。

[4] 陆志韦：《古音说略》，载《陆志韦语言学著作集（一）》，中华书局 1985 年版。

[5] 李荣：《语音演变规律的例外》，载《音韵存稿》，商务印书馆 1982 年版。

[6] 吕叔湘、丁声树主编：《现代汉语词典（修订本）》，商务印书馆 1996 年版。

[7] 李荣：《论"入"字的音》，载《语文论衡》，商务印书馆 1985 年版。

[8] 丁声树、李荣：《汉语音韵讲义》，上海教育出版社 1988 年版。

[9] 陈重瑜：《北京音系里的鼻韵尾与卷舌声母：混淆情况及发展趋势》，载《华语研究论文集》，新加坡国立大学华语研究中心 1993 年版。

[10] 李荣：《论北京话"荣"字的音》，载《语文论衡》，商务印书馆 1985 年版。

[11] 刘勋宁：《中原官话与北方官话的区别及《中原音韵》的语言基础》，《中国语文》1998 年第 6 期。

[12] 陈小燕：《贺州本地话音系及其特点》，《广西师范大学学报》（哲学社会科学版）2004 年第 2 期。

[13] 白云：《方言区人普通话声调的学习——以广西桂北平话区为例》，《广西师范大学学报》（哲学社会科学版）2007 年第 6 期。

[原载《广西师范大学学报》（哲学社会科学版）2008 年第 6 期，《中国人民大学报刊复印资料·语言文字学》2009 年第 4 期全文转载]

浊上变去例外探因

杨世文

引言

古全浊声母的上声变为去声，这是普通话语音发展的一条规律。但是在普通话中还有少数古全浊声母的上声字仍读上声的，我们称之为"浊上变去例外"。本文所讨论的"浊上变去例外"，范围稍为划宽一些，它们包括：（1）古全浊上声在普通话里仍仅念上声的，如"艇"，《广韵》徒鼎切，普通话念 tǐng。（2）在中古有几个相关读音，其中一个是全浊声母上声，而在普通话中也有几个相关读音，其中一个念上声的，如"强"，《广韵》巨两切、巨良切、居亮切，普通话的读音有 qiǎng、qiáng、jiàng。

现按照上面所划范围列出浊上变去例外字如下：

挺 艇 梃 铤 阱 窘 迥 泂 炯 莞 皖 缓 挑 窍 坂 沮 咀 痞 否 圮 强 吮 俎 楯 很 狠 腐 辅 釜 殄 尽 俭 蚬 啡 搴 孱 晃 幌 喊 减 奘 褴 肚 尵 瘇 汞

一

在探求造成浊上变去例外的原因之前，有必要讨论一下浊上变去的条件。在全浊上声变去声的过程中，"上声"是变化的对象，"去声"是变化的结果，而"全浊"则是这个变化的必要条件。例如："肚"《广韵》徒古切，又当古切，现有 dù、dǔ 二读。毫无疑问，dù 来自前者，dǔ 来自后者。又如："普"《广韵》滂古切，现读 pǔ；"鲁"《广韵》郎古切，现读 lǔ。以上当古切是全清，滂古切是次清，郎古切是次浊，发展到现代普通话仍为上声，只有全浊声母上声的徒古切发展成为去声。这个规律早已为大家熟知。问题是，为什么只有全浊声母变去声而全清、次清和次浊声母不然？又为什么只是上声变去声而平、入声不变（入派三声则是另外一个问题）？又为什么变为去声而不是变为平、上、入？能对这些问题作出最合理解释的答案只有一个，那就是：全浊上声的调值与去声的调值极为相似，二者在发展中合流。其实，调值最为相似的是全浊上声和全浊去声，先是全浊上声变为全浊去声，然后再与其他去声合流。这一点从《广韵》的又切可以看出，如"奘"字，在荡韵中有徂朗切（浊上），又在宕韵中有徂浪切（浊去），是浊上变浊去。现代许多去声分阴阳的方言中，变为去声的古全浊上声字都在阳去，也可证明这一点。

　　调值相似就容易相混，这是很自然的事。例如现在粤方言的阳平调值为 21 或 11，阳去调值为 22，二者在听觉上很相似，所以阳平的"炎霞忙摇"等字的读音往往与阳去的"艳夏忘耀"等字读音相混。在推广普通话的初期，粤方言的人以本方言类推北京话时，常把"炎症"说成"艳症"，"云霞"说成"云夏"，"忘记"说成"忙记"，"光宗耀祖"说成"光宗摇祖"。中古前期全浊上声与全浊去声的情况亦当如此。从现在北京话的事实来看，除了全浊上声变去声之外，也有一些全浊去声变为上声的，如"导蹈（定母）署曙薯豉（禅母）哺捕（并母）仅瑾馑（群母）"，这就是全浊上声与全浊去声相混的痕迹。中古前期四声的调值如何，我们无法了解得很具体，但根据前人的描述，可以推测平声是个高平调，上声是个中升或低升调，去声是个中降或低降调，入声是个短促调。随着语言的发展变化，各调的升降会有所改变，但基本的格局还是平高，上中，去低，入短。同一个调类，由于声母清浊的不同，音高也有差别。全浊音发音时由于受声带振动影响，调子要比清音低，也比声带振动较弱的次浊音低。上声处在中低调，其全浊声母字的音高一经降低，就接近乃至混同于低调的去声，在发展过程中，全浊上声逐步从上声中分化出来向去声靠拢，最后与去声合流。由此可见，"全浊"是上声变去声的充分而必要条件。

二

麦耘《古全浊声母清化规则补议》一文中根据古全浊上声字在广州话中若保持上声（阳上）则多读送气音这一规律去检验北京话，发现"古全浊声母今读塞音、塞擦音声母在北京话中的清化规则同广州话一样，是平、上声（笔者按：未变去声部分）变送气清音，去、入声变不送气清音。"现录其所举字例并整理如下：

並母：pǐ 否（臧～）痞圮　　piǎo 殍
定母：tǎn 袒　tiǎn 殄　tiǎo 挑（～战）窕　tǐng 艇挺梃
群母：qiǎng 强（勉～）

麦文主要讨论古全浊声母今读塞音、塞擦音的在北京话中的清化规则，以修正一向认为平声读送气音，仄声读不送气音的不准确的说法。但我们从中可得出另外的两点结论：一是古全浊上声字保持上声的现象虽是少数，但不都是零碎杂乱的，而大部分是有规则的；二是古全浊上声字保持上声的规则（或说条件）是，如果变为塞音、塞擦音则读送气音。"塞音、塞擦音读送气音"作为全浊上声保持上声的规则，是北京话的一种现象，透过这种现象，我们可以找到它的原因，就是全浊声母的清化。中古时期，在全浊上声向去声靠拢的同时，浊音清化的演变也在进行。其实浊音清化比浊上变去出现得更早，周长楫《浊音清化溯源及相关问题》一文认为，浊音清化绝非始于中古后期或中古中期，至少始于秦汉时期或更早一些时候。一部分全浊上声正是由于清化而失去了发展为去声的条件才保持了上声。从北方方言的现状看，浊音清化的主要标志之一，是浊音平声变为阳调。声调分阴阳到周德清《中原音韵》才正式提出，实际上这个事实早在隋代就存在了，只是当时不称"阴阳"而称"清浊"。陆法言的《切韵序》说："欲广文路，自可清浊皆通；若赏知音，即须轻重有异。"这里的"清浊"是指韵而言，即清浊韵，而不是指声母而言。因为他感觉到前人所说的清浊，当时其差别已不在声母而在声调，而声调又是与韵结合在一起的，所以认为清浊是韵的问题。潘文国《韵图考》说："清浊韵指什么呢？我们认为指的就是后来所谓的阴阳调。当时没有阴阳的名称，便用清浊来代表。"（第30页）又说："隋唐人为什么把清浊看作是韵上的问题呢？据我看跟隋唐时北方大部分地区全浊音已经清化，因而声母的带音不带音已反映到调值的变化上有关。"（第33页）浊音清化在各声调之间是有先有后的，李新魁先生在《〈中原音韵〉音系研究》一书中说："浊音系统的消失，起先当然发生于平声。平声字的清浊，转化为阴阳两调。而全浊音最后的消失，是在去声字。这个过程，并不是突变的，而是一个缓慢的消变过程。它以平声始，以去声终。去声字的全浊声母，直至《中州音韵》还保留有一丝痕迹。这可以从《中州音韵》的切语看出来。"（第52页）看来中古时期北方地区已经清化的是平声中的全浊音，已形成了事实上的阳调，而去声中的全浊音没有清化，上声中的全浊音则一部分正处在清化阶段。

伴随着阴阳调的实际形成，浊音清化的另一个主要现象，就是平声全浊塞音、塞擦音变为送气音（就北方方言而言）。全浊音声带振动大，发音时须较用力，声带振动消失，送气出现，这是用力方式转换。

与全浊平声清化的情况相似，全浊上声的清化也曾经历变为阳调和出现塞音、塞擦音送气的过程。上声的分阴阳，可能要比平声的分阴阳更为复杂一些，大概分为三个层次：清音上声为第一个层次，次浊上声为第二个层次，全浊上声为第三个层次。首先，全浊上声念得比较低沉，跟清音和次浊的上声有较大的差别，以致混同于全浊去声，而次浊上声与清音上声的差别不大，所以不容易分化。现代大多数方言的上声没有阴阳之分，都是因为古全浊上声变了去声，《汉语方言字汇》（第二版）所录20个方言点中，就有17个点如此。这就说明"浊上变去"其实就是上声分阴阳的表现。但是混同于去声的全浊上声并未清化，因为根据李新魁先生研究的结论，去声中的全浊音到元末明初尚未完全消失。其次，次浊上声与清音上声的音高也是有差别的，有些方言（如温州、广州、潮州等）部分古全浊上声字变为去声后，其他上声字又分阴阳的情况就是证明。不过二者在古代大多数方言尤其是北方方言中差别不大，其差别要小于与全浊上声的差别，因此现代大多数方言的上声不再分阴阳。与全浊平声清化的现象相同，部分全浊上声清化时其中的塞音、塞擦音变为送气音，全浊音一经清化，字音不再低沉，也就不会混同于全浊去声了。

如果是古全浊擦音（如匣母邪母），或者后来变为擦音的古全浊音（如船、禅母的一部分和并母的合口三等即奉母等），清化时就没有送气不送气之分，其上声仍然保持上声，如：

匣母：wǎn 莞（～尔）皖　　　huǎn 缓　　hěn 很狠

船母：shǔn 吮楯

奉母：fǔ 腐辅釜　　　fěng 唪

在一定的时期内全浊上声清化的进度和程度也是有差别的，在浊上变去这个演进阶段中，清化得较早的则较彻底，如"否痞祖很狠"等字在现代上声分阴阳的方言中大都念阴上，说明它很早就由全浊音声纽变到同发音部位的清音声纽中去了。而一部分全浊上声在这一阶段中的清化，只是不同程度地减弱了浊音成分，但已足以与其他全浊上声字造成了调值上的差别。也有小部分全浊上声清化得较晚，清化程度轻，游离于上声与去声之间，如"腐"字在《中原雅音》中就有上去两读，"釜"字《中原音韵》收在去声，而《韵略汇通》收在上声。"缓辅"二字《中原音韵》虽然收在去声，但不能排除在一部分人或某些地区中念上声。

三

也许正是因为有的全浊音在渐变中，早已变为纯粹的清音，混到清声纽字中，到了《广韵》时代，编纂者感到有必要改动《切韵》的反切。据古德夫先生《〈广韵〉反切的来源——〈切韵〉到〈广韵〉反切的改易》一文只就去声部分的统计，《广韵》对《切韵》反切的改变将近一半。其所改变的反切中，有部分是与《切韵》原反切音韵地位相同，也有部分不同。这些反切有的来自其他韵书，有的则是《广韵》编者自拟。但《广韵》毕竟是继承《切韵》的，某字在《切韵》时代的读音到了《广韵》时代即使有了改变，《广韵》的编者也不敢妄自删除，只能增补反切。这可以说是《广韵》又音的来源之一。值得注意的是，有的浊上变去例外字有着发音部位相同而清浊相反的一对反切，从中可以窥见全浊上声不变去声的原因。现列出如下（少数反切取自《集韵》，已注明）：

	全浊反切	清音反切		全浊反切	清音反切
菶 běng	蒲蠓（並）	边孔（帮）	坂 bǎn	扶板（澄）	府远（帮）
褫 chǐ	池尔（澄）	敕里（彻）	铤 tǐng	徒鼎（定）	他顶（透，集韵）
咀 jǔ	慈吕（从）	子与（精）	沮 jǔ	慈吕（从）	壮所（庄）
尽 jǐn	慈忍（从）	即忍（精）	俭 jiǎn	巨险（群）	居奄（见，集韵）
减 jiǎn	下斩（匣）	古斩（见）	泂 jiǒng	户顶（匣）	古迥（见）
喊 hǎn	下斩（匣）	呼赚（晓）	汞 gǒng	胡孔（匣）	虎孔（晓，集韵）
蚬 xiǎn	胡典（匣）	呼典（晓）			

　　上面各字的两个切语清浊对立，我们很自然会认定这些字现在的上声是来自清音的反切，但既然它们曾存在全浊音的反切，而现在的上声读音又是来自清音反切，这正说明全浊音变成了清音。从汉语语音由浊变清这个总趋势来看，可能有这样两种情况：①这些字原来是全浊音，前人已注了全浊音的反切，后来逐渐变为清音，原来的全浊音已不存在，《广韵》（或《切韵》）在照录前人全浊音反切的同时，又自拟了清音反切；②由于其他方言的影响或别的原因，这些字产生清浊两读，后来清音一读逐渐占优势，取代了全浊一读。这两种情况都可看作全浊音的清化，不过第①种属于渐变的清化（语音系统内部的浊音清化），第②种属于突变的清化（个别浊音字改读或误读为清音）。

　　按李新魁先生浊音清化"以平声始，以去声终"的推断，到15世纪末去声的浊音消失以后，北方方音系统的浊音清化即告完成，变为去声的古全浊上声字已经锁定，此后应该不会再发生全浊上声清化而保持上声的现象。但是上述字清浊两种读音分别定型为上声和去声之后，仍有可能同时存在，即一字保留着上声和去声两读，如《中原音韵》中的"盡"（儘）；或者在某地区习惯读上声而在另地区习惯读去声，如"汞"字在《中原音韵》是上声，在《韵略汇通》是去声。某一时期其中一种读音占优势，以后由于种种原因，又由另一读音占了优势。

四

　　在浊上变去例外字中也有极个别字是由偶然的、非规律性的原因造成的。如"奘"，《广韵》徂朗切，又徂浪切；现在北京话也有两个读音，一个是 zàng，另一个是 zhuǎng。中古两个切音，演变的结果都应该是去声的 zàng，而不是上声的 zhuǎng。《现代汉语词典》标示 zhuǎng 一音来自方言，但没有说明具体来自何种方言。查《汉语方言词汇》（第二版），"奘"字 zhuǎng 这个音来自西安[pfaŋ]、成都[tsuaŋ]、合肥[tsuaŋ]、扬州[tsuaŋ]等方言。四种方言的读音除西安话的声调为去声外，均可对应推得北京话的 zhuǎng。其实在秦汉时代"奘"与"壮"音义相近或相同，并流行于某些方言。《方言》卷一："秦晋之间，凡人之大谓之奘，或谓之壮。"《说文·大部》曰："奘，驵大也。从大，从壮，壮亦声。"可见"奘"字最初是读"壮"的音或读"壮"的上声，这个读音是后来通过上述方言进入北京话的。又如"迥泂"（jiǒng）"阱"（jǐng）在《中原音韵》中已是去声，现在读上声，当是受"同"、"井"字形的影响而误读。"尰瘇"二字，《广韵》时冗切，按发展规律应变为去声，而现在读 zhǒng（见《汉语大字典》第 555 页和第 2684 页、郭锡良《汉字古音手册》第 284 页），此二字冷僻，由于与"腫踵"等字同一声符且在腫韵之下，所以就读了"腫"的音。再如"晃"，《广韵》胡广切，现北京话有去声又有上声，前者符合浊上变去的规律，后者则是由于词义的引申产生新义，为了区别词义，其上声又被起用。用去声 huàng 来表示"摇摆"，上声 huǎng 表示"快速闪过"，这两个读音在《中原雅音》就有了。"盡"（儘）字有上去两读也是这种情况，原本只有"盡"字而无"儘"字，"盡"引申出新义以后，才又产生区别字"儘"，而且为了在语音上也有所区别，后者又起用上声 jǐn。"幌"则是受上声的"晃"影响而读 huǎng。

　　综上所述，古全浊上声现在还保持上声者，并非全是杂乱零碎的例外，它们大多数是由于声母渐变或突变的清化而造成。

参考文献

[1] 麦耘：《古全浊声母清化规则补议》，《中国语文》1991 年第 4 期。

[2] 周长楫：《浊音清化溯源及相关问题》，《中国语文》1991 年第 4 期。

[3] 潘文国：《韵图考》，华东师范大学出版社 1997 年版。

[4] 李新魁：《〈中原音韵〉音系研究》，中州书画社 1983 年版。

[5] 古德夫：《"广韵"反切的来源——"切韵"到"广韵"反切的改易》，《中国语言学报》（4），商务印书馆 1991 年版。

[6] 李荣：《语音演变规律的例外》，载《音韵存稿》，商务印书馆 1982 年版。

[7] 王力：《汉语史稿（上册）》，中华书局 1980 年版。

[8] 杨耐思：《中原音韵音系》，中国社会科学出版社 1981 年版。

[9] 邵荣芬：《中原雅音研究》，山东人民出版社 1981 年版。

[10] 张玉来：《韵略汇通音系研究》，山东教育出版社 1995 年版。

[11] 沈建民：《全浊上声字有多少仍读上声》，《语言研究（增刊）》，华中理工大学中国语文研究所，1996 年。

（原载《语文研究》2001 年第 2 期）

语法训诂研究

近代汉语中的"你那 X"

樊中元

引言

一般认为，在现代汉语中"你"与"那 X"是不能复指的。徐丹（1988）谈到"这/那"在句法上的不对称现象时，认为"你"与"那 X"呈排斥关系，即不说"你那人"；沈家煊（1999）也持相同看法。但是，从历时角度考察，我们却发现近代汉语中存在"你"和"那 X"构成的"你那 X"复指结构。我们检阅了近代汉语中的文献资料，在《喻世明言》、《醒世恒言》、《水浒传》（不同版本《水浒传》中"你那 X"的数量不同：容与堂本 40 例，澄江梅氏藏本 38 例，这里以容本为例进行讨论）《西游记》、《金瓶梅》、《金瓶梅词话》（简称为《喻》、《醒》、《水》、《西》、《金》、《金词》）中发现了 56 例"你那 X"的复指例句，具体分布为：《喻》3 例、《醒》4 例、《水》40 例、《西》7 例、《金》1 例、《金词》1 例（文中引用语料时不再标明出处）。本文主要对复指结构"你那 X"进行结构特征、句法功能及语义特征的描写和分析，并简要探讨"你那 X"存在与消失的原因。

一 "你那 X"的结构特征与句法功能

（一）"你那 X"的结构特征

"你那 X"由"你"、"那"和"X"三部分组成，它们的层次关系是：首先是"那"与"X"构成直接成分关系，然后是"你"和"那 X"构成直接成分关系。"你"和"那 X"形成复指结构，"你"和"那"是不变项，"X"是可变项。下面讨论"X"的构成。

在所有的例句中，"X"都是由体词性成分充当。具体情况是：

1. "X"为名词，例如：

（1）孙立守在吊桥上，大喝一声："你那厮往那里去！"

（2）行者笑道："你那老儿，年纪虽大，却不识耍。我把这话儿哄你一哄，你就当真。"

（3）花荣竖起弓，大喝道："你这军士们！不知冤各有头，债各有主？……"

"X"为名词共有 25 例，除上例的"厮"、"老儿"、"百姓"和"军士们"外，还有"客人"、"人"、"道人"、"婆子"、"梢公"、"老头子"、"猴子"、"厮们"等。

2. "X"为量词或数量结构，例如：

（4）当时张顺在头船上看见，喝道："你那伙是什么人？敢在白龙庙里聚众？"

（5）当头一个好汉，正是那清风山王矮虎，大喝一声道："你那两个是甚么人？那里去？孩儿们，拿这厮取心儿吃酒。"

"X"为量词或数量结构的只有上面 2 例。其中"伙"是量词，"两个"是数量结构。量词和数量结构能脱离后边的中心语独立并且指代中心语，构成量词和数量结构的转喻（喻人）（参看沈家煊，1999）。

3. "X"为偏正短语，例如：

（6）白秀英却在茶房里听得，走将过来，便道："你那老婢子却才道甚么？"

（7）宋江笑道："你那黑厮怎地负荆？只这等饶了你不成？"

"X"为偏正短语的共有 28 例，偏正短语的中心语都为名词。

4. "X"为"的"字短语，只见 1 例：

（8）杨氏怕老公，不敢揽事，又没处出气，只得骂长儿道："都是你那小天杀的，不学好，引这长舌妇开口！"

在所有的"你那 X"中，X 都是起指称作用的体词性词语，并且指称对象都是人，并和"你"构成语义上的复指关系。

（二）"你那 X"的句法功能

"你那 X"的句法功能主要体现为：作独立句、充当主语和宾语、作系列子句的主题语。

1.独立句。"你那 X"虽然为体词性短语，但它具有称呼功能，因而可以充当表呼应性的独立句。这样的例子有 2 个。

（9）邓龙道："你那厮秃驴！前日点翻了我，伤了小腹，至今青肿未消。今日也有见我的时节。"

（10）花荣竖起弓，大喝道："你这军士们！不知冤各有头，债各有主？……"

2.主语和宾语

作为体词性成分，充当句中的主语和宾语是"你那 X"的主要句法功能。而其中作主语的占绝大多数，共有 40 例，作宾语的只有 4 例。例如：

（11）正相闹间，只见法场西边一伙使枪棒卖药的，也强挨将入来。士兵喝道："你那伙人好不晓事！这是那里，强挨入来要看？"

（12）口里叫道："你那艄公，快摇船拢来！"宋江和两个公人做一块儿伏在船舱里。

（13）智深喝道："俺不看长老面，直打死你那几个秃驴！"

（14）巨灵神道："我把你那欺心的猢狲！你是认不得我！"

上述例子中，例（11）、（12）作主语，（13）、（14）作宾语。作主语时，"你那 X"既可以与谓语紧连，如例（11），也可以和与谓语产生停顿，用逗号隔开，如例（12）；在主语例中，有不少主谓之间使用逗号隔开，这说明"你那 X"有很强的话题性质。作宾语例中，（13）作动词宾语，（14）作介词宾语。

3.系列子句的主题语

有部分"你那 X"以主题的形式位于几个子句之前，在语义上成为几个子句的共享成分。这样的成分在话题研究中被称为"主题"或"话题"，但在句法上至今还没有一个一致的述语，屈承熙（1983）称之为"起始名词"，曹逢甫（2005）直接称之为"主题"。我们暂且称为"主题语"。这样的例子有 10 例。例如：

（15）你那婆子，你见我撰得些个银子，你便来要讨钱。

（16）你那水洼草贼，既有心要来厮杀，定要分个胜败，见个输赢，走的不是好汉！

（17）"你那猴子，五百年前大闹天宫，把我灵丹偷吃无数，着小圣二郎捉拿上界，送在我丹炉炼了四十九日，炭也不知费了多少。"

二　"你那 X"的数量义与情感义

（一）"你那 X"的数量义

指示代词最典型的语义特征是表示"有定性"，而事物的有定性与其数量表达之间存在着内在的逻辑关系（石毓智，2003），那么"你那 X"能表达哪些数量义呢？

在近代汉语中，"你"既能表达单数义，与现代汉语的第二人称"你"相当，又能表达复数义，相当于现代汉语的第二人称复数形式"你们"。同样，"你那 X"结构中，"你"是以单数形式显现，但在数量意义上却既能表达单数义，如下例（1），也能表达复数义，如下例（2）。

（1）你那道人是神仙，还是幻术？

（2）智深喝道："你那众泼皮快扶那鸟上来，我便饶你众人。"

下面讨论"你那 X"的单复数义的显示形式。

1. "你那 X"单数义的显示形式。"你那 X"单数义的显示形式主要有下面两种。

一是"X"中的个体量词。例如：

（3）"……你那个初世为人的畜生，如何出此大言！不当人子！……"

（4）太公骂道："你那个蛮皮畜生，怎么不去寻人，又回来做甚？"

上两例中量词"个"前没有数词，实际是"一"的省略，这表明"你那个初世为人的畜生"和"蛮皮畜生"都为单数，整个"你那 X"显示的是单数义。

二是上文语境。例如：

（5）李逵见那人看他，便道："你那厮看老爷怎地？"

（6）管营喝叫除了（武松）行枷，说道："你那囚徒，省得太祖武德皇帝旧制，但凡初到配军，须打一百杀威棒。那兜抪的，背将起来！"

例（5）中，上文的"那人"决定了"你那厮"的单数义；而例（6）中，据上文，"囚徒"指武松，因此"你那囚徒"表达的也是单数。

2. "你那 X"复数义的显示形式。"你那 X"的复数义显示形式主要有下列几种。

一是"X"中的集体量词。例如：

（7）智深先居中坐了，指着众人道："你那伙鸟人，休要瞒酒家，你等都是什么鸟人，来这里戏弄酒家？"

（8）士兵喝道："你那伙人好不晓事！这是那里，强挨入来要看？"

"伙"是集体量词，可知"你那伙鸟人"、"你那伙人"表示复数义。

二是"X"中复数标记"们"。例如：

（9）黄信在马上大喝道："你那厮们不得无礼，镇三山在此！"

（10）花荣竖起弓，大喝道："……你那厮们要替刘高出色，……"

"们"直接附着在"那厮"后，形成"那厮们"，然后复指"你"。"们"是汉语复数标记词，这表明了"你那厮们"的复数义。

三是 X 中的数量词。例如：

（11）花荣竖起弓，大喝道："……你那两个新参教头，还未见花知寨的武艺。……"

（12）鲁智深道："俺不看长老面，酒家直打死你那几个秃驴！"

例中的"两个"和"几个"分别显示了"你那两个新参教头"和"你那几个秃驴"的复数义。

四是上下文语境。"你那 X"的复数义有时可由上下文显示，例如：

（13）又见前街邻舍，拿了水桶梯子，都来救火。石勇、杜迁大喝道："你那百姓休得向前！我们是梁山泊好汉数千在此，……"

（14）只听得门前四五替报马将来，排门分付道："你那百姓，今夜只看红灯为号，齐心并力，捉拿梁山泊贼人解官请赏。"

例（13）的上文"前街邻舍"显示出"你那百姓"的复数义；例（14）的下文"齐心并力"显示了"你那百姓"的复数义。

从表达方式看，"你那 X"表达复数义比表示单数义的形式更为复杂；但从数量上看，"你那 X"表达单数达 43 例，而表复数的仅 13 例，可见"你那 X"与单数义之间的关联最为自然，表示单数义更倾向于选择无标记形式，而表示复数义更倾向于选择有标记形式。这也可以从话语交际方式上进行解释。由于交际中交际对象主要以"一对一"为主，因此"一对一"交际方式往往就成为一种无标记方式。因而，作为运用于交际中指称或呼应对方的"你那 X"也就会高频性地以单数形式出现。

（二）"你那 X"的主观义

语言的主观义是指人们在表达客观现象时，将自己的立场、态度和感情移入到话语中，从而在话语中留下自我印记（沈家煊，2001）。通过考察我们发现，"你那 X"复指结构显示了很强的主观义特征，这主要是说话人在使用"你那 X"结构时，在该结构上赋予了消极情感义和权势义。

1. 消极情感义

情感义是指说话者对指称对象所赋予的褒扬、赞许或厌恶、贬斥感情色彩。人们对情感义一般进行积极和消极两极划分，即表示褒扬和赞许的积极义与表示厌恶和贬斥的消极义。情感义的表达主要以具有情感固化的词语（褒义词与贬义词）为主，但人们也发现，具有非情感义的词语也会在语境因素影响下具有情感义。比如邹韶华（2001）认为，"那"能用于褒义、贬义和中性义；丁启阵也（2003）指出，表示不关心、讨厌、鄙视、仇视等感情时，常用"那"。通过考察，我们发现，作为复指结构的"你那 X"具有比较强烈的消极情感义倾向。例如：

（15）卢俊义大骂道："俺在北京安家乐业，你来赚我上山。宋天子三番降诏，招安我们，有何亏负你处？你怎敢反背朝迁？你那黑矮无能之人，……"

（16）（那汉子）高声喝道："你那泼贼，将俺行李财帛那里去了？"

（17）高太尉喝道："你这贼配军，且看众将之面，饶恕你今日之犯。明日却和你理会！"

在上面的例子中，充当"X"的词语都是表示谩骂、侮辱性的。因此整个"你那 X"结构也就呈现了贬斥性的消极情感义。在所有的语料中，这类例子有 32 例，占了 57%多。而在其他一些"X"不带消极情感的"你那 X"中，根据上下文，也可确定说话者表达了嘲讽、调笑、轻视等消极情感色彩。例如：

（18）高老道："你且看看。若是用得钥匙，却不请你了。"行者笑道："你那老儿，年纪虽大，却不识耍。我把这话儿哄你一哄，你就当真。"

（19）黄信在马上大喝道："你那厮们不得无礼，镇三山在此！"

在我们所统计的语料中，具有明显消极情感义的"你那 X"共有 41 例，占到了总数的 73.2%。数据表明,"你那 X"主要用来表示消极情感义。我们认为,"你那 X"表示消极情感义的原因主要有两个:首先是"X"本身的消极情感义特征。从上面的数据看,"X"具有消极情感义的结构占了 57%,这是造成"你那 X"表示消极情感义的主要因素,其次,根据关联标记性理论,若某一格式与某一个或一组语义特征产生相对频繁的联系,那么该格式就与该语义特征形成自然的语义关联,语义关联的结果可能会使格式产生语义浸染,从而形成格式义,并且这种格式义成为无标记性的原型义。在"你那 X"格式的运用中,由于消极情感义的"X"频繁出现,使用率占绝对优势,因而使"你那 X"格式与"消极情感义"的语义特征构成自然关联,也即导致"你那 X"格式在语境中以表达"消极情感义"语义特征为主要倾向。

2. 权势义

权势义是指话语中所体现的话语者地位高低、权力大小、身份长幼、能力强弱等关系义。具有强权势的表达者常常在话语中运用控制性的词语或句式等方面的形式标志,以显示对对方的控制权和权势差距。在"你那 X"的运用上,我们也认为有明显的权势表达功能,即"你那 X"具有权势义。"你那 X"权势义主要通过以下几种形式体现。

一是话语行为方式。话语行为方式是体现话语交际双方权势关系的主要形式。具有强权势的话语者往往通过命令、斥责、责令、谩骂等方式表达话语,而弱权势者往往采取接受、听令、沉默等话语方式。我们统计到,在"你那 X"使用中,用"喝道"方式说出"你那 X"的例子有 19 例,用"骂道"方式说出的有 11 例,用"怒道"说出的有 2 例,"冷笑道"说出的有 2 例,"叫道"说出的有 2 例,这种明显表现权势的话语方式共有 36 例,占了 64%多。这应该能说明"你那 X"具有明显的表权势义倾向。

二是交际对象关系。话语交际是对象相互之间的关系。由于交际对象在出身、年龄、职业、生活经历、文化知识、政治立场、思想信仰等方面的不同,因而就构成交际角色上的差异。不同交际角色对话语的表达和理解都有不同的特点。我们发现,在"你那 X"出现的交际环境中,交际对象具有明显的权势关系,也即"你那 X"的表达者在权势上强于"你那 X"

接受者。例如：

（20）知县问道："你那打虎的壮士，你却说怎生打了这个大虫？"

（21）梁尚宾听了多时，便走出门来问道："你那客人存下多少布？值多少本钱？"

（22）郓哥道："干娘，不要独自吃，也把些汁水与我呷一呷。我有甚么不理会得。"婆子便骂："你那猢狲，理会得甚么？"

例（20）的"知县"对"武松"，在政治地位上处于强势；例（21）因"客人"家中变故，急需出卖大量布匹，有求于买者，此时作为买者的"梁尚宾"具有买与不买的选择权，因而相对"客人"来说，买卖行为关系上权势比较强；例（22）的"干娘"比起"郓哥"来说，在年龄、辈分、经济地位等方面处于强势。

在所有的例句中，"你那 X"的表达者或者在客观事实的权势，或者在主观认定的权势上，都要强于接受者。因此，这种交际对象在权势的强弱关系充分体现了"你那 X"的权势义，也即"你那 X"是表达权势义的一个构式。造成"你那 X"具有权势义的主要原因是由于"那"能够表达话语交际对象的距离感。（见下节）

三是话语语气方式。话语的语气也能体现交际双方的权势状态，一般来说，强态式的命令、责备、反问等语气往往体现的是说话者的强势特征，而弱态式的唯喏、听从、顺意等语气往往体现的是说话者的弱势特征。在"你那 X"的运用中，"你那 X"本身奠定了强势基调，但同时，和"你那 X"同现的其他话语也通过强态语气与之相呼应，构成一个完整的权势话语语篇。因此，与"你那 X"同现的其他话语也是显示其权势义的表现形式。例如：

（23）花荣得令，便横枪跃马，出到阵前，高声喝问："你那厮是甚人，敢助反贼，与吾大兵敌对？我若拿住你时，碎尸万段，骨肉为泥！好好下马受降，免汝一命！"

（24）那岸上这伙人大喝道："你那艄公，不摇拢船来，教你都死！"那艄公冷笑几声，也不应。

（25）张委恼他不容进来，心下正要寻事，又听了这话，喝道："你那老儿住在我庄边，难道不晓得张衙内名头么？"

上面的例子中，"你那 X"后的话语或责骂、或强令、或反问等，语气强硬，与"你那 X"共同体现出一个强权势义。

三　"你那 X"的存在与消失

（一）"你那 X"的存在

某个语言形式的存在是有其动因的，从功能的角度看，这种动因具有交际功能。我们认为，"你那 X"的存在是因为具有下面的主要功能。

1. 指示定性功能

"你那 X"全部用于口语中，并且绝大部分放在说话人所说话语的开端，起称呼的作用。作为称呼语，主要功能是指定听话人、引起听话人注意、给听话人以提醒或者作为话语起点等，我们可把称呼语的这种功能称为定向功能。但是，我们认为，"你那 X"除了起定向功能外，还具有定性功能，也即确定话语交谈对象的属性。而负载属性的成分就是"X"，"X"能负载"你"的属性特征是因为许多充当"X"的成分具有说明解释作用。例如：

（1）太公骂道："你那个蛮皮畜生，怎么不去寻人，又回来做甚？"

（2）巨灵神道："我把你那欺心的猢狲！你是认不得我！"

（3）卢俊义大骂道："俺在北京安家乐业，你来赚我上山。宋天子三番降诏，招安我们，有何亏负你处！你怎敢反背朝廷？你那短见无能之人，早出来打话，见个胜败输赢！"

上面例子中的"你那 X"都能对"你"起到说明解释作用，可变换为下列描写性判断或比况性句式：

你那个蛮皮畜生→ 你是蛮皮畜生　 → 你像蛮皮畜生

你那欺心的猢狲 → 你是欺心的猢狲 → 你像欺心的猢狲

你那短见无能之人 → 你是短见无能之人 → 你像短见无能之人

在所有的"你那 X"中，具有定性功能的达到了 43 例。由于"你那 X"多用于叫骂、呼喊性的称呼，因此，这种定性功能首先就能对听话人的身份性质、行为特征等方面进行判定，从而也为以下的话语确定了情感基调。

2. 指示话语距离功能

话语交际双方进行交际时必然存在着一定的距离关系，这种距离关系体现在说话人与听话人之间的空间距离、时间距离和心理距离上（参看吕叔湘，1985；王灿龙，2004）。而这些距离又能在一定的语言形式上表现出来。我们认为，"你那 X"的存在能指示说话人和听话人之间的空间距离和心理距离。

①说话人与听话人之间的空间距离

"那"的一个基本功能是远指，因此，当听话人远离说话人时，说话人使用"你那 X"就能明确指示两者的空间距离关系。例如：

（4）为头两个大汉，各挺着一条朴刀，随从有二十余人，各执枪棒。口里叫道："你那艄公，快摇船拢来！"

（5）杨志只顾走，只听得背后一个人赶来，叫道："你那厮走那里去！"杨志回头看时，那人大脱着膊，拖着杆棒，抢奔将来。

例（4）中，为头的两个大汉在岸上，而"艄公"驾船在水中，相距较远，故为头的两个大汉喊船上那人时用"你那艄公"。例（5）中，"背后赶来的人"还没接近杨志，故用"你那厮"标明了两者的空间距离关系。

②说话人与听话人之间的心理距离

"那"能指示时间或心理的距离远，这是由空间的远指通过隐喻而投射到时间或心理上的，因此，当听话人与说话人的心理距离较远时，说话人可能采用"你那 X"，例如：

（6）王婆径过来酒店门口，揭那青布帘，入来见了他弟兄两个，道："大郎，你却吃得酒下！有场天来大喜事来投奔你，划地坐得牢里！"郭大郎道："你那婆子，你见我撰得些个银子，你便来要讨钱。我钱却没与你，要便请你吃碗酒。"

（7）花荣得令，便横枪跃马，出到阵前，高声喝道："你那厮是甚人，敢助反贼，与吾大兵敌对？……"

（8）梁中书在马上问道："你那百姓，欢喜为何？"

例（6）中，郭大郎以为王婆来讨钱，心中讨厌她，用了"你那婆子"。关于这一点，邹韶华（2001）有过论述，他认为通常情况下，人们愿意把贬义分派给远指，通过远指来表达彼此之间的心理距离。例（7）是用在敌我双方的对阵场合。一般来讲，在战场上敌对双方是你死我活的关系，心理距离自然就远，因此花荣用"你那厮"来指代对方，也便于在气势上压

倒对方。例（8）"梁中书"用"那百姓"来指代，目的也是表现他和百姓
之间的地位距离。

（二）"你那 X"的消失

近代汉语中，和"你那 X"同时运用的还有"你这 X"。甚至在同一段
话语中既用"你那 X"，也用"你这 X"。例如：

（8）高俅道："你那厮便是都军教头王升的儿子。"王进禀道："小人
便是。"高俅喝道："这厮！你爷是街市上使花棒卖药的，你省的甚么武
艺！……"王进又告道："太尉呼唤，安敢不来！"高殿帅大怒，喝令左右
教拿下王进，"加力与我打这厮！"众多牙将，都是和王进好的，只得与军
正司同告道："今日是太尉上任好日头，权免此人这一次。"高太尉喝道：
"你这贼配军，且看众将之面，饶恕你今日之犯。明日却和你理会！"

（9）那大汉怒道："我好意劝你，你这鸟头陀敢把言语伤我！"武行者
听得大怒，便把桌子推开，走出来喝道："你那厮说谁！"

（10）花荣竖起弓，大喝道："你这军士们！不知冤各有头，债各有主！
刘高差你来，休要替他出色。你那两个新参教头，还未见花知寨的武艺，
今日先教你众人看花知寨弓箭，然后你那厮们要替刘高出色，不怕的入来。
看我先射大门上左边门神的骨朵头！"

从句法功能和语义特征上看，两者基本一致。但是，从时间角度看，
我们发现"你这 X"有替代"你那 X"的趋向。例如：

（11）a：只见部下刘唐手捻朴刀，挺身出阵。张清见了大笑，骂道：
"你那败将，马军尚且输了，何况步卒！"（《水》，容本）

　　　　b：只见部下刘唐手捻朴刀，挺身出阵。张清见了大笑，骂道：
　　"你这败将，马军尚且输了，何况步卒！"（《水（下）》，梅本）

（12）a：武松回过脸来看着妇人骂道："你那淫妇听着……"（《水》，
容本）

　　　　b：武松回过脸来看着妇人骂道："你这淫妇听着……"（《水
　　（上）》，梅本）

上面两组《水浒传》的例子中，a 例是容与堂本，b 例是澄江梅氏藏本，
后者晚于前者，而后者的行文中把相应的"你那 X"改为"你这 X"。

另外，《金瓶梅词话》沿袭《水浒传》故事（武松打虎、杀嫂），在"你

那 X" 运用上，大都将"你那 X"改成了"你这 X"。例如：

（13）（武松）一面回过脸来，看着妇人骂道："你这淫妇听着……"（《金词》，第 1311 页）

到了现代汉语，"你那 X"已经消失，而"你这 X"还在使用（如"你这个松头贼脑的家伙!"、"你—你这个死不要脸的!"，引自吕叔湘，1985）。因此，从时间上看，"你那 X"和"你这 X"经历了从并存到独存的过程，而这个过程应该是一个竞争过程。吕叔湘（1985）认为由"你这 X"句子构成的句子"大率专为骂人用"、而且"感情强烈"，这与我们上面对"你那 X"分析的语义特征是一致的。因此，这就使我们有理由认为，"你那 X"的消失是与"你这 X"的竞争导致的结果，而这种竞争是由语言的经济原则在支配的。语言经济原则认为，人们总是用最省力的方式达到最好的表达效果，力求在省力和效果上取得最好的平衡。那么，当两个不同结构表达相同语义而取得效果时，必然违背了省力原则，此时，语言系统就进行调整，调整的结果是保留其中一个，而另一个成为羡余形式，并最终得以淘汰。

注：本文资料来源为：冯梦龙著《喻世明言》、《醒世恒言》，人民文学出版社 1987 年版；罗贯中、施耐庵著《水浒传》，人民文学出版社 1990 年版，容与堂刻本；施耐庵著《古本水浒》，光明日报出版社 1985 年版，澄江梅氏藏本；吴承恩著《西游记》，人民文学出版社 1985 年版，明崇祯本；王汝梅、李昭恂、于凤树校点《金瓶梅》，齐鲁书社 1987 年版；兰陵笑笑生著《金瓶梅词话》，人民文学出版社 1985 年版。

参考文献

[1] 曹逢甫：《汉语的句子与子句结构》，北京语言大学出版社 2005 年版。

[2] 丁启阵：《现代汉语"这"、"那"的语法分布》，《世界汉语教学》2003 年第 2 期。

[3] 吕叔湘：《近代汉语指代词》，学林出版社 1985 年版。

[4] 王灿龙：《说"这么"和"那么"》，《汉语学习》2004 年第 2 期。

[5] 沈家煊：《不对称和标记论》，江西教育出版社 1999 年版。

[6] 沈家煊：《转指和转喻》，《当代语言学》1999 年第 1 期。

[7] 沈家煊：《语言的主观性和主观化》，《外语教学与研究》2001 年第 4 期。

[8] 石毓智:《汉语的"数"范畴与"有定"范畴之关系》,《语言研究》2003 年第 6 期。

[9] 徐丹:《浅谈这/那的不对称性》,《中国语文》1988 年第 2 期。

[10] 邹韶华:《语用频率效应研究》,商务印书馆 2001 年版。

[11] Chu, Chauncey C. 1983. *A Reference Grammar of Mandarin Chinese for English Speakers.* New York: Peter Lang.

（原载《古汉语研究》2010 年第 2 期）

论同一名词对不同表形义
量词的选择

樊中元

一

量词的表形意义是指量词负载的语义中具有反映客观事物外部形态特征的意义,这一点人们多有论及(高名凯,1948;陈望道,1973;邵敬敏,1993)。并且,人们还根据量词所表达的不同形态义,对量词进行了分类。如邵敬敏(1993)将具有外形义的量词分为点状、线状、面状等,而陈望道(1973)分得更细,他首先将具有形体意义的量词(他称之为"依据事物的模样而设立的形体单位词")分为事物的形体单位词和动作的形体单位词,然后又进一步把两者次分为六小类,而每一次小类里又进行了更为具体的细分。在人们关于量词的表形意义的分类中,主要是对量词本身而言的。而如果我们把量词所表示的形态义和其所称量的名词指称对象的形态对应起来,则可把具有形态义的量词分为两类:一类表事物的整体形态,如"一根筷子、一支笔、一条狗"等;一类表事物的局部形态,如"一口猪、一把椅子、一杆旗"等。

现代汉语中,存在一个比较普遍的名词和量词的组合现象,那就是同一个名词可以分别和不同的量词组合,如"一张画、一幅画"、"一盘磨、一口磨"等等。如果我们把量词限制在具有表形义的个体量词,则名词对量词的选择就出现三种结果:一是名词选择的都是表局部形态的量词,如"一把剑"与"一口剑";二是名词既可选择表整体形态义的量词,也可选择表局部形态义的量词，如"一头蒜"与"一瓣蒜"；三是名词选择的都是表整体义形态义的量词，如"一张画"与"一幅画"。本文从名词和量词的组合角度出发，探讨名词对具有表形义量词的选择。下文把上述三种选择结果分别称为Ⅰ类、Ⅱ类和Ⅲ类。

二

2.1 我们查阅了《现代汉语八百词》（吕叔湘主编，商务印书馆，1984）的"名词、量词配合表"及《现代汉语语法信息词典详解》（俞士汶等，清华大学出版社 1998 年版）的"名词表"，发现在Ⅰ类情况中，名词和量词组合情况比较少，只有这么几组（我们把它们再分 A、B 两组）：

A：剑：口/把　　　猪：口/头

B：旗：面/杆　　花：枝/朵　　椅子：张/把

A 组的量词"口、把、头"来源于所称量事物的某个部位，这几个部位在构成名词所指称的对象时是不可缺的。B 组的量词"面、杆、张、把、枝、朵"来源同于 A 组，但对于名词所指称的事物来说，"杆"之于"旗"、"把"之于"椅子"、"枝"之于"花"是可缺的，而"面、张、朵"分别对于"旗、椅子、花"来说，是不可缺的。与不可缺部分相关的量词总是可以称量和其相关的名词，而可缺部分如果在某种情况下已经缺少，则不可以用与其相关的量词来称量。具体地说，"一面旗、一张椅子、一朵花、一头猪、一口猪、一口剑、一把剑"总是可以说，"一杆旗、一把椅子、一枝花"却是有条件的。因此，"面、张、朵、头、口、把"称量"旗、椅子、花、猪、剑"是无标记的，"杆、把、枝"称量"旗、椅子、花"是有标记的。有标记性和无标记性在对量词的选择上会产生差别。这种差别表现在任选和限选关系上。所谓任选是指在某种情景下，名词对量词的选择是任意的，互换而不引起语义错误或表义不确；而限选则指名词对量词的选择是有条件的、受限制的，即选择量词甲的情况下，不能选择量词乙。下面我们从任选和限选来看上面两组名词对量词的选择情况。

（一）任选条件。如果上下文语境没有提供对所称量事物局部特征的凸显信息，则可在量词之间任选，任选的结果不会产生语义搭配错误。如：

（1）这是面素净而大方的旗子……假若有人强迫他拿那杆蓝旗，他会

拼命!(老舍《四世同堂》)

(2) a. 这一看,他便看见了一朵单枝玫瑰花,恰好被丢弃在垃圾箱的箱盖上。(许建平《情人节下午的玫瑰花》)

b. 于是那枝下午花店打折出售的玫瑰花,在完成了今晚的光荣使命后,便被情人张英随手扔进了楼洞门口的垃圾箱里。(同上)

c. 她说不定就是深谷中的一朵幽兰,或者是旷原里的一枝百合。(郭沫若《黑猫》)

(3) a. 但实际上只仅仅是三间茶社房,六七十张竹躺椅,一套水壶茶具。(贾平凹《火纸》)

b. 阿金气上来,偏要决心把茶社办好……又新盘了一台炉灶,置了二十把躺椅。(同上)

例(1)中,"旗子"和"蓝旗"是指同一对象,前用"面",后面用"杆"。(2) a 与(2) b 也是指同一对象,"朵"与"枝"进行了互换;(2) c 中"朵"与"枝"并举,构成的是同义量词关系,(3) a 与(3) b 同是"躺椅","张""把"进行了互换。以上各例的量词互换后,名量语义搭配保持不变。

(二)限选条件。首先,如果语境显示构成名词的可缺部分已经缺少,则表示和可缺部分形体相关的量词就被排斥,选择的是另外一个量词。例如:

(4) a. 靠里边墙上挂一面五星红旗,贴一张毛主席肖像。(周立波《山那面人家》)

b. 那儿摆着两副棺木,右首是美军的,盖着一面美国军旗。(巴顿著,肖新文等译《狗娘养的战争》)

c. 她张开五指,一下一下地推着在脸颊前翻卷的花头巾,像是在欣赏着一面胜利的旗帜。(陈建功《飘逝的花头巾》)

d. 任务是艰巨的,可是三十二条好汉的脸就像三十二面迎风展动的军旗那样鲜明、壮丽、严肃。(老舍《火葬》)

(5) a. 小石榴仰起脸,笑得像一朵盛开的石榴花。(达理《路障》)

b. 一口口的黄痰从嘴角流到阴沟里,像粪堆上落上几朵黄英。(《王统照文集》第二卷)

　　c. 食指向上一弯，轻轻把碗扣住，小指无名指再翘起，在碗沿上翘成一朵花。（彭瑞高《住读生》）

　　（6）并且，这张椅子没有扶手，越发使他看来像是坐在警察局里受审。假如这是一把有扶手的椅子，情形就不会这么不自然。（王文兴《玩具手枪》）

　　例（4），a、b 从前文的动词"挂"和"盖"可以知道，这里的"五星红旗"和"美国军旗"是没有旗杆的，所以量词不能用"杆"；c、d 的"旗帜""军旗"是比喻中的喻体，和本体的外形"花头巾""脸"相一致，显然它们也是无杆的，因此只能用"面"。例（5）a、b、c 的"石榴花""黄英""兰花"都是喻体，受本体的形状制约，它们只能是指花朵，而没有花枝，所以也只能用量词"朵"，而不能用"枝"。从例（6）前后的"椅子"所用量词对比可知道，前面的"椅子"因没有扶手，用"张"不用"把"，后面的"椅子"有了扶手，用"把"不用"张"。

　　其次，如果受前后语境制约或人们认知、视点等因素的影响，需要对事物某部分的特征加以凸显时，则与凸显部分相关的量词被选择。例如：

　　（7）a. 斜坡下的左旁，那一带抹着斜阳的黄绿色大树林边，一面黄绸大旗忽然一闪地从那里撑出来。（周文《山坡上》）

　　b. 如果我们长时间凝视一面下垂的旗子，它就会徐徐飘动。（王朔《永失我爱》）

　　c. 杨嗣昌不管本领如何，各路官军有他在总还是有个统帅，有一杆中心大旗。（姚雪垠《李自成》第二卷中册）

　　d. 而且把这冒着血滴的指头举到了"一把手"面前，像举着一杆小小的旗帜……（古华《爬满青藤的小屋》）

　　（8）a. 一叶长长的带刺的茎叶上，袅袅婷婷地绽放着一朵鲜艳欲滴的花儿。（《散文》1993 年第 12 期）

　　b. 我在林荫路畔发现了一束被人遗弃的蔷薇。蔷薇的花色还是鲜艳的，一朵紫红，一朵嫩红，一朵是病黄的象牙色中带着几分血晕。（丘山选编《中国现代散文选萃》）

　　c. 酒店的白桌布上的小花瓶插着一支石竹花，娇嫩的粉红是她那件梳妆衣的颜色。（《北京文学》1995 年第 3 期）

　　d. 二伯妈挑水回来，随手将一枝新鲜的金梅花插在三伯父房间的门扣

上。(《小说选刊》2000 年第 5 期)

例(7)a 用"面"是因为从情景看,闪出的大旗首先映入视觉的当然是旗面,而不是旗杆;b 中"我们"的注意焦点是旗面,不是旗杆,所以,量词只能选择"面";c 是比喻用法,本体是人,喻体是旗,"旗"能和"人"构成相适应的相似关系,凸显的应该是旗杆;d 带血的手指被比喻为旗帜,则手指成为最突出部分,因而选择了"杆"。例(8),a 前面有"绽放"、"鲜艳欲滴"的搭配限制,表达的重点在花朵上;b 也是因为用"鲜艳"一词,把视点定位于花朵上,所以两者的量词都选用"朵";c 因为花是插着的,强调石竹花是带枝的;d 强调花带枝,是因为它必须能插在门扣上,因此,它们分别用了量词"支"和"枝"。

2.2 由Ⅱ类量词构成的名量组合,我们也分为下面两组,例中短横线前面的量词是和整体形态相关的量词,后面的是和局部形态相关的量词。例如:

A 组:蒜:头—瓣;花:朵—瓣;皮:张—块;

　　　烙饼:张—牙/块舌头:条/根—块西瓜:颗—牙

B 组:牛:条—头鱼:条—尾牙刷:支—把

　　　磨:盘—眼画:张/幅—轴

假如上述量词是表示形体的局部和整体的,则上面的量词之间存在这样一种关系:"局部"是"整体"的一部分。如:"瓣"是"头"中的一部分,"眼"是"盘"的一部分,"块"是"张"中的一部分,"尾"是"条"的一部分等。但是,A 组和 B 组有区别,A 组的"局部"对"整体"来说是均质的、可分割的,分割后的后果只是量的同质延展,各部分的性质与整体性质保持相同;B 组的"局部"是非均质的、不可分割的,分割后是异质的量延展。这样的区别也可以通过下面说法的成立与否区别开来。

A 组:一头蒜分成八瓣。这朵花掉了几瓣下来。

　　　这张饼切成四块。这根猪舌头被狗咬走了一块。

B 组:*这条牛分成了五头。　　*那条鱼切成了四尾。

　　　*这支牙刷摔成了两把。　　*把磨分为六眼。

这种差别使得它们在量词的选用上也不相同。我们先看 A 组的例子。

(9)a. 恰巧又在"捣"字上住口的刹那,一瓣尖圆的娇白花片从瓶口

斜亸着，落到镶螺甸的漆木盘中。(《王统照文集》第二卷)

b.十二月的时候，满城还是一片绿树，在万绿丛中我还看到一朵盛开的红玫瑰。(靳以《索奇城的一朵红花》)

(10) a.三民木呆呆的，似乎没听懂，嘴唇上挂着一片腰花，就像刚刚咬掉了一块舌头。(刘恒《贫嘴张大民的幸福生活》)

b.他们用那根又粗又长，又软又快的舌头，耐心地、慢悠悠地将陈莲生一丝一丝一条一条地舔没了。(张洁《他有什么病？》)

(11) a.大家腿碰腿挤在客厅里，像一堆蒜瓣儿凑成了一颗大头蒜一样。(刘恒《贫嘴张大民的幸福生活》)

b.右边支着一辆自行车，墙上挂着两辆自行车，自行车旁边还挂着几瓣儿紫皮蒜。(同上)

(12) a.她哭，奶奶就从贴胸的衣袋里摸一疙瘩薯面窝头或是一块黄面饼子，在手里晃动。(田中禾《五月》)

b.她讥讽地说："刮下的油能烙五张葱花饼了——洗了！"(简嘉《女炊事班长》)

上述几组例子中，a、b 中的量词都不可互换，因为它们反映的是名词所指称对象的不同形态，即局部形态（a 例）和整体形态（b 例）的关系。

我们注意到"块"在称量事物时，既可表事物的局部形态，也可表事物的整体形态。上面的例子中，"块"是表事物的局部形态，这时，它和其他量词也具有不可逆的分割关系。以上面的"烙饼、皮、西瓜"为例。"块"和其他量词表现为下面的分割结果：

把这颗西瓜切成几块→   *把这块西瓜切成几颗

用这块牛皮做双皮鞋→   ?用这张牛皮做双皮鞋

这张烙饼被分成几块→   *这块烙饼被分成几张

手指上脱了一块皮→   *手指上脱了一张皮

而当"块"表事物的整体形态时，则有其他量词用来表该事物的部分形态。如下面的例子中，"块"是表整体形态，其他量词是表部分形态：

宝石：块—颗/粒   餐巾：块—条   酱菜：块—根

云霞：块—片   碑：块—座   骨头：块—根

表示事物整体形态的"块"和其他量词（如例中的"颗、条、根、片、座”）一起，反映的都是事物在不同情景中的整体形态，只是所呈现的具体形态特征有所不同，它们之间不存在等同关系，如“一块宝石≠一颗宝石、一块毛巾≠一条毛巾、一块云霞≠一片云霞”等。

用“块”称量事物的整体形态，是因为该事物常呈现块状，而用“块”来称量某个整体事物中的一个部分，也是因为该整体事物常被分割成块状，“块”称量的事物无论是整体状态还是局部状态，都应该是这种事物呈现的常态，在我们的认知中同样是显著的。

下面再看 B 组的例子：

（13）a. 那年冬天，我顶风冒雪，赶着我一条老牛拉一挂破车，到山里拉过冬木头。（周立波《暴风骤雨》）

b. 男女积极分子吵吵嚷嚷地议论花永喜和张寡妇的事：“为一头带犊子的老乳牛，也误了自己。”（同上）

（14）a. 这时，几个敌人押着十几个民夫，带着七八头毛驴在村前头那一片麦地里抢开麦子了。（胡正《民兵夏收》）

b.“咦，你们看民兵们回来啦，还拉回一条毛驴来。”（同上）

（15）a. 我不由想起那天喝酒，桌上摆的鸭肉、鸭蛋和两尾大鲤鱼来。（矫健《老霜的苦闷》）

b. 拖出了一面小网，网中有三条一尺左右长的鱼在蹦。（《张炜中篇小说集》，中国文联出版社）

（16）a. 这把牙刷已经用了两个月了。

b.……再给我和小通、小青各买一支早晨刷牙的刷子。（古华《爬满青藤的小屋》）

（17）a. 一张郑板桥的古画，我想肯定是一张赝品，可是王老头如获至宝。（毕四海《乡官大小也有场》）

b. 他们几个学生送给了刘教授一轴中国的水墨山水画……（晓河《海外乡情》）

如果不考虑量词不同所带来的意象差别等因素，则上述例子中，a、b之间的量词可互换，而不改变名量之间的语义关系和名量搭配，也即在表局部形态的量词与表整体形态的量词之间可以任选。这和 A 组不同。其中的原因我们认为主要是与认知中的转喻现象有关。人们认识一个事物或一件事情，往往更多地注意其最突出的易于理解和记忆的突显属性，并把这种属性转指或说替代其本体事物，这符合人们识别和理解本体事物的突显原则。从"把、眼、头、尾"称量"牙刷、磨、牛、鱼"的发生角度看，也是因为"把、眼"等的突显性而被选择作为"牙刷、磨、牛、鱼"等的计量单位，这就相当于用部分代整体的转指形式。对称量来说，是用部分称量整体。

2.3 Ⅲ类是名量组合中最多的类，也是最复杂的一类。根据量词的表形特征，这一类所表示的整体事物形态主要分为长条形（如条、根、支、枝、道、杆、管等）、块面形（如块、片、张、盘香、方图章、幅画、标语、面、口井、池塘、眼井、泉等）、点圆形（如颗、粒、朵等）等（陈望道1973，邵敬敏 1993）。当然，这样的划分并非完全依据真值意义上的逻辑标准，而是我们经验认识的反映，是我们对事物形体的认知把握。根据量词的表形义的不同，我们也可以把这一组分为两组：

A组：钉子：颗/根　　毒药：粒/片　　手绢：块/条
　　　心：颗/条　　　伤：块/条　　　云朵：块/朵/片
　　　头巾：块/条　　石头：块/片/颗　骨头：根/块
　　　木头：块/根
B组：鞭子：条/根　　纸：张/片　　　冰雹：颗/粒
　　　豆子：颗/粒　　地图：张/幅　　井：眼/口
　　　镜子：块/面　　皮：块/张　　　笔：支/枝/管
　　　膏药：张/膏药/贴

在 A 组中，不同量词和同一名词组合，反映了量词表达了同一事物的不同常规形态或变化形态。由于某些事物能在不同场合下呈现或变化出不同形态，因此，我们可把这些形态看成是一个集合。如果用 N 表示某个名词概念，N1、N2、N3、N4 等分别表示这个概念所代表的不同形态的外延成员，则可以作如下表示：

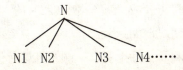

N1、N2、N3、N4……只能是分呈关系，不能是共现关系，即它们代表

的是某事物在不同场合下的不同形态。表形量词反映的就是 N1、N2 、N3 和 N4……的实际形态。或者说，名词 N 所包含的在形态上不同的外延成员的特征是通过量词来表现的，量词是表达这些形态的一种手段。以"云"为例：

（18）早晨，天气晴朗，天空淡淡地飘着几朵白云。（杨沫《青春之歌》）

（19）过了八公里的瞿塘峡，乌沉沉的云雾，突然隐去，峡顶上一道蓝天，浮着几小片金色浮云，一注阳光像闪电样落在左边的峭壁上。（刘白羽《长江三日》）

（20）这人要走运了，你还不知道哪块云彩有雨？（吴文科《中国相声精粹》）

量词"朵"、"片"、"块"反映的就是"云"所呈现的不同形态。或者说，名词所代表的事物是什么形态，就选择与之相适应的量词。

由于 N1、N2 、N3 、N4……不能是共现关系，因此，它们对量词的选择是不可逆的，即选择了量词甲时就不能选择量词乙。如"一粒毒药≠一片毒药、一块伤疤≠一条伤疤、一块石头≠一片石头"。

像"钉子、螺丝：颗/根""心：颗/条"这样的名量组合情况与其他的有所不同，它们的量词不是表示事物的不同形态，而是表示对同一事物从不同角度进行观察的结果或是人们对事物的隐喻化结果。我们可说"一颗螺丝"和"一根螺丝"，但并非意味着螺丝有颗状和根状之分，而是对螺丝观察的视点不同造成的，从螺丝头看是颗状，从侧面看是根状。比较下面的例子，由于用"颗"和用"根"的不同，可能会产生意象的不同。但一般情况下，两者可互换。例如：

（21）于是，李自强钻到架子里面，去拧紧最后几根螺丝。（姜天民《第九个售货亭》）

（22）我的衣服被猪栏上一颗铁钉挂住，拉开了一条大口子。（韩少功《西望茅草地》）

例（21）的"根"可换成"颗"，例（22）的"颗"可换成"根"。但是，也有不能替换的情况，如：

（23）于是他就将耳朵贴上去，一颗铁钉这时伸进了他的耳朵，他大吃一惊。随后才发现铁钉就钉在门上。通过手的摸索，他发现四周还有四

颗。（余华《四月三日事件》）

（24）——摸着摸着，他摸到一根冰凉铁硬的，放到嘴里拿牙咬咬：是根钉子。（汪曾祺《王全》）

例（23）是钉进了门的钉子，露出的只是钉头，因此只能用"颗"，例（24）中，前文已表明摸到的是根状东西，所以后文与之相对应就用"根"称量。

"心"称"条"是修辞用法，常说成"横下一条心""死了这条心"等。所以用"条"，是人们想象"心"产生运动（这种运动是通过动词"横、死"等体现出来的）所形成的一条轨迹。通常，"颗"和"条"是不能互换的，而且，"心"用"条"称量时，数词一般只用"一"。

B 组中，量词所表示的事物形态基本相同，因此，名词在选择量词时就比较自由，在许多情况下，量词可以互换。但是，有些名词如"箭、笛子、筷子、枪、箫"等在对"枝"与"支"的选择上是比较自由的，一般不受语境条件的制约。但由于"枝"在意义上没有"支"的虚泛程度高，因此在科学语体、政论语体中，"枝"还是被排斥于外。

当然，我们说的形态基本相同，指的是在较高层次上或在某个形体方面上的形态特征的相同，如"枝、支、根、条"同属条形，"块、张、片"同属方块形，"粒、颗"同属颗粒形等，但在较低层次特征上或其他形体特征上是有区别的。根据我们的考察，可以概括为以下两个方面：

一是形体维度的区别。石毓智（2000）曾说明了同称量方块形的量词"块"和"片"的区分。根据他的说法，设定 X 和 Y 是两个相互接近的维度上的不变量，Z 为第三维的变量，那么，当 Z 小到一定程度时，就用"片"来称数，当 Z 大到一定程度时，就用"块"来称数。或者简单地说，同是三维的立体物，"块"称量的物体要比"片"称量的物体厚。下面的说法可以证明这一点：

（25）把这块姜切成几片，然后放入锅里。

（26）这块西瓜分成五片，每人一片。

由于"片"称量的物体在第三维度（Z）上较小，因此有时它被人们感觉为一个平面体，即平面状成为它的突显特征。而"块"由于其称量的物体在第三维度上较大，不被感知为平面状物体，或者说平面特征不突显。

这样的特征差异，在人们的认知反映中，便是"片"称量的物体要比"块"称量的物体宽。比如我们可以这样说：

（27）把这片地分成五块。

（28）这片云已经散开成几块了。

例（25）可换成"把这片姜切成几块"，例（26）可换成"这片西瓜分成五块"，但这是不同的切分结果。将"块"分成"片"，反映的是在厚度上的切分，将"片"分成"块"，反映的是在宽度（或说面积）上的切分，这两者的不同正好体现了"块"与"片"在形体特征上的差别。

再以"口"和"眼"作量词来说，它们称量"池塘、井、泉"等事物时，反映的是事物的整体平面形态，而且我们可以把两者都看作圆形或方形。但是，受"口"、"眼"本身意义的影响，两者产生了圆维或方维的不同，由于"口"大于"眼"，因而"口"称量的事物圆维要大于"眼"，比较：

一口池塘　　　一口井　　　*一口泉

*一眼池塘　　　一眼井　　　一眼泉

二是内质意义的区别。这是指量词所反映的事物在内在性质上的区别。我们看两个例子。"张、幅"都可称量"画"，如"墙上挂着一幅画"可说成"墙上挂着一张画"。但是下列例中的"幅"都不能换成"张"：

（29）两岸青山、与蓝天白云一起，倒在河波里组合成一幅水山风景画。（《散文》1993 年第 7 期）

（30）峰儿翻过来掉过去地看那面盾，虽是银的却已经旧了，上面雕的花纹和字码都洋味十足，那一层一层的花纹比织得最精彩的苇席还要细致得多。峰儿看到那是一幅西洋画，上面画了两个男人和一个女人……（徐小斌《银盾》）

（31）其墓室壁画有 40 余幅，如《阙楼图》、《仪仗图》、《驯豹图》、《架鹰图》、《列戟人物图》、《侍女图》等。（徐改《中国古代绘画》）

"张"、"幅"称量画时，虽然反映的都是整体形态，但两者所承载的内在意义不同。从上面的比较可知，"张"不能称量实景画（例（29）、突凹画（例 30）及不是画在纸、帛等上面，可以施以卷、撕、折等动作上的画（例 31）。

再如"支"和"条"，它们都是表示长条形的，但它们所表示的事物的形变特征不同。形变特征是指物体形态变化的特性。它和硬度（坚硬的程度）有关，一般来说，硬度越大，形变能力越小；硬度越小，形变能力越大。一般来说，"支"称量的事物硬度较大，因而形变能力小，不易弯曲、扩张及延伸等。而"条"称量的事物硬度较小，形变能力较大，容易弯曲、扩张及延伸。因此，下面例子中，"支"和"条"不可互换，实际上反映的是"支""条"所称量的事物在内在意义（即硬度）上的区别。

一支笛子/一支金笔/一支雪糕→　＊一条笛子/一条金笔/一条雪糕

一条蚕/一条胳膊/一条电线→　＊一支蚕/一支胳膊/一支电线

参考文献

[1] 陈望道：《论现代汉语中的单位和单位词》，上海人民出版社 1973 年版。

[2] 高名凯：《汉语语法论》，开明书店 1948 年版。

[3] 吕叔湘主编：《现代汉语八百词》，商务印书馆 1984 年版。

[4] 邵敬敏：《量词的语义分析及其与名词的双向选择》，《中国语文》1993 年第 3 期。

[5] 石毓智：《语法的认知语义基础》，江西教育出版社 2000 年版。

[6] 俞士汶等：《现代汉语语法信息词典详解》，清华大学出版社 1998 年版。

（原载《汉语学报》2007 年第 4 期）

量词异形回指的形式与动因

樊中元

一 引言

在同一语篇中，如果指称同一对象的名词前后分别运用了不同量词来称量，则我们称之为量词异形回指，或者说前后量词形成回指关系。例如：

奇怪的是，有一张椅子一直空着，一直没人坐。有人看了看上面贴的名字，歪嘴笑了笑，就把它挪到另一桌去了。另一桌的人，看了看这把椅子，挺不高兴，也把它移开了。（《文萃报》2002 年 3 月 26 日）

例中的"椅子"指称同一个对象，但前后分别用量词"张"和"把"来称量。根据人们对名词、代词等相关篇章回指研究的表述，我们把首先出现的量词（如例中的"张"）称为先行量词，和先行量词构成回指关系的量词（如例中的"把"）称为回指量词。先行量词和回指量词构成异形回指关系。

量词异形回指现象涉及的是名词和量词的选择搭配问题。关于名词和量词的选择搭配研究，成果颇丰。主要体现在两个方面：一是不同量词作为被选聚合，相同名词选择不同量词，突显的是名词语义上的特征差异；二是不同名词作为被选聚合，相同量词和不同名词进行搭配，显示的是不同名词之间的语义共性。而对同一语篇中指称同一对象的名词选择不同量词的现象还少有讨论。目前只有曾维秀、李甦（2008）在对自发口语叙事语篇中的量词现象研究中涉及了有关量词回指问题，不过他们只是对口语叙事中的部分量词回指现象作了简要讨论，没有在更广泛语料上进行更为深入的论述。本文在对大量的语料进行收集的基础上，对量词异形回指形式和动因做一些探讨。本文中的"量词"仅指个体量词。

二　量词异形回指的形式

考察量词的回指形式有两个角度，一是参与回指的量词项，二是在话语序列上先行量词和回指量词构成的回指链。

（一）从参与回指的量词项来看，我们可以把量词回指分为单项回指和多项回指。单项回指是指在一个语篇中，和先行量词构成回指关系的量词只有一项。多项回指是指在一个语篇中，和先行量词构成回指关系的量词有两项或两项以上。例如：

（1）一枪打死了七头野猪，禾禾的声名大震起来。……七只野猪的消灭，使鸡窝洼的庄稼再不被糟蹋。（贾平凹《鸡窝洼的人家》）

（2）a. 倚车站着两个小子，一个大，一个小，各执一根放鞭用的长竹竿子，这两个小子什么模样，牛宝满没瞧见。

b. 忽然，一杆竹竿横在他身前，牛宝怔住才看清，原来就是站在那女人车前的小子，年龄较大的一个。（冯骥才《炮打双灯》）

（3）a. 当了胡子后，我爷爷亲手打死过日本兵，还抢下一条三八大盖，你信不？

b. 要不是因为有了这杆枪，我爷后来也不会在绺子里当了三把手，再后来国民党军队收编胡子时，也不会单单把他留下。

c. 他也从不一股脑地往家里带，采取的仍是新媳妇放屁——零揪的办法。家里人更不知他手里还有着一支三八大盖。（孙春平《娘家人》）

例（1）是回指量词"只"和先行量词"头"构成单项回指，例（2）是回指量词"杆"和先行量词"根"构成单项回指，例（3）是两项回指量词"杆"和"支"与先行量词"条"构成多项回指。在同一个名词对不同量词的选择关系中，根据我们（樊中元，2007）的统计，大约有 65.3%属于一名二量，即同一个名词可以分别和两个不同的量词组合。因此，在我们收集的语料中，两项回指占大多数。

（二）从话语序列上看，参与异形回指的量词可以构成回指链关系。根据构成回指链的量词项，可以分为单链式和多链式。单链式是指只有先行量词和单个回指量词构成回指链关系；多链式是指先行量词和多个回指量词构成回指链关系。例如：

（1）王多手上拿得有一把胡琴，崭新的样子，这是做梦也不曾遇到的一个好家伙。……并且看到那一张胡琴，明知道这是特别买来给他的，所以再也不能坚持。（沈从文《丈夫》）

（2）在牛市里转了一圈，一头牛引起了他的注意，这是一头黄毛"臊子牛"，两位牛客正在向要买牛的父子俩讲价钱。一位光头牛客说，这是我自己家养的，我喜欢打牌，都是让我的堂客喂成病快快的。一位矮子牛客说，老哥，你看这条牛顶多 3 岁，买回家细心料理，做阳春好哇。儿子听了说，爹，这条牛价格蛮实惠，但是皮毛不光鲜，不晓得能喂好吗？（活石《牛客》）

（3）"上阿妈家给我们那三条骆驼备上路的水和草料去了。"

黑皮领着三峰昂然的骆驼飒飒走来的时候，我才发现，他其实是一个多么利索能干甚至不无几分英武的大孩子——唇上一抹细绒毛，都可以称上是个大小伙子了。

三匹骆驼静卧在沙梁边，显得很安逸，似乎已经被黑皮喂过了。（苏炜《米调》）

例（1）是回指量词"张"和先行量词"把"构成单链式回指；例（2）的先行量词是"头"，后面分别多次用回指量词"头"和"条"和先行量词构成多链式回指关系；例（3）先行量词是"条"，后面分别用回指量词"峰"、"匹"和先行量词构成多链式回指关系。例（2）和例（3）不同的是，前者是单项回指构成的多链式回指关系，后者是多项回指构成的多链式回指关系。

三　量词异形回指的动因

功能主义语法认为，由于语言的功能是服务于人们日常交际和互动，语法现象的解释必须从语言系统外部即语言的社会环境中去寻求，语法成分的呈现和语法结构的磨合受限于功能因素。基于功能语法的主张，我们从下面几个功能角度考察量词异形回指的动因。

（一）语体差异的适应。语体是话语交际中形成的功能模式，不同的语体特征是通过语音、词汇、语法等语言要素体现的。典型的语体区分是口语与书面语的简单两分，但这种区分越来越不能满足研究的需要。因此，有关语体研究得到进一步深化。这主要表现于：一是语体分类越来越细致科学，如功能语法学者提出的传媒和表达方式、有准备的和无准备的、庄重的和非庄重的等分类；二是注重建构语体的语言要素的研究，寻找特定语体与语言要素之间的对应关系，建立体现特定语体的语言要素的规则或参数。

语法是体现语体特征的主要规则和参数，而量词也是参与构成语体特征的语法成分之一。我们（樊中元，2006）曾讨论过量词与语体的选择关系，说明了不同的语体对量词的选择差异。在量词异形回指的研究中，我们发现，即使在同一语体中，也会出现不同语体成分的交叉和共现现象，即在同一语体内部构成不同语体成分或结构的波动。以量词在自然口语中的运用来说，叙事性话语和对话性的话语就存在量词选择的差异，从而形成量词异形回指现象，也即异形量词的回指是基于对语体差异的适应。例如：

（1）盛叫花……然后双手笼进破袖里，斜了眼说："给三个银元。"曾铁腕想了想，撕开棉衣袖子，抠了一枚银元递过去："这样吧，先给你一个，事成之后，再补上。"（李善平《尊严》）

（2）临别的时候，小理从化妆包中拿出一枚小圆镜子。她无奈地对父亲说："你和妈就像这面裂成了两半的小镜子，我总想把裂痕修补得好一点，结果我发现，不只是这面小镜子，连镜子中的景物都永远是分裂的，根本弥补不了。"（李木玲《王小理的多事之秋》）

（3）喝酒时，郑七想起了那把枪，问周五，那把枪怎么回事？周五就说了这支枪的历史。（董立勃《暗红》，《十月》2007年第3期）

（4）他卖的是一头稍微有一点老的黄阉牛，这头黄阉牛不像本地牛，个子高大，屁股像磨盘，牛角往后，如果没有大的问题，买回家做三五年阳春没问题。……看完后，农民焦急地问，这条牛老口了吧？龙金多说，还差3岁呢，我跟你说实话吧，这条牛即使老口了，还能做3年阳春。（活石《牛客》）

（5）"上阿妈家给我们那三条骆驼备上路的水和草料去了。"
黑皮领着三峰昂然的骆驼飒飒走来的时候，我才发现，他其实是一个

多么利索能干甚至不无几分英武的大孩子——唇上一抹细绒毛，都可以称上是个大小伙子了。（苏炜《米调》）

上面各例中，叙事性话语分别选用了具有文言色彩或者科技语体色彩的"枚，""支"、"头"、"峰"来称量"银元"、"镜子"、"枪"、"牛"和"骆驼"，而对话性话语则分别选择了具有口语性的"个"、"面"、"把"、"条"来称量。特别是例（4），其所在的语篇凡是叙事性话语都采用量词"头"，凡是口语性话语都选择量词"条"，界限很分明。因而，像这样为了适应话语的语体特征而选择不同的量词，就构成异形量词回指现象。从语体的研究角度看，异形量词回指现象应是建立体现特定语体的语言要素的规则或参数之一。

（二）事物形态的呈现。事物具有空间形态，一定的事物一般都占有一定的空间，并且不同类型的事物表现出大小、高低、厚薄、聚散、离合等特征。在语言形式上，量词是表现事物的空间形态的一种手段。这体现在：一是事物空间性的强弱在和量词的组合中能体现出来。一般来说，表示空间义比较强的事物的名词能和个体量词搭配，表示空间义比较弱的事物的名词只能与种类量词搭配。通过量词而反映的事物的空间性的强弱形成一个等级：个体名词＞物质名词＞抽象名词＞专用名词。二是不同形态的事物在语言表达上选择具有不同表形义的量词与之组配。如条性状事物选择"条、根、支"等，块性状事物选择"块、片、张、幅"等，点圆性状事物选择"颗、粒、朵"等。而对于同一事物来说，由于其在不同场合中呈现给人们的形态侧面不同，因而在语言表达中，能选择不同的形态量词来凸显其形态特征。例如：

（1）于是他就将耳朵贴上去，一颗铁钉这时伸进了他的耳朵，他大吃一惊。随后才发现铁钉就钉在门上。通过手的摸索，他发现四周还有四颗。（余华《四月三日事件》）

（2）摸着摸着，他摸到一根冰凉的铁硬的，一放到嘴里拿牙咬咬：是根钉子。（汪曾祺《王全》）

例（1）的钉子是钉进了门的，露出的只能是钉头，因而选择了量词"颗"，以此表示钉子在该状态下呈现的形态；例（2）是摸到的钉子，此时，钉子呈现给人们的是整个根状形态，因而选择量词"根"。

同一事物采用不同的量词进行回指，在一定场合下，其目的是为了呈现该事物在不同情景中的侧面形态。例如：

（1）a. 然而，更让我震惊不已的是，在她面前的玻璃瓶里，竟也插着一枝红艳欲滴的玫瑰花。

b. 啊？玫瑰花？是今天送你的吧？我的目光在那朵玫瑰花上游走，差一点问出是谁送她的花。（廖华歌《好一朵玫瑰花》）

（2）a. 她穿了一身崭新的工作服，是用劳动布做的，样式和颜色也和别人的不一样，显然是若干年前的老货了。

b. 天还没亮乔师傅就起床了，她坐在镜子前梳头抹脸，很用心地将自己打扮了一番，然后换上了那套收藏很久的工作服。（李铁《乔师傅的手艺》）

（3）a. 苏尕三冷冷瞥见丁拐子挟着一条黑牦牛毛毡往棚子凑，就大步下了坡顶。

b. 丁拐子浑身上下只有一块黑毛毡。（张承志《黄泥小屋》）

（4）回到家，杨春柳不在，家里窗明几净，一切都被李福花收拾得井井有条，连那两只放在屋里的火腿也拿走了。想是老婆让李福花挪到厨柜旮旯里去了。两条大火腿挂厨房里也不好看。（张长《双色球》）

例（1）中，a 中是插在玻璃瓶中的玫瑰，呈现的是长条状，所以用"支"，b 呈现的是花朵，所以用"朵"。例（2）中，a 是穿在身上的，所以用"身"，b 是还未穿的，所以用"套"。例（3）中，a 的黑牦牛毡是挟着的，给苏尕三呈现的是条状，所以用"条"，b 是披在身上的，呈现的是块状，所以用"块"。例（4）中，用"条"是因为通过"挂"而凸显了火腿的条状。

（三）认知资源的分配。人在认知活动中，会根据情景的需要把自己有限的认知资源分配到最主要的信息上，以便优先加工自己认为重要的认知任务。在语言表达上，为了使主要信息和次要信息得到合理的表达，在语言成分和语言结构的选择和安排上也遵循着认知资源的分配原则。曾维秀、李甦（2008）考察了自发口语叙事语篇中量词的使用情况，并从认知资源分配机制角度探讨了量词搭配不规范、在前后的搭配中量词不同一、量词单一和通用量词使用频率高以及相邻/近句子中量词同一的原因。从认知资源分配机制来考察异形量词的回指现象，可以使我们解释语篇中异形量词回指运用的动因。

（1）他望见一匹高大的狼在奔跑，由于距离较远，辨不清公母，他决定跟踪。……爹对桑兰说："闺女，只要是只公狼爹就把它打死擒了，用它的皮毛给你做一条漂亮的围巾。"（曾有情《狼女》）

（2）a. 好心！这么着吧，我送给你一根马鞭子，你把鞭子插在水缸里。

b. 不想提过了劲，把个马鞭子一下提出缸口了。（汪曾祺《水母》）

（3）童洋走到窗前，看人行道上有一只流浪狗皮毛凌乱，又脏又瘦，正怯生生地躲避着车辆和行人。……想到孩子，他突然可怜起那条流浪狗来，很想出去把它抱回来，但是，电话铃响了。（张长《双色球》）

将认知资源和量词语义结合起来看，如果量词的语义特征越明显，则其传递给名词的信息就越多，而人们在认知该名词时分配的资源也就越多。反之，量词负载的语义信息越少，则其传递给名词的信息就越少，人们认知该名词时分配的资源就越少。一般来说，表达形态特征义越明显的量词，其对事物形态特点和性质的激活性能就越强，则人们在认知上对该量词及其称量的名词就会投入较多的资源量；而像泛用量词，其对事物固有的、最为典型的特点和性质的激活性能就比较弱，则人们在认知上对该量词及其称量的名词所分配的资源量就少。在上述例子中，例（1）中，为了凸显狼的"高大"，除了用形容词"高大"来修饰外，还特别选用量词"匹"，以增加人们对"狼"的认知资源量，将较多的注意力投入到狼的性质特征上。而再次使用时，由于不再凸显"狼"的性质特征，就使用"个"，这就减少了人们对"狼"的认知资源，或者说减少了人们的认知负担。同样，例（2）和例（3）构成的异形量词回指都是出于这样认知资源分配机制的动因。

（四）指称意义的区分。名词具有指称意义，名词的指称意义是指名词所指对象和实际语境中存在的事物之间的关系。陈平（1987）系统分析了汉语中与名词性成分相关的四组概念：有指和无指、定指和不定指、实指和虚指以及单指和通指，并且揭示了具有不同指称意义的名词性成分在语法表现形式上体现出来的差别。我们也发现，名词的指称意义也是影响对量词选择的一个因素，具有不同指称意义的名词性成分，特别是不定和不定指成分，在选择量词时会产生差异。这种量词选择差异就形成异形量词回指现象。例如：

（1）就在几个小时之前，她的腹中还跳动着一颗心脏，那颗心脏一半属于她，一半属于老孙。那是一个孩子的心脏，那个孩子一定又漂亮又健康又聪明。（詹政伟《老鼠走，猫也走》）

（2）这方仿宋铁线阳刻私章并不是他最喜欢的一枚印章。（陆天明《省委书记》）

（3）因为他发现裙子领口少了一只纽扣。他记得这颗掉落的纽扣，银灰色的，像只图钉。（潘能军《风筝》）

（4）尽管风传这样的冷言冷语，此事之后，蒋百年腰缠炸药包的形象还是被人记住了，他与翰林、湖盗一起，成了一位令人敬畏的人物。

她是蒋百年的老婆，蒋百年在地方上是一个人物，这么多年来她帮着丈夫经营家业和声誉，里里外外一把手，她不是等闲之辈，算得上是一个女中丈夫。（叶弥《消失在布达拉宫的一头鹰》）

（5）那是一条省道，依山傍海修筑，车队被拦截处位于半山腰，面前是一片月牙形的浅海湾，海湾上有大片渔排和浮标。

浅沙湾是一个浅海湾，有着大片滩涂，有一条大量充沛的河流从海湾北部注入。（杨少衡《尼古丁》）

例（1）中，当"心脏"是定指时，使用量词"颗"，当"心脏"是不定指时，使用量词"个"。例（2）中，当"私章"是定指时使用量词"方"，当"印章"是不定指时，就用量词"枚"。例（3）中，"纽扣"是不定指时，使用量词"只"，定指时使用量词"颗"。例（4）和例（5）都是不定指，但是"一位令人敬畏的人物"和"一片月牙形的浅海湾"是单指，"一个人物"和"一个浅海湾"是类指。这些例子对量词的选择有一个共同的特点：定指和单指的名词性成分都选用了具有具体形态或情感意义的量词，而不定指或类指的名词性成分选用的是不具有具体意义的泛用量词。这点好理解：定指或单指名词所指对象都是人们在语境中能够辨别出来的能和某个特定对象联系起来的人和事物，因而具有可感可视性，选择具有具体形态或情感意义的量词能够互相形成和谐组配。不定指或类指性名词性成分则与之相反。

　　除了名词性成分具有指称意义，量词也有一定的指称意义。量词的指称意义是指量词对名词的指称关系。在一定的语境中，如果量词能指称名词性成分，则该量词具有指称意义，如果量词不能指称名词性成分，则该量词没有指称意义。例如：

　　你数数看还剩下几只鸡？　　A：一只、两只……　　*B：一个、两个……

　　A 能指称"鸡"，有指称意义，B 不能指称"鸡"，没有指称意义。量词是否具有指称意义，影响到名词对量词的选择。例如：

　　（1）忆宁犹豫了一下，挑了最喜欢的一个白围脖悄悄地摆到一边，其余的和衣服一起装进一个大袋子。

　　是这围脖，你要是不喜欢了，能不能送给我，这是我认识他的第二年冬天给他织的，我一共织了四条，随便哪一条，你送一条给我吧。（鲁敏《白围脖》）

　　（2）说是车马大店，其实就有两个客房，其中一间已住了人。（胡学文《麦子的盖头》）

　　例（1）和例（2）中分别使用的量词"条"和"间"都不能换成"个"，换成"个"就不具备指称"围巾"和"客房"的意义。这样的话，例（1）的"个"和"条"、例（2）的"个"和"间"就分别构成异形量词回指。

四　余论

　　关于异形量词回指现象还存在几个问题：

　　一是有些异形量词回指的出现是出于作者无动机性的使用，因此无法作出动因解释。例如：

　　小设计师又矮又瘦，窄小的脑袋上，扎着一块红底几何图案三角巾，头巾下面，拖出一根很长的辫子。

　　彼得站在原地，呆呆地看着杰森瘦小的背影，一条长辫子从红头巾里拖出来，趴在后背上，一甩一甩的，甩进了电梯。（薛舒《彼得的婚礼》）

　　二是虽然我们分别分析了异形量词回指现象的动因，但某些异形量词回指的运用是几个动因的交叉。例如：

　　那是一条省道，依山傍海修筑，车队被拦截处位于半山腰，面前是一片月牙形的浅海湾，海湾上有大片渔排和浮标。

浅沙湾是一个浅海湾，有着大片滩涂，有一条大量充沛的河流从海湾北部注入。（杨少衡《尼古丁》）

虽然我们分析该例为因指称意义不同而形成的异形量词回指，但也与事物形态的呈现有关。

三是对异形量词回指现象的考察，还有其他角度，如从量词的语义类别来分，有形态量词和泛用量词的回指，泛用量词和泛用量词的回指，形态量词和形态量词的回指等。

参考文献

[1] 陈平：《释汉语中与名词性成分相关的四组概念》，《中国语文》1987 年第 2 期。

[2] 樊中元：《现代汉语一名多量现象研究》，湖南人民出版社 2007 年版。

[3] 樊中元：《论语体对名词和量词组合的制约作用》，《中南大学学报》（社会科学版）2006 年第 5 期。

[4] 金立鑫、白水振：《语体学在语言学中的地位及其研究方法》，《当代修辞学》2012 年第 6 期。

[5] 杉村博文：《量词"个"的文化属性激活功能和语义的动态理解》，《世界汉语教学》2006 年第 3 期。

[6] 陶红印：《试论语体分类学的语法学意义》，《当代语言学》1999 年第 3 期。

[7] 徐纠纠：《现代汉语篇章回指研究》，中国社会科学出版社 2003 年版。

[8] 曾维秀、李甦：《自发口语叙事语篇中量词使用的实证研究》，《语言教学与研究》2008 年第 6 期。

[原载《广西师范大学学报》（哲学社会科学版）2013 年第 4 期]

《董解元西厢记》中的动态助词

袁卫华

　　动态助词是近代汉语中新产生的一个助词小类，主要与动作相联系，一般都跟在动词的后面，表示动作的进行、持续、实现和完成等情态。其产生，取代了古汉语中某些语法结构和某些词汇的功能，使表达更清楚明白，手段更精密准确，体现了汉语语法的进步。这里我们仅就《董解元西厢记》（凌景埏校注，人民文学出版社 1962 年版）曲文中的动态助词进行初步考察。

　　《董解元西厢记》（以下简称《董西厢》）为金代董解元所作，是现存诸宫调中首尾最完整、思想价值和艺术价值也最高的一种。[1]该书口语化程度较高，是进行近代汉语研究的重要语料。考察书中的动态助词，可以考见动态助词在金代的使用情况，以便从历时角度更好地把握动态助词的发展演变。

　　经考察得知，《董西厢》中的动态助词共有 9 个："却"、"了"、"着"、"过"、"将"、"取"、"得"、"破"、"当"等。这些都是近代汉语时期新兴的动态助词，具体考察如下：

一　却

　　动态助词"却"应产生于唐代前期[2]，它的产生，是汉语史上一个重要的变化，"它改变了过去汉语中以副词、时间词语或结果补语、表示完

---

　　① 凌景埏校注：《董解元西厢记》，人民文学出版社 1980 年版，前言第 1 页。
　　② 张相：《诗词曲语辞汇释》上，中华书局 2008 年版，第 41 页；曹广顺：《近代汉语助词》，语文出版社 1995 年版，第 13 页；卢烈红：《〈觉宿语要〉代词助词研究》，武汉大学出版社 1998年版，第 207 页。

成义的动词来表达动态完成的方法，产生了一个新的词类和一个新的语法格式。"①

助词"却"由动词"却"（"退"义）虚化而成，跟在动词后面，表示动作的实现或完成。《董西厢》中"却"出现 36 次，作动态助词的次数不多，仅 7 次，有"动+却"与"动+却+宾"两种格式。例如：

（1）见法聪临阵恁比合，与飞虎冲军恶战讨，也独力难加他走却。（卷二）

（2）除却乱军，存得伽蓝，免那众僧灾祸。（卷二）

（3）照人的月儿怎得云蔽却？（卷四）

（4）听沉了一响，流泪湿却胭脂。（卷四）

上述例句中，动态助词"却"多表示动作的完成、实现，仅有个别例子表示动作状态的持续。

"却"的使用在晚唐五代时期曾一度频繁，随着动态助词"了"在北宋大量出现和在南宋的普及，"却"在南宋中晚期受其排挤，呈现衰落趋势。②杨伯峻、何乐士（2001）认为大约到南宋中晚期，"却"在口语中逐步为助词"了"所取代。③就《董西厢》一书看，"却"仅出现 7 次，我们据此推测，很可能《董西厢》时期，在实际口语中，"却"已为"了"取代，仅以零星次数出现于书面文献。

有一点需要清楚的是：在汉语语法逐渐趋于精密化的发展过程中，完成态助词可以有所更替，但由"却"奠定的完成态助词的功能、意义以及两种语法格式始终没有改变，这在我们接下来的考察中有具体体现。

二 了

根据句法位置和句法功能的不同，助词"了"可分为两种用法，一种是动态助词，表示动作行为的完成；另一种是事态助词，用于肯定事态已经出现了变化或即将出现变化。这里我们主要考察"了"作为动态助词的用法，《董西厢》中"了"出现 212 次，作动态助词的有 199 次，大多是跟

---

① 曹广顺：《近代汉语助词》，语文出版社 1995 年版，第 14 页。

② 卢烈红：《〈礴宿语要〉代词助词研究》，武汉大学出版社 1998 年版，第 207 页。

③ 杨伯峻、何乐士：《古汉语语法及其发展》，语文出版社 2001 年版，第 506 页。

在动词、形容词后面，表示动作的完成或性质变化的实现。大致用于以下四种格式：

1. 动+了+宾

"动+了+宾"是动态助词"了"出现的典型格式，《董西厢》中这种格式最为常见，凡153例。例如：

（5）尘蔽了青天，旗遮了红日，满空纷纷土雨。（卷二）

（6）红娘急起，心绪愁无那，忙穿了衣裳离绣阁。（卷四）

《董西厢》中动态助词"了"于此种格式居于主导地位。

2. 动+了

动态助词"了"用于此格式43次，大致分为两种情况：一种是用于句中，共24次，例如：

（7）红娘觑了高声道："君瑞先生喜！"（卷三）

（8）镜儿里不住照，把须鬓掠了重掠。（卷五）

一种是出现在复句前面分句的末尾，共19次，例如：

（9）正惊疑，张生觑了，魂不逐体。（卷一）

（10）须臾和泪一齐封了，上面颠倒写一对鸳鸯字。（卷四）

上述三例中"了"所在的分句均为后面的分句提供背景，"了"主要用以强调动作的完成。

3. 形+了

"了"用于此种格式仅3例，如下：

（11）指约不住，一地里闹护铎，除死后一场足了。（卷二）

（12）眉儿澹了教谁画？（卷六）

（13）可憎的媚脸儿通红了，对夫人不敢分明道，猛吐了舌尖儿背背地笑。（卷六）

上述三例中，形容词后面的"了"表示某种状态的实现。

4. 动+补+了

《董西厢》中仅出现1次，如下：

（14）觑着阶址恰待襄衣跳，众人都唬得呆了。（卷二）

"了"在"动+助+宾"格式中的出现只是一种词汇兴替的现象，"了"取代了"却"，但"动+助+宾"格式没有发生变化。在"了"取代"却"的

问题上，很多学者认为取代的原因是"了"与"却"语义相通，且唐以后
助词系统的发达与规范也起了一定的推动作用。卢烈红（1998）从词义派
生的角度作出解释，他认为"了"的动词义即为"完毕"，作助词表完成貌
顺理成章，而"却"由动词义"掉"到表完成貌毕竟转了一个弯，所以"了"
以表达的直接、明朗而优于"却"，最终导致被"了"完全取代。①

关于动态助词"了"的产生过程，大多数学者认为："了"首先在"动
+宾+了"格式中趋于虚化，然后位置由宾语之后挪到宾语之前，即由"动+
宾+了"→"动+了+宾"，持此看法的有王力（1980）、太田辰夫（1987）、
梅祖麟（1981）、曹广顺（1986/1995）等人。吴福祥（1996）、卢烈红（1998）
等则作出了不同解释，认为"了"应是先在"动+了"格式中虚化为动态助
词，然后带上宾语形成了"动+宾+了"格式，并对其产生过程进行了详细
的分析与阐释。我们认为后一种观点比较合理。

三 着

"着"也是近代汉语中新产生的助词，大约出现于唐代，由"附着"
义虚化而来，表示动作状态的持续。唐代以后，动态助词"着"的用法较
为普遍。《董西厢》中的"着"共出现 220 次，除作动词和其他用法外，作
动态助词 161 次。按语法意义可以分为：表持续貌、进行貌和表完成貌。

1.表持续貌

动+着+（宾）

《董西厢》中助词"着"表持续貌居多，出现 130 次，例如：

（15）左壁头个老青衣拖着欢郎。（卷一）

（16）带一枝铁胎弩，弧内插着百双钢箭，担一柄簸箕来大开山斧。
（卷二）

由例句可看出"着"表持续貌时，其前面的动词表示单纯的动作且动
作本身可以持续。

2.表进行貌

"着"用为动态助词是从表持续貌开始的，这一用法在唐代和晚唐五

---

① 卢烈红：《〈古尊宿语要〉代词助词研究》，武汉大学出版社 1998 年版，第 207 页。

代最为常用，表进行貌的用法产生稍晚，大约是在南宋中期以后才开始得到较大发展。①

《董西厢》中助词"着"有17处表进行貌，主要用于"动₁+着+动₂"格式，例如：

（17）遮遮掩掩衫儿窄，那些袅袅婷婷体态，觑着剔团圆的明月伽伽地拜。（卷一）

（18）何曾敢与他和尚争锋，望着直南下便迓。（卷二）

3. 表完成貌

同"了"、"却"由结果补语虚化为完成貌助词一样，"着"也是由结果补语虚化而来，同样具有表完成貌的用法。《董西厢》中"着"表完成貌14次，用于表示动作的完成，相当于"了"。例如：

（19）歪着头避着，通红了面皮，筵席上软摊了半壁。（卷三）

（20）亲曾和俺诗韵，分明寄着简帖。（卷四）

近代汉语时期表完成貌的动态助词主要是"了"，助词"着"主要用以表持续貌和进行貌，但在动态助词产生的初期阶段，各助词混用，分工没有严格的限定，唯使用频率上会有所差别，这种现象持续到《董西厢》时期，直至明中叶以后，其分工才逐渐明确起来。

四　过

"过"由表趋向运动的动词（"走过、经过"义）虚化为动态助词应在唐代。《董西厢》中"过"出现49次，用作动态助词12次，主要有"动+过"和"动+过+宾"（带处所宾语有6例）两种格式，后者居多，即带宾语的例子明显多于不带宾语的例子。

1. 动+过

仅三例，如下：

（21）轻闪过捽住狮蛮，恨心不舍。（卷二）

（22）从自齐时，等到日转过，没个人偢问，酪子里忍饿。（卷三）

（23）香烟上度过把封皮儿拆，明窗底下，款地舒开。（卷五）

---

① 曹广顺：《近代汉语助词》，语文出版社1995年版，第31页；卢烈红：《〈朴宿语要〉代词助词研究》，武汉大学出版社1998年版，第210—211页。

2. 动+过+宾

此种格式有九例，例如：

（24）转过回廊，见个竹帘儿挂起。（卷一）

（25）搽过钢枪，刀又早落。（卷二）

例中的"过"均表示动作的结束和完成。

刘坚等（1992）、曹广顺（1995）等认为动态助词"过"在形成的早期主要用于"动+过"格式，他们认为这可能与"过"的词义有关。动态助词"过"在唐代用例很少，《敦煌变文集》中仅3例，《祖堂语要》中8例，直到南宋中期的《朱子语类》中才较为常见，但其出现格式仍是以"动+过"为主。从元代起，动态助词"过"的用例开始增多，其出现格式由以"动+过"为主，转变为以"动+过+宾"为主。《董西厢》中，"过"用于动态助词12例，其中9例出现在"动+过+宾"格式。

五 将

动态助词"将"，用于表现动作的开始、持续、完成等状态。[①]《董西厢》中"将"出现54次，其中用作动态助词的仅5次，主要有以下两种格式：

1. 动+将+宾+趋向补语

凡两例，如下：

（26）凛凛地身材七尺五，一只手把秀才捽住，吃搭搭地拖将柳阴里去。（卷一）

（27）想世上凄凉事，离情最苦，恨不得插翅飞将往他行去。（卷七）

上述两例中，"将"和补语一起表示某种状态的持续。

2. 动+将+趋向补语

凡三例，如下：

（28）把破设设地偏衫揭将起，手提着戒刀三尺，道："我待与群贼做头抵。"（卷二）

---

① 参见张相《诗词曲语辞汇释》上，中华书局2008年版，第337页；曹广顺《近代汉语助词》，语文出版社1995年版，第46页；卢烈红《〈祖堂语要〉代词助词研究》，武汉大学出版社1998年版，第217页。

（29）法聪不合赶将去，飞虎扳番窍镫弩。（卷二）

（30）连几般衣服一一包将去。（卷七）

袁宾（1992）认为助词"将"的使用时间大抵与近代汉语时期相始终，较早的例子见于唐、五代，宋、元、明历代均普遍使用。清代下半叶用例渐趋稀少。①《董西厢》中，助词"将"使用频率不高，仅五次，主要原因是宋代起已出现"动+了+趋向补语"格式，"了"开始与"将"争夺地盘，《董西厢》中动态助词"了"发展得极为完善，占据了主要地位。可能正因为此，才导致了位居动词后的助词"将"只出现了极少的次数。另外也可能是因为语体的不同，造成了助词"将"在不同文献中使用的不平衡。

六　得

动态助词"得"形成于唐代，《董西厢》中"得"出现219次，其中用作动态助词27次，表示动作的实现、完成或持续；其他则大多用作动补结构的标志。

1. 表示动作的实现或完成

用法相当于"了"，共21例，例如：

（31）张生未及游州学，策马携仆，寻得个店儿下。（卷一）

（32）道得一声"好将息"，早收拾琴囊，打迭文字。（卷三）

2. 表示动作的持续

用法相当于"着"，凡6例，例如：

（33）似此活得，也惹人耻笑。（卷八）

（34）假如活得又何为，枉惹万人嗤！（卷八）

晚唐五代的《敦煌变文集》中动态助词"得"有较多的用例表示动作的持续，到了《薄宿语要》仅有2例，曹广顺（1995）认为"表示动作持续的'得'在宋代已经不及唐代多见……"②《董西厢》中"得"有6例表持续，这是否说明《董西厢》时期在实际口语中"得"已不用于表持

---

① 袁宾：《近代汉语概论》，上海教育出版社1992年版，第204页。

② 吴福祥：《敦煌变文语法研究》，岳麓书社1996年版，第303—304页；卢烈红：《〈薄宿语要〉代词助词研究》，武汉大学出版社1998年版，第225页；曹广顺：《近代汉语助词》，语文出版社1995年版，第77页。

续，只是在书面文献中得到了保留，还需做进一步的研究。

七 取

"取"也是近代汉语中新产生的一个动态助词。《董西厢》中"取"出现 26 次，用为动态助词只有极少的几次。我们根据"取"字所表达的意义来考察其用法，具体如下：

1. 表动作实现或获得结果

用法相当于动态助词"得"，凡五例，例如：

（35）譬如这里闹镬铎，把似书房里睡取一觉。（卷一）

（36）唤取红娘来问则个！（卷六）

2. 表状态的持续

用法相当于动态助词"着"，仅一例，如下：

（37）少饮酒，省游戏，记取奴言语，必登高第。（卷六）

例中的"取"表示动作状态的持续，"记取"即"记着"。

《董西厢》中助词"取"出现次数较少的原因，可能是由于助词"着"、"得"的广泛使用。从晚唐五代到宋，是动态助词发展较快的时期，这期间，动态助词系统内部经过一系列的调整，分工趋向单一，在调整过程中，"取"字表示动作结果、完成，与"得"、"了"的功能重复，表示动作持续，与"着"相同。正因为"取"与"着"、"得"在语义、用法上的相同，才导致了助词"取"的衰落，现代汉语中动态助词"取"已经消失。

八 破

动态助词"破"，也是近代汉语中一个新兴的助词，由动词虚化而来。《董西厢》中"破"出现 30 次，其中用作动态助词 9 次，主要用以表示动作的完成或进行。

1. 表示完成貌

有"动+破"（3 例）、"动+破+宾语"（2 例）两种格式，例如：

（38）张生当时听说破，道："譬如闲走，与你看去则个。"（卷一）

（39）旧日做下的衣服件件小，眼谩眉低胸乳高，管有兀谁厮般着，我团着这妮子做破大手脚。（卷六）

"听说破"，即听说了；"做破大手脚"即做了大手脚。均表示动作已经完成。

2.表示进行貌

共出现五次，例如：

（40）听说破，听说破，把黄髯捻定，彻放眉间锁。（卷二）

"听说破"即听说着，表示动作正在进行。

九　当

"当"作为动态助词，最早应在唐代（我们检索陕西师范大学"汉籍全文检索系统"得知）。《董西厢》中"当"出现 63 次，作动态助词 9 次，例如：

（41）尽人问当，佯羞不答；万般哀告，手摸着裙腰儿做势煞。（卷五）

（42）可憎问当："别来安否？"（卷八）

《董西厢》中动态助词"当"都是跟在及物动词"问"的后面，用法相当于"着"或"了"。

经过上述考察，《董西厢》中所用的动态助词有以下几个明显的特点：

1.《董西厢》中动态助词成员较为丰富，有"却"、"了"、"着"、"过"、"将"、"取"、"得"、"破"、"当"等 9 个。

2.使用频率方面，"了"、"着"出现次数较多，分别为 199 次、161 次；"得" 27 次，"过" 12 次；其他成员的出现次数较少，均在 10 次以下；"将"最少，仅 5 次。

3.《董西厢》中动态助词之间的混用情况仍旧较为普遍，比如"了"、"着"、"取"、"将"等都有混用现象，其中"了"、"着"使用次数较为频繁，功能也比较完备，在竞争中处于优势，这说明现代汉语中的动态助词"了"、"着"在《董西厢》一书中已经发展得较为充分。

4.诸动态助词在使用方面虽然有混用情况，但也只是改变了助词的词汇形式，"动+助"、"动+助+宾"这两种基本格式则没有发生变化。

参考文献

[1] 凌景埏校注：《董解元西厢记》，人民文学出版社 1980 年版。

[2] 张相：《诗词曲语辞汇释》，中华书局 2008 年版。

[3] 曹广顺：《近代汉语助词》，语文出版社 1995 年版。

[4] 卢烈红：《〈古尊宿语要〉代词助词研究》，武汉大学出版社 1998 年版。

[5] 杨伯峻、何乐士：《古汉语语法及其发展》，语文出版社 2001 年版。

[6] 袁宾：《近代汉语概论》，上海教育出版社 1992 年版。

[7] 吴福祥：《敦煌变文语法研究》，岳麓书社 1996 年版。

（原载《理论月刊》2011 年第 8 期）

《诗毛氏传疏》误解毛诗经传的训诂学分析

崔金涛

一　引言

陈奂是清代后期的著名学者，其一生的学术研究围绕古文学派的"毛诗"展开，形成了以《诗毛氏传疏》（以下简称"《传疏》"）为核心，包括《毛诗音》、《毛诗说》、《毛诗传义类》和《郑氏笺考征》等姊妹著作在内的、具有自身完整系统和鲜明个性特色的《诗经》研究体系。在整个乾嘉学派的《诗经》研究中，陈奂的这些研究占据极其重要的地位，《传疏》与马瑞辰的《毛诗传笺通释》、胡承珙的《毛诗后笺》共同代表着乾嘉古文《诗经》研究的最高成就。但时至今日，除南京大学滕志贤教授的《陈奂及〈诗毛氏传疏〉研究》[1]外，学界目前尚未出现有关《传疏》的更为全面、更接近实际的重要研究成果。囿于篇幅，滕先生的这项研究对《传疏》的分析多是点到为止，未作更深入的分析，有待进一步推进、补充者不少。本文就是在滕先生这项研究的基础上，专门就《传疏》误解毛诗的不足作进一步的讨论。

与《毛诗传笺通释》和《毛诗后笺》以"求是"为基本目的不同，陈奂撰写《传疏》的根本目的是"发明"。具体而言，就是要积极地从各个方面入手，全面证明毛诗，尤其是毛传的正确性。至于毛传的训释是否合乎《诗经》的语言实际，并不是《传疏》的着力点。

应该说，在当时的社会、学术条件下，《传疏》很好地完成了自己的任务，它也因此成为了《诗经》研究史上最重要的著作之一。但不论多么优秀的学者、多么伟大的著作，都会具有自身难以克服的历史局限，陈奂和他的《传疏》当然也不例外。当我们以当今已经取得长足进步的训诂学研究为基础，对《传疏》进行深入剖析之后就会发现，《传疏》中仍然存在着一部分误解毛诗经传的实例。这些实例共同指向一个基本事实，就是陈奂严重低估了注释书语义的复杂性及其解释的多样性。如果再进一步追问，陈奂何以会低估注释书训诂这方面的特殊性，我们就会发现，这与陈奂本人有关"小学"与"经学"关系的看法密切相关。以下就从表现、实质和原因三个方面，展开对《传疏》误解毛诗经传不足的分析。

二　《传疏》误解毛诗经传的表现

《传疏》误解毛诗具体表现在误解《诗经》和误解毛传两个部分。以下按类分析。

1. 《传疏》误解《诗经》的实例

由于具体上下文语境的影响，词义经常会产生许多临时性的变化。《传疏》误解毛诗经传的一个重要表现就是，把词义在上下文语境中发生的临时性变化全部当成了词语固有的意义，并由此导致了因声求义方法的滥用。请看《唐风·椒聊》的实例[2]：

彼其之子，硕大无朋。

（传：朋，比也。）

疏："朋"训"比"者，"比"为"比方"之"比"。《秦·黄鸟》："百夫之防。"传："防，比也。"亦"比方"字。"朋"、"防"一声之转。

按照甲骨文、金文的字形来分析，"朋"应该是系在一起的两串贝壳或者玉[3]，其特点是"两物并列"，所以《椒聊》经文"硕大无朋"的意思就是硕大到没有什么能与它相比。作为毛传训释字的"比"，《说文》训作"密"，也就是今天成语"鳞次栉比"中的"比"，其特点是"多物并列"，所以它可以引申有"比较"的意义。因此，毛传用"比"来训"硕大无朋"的"朋"符合《椒聊》经文的本意。《传疏》指出毛传的"比"是"比方"的"比",既合乎毛公的本意,又切合《诗经》经文的实际。问题出在《传疏》说"'朋'、'方'一声之转"上。按,"防"字,《说文》训"隄",也就是今天所说的"堤"。毛传的作者认为,"防"的这个义项在"百夫之防"的上下文里讲不通,所以把"防"字当成了"方"的假借字。《经典释文》:"防,徐云:'毛音方'。"许整说《黄鸟》的"防",毛传音"方",正是要点明《黄鸟》这条毛传是用本字"方"来破借字"防"的事实。《说文》:"方,并船也。"两船相并,其特点也是"两物并列",于是"方"字在"百夫之防"的上下文里可以临时具有"比"的意思。毛传以"比"训"防",正是以本字"方"本有的"比较"或"比方"的义项来训《黄鸟》经文的假借字"防"。

"朋"字由于"两串贝或玉并列"而在"硕大无朋"中讲成"比"、"防(方)",由于"两船相并"而在"百夫之防"中也讲成"比",本来不同义的"朋"和"防(方)",由于都具有"两物并列"的特点,所以在《诗经》不同文句的上下文中都具有了"比较"或"比方"的意义。脱离了"硕大无朋"和"百夫之防"这两个不同的上下文语境,"朋"是"朋","防"(方)是"防(方)",二者并不同义。对于《椒聊》经文的"朋"与《黄鸟》的"防(方)",毛传都训成"比",只是因文立训,而并非真的认为"朋"字与"防(方)"字同义或近义。《传疏》并没有很好地意识到《诗经》经文的这种特殊性,只是简单地说"朋、防一声之转",把词在具体语境中产生的临时语义相当解释成了固定的文字假借关系。

另外,每一句《诗经》的经文,都是不同的词语按照不同语法规则组合而成的,因此每一句《诗经》经文的意义也绝对不是词语意义的简单相加。解释《诗经》的经文必须考虑语法,尤其是句法问题。《传疏》误解《诗经》的另一重要方面就是简单地把语法,尤其是句法层面的现象全部转化成单个词义的问题。请看《大雅·民劳》的实例[4]:

> 柔远能迩,以定我王。
>   疏:"能"读为"而"。《汉书·督邮版碑》作"柔远而迩",古"如"、
> "而"通用。"远"谓"远方","迩"谓"中国"。"迩",近也。言安远方之

国而使与中国相亲近也。《中庸》云："柔远人，则四方归之。"即其义。解者并以"柔远"、"能迩"作对文，非是。

《民劳》经文的"能"字，毛传没有解释。按照最一般的训诂原则（以今义释古义，以通语释方言，以常用义释特殊义），显然这里用的应该是它的常用义。《经典释文》："能，徐云：'毛如字'。"徐整说毛传读"能"为"如字"，清楚地指明了毛亨认为"柔远能迩"的"能"用的是其常用义的事实。《说文·能部》："能，熊属，足似鹿。……'能'兽坚中，故称为贤能，而强壮者称能杰也。"虽然许慎认为"能"的"贤能"义引申自"'能'兽坚中"的特点，有失牵强，不如看作"本无其字"的假借更为合理，但是他说"能"有"贤能"义却是千真万确的事实。《民劳》"柔远能迩"的"能"此处用的应该就是"能"字"贤能"的常用义。如果按照"贤能"的常用义来解释"能"，则《民劳》的经文"能迩"为动宾结构，"能"字以"意动"的方式用为动词，译成现代汉语就是：认为周围的人有才能。"能迩"的"意动"正好与"柔远"的"使动"组成一个更大的并列结构，所以陈奂以外的《诗经》解释者才"并以'柔远'、'能迩'作对文"。

事实上，陈奂并未很好地理解"柔远能迩"中"柔"和"能"都是它们特殊的语法用法，于是在《传疏》中读"能"为"而"，把句法层面的特殊现象直接转化成了单纯的词语组合关系。《传疏》这样的解释，不但没能很好地解释《民劳》经文特殊的句法现象，反而使整个句子几乎"不辞"：陈奂说"'远'谓'远方'"、"'迩'谓'中国'"，则"柔远而迩"的意思是"使远方柔而中国"。于是《传疏》又不得不进一步把《民劳》的"柔远能迩"解释成"安远方之国而使与中国相亲近"。《传疏》先是把实词"能"讲成虚词"而"，滥用了因声求义；进而在经文上增"使与……相亲近"，以弥合"使远方柔而中国"不能成"辞"的问题，除滥用声训外，又添"增字解经"一弊。

2. 《传疏》误解毛传的实例

《传疏》误解经传的另一个方面是误解毛传训释字与被训释字之间的意义关系。毛传解释《诗经》，以体例严密与善会经意著称。对于《诗经》中各种特殊的语义现象均能采取相应的解释手段。由于这样的原因，毛传的训释字与被训释字之间的意义关系就存在诸多角度、层次的不同。对于毛传的这种多样性，《传疏》予以误解的情况不少。

如上所述，《诗经》经文中有许多词义由于上下文的影响，产生了不少临时性的变化，毛传对这些变化体会很深，经常会选择恰当的词语把这些临时性的变化表现出来。对于毛传的这种现象，《传疏》往往不得其解。试举《陈风·东门之池》一例，以见一斑[5]：

> 东门之池，可以沤麻。
> 传：沤，柔也。
> 疏："沤"、"柔"叠韵为训。

《说文》："沤，久渍也。"所谓"久渍"就是放在水里长时间地浸泡。把生麻放在水里泡，目的是让它的纤维变软，以便更好地加工。"沤"是"柔"得以实现的手段，"柔"是"沤"自然产生的结果。毛传训"沤"为"柔"，强调的正是它们之间的这种关系。《传疏》说"沤"与"柔"是"叠韵为训"，把二者之间手段、结果的意义关系简单地解释成了文字假借的关系。

《诗经》经文语义复杂多样，对此毛传也会采取相应的解释形式，所以毛传的复杂性并不亚于《诗经》语言本身。《传疏》对毛传这种复杂的语义关系认识得还很不够，因此经常对相关现象作出不正确的解释。请看《周南·关雎》的实例[6]：

> 关关雎鸠，在河之洲。窈窕淑女，君子好逑。
> 传：兴也。关关，和声也。
> 疏："关"……与"和"双声得义。

"关关"本来只是模拟雎鸠叫声的象声词，本身并无太多的深意，毛传把它解释成"和声"，目的是要阐明经义。诗序说《关雎》是歌咏"后妃之德"的诗。毛传于本章下标"兴"，按照朱自清先生所概括的毛传兴例[7]，《关雎》"关关雎鸠，在河之洲"这前两句诗，除了具有引起"窈窕淑女，君子好逑"后两句的作用之外，还应与其意义密切相关。毛传通释这一章的大意说："后妃说乐君子之德，无不和谐，又不淫其色，慎固幽深，若关雎之有别焉。"既然君子与淑女（后妃）"无不和谐"，那"关关"的叫声也就必然是雌、雄雎鸠应和时发出的声音，而绝对不会是孤独的哀鸣。可见，"和"字本非"关关"所必有，只是毛传为了适合诗序对《关雎》全诗"大义"的解释，才把它附加到"关关"之上的。《传疏》说《关雎》经文的"关"字"与'和'双声得义"，把二者的关系又讲成了纯粹的文字假借现象，没能把毛传通过语词来阐发经义的这种特性发掘出来。朱子《诗集传》说："关关，雌雄相应之和声也。"[8]在"和声"前加了"雌雄相应"四个字，把毛传的这层意思说得明白无误。

三 《传疏》误解毛诗经传的实质

《传疏》误解经传的这些实例可以清晰表明：陈奂严重低估了注释书训诂解释对象语义的复杂性及其解释的多样性。这是《传疏》误解毛诗经传的实质。

注释书训诂的解释对象是"经"，扩大言之，就是全部重要的古代文献。每一部经典文献的语言都至少与五个要素有关：词汇、语法、修辞、文体和文献作者的习惯。这些要素使每一部古代经典都具有自己特定的内容，这些内容有机统一、自成系统，因此经典本身就构成一个独立、完整的语境。与每一部经典内容的完整、统一相应，记录它们的语言也都是完整、独特、连贯的言语作品，具有不同于其他经典语言的独特个性。在这样一个完整、独特的语言整体内部，各个要素之间的关系呈现出了高度复杂的状态：字词、语法、修辞、文体、语言习惯等因素之间，都会通过某种途径，产生或多或少、或强或弱的相互影响。与经典语言的这种复杂性相应，优秀的注释家（同时也是经学家、史学家、哲学家或者文学家），在注释古代经典时，都会针对每一部经典的个性，采取不同的注释角度、注释方法。这样一来，注释项与被注释项的意义关系也就变得非常复杂。

有关注释书训诂的这种特殊性，自近代以来，中外学者都有明确的表述、概括。

黄侃先生云："小学之训诂贵圆，经学之训诂贵专。盖一则可因文义之联缀而曲畅旁通；一则宜依文立义而法守专门。"[9]所谓"圆"，指的是"小学"训诂可以不受具体语言环境的限制，放在其他语句里也能讲通。所谓"专"，说的是"经学"训诂总是与某一具体的上下文密切关联，绝对不能简单地应用到其他的语言语境之中。黄侃先生所说的"经学之训诂"，指的就是注释书训诂对词义的解释，"因文义之联缀"和"依文立义"，正好道出了注释书训诂"随文而释"这一与专书训诂的根本区别。

现代西方语言学中有一种"非线性"或"多线性"理论。自索绪尔的《普通语言学》宣称语言具有"线条性"以来[10]，大多数语言学家已经习惯性地认为，言语链是单线性的，似乎很单纯：只要把不同的词语按照语法规则组合在一起就会构成一个完整、合格的语句；相应地，句子的意义就是词汇意义和语法意义之和。"非线性"或"多线性"的语言理论则认为，语言的单线性只是表面现象，一个语句何以是这样而不是那样，不仅是前后词义和语法选择的结果，语音、语法、语义，乃至修辞、个人语言习惯都可以影响语句的生成。相应地，语句的意义也会受到来自词汇、语法、语用等语言内、外各要素的影响。

黄侃先生的"圆"与"专"主要针对的是词语的训释，"非线性"理论主要着眼于语句的生成。两种理论关注的语言现象层面不同，考察的角度也有差异，但得出的结论却正好可以相互印证、相互发明，共同揭示出了经典语言语义的复杂性及其解释的多样性这一基本事实。

《传疏》解释《诗经》，不论是具体上下文语境下的临时性变化，还是特殊的语法用法，都用因声求义的方法，全部转化为实词或虚词意义的问题；《传疏》解释毛传，把训释字与被训释字之间不同角度、不同层次的意义关系都统一解释成文字层面的假借现象。这些误解都表明：对于古代经典文献语义的复杂性及其解释的多样性，陈奂认识得还很不够。换句话说，对于注释书训诂的独特属性，陈奂仍然缺乏自觉的认识。

四 《传疏》误解毛诗经传的时代成因

陈奂严重低估注释书训诂的解释对象语义及其解释的复杂性与多样性，与他本人对"小学"与"经学"关系的简单化理解密切相关，而他这种有问题的理解正是乾嘉学派对"经学"解释的特殊性认识严重不足的缩影。陈奂《段氏〈说文解字注〉跋》[11]：

> 奂闻诸先生（按，指段玉裁）曰："昔东原师之言：'仆之学，不外以字考
> 经，以经考字。'余之注《说文解字》也，盖窃取此二语而已。经与字未有不相
> 合者。经与字有不相谋者，则转注、假借为之枢也。"窃谓："小学明，而经无
> 不可明矣。"

段玉裁明言自己注《说文解字》的方法承自其师戴震，而陈奂述其师
说之后，则将自己"小学明，而经无不可明矣"的观点附于其后，由此可
以证明他有关"小学"与"经学"关系的观点的确导源于戴震。但如果我
们仔细对比戴震与陈奂的相关论述之后就会发现，陈奂有关经学与小学关
系的观点有简单化之嫌。戴震《与是仲明论学书》[12]：

> 经之至者，道也；所以明道者，其词也；所以成词者，字也。由字以通其词，
> 由词以通其道，必有渐。

戴震的这个表述，广为今人所知。在戴震那里，字、词、经、道是分
开的：字是字，词是词，经是经，道是道。此外，他还明确指出，字、词、
经、道之间具有"渐"的特点，识字仅是一个前后相继的过程的起点，而
并非这个过程的全部。换句话说，通经必须识字，但是识字未必通经。从
戴震有关"小学"与"经学"关系的论述中，根本无法推导出"小学明，
而经无不可明"的结论。陈奂说"小学明，而经无不可明"，完全混淆了
"小学"究竟是通"经"的必要条件还是充分条件的根本问题。对他来说，
"小学"明，"经学"必明，"小学"与"经学"几成一物，"经"本身
特有的规律及其解释的特殊性荡然无存。

对于陈奂把"小学"与"经学"关系简单化的做法，今人黄焯先生有
一段论述足当针砭。《〈毛诗郑笺平议〉序》[13]云：

> 治经不徒明其训诂而已，贵在得其词言之情。戴震谓训诂明而后义理明，实
> 则有训诂明而义理仍未得明者。要须审其辞气，探其义旨，始可以明古人用意所

在耳。朴学诸师，间有专治训诂名物，而短于为文，致于古人文之用意处不能识得谛当。夫经者，义之至粹而文之至精者也。可由训诂学入，不可由训诂学出。治之者识其本末始终，斯得矣。

黄先生说戴震有"小学"明"经学"必明的观念，如前分析，并不十分确切，可以不论。但黄先生明确指出"治经不徒明其训诂而已，贵在得其词言之情"，却道出了"小学"与"经学"不同的根本所在。训诂仅能通其言辞，至于每一部经典究竟表达何种意义，必须根据它们本身的特性和实际来阐释。所谓"可由训诂学入，不可由训诂学出"，正是对"小学"的作用与局限的精确概括。

陈奂对于"小学"与"经学"关系的简单化理解，直接反映了乾嘉学派训诂学的时代局限。按照当今的学术观念，陈奂所说的"经学"与"小学"，基本相当于注释书训诂和专书训诂。当时，注释书训诂作为一种独立的训诂类型，还没有从经、史、子、集的注释中明确地分离出来，它的特点和规律自然也就不可能为当时的训诂学家所认识。即便是戴震、段玉裁明确意识到了"小学"与"经学"并不完全一致，但对"经学"本身的语言究竟具有哪些特点和规律，戴、段师徒都没有明确表述，这表明他们对此也是不完全了解的。陈奂说"小学明，经学无不明"，正好是乾嘉学者对经典文献的语言及其解释规律的总体认识水平的表现。从这种意义上说，《传疏》误解毛诗经传的不足，可以看作整个乾嘉学派对注释书训诂特殊性认识水平的生动体现。深入研究《传疏》这方面的问题，对于全面、准确把握乾嘉训诂学的总体成就具有重要意义。

参考文献

[1] 滕志贤：《〈诗经〉与训诂散论》，上海人民出版社 2008 年版。

[2] （清）陈奂：《诗毛氏传疏》，中国书店 1984 年版。

[3] 高明、涂白奎：《古文字类编（增订本）》，上海古籍出版社 2008 年版。

[4] 朱自清：《诗言志辨》，广西师范大学出版社 2004 年版。

[5] （宋）朱熹：《诗集传》，凤凰出版社 2007 年版。

[6] 黄侃讲，黄焯编，黄延祖重辑：《黄侃国学讲义录》，中华书局 2006 年版。

[7] [瑞士]费尔迪南·德·索绪尔:《普通语言学教程》,高名凯译,商务印书馆 2002 年版。

[8] (清)陈奂:《三百堂文集》,见赵诒琛、王大隆辑《乙亥丛编》,世界书局 1975 年版。

[9] (清)戴震:《戴震文集》,中华书局 2006 年版。

[10] 黄焯:《毛诗郑笺平议》,武汉大学出版社 2008 年版。

(原载《图书馆理论与实践》2013 年第 5 期)

论轻声词界定的必要性、
一致性原则

——对《现代汉语词典》轻声词的计量研究

陈小燕

一　问题的提出

　　汉语普通话词汇系统中哪些词语属轻声词范畴，当前学界尚未达成共识，以致各种词典和权威性的词表在收录和处理轻声词这一问题上出入很大，所收轻声词的数量和对象很不一致，如《现代汉语词典》（1996 年版，以下简称《现汉》）单独立词目的轻声词（含双音节及多音节轻声词）共3275 条，《北京话轻声词汇表》（鲁允中，1995）共收轻声词 1713 条，《普通话水平测试大纲》（1994 年版，以下简称《大纲》）表 1、表 2 共收轻声词 1205 条，《北京话轻声词汇》（张洵如、陈刚，1957）共收轻声词 4351条，《普通话轻声词汇编》（徐世荣，1963）收轻声词 1028 条。值得注意的是，同样的词语，不同的词典或词表有的处理为轻声词，有的却处理为非轻声词，如《北京话轻声词汇表》中的 1713 条轻声词，其中有 341 条《现汉》未标读轻声；《大纲》与《现汉》在处理轻声词问题上也有许多不一致的地方。即使仅就《现汉》中的轻声词而言，也有一些问题值得思考，如与"瓜类"有关的词条，根据《现汉》的注音，只有"黄瓜"一词标读轻声，其他如"西瓜、南瓜、冬瓜、地瓜"等全标读原调；表方位的"东边、西边、南边、上边、下边、前边、后边、里边、外边、左边、右边"等全标读轻声，而"北边、身边、旁边"却标读原调；"那里、哪里"标读轻声，而"这里"却标读原调；"学生"标读轻声，"学生装"也标轻读，但"学生会"却标读原调……这些问题的存在使得在有限的轻声词里很难归纳出明确的内在规律,给普通话学习者及语言规范工作带来了困难。因此,有必要对普通话轻声词进行科学、系统地考察,进一步探讨其内在的规律性。

本文着重于《现汉》轻声词的定量分析,探讨它们的形式结构特征和语义特征,并在此基础上探讨轻声词界定的基本原则。

二 《现汉》轻声词的统计与分析

1.《现汉》3275 条轻声词词长情况考察(表 1)。

表　1

词长	词数	比例
双音节	2194	67%
三音节	871	26.6%
四音节	175	5.3%
四音节以上	35	1.1%
合计	3275	100%

《现汉》轻声词主要由双音节词组成,如"屄头、饥荒、嫁妆、年成、绳子、征候"等,约占 67%;三音节及三音节以上轻声词约占 33%,如"艾窝窝、不识抬举、狮子口大开、眉毛胡子一把抓"等。后一类轻声词绝大部分在结构上有一个共同的特点:由双音合成词素与其他词素合并而成,如"不在乎、和尚头、扫帚星、娃娃鱼、指甲盖儿、顶头上司、老实巴交、照葫芦画瓢"等,其中带着重号的双音合成词素单用时均为轻声词,且都属于前一类双音节轻声词范畴之列,学习者只要掌握了前一类轻声词,就基本上可以类推,无须额外去记。当然也有少数例外,如"使不得、保不住、结结巴巴、漂漂亮亮"等,不过其中也有一定的规律,如"×不×"结构中的"不"字、"AABB"重叠式的第二个音节一般读轻声。因此,探讨轻声化规律主要在于双音词。

2.《现汉》3275 条轻声词的分类情况(表 2)。

表　2

轻读类型	词数	比例
必读轻声词	2882	88%
一般轻读、间或重读词语	375	11
插入其他成分，语音上有轻重变化的词语	36	1%
合计	3293	100%

　　《现汉》轻声词主要分三类，通过注音时加不同的标记符号来区别。第一类为"必读轻声词"，如"饥荒、八哥、方丈、对付、凉快、柿子、理性认识"等，在任何语境中带点的音节都必须读轻声，共 2882 条，约占 88%。要轻读的音节，《现汉》注音不标调号，但在注音前加圆点，如：

96 词目	96 页码	96 注音	96 释义
饥荒	580	jī·huang	(1)庄稼收成不好或没有收成。(2)经济困难；周转不灵：家里闹～。(3)债：拉～。
密密匝匝	875	mì·mizāzā	(～的)很稠密的样子：车厢里的人挤得～的。也说密匝匝。

　　第二类为"一般轻读、间或重读词语"，如"财气、别致、父亲、体谅、体面、做派、本本主义"等，带点的音节一般情况下读轻声，但有时也可读原调，这类词语常称为"两可轻声词"，共 375 条，约占 11%。一般轻读、间或重读的音节，《现汉》注音上标调号，注音前再加圆点，如：

96 词目	96 页码	96 注音	96 释义
财气	114	cái·qì	(～儿)指获得钱财的运气；财运：～不佳。
本本主义	59	běn·běn zhǔyì	一种脱离实际的、盲目地凭书本条文或上级指示办事的作风。

　　第三类为"插入其他成分，语音上有轻重变化的词语"，如"出来1、出来2、碰见、过来1、过来2"等，带点的音节在双音节词语中都读轻声，但当中间插入其他成分时就成为重读音节，如"过不来"的轻重格式为"中轻重"，音节"来"变为重读音节。这一类词语共 36 条，约占 1%。插入其他成分时，语音上有轻重变化的音节，《现汉》注音上标调号，注音前加圆

点，圆点前再加双斜线，如：

96 词目	96 页码	96 注音	96 释义
过来 1	486	guò // · lái	从另一地点向说话人（或叙述的对象）所在地来：车来了，赶快~吧！
过来 2	486	// · guò // · lái	(1)用在动词后，表示时间、能力、数量充分。(2)用在动词后，表示来到自己所……

3.《现汉》必读轻声词的构成情况（表3）。

表 3

类型	同形词轻读、非轻读是否分立词目	词数	比例
有规律必读轻声词	只立轻声词目	1511	52.4%
无规律必读轻声词	轻读、非轻读分立词目	180	6.3%
	只立轻声词目	1191	41.3%
合计		2882	100%

在 2882 条必读轻声词中，属语法轻声性质的为 1511 条，占 52.4%，这部分轻声词有规律可循，学习者较为容易辨别并掌握；有 1191 条属于常用词里的习惯轻读，占 41.3%，这部分词语除了小部分能归成若干小类以帮助记忆外，绝大多数没有严格的规律可循，须逐条掌握，加上目前各种词典和词表在处理这类轻声词时意见很不统一，因此往往是普通话学习和应用的重点与难点，同时也是目前普通话水平测试（PSC）的评判难点之一；另有 180 条词语《现汉》除了作轻声词立目外，还另立读原调的词目，词义或词性与读轻声时有明显不同。也就是说，这 180 条轻声词严格意义上真正具有"区别词义、词性"或"区分词与词组"的作用，属别义轻声，约占 6.3%。由于这部分轻声词没有内在的规律性，学习者须逐条记忆，笔者也将其划归无规律必读轻声词。如：

96 词目	96 页码	96 注音	96 释义
差使 1	134	chāishǐ	差遣；派遣。
差使 2	134	chāi · shi	旧时指官场中称临时委任的职务，后来也泛指职务或官职。
褒贬 1	43	bāobiǎn	评论好坏：~人物 | 一字~ | 不加~。
褒贬 2	43	bāo · bian	批评缺点；指责：有意见要当面提，别在背地里~人。

在 2882 条必读轻声词中，除了上述 180 组词，还有一些同形词轻读与否也能起到"区别词义、词性"或"区别词与词组"的作用，如"孙子"，轻读指"儿子的儿子"，重读则专指古代军事家"孙子"；又如"八哥"，轻读指一种鸟，重读则是对排行第八的兄长的称谓……对这些词，《现汉》只立轻声词目。

此外，在所有必读轻声词中，还有一小部分在口语中轻读与否具有"区别词形、词义"的作用。如"shé头"一词，口语中"头"轻读则指口腔器官"舌头"，系名词；若读原调则变为名词性词组"蛇头"，指"蛇的头部"，与"蛇尾"相对，其意义与读轻声时相去甚远。又如"lián子"，口语中"子"轻读指"用布、竹子、苇子等做的有遮蔽作用的器物"——"帘子"，名词；若读原调则为"莲子"，指"莲的种子"，名词性词组。概而言之，《现汉》2882 条必读轻声词中，真正具有区别性作用（区别词义或词性、区别词与词组、区别不同的词等）的轻声词所占比例不是太高，大概只有 10%左右。

4.《现汉》有规律必读轻声词的结构分析（表 4）。

表 4

结构形式	词数	比例
重叠式	110	7.30%
"～子"式	990	65.60%
"～头"式	112	7.40%
"～们"式	14	0.90%
"～么"式	18	1.20%
"～上（方位词）"式	50	3.30%
"～的、地、得"式	46	3%
"×不×"式	93	6%
其他	78	5.3%
合计	1511	100%

《现汉》收录的有规律必读轻声词共 1511 条，主要包括以下几种结构形式：（1）带后缀"子、头、们"的词语 1116 条，占 73.9%；（2）名词重叠式（nn 式）、动词重叠式（vv 式）以及形容词重叠式之一（aabb 式，第

二个音节读轻声）共 110 条，占 7.3%；（3）插入否定词"×不×"结构的词语 93 条，占 6%；（4）带表方位词素（上、下、里、外、边、面等）的词语 50 条，占 3.3%；（5）带结构助词"的、地、得"的词语 46 条，占 3%；（6）带词素"么"的词语 18 条，占 1.2%；（7）其他结构（如"×着、×个"等）的词语 78 条，占 5.3%。

5.《现汉》无规律必读轻声词的词性分析（表 5）。

表 5

词性	词数	比例
名词	732	53.4%
动词	346	25.2%
形容词	259	18.9%
其他	34	2.5%
合计	1371	100%

《现汉》1371 条无规律必读轻声词中，名词占了大多数（53.4%），其中又以常见事物的名称、人体部位名称以及常用称谓（含古今汉语）为主。如"萝卜、黄瓜、嫁妆、玻璃、工钱、棉花、跳蚤、月亮；眉毛、脊梁、屁股、指甲、眼睛；少爷、师傅、爱人（配偶）、相公、鞋匠、秀才、丈母、状元"等等；居第二位的是动词，占 25.2%，多为一些表示人的动作、行为或心理活动的词语，如"划拉、叽咕、比画、捶打、眨巴、逛荡、见识、忌妒、打交道、掂对、喜欢、作践"等；位于第三位的是形容词，多为描述人的品性或事物性状的词语，表示人的品性的如"厚道、胡涂、骄气、老实、肥实、冒失、泼辣、嗇刻、正经"等，表示事物性状的如"红火、板实、乱腾、黏糊、热闹、富余、直溜"等。另有 2.5% 主要由一些副词、连词及多音节词语等组成，如"横是、敢情、尽自；那末、要是；满不在乎、天知道、赔了夫人又折兵"等。

6.《现汉》无规律必读轻声词中北方方言词所占比例（表 6）。

表 6

	词数	比例
方言词	215	15.7%
非方言词	1156	84.3%
合计	1371	100%

《现汉》无规律必读轻声词中，源自北方方言的方言词占了 15.7%。这一批轻声词，多为北方方言中常用的口语词，但在南方方言区群体间运用普通话进行交际时，使用频度却很低，有些甚至连理解都成问题，如"胡噜、糊糊、虎势、糊弄"等。

96 词目	96 释义
胡噜	〈方〉(1)抚摩：他头碰疼了，你给他～～。(2)用拂拭的动作把东西除去或归拢在一处：把瓜子皮儿～到簸箕里｜把棋子都～到一堆儿。(3)应付；办理：事太多，一个人还真～不过来。
糊糊	〈方〉用玉米面、面粉等熬成的粥：稀～｜棒子～。
虎势	〈方〉形容健壮：这小伙子膀大腰粗，长得真～。也叫虎实。
糊弄	〈方〉(1)欺骗；蒙混：说老实话，别～人。(2)将就：衣服旧了一些，～着穿吧。

三 轻声词界定的基本原则

通过以上几组数据对《现汉》轻声词的结构特点和语义特征进行的简单分析，我们就其中反映出来的一些深层次的问题作些讨论，即轻声词界定所应遵循的基本原则是什么。

1. 必要性原则。

必要性原则指将一个词语界定为轻声词是以表情达意的真正需要为标准，而不受某个区域或某些群体的表达习惯所左右。普通话是以北京语音为标准音、以北方方言为基础方言、以典范的现代白话文著作为语法规范的现代汉民族共同语。既然是以北京语音为标准音，而轻声又是北京语音的重要特点之一，科学地吸收是必要的，同时也应当是不以个体的意愿为转移的；况且，轻声的存在，可以使语音轻重交替、起伏有致，使语流或婉转悠扬，或跌宕起伏，更增强语言的节律美和表现力；更重要的是，一些轻声词起着区别词义和词性、区分词和短语的作用，这一批轻声词是万万不可摒弃的。另外，北京话中轻声词相当多，而且又不稳定，在南北语言融合过程中，其内部系统还一直处于动态变化之中，这就使得"取多少、弃多少，取哪些、弃哪些"等问题复杂化了。在这里，笔者试图用划分层级的方法对"哪些词语应该认定为轻声词"作些探讨。

具有区分词义词性、区分词与词组等区别性作用的轻声词，理所当然是最有必要划归轻声词范畴的，我们称之为"A 级轻声词"。A 级轻声词是普通话学习者必须重点掌握的，在普通话水平测试朗读项和说话项中应作为重点考核内容，应试者误读应严格按错误扣分。《现汉》这类轻声词占其总数的比例约为 10%，其中 180 条轻读与读原调作了分立词目处理。这一批轻声词如果没有很好地掌握（如该读轻声时读原调、该读原调时读轻声），将严重影响表情达意的准确性。如"大爷"一词，"轻"与"非轻"不仅词的概念义有别，而且褒贬色彩也不同，言语交际中若误用，后果可想而知：

96 词目	96 页码	96 注音	96 释义
大爷 1	238	dàyé	指不好劳动、傲慢成性的男子：～作风｜～脾气。
大爷 2	238	dà·ye	(1)伯父。(2)尊称年长的男子。

又如"对头"，"轻"与"非轻"不仅词义不同，词性也不同（"轻"为名词，"非轻"为形容词）：

96 词目	96 页码	96 注音	96 释义
对头 1	319	duì//tóu	(1)正确；合适：方法～，效率就高。(2)正常（多用于否定）：他的脸色不～，恐怕是病了。(3)合得来（多用于否定）：两个人脾气不～，处不好。
对头 2	319	duì·tou	(1)仇敌；敌对的方面：死～｜冤家～。(2)对手。

再如"裁缝"，"轻读"为名词，指人；"非轻读"为动词性短语，义为"剪裁缝制"：

96 词目	96 页码	96 注音	96 释义
裁缝 1	115	cái·feng	做衣服的工人。
裁缝 2	115	cáiféng	剪裁缝制（衣服）：虽是布衫布裤，但～得体。

除了具有别义作用的轻声词，其他轻声词是否就没有必要去认定它呢？轻声词的区别性作用固然是最重要的，使语流轻重有致、增强语流的

节律美也不能忽视。道理很简单，听一个声韵调发音很准但轻声完全被忽略的人说普通话，一定给人以生硬、不纯正之感。要增强语流的节律美，单靠少数有区别性作用的轻声词是不够的，这就意味着其他一些词语划归轻声词范畴仍然是必要的。在这里笔者将《现汉》所有有规律可循的轻声词（详见表 4）置于"有必要认定的轻声词"的第二个层级上，称为"B级轻声词"。B 级轻声词也是学习者必须掌握的，在普通话水平测试中误用也应按错误扣分。理由有二：这批轻声词有规律可循，学习者只要记住几大规律，基本上就可以熟记这批轻声词而无须逐个记忆，可行性很强；其次，这批轻声词在口语中出现频率较高，掌握并运用好了就基本上可以达到增强语流节律美的目的，实效性明显。

《现汉》中没有区别性作用且又无规律可循的必读轻声词，共 1191条（见表 3），笔者将其置于"必要性层级"的第三级，称为"C 级轻声词"。对于 C 级轻声词，词典可标读轻声，标准普通话的传播者（如播音员等）必须基本掌握，但一般的普通话使用者则不强求，普通话水平测试中也可忽略不计。理由有二：其一，目前各类词典或词表对这一类轻声词的处理很混乱，尚待进一步审定、规范，学习者无明确的标准可依，测评者也无明确的标准可凭，与其乱用、乱评，还不如暂时不用、不评；其二，由于这批轻声词在口语中使用频率不太高，况且有第二层级的轻声词作保障，语流的轻重变化已基本可以保证，因此忽略不计对表情达意并无大碍。需要特别指出的是，这批必读轻声词中的部分方言词，其地域局限性实在太大，"词典该不该收"等根本性问题还值得进一步论证。

至于《现汉》中"一般轻读，间或重读"的 375 条词语，笔者认为可以排除在轻声词范畴外。对这批词语，词典可只标原调，普通话学习和运用者可作非轻声词看待；在目前阶段的普通话水平测试中，应试者轻读、重读均不应扣分。理由有二：其一，"何时轻读、何时重读"目前尚无成熟的理论支撑，人们不可能真正掌握并准确运用；其二，掌握轻声词是方言区普通话学习者的难点之一，既然"两可"，本着"经济性"原则，还是不列入轻声词范畴为好。

2. 一致性原则。

这里说的一致性原则有两个方面的意思。一方面指对轻声词的界定应尽可能地以"类"为单位而非以"个体"为单位，也就是说，如果我们将同一类词语中的大部分词语认定为轻声词，原则上我们应当将这一类词语都视为轻声词，反之亦然；同样地，如果我们将同类轻声词中的大部分词语作"必读轻声词"处理，就不应当将同类中的其他词语作"一般轻读、间或重读"处理，更不宜将其排除在轻声词范畴外，从而增强轻声词内在的规律性。就《现汉》轻声词而言，如果孤立地考察单个的轻声词，我们常常很难发现问题，但当我们把这些孤立的个体置于整部《现汉》作横向比较时，许多的不一致现象就会暴露出来。例一：如果我们将轻声词与具有相同词素的非轻声词类比时，就会发现有难以解释之处，如文章开头提到的，根据《现汉》的注音，与"瓜类"有关的词条，只有"黄瓜"一词标读轻声，其他如"西瓜、南瓜、冬瓜、地瓜"等全标读原调；表方位的"东边、西边、南边、上边、下边、前边、后边、里边、外边、左边、右边"等全标读轻声，而唯独"北边、身边、旁边"却标读原调；"那里、哪里"标读轻声，而"这里"却标读原调。正是由于这种个别与同类相左的现象存在，普通话学习者在学习轻声词时就得牺牲许多时间死记这些个别现象，从而大大影响学习的效率，而事实上将这些个别现象归入其同类是完全合理的；例二：《现汉》将"×气"格式的词语作轻声词处理的共有41条，其中处理为"必读轻声词"的有25条，如"和气、福气、阔气、外气、小气、名气、药性气"等，其中"药性气"中的"性、气"两个音节均标读轻声；处理为"一般轻读、间或重读词语"的有13条，如"财气、虎气、娇气、口气、志气、洋气"等；将音节"气"作读原调处理的有 3条：怪里怪气、孩子气、小家子气。前两类都是名词或形容词；也都属于使用频度较高的常用词，不一致的处理办法人为地增加了普通话学习者掌握轻声词的难度，似有可商榷之处；"怪里怪气、孩子气、小家子气"中的"气"不轻读是有一定依据的，因为相邻的带着重号的音节必须轻读，"气"再读轻声就会导致语流轻重变化的失衡，影响语流的节奏感和表达的清晰度。第一类中的"药性气"和"孩子气"结构形式基本相同，处理方法却相异，这种不一致似乎也是应该避免的，都处理为"中轻重"格式就比较妥当。例三：在普通话双音节词语中，两个去声相连的词语，如"纪律、速度、效率、错误；罪过、笑话、势力、教训、素净"等，在语流中第二个音节一般都要轻读，其轻重格式都为"重·轻"式，《现汉》未将前四个词语归为轻声词，却将属于同一类型的后五个词语列入了必读轻声词范畴。同样的现象，遵循的却是不同的标准，会给人造成随意性和无可适从之感。现在许多研究文章也在研究这种现象，认为前四个词语的后一个音节在语流中虽然都轻读，但不像后五个典型的轻声词那样读"最轻"，而读"次轻"。事实上，"最轻"和"次轻"的区分标准有很大的模糊性，无论"说者"还是"听者"几乎都不可能加以分辨，那么作这样的区分又有多大的现实意义呢？例四：《现汉》中"父亲"、"母亲"等均标为"一般重读、间或轻读"词语，其用意是同时顾及书面语和口语，但"还是"等却只标读轻声，明显地忽略了书面语，这也反映出未能始终如一地贯彻双重标准原则。《现汉》内部存在的这些对轻声词处理的不一致现象，也是目前各种词典或词表普遍存在的，这不仅影响词典或词表体例的统一性，同时也削弱了轻声词内在的规律性，对普通话应用和普通话教学是不利的。

　　一致性原则的另一方面指的是各类词典或词表在收录和标注轻声词时应力求一致，从而增强词典和词表的指导性和权威性。在收录轻声词的规模上，各种词典、词表或多收或少收是无可厚非的，尤其是北京话的轻声词肯定比普通话的轻声词多。但同样的词语，以不同的词典和词表都收录为前提，甲作"轻声词"处理而乙却作"非轻声词"处理，或乙作"必读轻声词"处理而甲却作"一般轻读、间或重读词语"处理，诸如此类的不一致势必会导致读者无所适从，从而影响词典或词表应有的可信度。《现汉》和《大纲》表 1、表 2 是目前较权威的词典和词表，它们是当前普通话水平测试中语音评判（当然包括轻声词评判）的主要依据，但两者在轻声词界定这一问题上仍有不少相异之处。《大纲》表 1、表 2 标注为"必读轻声词"的词语共 1205 条，其中有 78 条《现汉》标注为"一般轻读、间或重读"或标读原调；《现汉》标注为"必读轻声词"或"一般轻读、间或重读"的 201 个词语，《大纲》词表全作"非轻声词"处理。如"知道"一词，《现汉》标注为"一般轻读、间或重读"，属"两可"轻声词，按《大纲》评分细则，应试者轻读、重读均不扣分；《大纲》却将"知道"标注为"必读轻声词"，按《大纲》评分细则，对必读轻声词，应试者不轻读则应当按读错一个音节来扣分。遇到类似的情况，应试者若不轻读，测试员该如何作出评判？这是当前测试员最头疼的问题，也是普通话学习者最困惑的问题。在轻声词问题上，《现汉》《大纲》以及其他影响较大的词典、词表彼此之间如何调整、协调，最终求得统一的规范和统一的标准，是值得当前学界关注的一项重要工作。

四　余论

普通话词汇系统中相当一部分轻声词属于"习惯轻读"词语，这里的"习惯"主要指北京人的口语表达习惯。殊不知"习惯"这种东西，其随意性和盲目性相当大，把它作为共同语的规范标准值得商榷，比如同是北方方言区，北京和天津的"习惯"可能就不完全一样；即便同是北京音，老派和新派也有差别；甚至同一区域的同一群体，也势必存在个体的"习惯"差异。规范一种语言现象，最重要的并不是少数人认定的几条标准，而是语言事实本身。长期以来，在轻声词界定这一问题上，研究者们一直自觉不自觉地陷于"北京话就是普通话"的误区中，"某词在北京话里是否读轻声"成为词典、词表及各类教材认定轻声词的唯一标准，这显然是违背汉语事实的。为了进一步增强轻声词规范的科学性和可行性，澄清以下几个认识很重要：1. 北京话不等于普通话，北京话的轻声肯定比普通话多，不能以北京话为唯一标准认定普通话轻声词；2. 普通话语音应以北京语音为标准，但轻声词还牵涉到词汇问题，不应单纯以北京话为标准，还要考察轻声词在其他北方方言中的分布情况；3. 普通话的发展不是往北京话靠，而是趋于南北方言的融合。基于上述基本认识，我们有必要摸清南北各方言区哪些方言有轻声现象、轻声词的面有多大、分布情况如何等问题，在周密地调查语言事实后再来讨论轻声词的认定问题，恐怕才能真正站得住脚。

参考文献

[1] 何建明：《试论轻声词语正误判定的宽严度》，《南宁职业技术学院学报》2000 年第6 期。

[2] 蒋宗霞：《二十世纪汉语轻声研究述评》，《绍兴文理学院学报》2000 年第 6 期。

[3] 刘英：《普通话"轻声词"琐议》，《辽宁师专学报》2000 年第 3 期。

[4] 刘富华：《轻声的"调位"及相关问题》，《汉语学习》2000 年第 5 期。

[5] 刘照雄：《普通话水平测试大纲》，吉林人民出版社 1994 年版。

[6] 王小潮：《普通话水平测试的轻声和次轻音问题》，《现代传播》2001 年第 2 期。

[7] 吕叔湘、丁声树：《现代汉语词典》，商务印书馆 1997 年版。

[8] 张洵如、陈刚：《北京话轻声词汇》，中华书局 1957 年版。

（原载《语言文字应用》2004 年第 1 期，《中国人民大学报刊复印资料·语言文字学》2004 年第 5 期全文转载）

方言研究

临桂四塘平话同音字汇

骆明弟

 四塘是广西临桂县南部的一个乡，位于古官道上，湘桂铁路从中穿过。它东与桂林市郊二塘乡銮塘村委会交界，南与会仙乡相连，西与两江镇、永福县苏桥乡接壤，北与临桂镇、庙岭乡毗邻，面积 148.5 平方公里，下辖 15 个村委会，分布着 102 个自然村，人口近 4 万。全乡都讲平话，此外还会讲官话（属于西南官话，与桂林话有细微差别），一般是对外讲官话，对内讲平话。四塘乡的平话内部略有差异，本文记录的是笔者所说的新骆家村平话。

一 四塘平话的声韵调

1.1 声母 十九个，包括零声母在内。

p p'm f t t' n l ts ts' s tʃ tʃ' ʃ k k' ŋ x ∅
声母特点如下：

① 古照系字及知组部分字读为[tʃ tʃ' ʃ]声母，精组字读为[ts ts's]，一般不会相混。例如："嘴 tsy˧≠主 tʃy˧ │ 醉 tsy˥≠蛀 tʃy˥

 │ 秋 ts'a˧≠抄 tʃ'a˧ │ 催 ts'y˩≠吹 tʃ'y˩ │ 心 sa ŋ˧≠深 ʃaŋ˥ │ 碎 sy˥≠税 ʃy˥"。但近来也有相混的趋势，特别是年轻人，常把[ts ts's]混读为[tʃ tʃ'ʃ]，而后者混读为前者的少。

② 古全浊声母字逢塞音、塞擦音，不论平仄今多读不送气清音，如："婆 puə˩ │ 病 pəŋ˩ │ 田 təŋ˩ │ 定 təŋ˩ │ 脐 tsiɛ˩ │ 字 tsi˩ │ 厨 tʃy˩ │ 浊 tʃou˩ │ 床 tʃuŋ˩ │ 状 tʃuŋ˩ │ 求 kiau˩ │ 旧 kiau˩"。还必须说明的是，古全浊上声字在今平话中读阳去调与上声调，读阳去调的多为不送气清音，读上声调

的多为送气清音，例如："抱 pʻou˩ ｜瓣 pʻəŋ˩ ｜断 tʻyn˩ ｜动 tʻoŋ˩ ｜淡 tʻuon˩ ｜在 tsʻai˩ ｜坐 tsʻɤu˩ ｜柱 tʻy˩ ｜丈 tʻiŋ˩ ｜舅 kʻiau˩"等。

③ 大多数古知组字的今音与古端组字的今音合流，如："猪 ty˥ ｜知 ti˥ ｜箸 ty˩ ｜住 ty˩ ｜柱 tʻy˩ ｜迟 ti˩ ｜沉 taŋ˩ ｜转 təŋ˥ ｜缠 tʻəŋ˩"等。

④ 古疑母字，以及一部分日母、影母字今读[ŋ]声母。例如："我 ŋu˩ ｜鱼 ŋy˩ ｜遇 ŋy˩ ｜耳 ŋi˩ ｜惹 ŋiɛi˩ ｜软 ŋyn˩ ｜人 ŋian˩ ｜认 ŋian˩ ｜爱 ŋai˥"等等。

⑤ 古微母字今读[m]或零声母。例如："尾 mi˩ ｜味 mi˩ ｜袜 muə˩ ｜晚 mo˩ ｜蚊 maŋ˩ ｜问 maŋ˩ ｜网 moŋ˩ ｜忘 muŋ˩ ｜武 u˩ ｜雾 u˩ ｜万 uon˩ ｜物 uə˩"等等。

⑥ 一部分古溪母字读成[f x]声母。例如："裤 fu˥ ｜墟 xy˩ ｜开 xai˩ ｜起 xi˩ ｜气 xi˥ ｜口 xau˩ ｜欠 xiŋ˥ ｜牵 xiŋ˥ ｜劝 xyn˥ ｜糠 fuŋ˩ ｜客 xa˥ ｜轻 xəŋ˩ ｜哭 xau˩ ｜坑 xa˩ ｜空（～闲 xoŋ˥）"等等。

⑦ 古禅母字基本上读[ʃ]声母，例如："时 ʃi˩ ｜仇 ʃau˩ ｜尝 ʃiŋ˩ ｜裳 ʃiŋ˩ ｜承 ʃəŋ˩ ｜成 ʃəŋ˩ ｜城 ʃəŋ˩"等。古邪母字则多读如[ts]，如"谢 tsiɛi˩ ｜寺 tsi˩ ｜袖 tsau˩ ｜旋 tsəŋ˩ ｜象 tsiŋ˩ ｜席 tsə˩"。

1.2 韵母　三十四个

a o ə　i u y ŋ̍ ai ei au ou ian　yn aŋ oŋ　əŋ

ia　iə ɛi　　　　　iau　　　　　iaŋ ioŋ

iŋ

ua uə ui　　　uai　　　　　uon uin uaŋ

uŋ

　yo yə　　　yu

韵母特点如下：

① 鼻音韵尾只有[n ŋ]韵尾，无[m]韵尾。

② 古梗摄部分字今读[a]韵，无鼻音韵尾，如："撑 tʃʻa˥ ｜生 ʃa˥"等。

③ 古入声字今音无塞音韵尾，多数古入声字今集中于[ə iə uə yə au iau ou]韵。

1.3 声调　七个。

阴平[˦] 35   上声[˧] 33   阴去[˥] 55   上阴入[˦] 44

阳平[˩] 13   阳去[˩] 31   下阴入[˩] 42

阴去调的实际调值应为 54，本文记作 55；下阴入调的实际调值应为 43，本文记作 42。

声调特点如下：

① 古平声与去声按声母清浊分为阴平阳平和阴去阳去。

② 古入声的多数字逢清浊今分归阴去和阳去，只有少数清声母字今分别读上阴入和下阴入两类，如："出 tʃʻ˦ | 尺 ˀtʃʻə˦ | 角 kə˦ | 粥 tʃauˀ˩ | 哭 xauˀ˩"

二 临桂四塘平话同音字汇

说明：有音无字的用方框表示，注释和例词用小字，例中"～"表示被注释的字。

a

p   [˦]包胞 [˩]扒 [˧]爸饱 [˥]爆豹百伯剥 [˩]白刨帛

pʻ   [˦]泡量词抛□～touˀ点，因担心不够而在数量上超过标准

    脬□用力捶打使尖形物侵入另一物体，～个壁桩 [˥]泡动词泡名词炮疱趵拍帕魄

m   [˦]□绷、拉（绳子）。～直条索子 [˩]茅 [˥]□用棍子打，～死它去 [˩]麦猫

t   [˧]□对父亲的一种称呼

n   [˦]□凹下去或凹处 [˥]捏

l   [˩]捞 [˧]冷 [˥]□油漆等爆裂脱落

ts   [˦]才 [˧]酒揪 [˩]择泽就

tsʻ [˦]秋□牛用角顶

s   [˦]修羞

tʃ   [˦]争睁筝 [˩]□饭太～，饭煮得太干 [˧]爪 [˥]罩笊摘

    [˩]宅□硬～，硬朗

tʃʻ [˦]抄撑～船 [˧]吵炒 [˥]拆坼撑～伞子

ʃ   [˦]生甥牲笙梢捎 [˧]省 [˥]潲

k   [˦]交胶郊耕更 [˧]搞搅耿 [˥]教觉校～正、～对

kʻ   [˦]敲 [˧]考烤

ŋ   [˧]咬 [˥]□卡住□～～狭窄深长的凹处

x　[ˈ]坑　[ˊ]行衡　[ˊ]吓客
Ø　[ˈ]□一种小陶器　[ˊ]坳拗轭扼

ia

k　[ˈ]□挖抠　[ˊ]隔
ŋ　[ˈ]□抓挠　[ˊ]□张开，～开嘴巴　[ˇ]硬坚实，但不用于金属等坚硬的东西

ua

k　[ˇ]刮
x　[ˈ]□翻找　[ˇ]画划
Ø　[ˊ]横　[ˊ]□光滑　[ˇ]□弄平

o

p　[ˈ]巴疤芭　[ˊ]耙杷琶筢　[ˉ]把　[ˊ]□～lo˥，东西不好　[ˇ]罢
p'　[ˈ]坡　[ˊ]趴　[ˊ]怕
m　[ˈ]蟆　[ˊ]麻莫膜　[ˉ]马码蚂　[ˊ]□背东西或人　[ˇ]骂
f　[ˈ]□欺负，～人，欺负人　[ˇ]福幅蝠复腹
t　[ˉ]打　[ˇ]□～lou˥，新娘
t'　[ˈ]它他　[ˊ]妥　[ˇ]□p'iɛˇ～，洒脱
l　[ˈ]□表面不平　[ˊ]□po˥～，东西不好
s　[ˈ]唆酥　[ˉ]所耍　[ˊ]□用鞭子抽打
tʃ　[ˈ]抓渣　[ˉ]茶查搽　[ˊ]炸诈榨
tʃ'　[ˈ]叉差杈　[ˉ]岔
ʃ　[ˈ]沙纱砂痧　[ˊ]刷
k　[ˈ]家加嘉痂　[ˊ]□伸开两手指量距离□量词，一～，伸开两手指的距离
　　[ˉ]假贾哥　[ˊ]嫁稼价架动词架量词，一～飞机驾假请～
k'　[ˉ]可
ŋ　[ˊ]牙芽伢衙　[ˉ]瓦雅
x　[ˉ]虾下动词　[ˇ]夏下方位词
Ø　[ˈ]鸦丫桠　[ˉ]哑

yo

Ø　[ˊ]爷　[ˉ]野　[ˇ]夜

ə

p   [꜓]笔不北逼壁璧毕必   [꜔]仆卜弼

p'   [꜓]劈僻匹□~lə,肮脏

m   [꜓]□木头朽   [꜔]密蜜墨默脉木么觅牧穆

f   [꜓]发法   [꜔]罚筏伐佛

t   [꜓]得德   [꜔]直笛敌狄□被重东西压

t'   [꜓]踢剔

n   [꜔]□按压   [꜓]□小凹处

l   [꜓]粒裸□啃,~骨头□猪~,装猪的竹器   [꜔]力肋勒历立笠栗

ts   [꜓]积迹脊即鲫侧则子狗夫~,叫花子、乞丐   [꜔]贼集辑席

ts'   [꜓]七漆测

s   [꜓]惜昔悉瑟锡啬塞息媳色   [꜔]夕习袭

tʃ   [꜓]只织职蜇哲摺炙绩质   [꜔]值殖植蛰侄窄秩

tʃ'   [꜓]出尺赤斥

ʃ   [꜓]湿虱释适摄   [꜔]十什失实拾石食蚀室涉

k   [꜓]角□用刀把东西分成几块□~tsi꜔,另外格   [꜔]嗝□这   [꜓]□我~,我的

k'   [꜓]颗咳刻克

x   [꜓]黑壳喝   [꜔]学□闷热

iə

t   [꜓]着穿   [꜔]□遭受,~骂,挨骂

k   [꜓]急脚结洁揭激   [꜔]极□跨或一跨的长度

k'   [꜓]吃

ŋ   [꜓]日一日   [꜔]日入热

x   [꜓]歇歇掀

Ø   [꜓]也已一壹噎揖抑亦译

    [꜔]叶钥越粤跃曰页业逸药约乙忆亿液腋

uə

p   [꜔]玻波巴~得紧   [꜕]婆   [꜓]跛簸八捌破   [꜔]薄拔钹泊

    [꜓]拨钵脖膊

p'   [꜔]坡   [꜓]剖   [꜓]泼□田~,田的排水口

m   [꜔]摸摹摩   [꜕]磨动词魔   [꜓]□慢   [꜔]外外公磨名词抹沫末袜

t　[ɹ]瘩　[ɬ]躲朵　[˥]答搭剁　[Ⅴ]沓

t'　[˥]秃踏塔塌榻搨　[˩]脱托讬

n　[ɹ]□搓　[Ⅴ]糯纳

l　[ɹ]螺骡　[˥]□双腿瘫痪，不能走路　[Ⅴ]腊蜡□被锋利的植物叶子划破　[˩]捋

ts　[Ⅴ]杂族铡

ts'　[ɬ]坐座　[˥]擦察　[˩]撮

s　[ɹ]梭蓑　[ɬ]锁琐　[˩]撒洒

tʃ　[˥]扎紥札　[Ⅴ]炸油炸闸　[˩]□用嘴吸

tʃ'　[ɹ]搓　[˥]插

ʃ　[˥]杀刹

k　[ɹ]瓜　[˥]果裹　[˥]过割夹甲胛　[Ⅴ]括　[˩]国骨郭

k'　[˥]掐　[˩]扩廓

x　[ɹ]花窝　[ɹ]和和面　[ɬ]火伙　[˥]货化瞎
　　　[Ⅴ]和和气祸合盒狭峡匣辖惑　[˩]阔霍藿

Ø　[ɹ]禾　[˥]挖压鸭押　[Ⅴ]话物勿

yə

k　[˥]决诀　[Ⅴ]击

k'　[˥]觉缺

ŋ　[Ⅴ]月岳乐音乐　[˥]月一个月

Ø　[˥]血

iɛ

p　[ɬ]扁　[˥]闭鳖　[Ⅴ]鳖别□~马脚

p'　[ɹ]批　[ɬ]□歪斜　[˥]秕瘪撇□从水上轻掠　[Ⅴ]□~tˀɔɦ, 洒脱

m　[˥]□烂、软　[ɬ]米　[˥]灭□~tʃ'iɛi, 无能, 不行
　　　[Ⅴ]篾□屏住呼吸潜入水中

f　[˥]肺吠废

t　[ɹ]低　[ɬ]提题蹄啼　[ɬ]底抵爹　[˥]滴□赌, ~钱
　　　[Ⅴ]第递碟蝶谍牒叠

t'　[ɹ]梯　[ɬ]体弟　[˥]替涕剔屉铁贴帖

n　[ɹ]泥尼　[ɬ]□对母亲的一种称呼　[˥]腻　[Ⅴ]孽

l　　[˥]□修砍树枝　[˨]犁黎　[˦]□怕～，害羞　[˧]列烈裂□蛇爬行

　　　[˩]荔隶丽□液体顺着物体表面慢慢流淌

ts　　[˥]齐脐荠　[˦]挤　[˧]姐借节接　[˩]谢

ts'　　[˥]妻　[˦]且　[˧]砌切脆妾

s　　[˥]西　[˨]邪　[˦]洗写　[˧]细岁泻卸雪屑薛　[˩]射

tʃ　　[˥]遮　[˦]者　[˧]蔗

tʃ'　　[˥]车　[˦]扯

ʃ　　[˥]赊奢　[˨]蛇　[˦]舍～得　[˧]世泄舍　[˩]舌

k　　[˥]鸡机肌讥稽　[˨]茄

ŋ　　[˦]惹

i

p　　[˥]碑卑杯　[˨]皮疲琵枇脾裴培陪赔　[˦]比彼□从容器中倒出少量液体

　　　[˧]倍蔽庇辈背名词臂痹　[˩]备篦蓖敝弊毙避背～诵

p'　　[˥]披坯胚　[˦]被棉被　[˧]屁配

m　　[˨]迷梅霉媒媒枚眉楣　[˦]美尾　[˩]味

f　　[˥]飞非痱妃　[˨]肥　[˦]匪

t　　[˥]知　[˨]迟池　[˧]滴～～多，很少　[˩]地□我～，我们

t'　　[˥]□某种树皮加工后的黏稠物，用于捕鸟　[˧]跳

n　　[˦]你

l　　[˨]梨离璃篱漓狸厘　[˦]里李礼理鲤　[˩]利痢厉励例

ts　　[˥]资姿咨兹滋　[˨]辞词祠　[˦]梓姊子瓜子　[˧]祭际济　[˩]字寺

ts'　　[˦]痔　[˧]刺次

s　　[˥]撕私思丝司　[˦]死　[˧]四肆

tʃ　　[˥]枝支之脂芝　[˦]纸旨指止址趾　[˧]翅至致　[˩]治稚

tʃ'　　[˦]齿耻

ʃ　　[˥]诗尸　[˨]匙时　[˦]屎始矢　[˧]试势示

k　　[˥]基箕饥　[˨]其期棋旗奇骑　[˦]几己纪　[˧]寄记计继髻冀既

ŋ　　[˨]疑　[˦]蚁耳　[˩]二贰

Ø　　[˥]衣依医翳瞖伊　[˨]移夷姨饴怡　[˦]椅以　[˧]意义议艺刘肆

　　　[˩]益易

ui

k　[˦]规龟圭闺　[˩]逵葵　[˧]鬼轨诡　[˥]桂贵　[˨]柜跪

k'　[˦]亏窥盔

x　[˦]灰恢辉挥麾　[˩]回茴　[˧]悔毁　[˨]会绘贿惠慧

Ø　[˦]威□好　[˩]韦围违苇维惟惟危桅　[˧]伟纬委
　　[˥]畏喂尉慰蔚胃谓　[˨]位为伪卫

u

p　[˦]晡（中午或午饭，吃~，吃午饭）　[˩]葡菩蒲　[˧]补甫脯　[˥]布怖　[˨]部步簿埠捕伏

p'　[˦]铺（动词或量词）　[˧]普谱浦辅　[˥]铺（名词）

m　[˩]模　[˧]母亩牡某□（估计、猜测）

f　[˦]夫肤麸　[˩]符扶芙浮俘敷　[˧]斧釜腐府苦（味道苦）
　　[˥]妇付富库裤副赋　[˨]父傅附服

t　[˩]图涂途徒屠　[˧]赌堵肚都　[˥]□（凸起或凸起的小包）　[˨]度渡镀

t'　[˧]土□（~里，里头）　[˥]吐兔

n　[˩]奴　[˧]努□（摇摆）

l　[˩]炉卢芦庐　[˧]鲁橹卤房掳　[˨]路露鹭赂

ts　[˦]租　[˧]祖阻组

ts'　[˦]粗　[˥]醋

s　[˦]苏　[˥]素

tʃ　[˦]招昭　[˩]锄　[˥]照诏嘱　[˨]助

tʃ'　[˦]初　[˧]楚础

ʃ　[˦]烧疏梳蔬　[˧]数（动词少）　[˥]数（名词）　[˨]叔

k　[˦]姑孤　[˧]古估牯股鼓箍　[˥]顾故固雇

k'　[˦]枯　[˧]苦（生活苦）

ŋ　[˧]我

x　[˩]胡湖糊葫鬍狐□（打牌和了）　[˧]虎浒　[˥]互冱　[˨]户护沪

Ø　[˩]乌污巫诬　[˩]无　[˧]武鹉舞侮　[˥]□（~ʃuɪ，讨厌）　[˨]误雾务悟

yu

k　[˦]骄娇浇　[˩]乔侨桥荞　[˧]缴绞佬　[˥]叫　[˨]轿撬

x 　[˦]晓　[˧]翘跷

Ø 　[˦]腰邀夭妖　[˩]谣摇遥瑶窑姚饶　[˧]舀绕扰　[˧]要　[˩]鹞

y

t 　[˦]猪堆　[˩]捶槌　[˧]□~钱，攒钱　[˧]队对碓兑　[˩]箸住

t' 　[˦]推　[˧]腿柱　[˧]退褪

n 　[˧]女　[˧]□吮，~手指头

l 　[˦]□钻，~进去　[˩]驴雷累□扔，~石头　[˧]吕旅垒□墙等倾斜□家里
　　[˩]虑滤泪类

ts 　[˧]嘴　[˧]醉最　[˩]罪自

ts' 　[˦]催崔疽　[˧]取娶　[˧]趣翠

s 　[˦]须需虽绥　[˩]徐随　[˧]嗦诉塑碎□把桌子垫平稳　[˩]续遂

tʃ 　[˦]追锥椎诸朱珠株蛛　[˩]除厨储□气味　[˧]煮主　[˧]蛀注铸坠

tʃ' 　[˦]吹炊　[˧]杵褚　[˧]处

ʃ 　[˦]书输　[˩]署暑薯　[˧]鼠水竖舒髓　[˧]税　[˩]树穗

k 　[˦]居拘驹车车马炮　[˩]渠　[˧]举锯名词矩　[˧]句据锯动词

k' 　[˧]□颧骨突出　[˧]去

ŋ 　[˩]鱼渔愚娱虞　[˧]□用刀割，~poŋ只手，割破了手　[˩]遇寓

x 　[˦]虚墟嘘　[˧]许

Ø 　[˩]如于儒盂愉榆　[˧]与雨乳字禹羽　[˧]淤□肉松软成堆
　　[˩]誉预豫芋喻裕欲浴玉狱

ŋ̩

Ø 　[˧]五伍蜈午

ai

p 　[˦]标飙　[˩]瓢　[˧]表錶

p' 　[˧]漂　[˧]票

m 　[˦]□对母亲的一种称呼　[˩]苗描　[˧]秒渺□折断，掰开　[˩]庙妙

t 　[˦]朝刁叼雕貂　[˩]台抬苔　[˧]鸟　[˧]吊钓调戴带
　　[˩]代袋待怠殆

t' 　[˦]挑胎　[˧]调交换、变换，~物响，换东西　[˧]太态泰

n 　[˧]乃奶对祖母的一种称呼　[˧]奈奶乳房、乳汁或对母亲的称呼□累　[˩]耐尿

l　　[˦]撩　　[˧]了瞭　　[˩]□扔、甩、放　　[˨]料癞

ts　　[˦]焦蕉砸灾椒栽　　[˧]财裁　　[˩]宰仔崽　　[˨]再载债

ts'　　[˦]锹□~puai˩，众人凑钱聚餐　　[˩]猜悄在采彩

　　　　[˨]菜蔡偢傻□雨水慢慢地洗刷掉墙上的泥

s　　[˦]腮鳃消销宵硝　　[˨]笑

tʃ　　[˦]斋

tʃ'　　[˦]差出~

ʃ　　[˦]师狮蛳　　[˩]使　　[˨]事□拉、扯

k　　[˦]该　　[˩]改　　[˨]盖概溉丐钙戒□很，~坏，很坏

ŋ　　[˦]挨　　[˨]爱碍艾隘

x　　[˦]开　　[˧]孩　　[˩]海　　[˨]害亥骇

ø　　[˦]哀　　[˧]埃

uai

p　　[˧]排牌簰□ts'ai[˧]~，众人凑钱聚餐　　[˩]摆　　[˨]拜　　[˨]败稗

p'　　[˩]派□柚子等水果的一瓣

m　　[˧]埋　　[˩]买　　[˨]卖迈

t　　[˨]大

l　　[˨]赖

ts　　[˧]材豺　　[˩]□群、伙

ts'　　[˦]□压　　[˩]踩

s　　[˨]晒

tʃ　　[˧]柴　　[˨]□用草、木等在壕基上筑栅栏

ʃ　　[˦]筛　　[˩]甩摔　　[˨]帅

k　　[˦]归街阶皆　　[˩]解拐枴　　[˨]界介芥届怪　　[˨]瘸

ŋ　　[˩]□屈其手指打人　　[˨]□咀嚼、吃

x　　[˦]鞋槐怀淮　　[˩]□~草，拔草　　[˨]快块　　[˨]坏

ø　　[˩]矮歪

ei

m　　[˩]每未　　[˨]妹昧

l　　[˧]来　　[˨]□疑问语气词，相当于"呢"□铜~，铜钱

au

p [˦]□棚架 [˨]□灌木丛 [˧]□玩、弄

p' [˧]□苍蝇等停在食物表面吃食

m [˦]□盖、埋 [˨]谋矛 [˥]□蠢 [˧]外貌□笨拙,不灵便

t [˦]兜蔸 [˨]头投 [˧]斗量词抖陡□踢 [˥]□对接

[˧]豆逗独读毒犊牍 [˧]笃督

t' [˦]偷 [˥]透

n [˧]□用盐腌食物 [˧]闹

l [˦]□用手抠挖 [˨]楼娄留榴牢流硫刘 [˧]柳篓捞～钱□歪斜

[˧]漏陋 [˧]□倒

ts [˦]邹 [˧]走 [˥]奏 [˨]昨逐

ts' [˥]凑 [˧]触

s [˦]搜馊 [˨]仇酬 [˥]瘦 [˧]俗续 [˧]缩宿肃粟

tʃ [˦]周舟州洲 [˥]咒 [˧]戳轴 [˧]粥祝烛

tʃ' [˦]抽 [˥]臭 [˧]畜

ʃ [˦]收 [˧]手首守 [˥]嗽 [˧]受寿熟蜀属赎 [˧]束

k [˦]勾沟钩阄 [˧]狗笱苟 [˥]够购构 [˧]谷

k' [˦]抠 [˧]□芋头等不粉 [˥]扣靠犒

ŋ [˧]藕偶

x [˦]猴侯喉 [˧]厚口吼 [˥]好喜好 [˧]后候 [˧]哭酷

Ø [˧]□紫色 [˥]沤怄 [˧]屋沃

iao

ts [˧]足雀爵 [˧]嚼

ts' [˧]鹊促

s [˧]小 [˧]削

t [˧]竹□摔打稀泥以成型或修补□一团稀泥

t' [˧]□拦筑、封堵

n [˦]□上下有节奏地摇动

l [˧]□弯曲 [˧]□斜眼看略掠六陆绿禄录

k [˦]鸠纠□呂 [˨]求球囚泅 [˧]九玖久灸韭 [˥]救究 [˧]旧枢

k' [˦]舅巧 [˩]□管、理睬

ŋ [˧]牛 [˨]肉

Ø [˦]优忧 [˧]游由油邮尤犹 [˦]有友酉莠 [˨]右佑祐又柚诱

　　[˨]郁

ou

p [˧]煲褒 [˧]袍□饭煮开后水汽外溢 [˦]宝保堡 [˩]报 [˨]雹暴菢

p' [˦]抱 [˩]□水泡、气泡□像泡泡一样膨胀起来

m [˧]毛 [˨]冒帽

t [˧]刀叨多 [˧]桃逃淘陶萄掏绸

　　[˦]岛祷□用于动词后表示动作或状态的持续 [˩]到倒 [˨]道稻盗

t' [˧]拖 [˩]套

n [˦]哪脑恼 [˨]那

l [˧]□～谷，翻晒谷子 [˧]罗萝锣箩劳 [˦]老□寻找 [˩]辣□疮

　　[˨]落骆烙络酪乐

ts [˧]遭糟 [˧]槽曹 [˦]早蚤枣澡肘 [˩]作做左佐躁捉桌卓

ts' [˦]草 [˩]错锉措糙

s [˧]骚臊 [˦]嫂扫 [˩]□吸 [˨]□悉悉～～，一阵一阵地疼 [˨]索朔

tʃ [˧]愁稠绸 [˨]浊镯凿

k [˧]歌羔糕膏高篙锅戈 [˦]稿 [˩]告个 [˨]□～人，这人

　　[˨]各阁搁胳

k' [˩]磕叩□小睡

ŋ [˧]鹅蛾俄熬 [˨]饿

x [˧]蒿薅 [˧]豪壕毫 [˦]好浩 [˨]号

Ø [˧]屙 [˩]□凶，厉害，有本事

ian

k [˧]今金禁斤筋巾襟经 [˧]琴禽擒 [˦]锦紧捡谨 [˨]菌件撳按压

k' [˦]妗近

ŋ [˧]人仁银吟 [˦]忍 [˩]硬坚硬，主要用于金属等硬度大的物品 [˨]认刃韧

x [˧]熏勋欣 [˩]□夸耀，自以为是的高兴

Ø [˧]阴荫因姻音殷 [˧]晕耘云匀寅萤 [˦]引蚓瘾隐影饮允尹

　　　　[˧]演印映□关押　[˨˩]运韵闰润

uon

p　　[˦]班斑扳颁　[˧]版板　[˧]扮□打　[˨˩]办

p'　　[˦]攀

m　　[˨˩]蛮　[˨˩]慢漫幔

f　　[˨˩]翻番蕃幡　[˦]烦繁凡帆　[˧]反　[˧]饭贩范犯泛

t　　[˦]单箪担耽丹　[˦]谈痰弹谭潭坛檀　[˧]胆掸　[˧]担名词
　　　[˨˩]蛋旦但弹炸弹

t'　　[˦]摊滩贪　[˧]淡毯坦　[˧]碳炭叹

n　　[˦]篮□熏烤　[˦]男难南楠栏拦　[˧]懒　[˧]□用舌舔　[˨˩]烂难灾难

l　　[˦]兰蓝　[˧]揽览缆　[˨˩]滥

ts　　[˦]□啄　[˦]蚕　[˧]赞蘸　[˨˩]溅□~钱,赢钱

ts'　　[˦]参掺餐　[˧]惨

s　　[˦]三叁　[˧]伞　[˧]散

tʃ　　[˦]禅蝉惭　[˧]斩　[˨˩]暂鉴

tʃ'　　[˧]产铲

ʃ　　[˦]闩栓山衫珊删姗　[˧]疝

k　　[˦]关乾~燥肝竿奸监间　[˧]敢橄赶感减　[˧]干贯惯杠间隔开

k'　　[˦]刊　[˧]砍

ŋ　　[˦]安鞍庵　[˦]岩癌　[˧]眼　[˧]按案　[˨˩]岸

x　　[˦]鼾□留着以后吃　[˦]闲咸寒韩　[˧]喊撼罕坎　[˨˩]限陷汗旱焊憾翰

Ø　　[˦]弯湾豌□放置　[˦]还归还　[˨˩]万

uin

k　　[˦]官棺冠甘柑泔观　[˧]管馆　[˧]灌罐

x　　[˦]欢　[˦]含衔　[˧]唤焕

Ø　　[˦]□舂,~饼,把煮熟的糯米放入石臼里捣烂做成糍粑　[˧]暗　[˨˩]换

yn

t　　[˦]端　[˦]团　[˧]短　[˧]断拦截锻　[˨˩]段缎椴

t'　　[˧]断~绝　[˧]蜕

n　　[˧]暖

l	[˦]□圆	[˨]鸾銮栾滦	[˧]卵	[˥]乱
ts	[˦]钻动词	[˨]全泉	[˧]攒纂	[˥]钻名词
s	[˦]酸	[˥]算蒜		
tʃ	[˦]专砖	[˨]传椽		
tʃ'	[˦]穿川	[˧]喘	[˥]串篅	
k	[˦]军君	[˨]权拳群裙	[˧]卷捲	[˥]绢眷
ŋ	[˧]软	[˥]愿		
x	[˦]圈	[˥]劝券		
∅	[˦]冤	[˨]员圆元园原源援缘袁辕沿铅孕	[˧]远阮	[˥]院

aŋ

p	[˦]帮梆邦槟崩奔	[˨]庞	[˧]本绑	[˥]笨傍
p'	[˦]喷烹□猪狗等大口吃食	[˧]棒拌	[˥]胖	
m	[˦]□糟蹋, 浪费, 废话	[˥]文蚊纹闻盲虻	[˧]吻刎□抬头	
	[˥]闷焖蛮表程度	[˥]问		
f	[˦]分芬纷	[˧]粉	[˥]粪奋	[˥]份
t	[˦]登灯敦墩□用力拉扯	[˨]腾藤誊疼屯豚	[˧]等挡党	
	[˥]顿燉凳□冲撞	[˥]沉钝盾遁		
t'	[˦]□衣服等平展	[˧]□指楼梯或台阶的一级, 也引申为被卡住		
n	[˦]□呵痒	[˨]能	[˧]□捏	[˥]□饭、泥等水分多	[˥]嫩
l	[˦]□整个□惊晾	[˨]棱楞	[˧]□身体瘦小□搂抱	[˥]□架好	[˥]论□滑
ts	[˦]曾增尊遵簪	[˨]曾层	[˥]浸浸泡俊	[˥]赠□收拾
ts'	[˦]亲村皴	[˧]□脾气偏	[˥]寸浸浸湿一下	
s	[˦]心孙僧辛森新薪	[˧]笋损榫	[˥]信讯汛逊□水从斜面流下来	[˥]顺
tʃ	[˦]真针斟□脾气坏; 待人不好	[˨]唇辰晨臣	[˧]准枕	[˥]□小水沟
	[˥]阵仗杖			
tʃ'	[˦]春椿	[˧]蠢	[˥]唱倡	
ʃ	[˦]深身申伸□理顺、理好	[˧]审婶上动词	[˥]上方位词	
k	[˦]根跟江庚羹	[˧]讲港	[˥]□梗住, 挡住	
k'	[˧]肯恳垦哽	[˥]□冷、凉, 水~□不平		
ŋ	[˦]恩	[˨]昂		

x　　[ˊ]痕恒　[˨]狠很给　[ˇ]恨巷

iaŋ

n　　[˩]孃~~，姑母

ŋ　　[ˊ]□磨蹭　[˨]□自己有东西吃而去逗没有东西吃的人，多用于小孩

ø　　[ˊ]央秧殃决□把肉馅塞到炸得中空的豆腐里　　[ˋ]羊洋杨扬疡阳

　　　[˨]养痒　[˩]应答~　[ˇ]样

uaŋ

k　　[˨]滚　[˩]棍□批评，骂

k'　　[˨]捆　[˩]困

x　　[ˊ]昏婚　[ˋ]魂馄浑　[ˇ]混

ø　　[ˊ]温瘟　[˨]稳□在水里搅动

oŋ

p　　[ˊ]朋棚鹏篷彭膨　[˨]□弄~只手，划破了手□~子，一种竹制的捕鱼工具

　　　[˩]□破，穿洞　[ˇ]□一~肉，一挂肉

p'　　[ˊ]蓬□芋头、土豆等粉　□灰尘大　[˨]捧　[˩]碰□在煮好的饭上热食物

m　　[ˊ]蒙矇　[˨]懵网　[ˇ]梦

f　　[ˊ]风疯枫封丰峰锋蜂　[ˋ]逢缝冯　[ˇ]凤

t　　[ˊ]东冬　[ˋ]同铜筒桐童瞳　[˨]懂董　[˩]栋冻　[ˇ]□举、蠹

t'　　[ˊ]通　[˨]桶捅统动　[˩]痛

n　　[ˊ]哝　[ˋ]农脓　[˩]□所含水分过多　[ˇ]齈

l　　[ˊ]□鹅鸭等用嘴寻找食物　[ˋ]笼聋隆　[˨]拢窿□装衣服的箱子　[ˇ]弄

ts　　[ˊ]宗综踪棕鬃　[ˋ]从丛枞　[˨]总　[˩]粽纵

　　　[ˇ]□一~，一节，一~棍子

ts'　　[ˊ]葱聪囱囟　[˨]□推，~车，推车

s　　[ˊ]鬆嵩　[˨]□尾部，最后　[˩]送宋

tʃ　　[ˊ]中钟忠盅　[ˋ]崇重重叠　[˨]肿种种子　[˩]众种中□多人共同拥有

tʃ'　　[ˊ]冲充舂　[˨]宠　[˩]冲铳

ʃ　　[ˊ]□蠢

k　　[ˊ]公蚣工功攻　[ˋ]□~背，驼背　[˨]拱　[˩]共

k'　　[˩]空~格，无用的

ŋ　[˦]□穿窿形的

x　[˥]空 空瓶子　[˧]红虹鸿宏洪　[˨]空 没有空去　[˩]哄

Ø　[˨]瓮雍

ioŋ

t　[˥]虫

t'　[˦]重

n　[˥]浓

l　[˥]龙　[˦]垅陇

k　[˥]弓宫恭供　[˧]穷琼　[˦]□身体奋力挣扎　[˨]贡

x　[˥]凶胸　[˧]熊雄荥

Ø　[˥]雍痈邕　[˧]绒戎容蓉溶熔榕镕荣融茸　[˦]拥永甬勇蛹涌冗
　　[˨]壅　[˩]用

əŋ

p　[˥]兵宾彬边蝙鞭冰　[˧]贫盆频便便宜平坪萍评苹屏凭瓶
　　[˦]饼丙炳贬禀匾秉　[˨]变柄并殡鬓　[˩]病

p'　[˥]篇偏编　[˦]品骋　[˨]片骗聘□把热的东西放在水上或湿冷的地方冷却

m　[˧]棉绵民眠明盟名铭鸣门闽　[˦]免勉娩缅黾皿敏抿　[˩]面麵命

f　[˧]坟

t　[˥]颠癫丁钉靪疔　[˧]田甜填亭停廷庭蜓　[˦]典碘顶点
　　[˨]店订　[˩]定锭电垫佃殿奠挺艇

t'　[˥]天添厅　[˦]缠舔　[˨]听

n　[˥]黏　[˧]年鲇拈撵　[˦]碾　[˩]念验

l　[˧]临邻林淋琳磷鳞麟联连莲鲢帘廉镰怜零灵凌玲铃龄菱绫陵苓宁轮
　　[˦]领岭脸敛檩□植物枯萎　[˨]□～地，在地上打滚
　　[˩]令练炼链楝□谜，猜～，猜谜

ts　[˥]尖精睛晶　[˧]前钱情晴秦存践□蹲　[˦]剪井　[˨]箭煎
　　[˩]溅饯婧静净旋

ts'　[˥]千迁签青清蜻　[˦]浅请　[˨]衬趁□提

s　[˥]先仙星腥　[˦]选醒癣□蠢，不正经　[˨]线锈姓

tʃ　[˥]蒸征正 正月珍臻榛　[˧]陈程澄橙　[˦]整拯　[˨]镇震振正政证症

[╲]阵阵地

tʃʻ [˧]称 [˩]秤

ʃ [˧]声升鼪 [ʌ]神绳船成城诚承盛□植物长得茂盛，长得高 [˩]胜圣

k [˧]京鲸荆经取经 [ʌ]擎□爬、骑 [┤]颈景警 [˩]镜竞镜敬劲□无用的

x [˧]轻卿兄馨 [ʌ]形刑型 [˩]庆□～头，浪费 [╲]剩

ø [˧]雁鹰英瑛婴樱缨 [ʌ]盈赢

iŋ

p [˧]般搬 [ʌ]盘 [˩]半绊伴 [╲]便方便

p '[˩]判

m [ʌ]瞒 [┤]满

t [˧]张一～纸 [ʌ]长长短肠风～，香肠 [˩]胀怅

tʻ [┤]丈

n [˧]娘 [┤]两～本书 [˩]酿

l [ʌ]凉量良粮梁粱 [┤]两二～ [╲]亮谅辆

ts [˧]浆将瞻 [ʌ]墙 [┤]奖桨蒋 [˩]酱将 [╲]匠像

tsʻ [˧]枪 [┤]抢 [˩]呛

s [˧]箱湘厢镶襄 [┤]想晌 [˩]像象相□不正经

tʃ [˧]章樟占共同拥有 [ʌ]常场 [┤]涨掌长长大 [˩]账帐占占有战颤障瘴

tʃʻ [˧]昌菖 [┤]厂

ʃ [˧]商伤煸搧 [ʌ]尝裳 [┤]闪善陕赏 [˩]扇

k [˧]姜僵缰疆 [ʌ]强钳芹勤 [┤]□搜查，～屋□水槽 [˩]见

k '[┤]茿强□跳动挣扎，不就范

ŋ [˧]儿 [ʌ]然燃 [┤]染冉壤攘嚷仰 [╲]让□食物味道不新鲜

x [˧]牵乡香 [┤]响显享 [˩]欠向歉 [╲]县现

ø [˧]烟淹阉 [ʌ]盐嫌炎阎檐萤营 [┤]燕掩 [˩]厌咽 [╲]艳焰

uŋ

p [ʌ]旁螃 [╲]蚌

m [ʌ]忙茫芒氓亡 [╲]忘妄望

f [˧]方肪芳 [ʌ]房防妨 [┤]访纺坊仿 [˩]放

t [˧]当 [ʌ]唐糖塘堂棠膛螳 [˩]当 [╲]鼎宕荡

t'　[˧˥]汤烫　　[˦]倘躺

l　[˧˥]郎廊狼　[˦]琅朗　[˩]浪水波激荡　[˨˩]浪家禽等乱跑

ts　[˧˥]藏　[˩]葬　[˨˩]□挑食

ts'　[˧˥]仓疮

s　[˧˥]桑

tʃ　[˧˥]庄桩装妆　[˧˥]床肠大肠小肠　[˨˩]状壮

tʃ'　[˧˥]窗　[˦]闯　[˩]创

ʃ　[˧˥]双霜孀　[˩]爽

k　[˧˥]光冈岗纲钢缸　[˧˥]狂　[˦]广

x　[˧˥]荒慌糠康匡框筐眶　[˧˥]航杭　[˦]谎哄　[˩]旷况烘

Ø　[˧˥]汪　[˧˥]王皇凰蝗黄磺簧　[˦]往枉　[˨˩]旺

（原载《方言》1996年第3期）

广西恭城直话音系

关英伟

一 概况

广西恭城瑶族自治县位于广西东北部，桂林地区东南部。就目前所知，县内有瑶语、壮语等少数民族语言，汉语方言有西南官话、湘语、闽语、客家方言和系属尚未清楚的土话等。西南官话当地称恭城官话，是境内各民族的交际语言。

本文所调查的汉语方言，当地人自称为[ti^{41} xua^{41}]"直话"，外人称之为"土话"，主要分布在栗木镇下辖的9个行政村中，人口1.7万左右，占全镇人口近40%。直话人原为汉族，20世纪90年代初恭城县改为恭城瑶族自治县，全部改为瑶族。此外，还有龙虎乡岭尾、实乐两个自然村1500多人也说直话。

当地人称，各村直话语音大体一致，只是上灌、高岭以及龙虎乡的岭尾、实乐的直话，略有不同，但不影响交际。本文所记是大合行政村黑石垒村口音，调查时间2002年7月。发音合作人是欧阳云华先生，1956年出生，中师毕业，现在栗木镇教育组工作。据称，其祖先在明朝时从江西吉安府太合县鹅拱桥村（一说六步屯）迁入桂北。今"大合村"村名直接得名于祖先的来源地"太合县"。

二 恭城直话声韵调及语音特点

2.1 恭城直话的声韵调。

㈠ 声母共22个，包括零声母。

p b pʰ m ɸ t d tʰ n l ts dz tsʰ s z
k g kʰ ŋ x ɣ ø

说明：① [k kʰ g x ɣ]在齐齿呼、撮口呼前面均带有腭化色彩，音值接近后硬腭音[c cʰ ɟ ç j]。② [ts tsʰ s]在细音前实际音值为[tʃ dʒ tʃʰ ʃ ʒ]。

㈡ 韵母 30 个，包括自成音节的鼻音[n̩]。

ɿ a e ɔ ɤ o ei o ɐŋ oŋ n̩
i ia ie iɔ io iou iaŋ ieŋ ioŋ
u ua ue uo uei uaŋ
y ya ye

说明：实际上[e ie ue ye]中的[e]是半低元音[ε]。 [eŋ]中的[e]是央元音[ə]。

㈢ 声调 7 个。轻声在外。

阴平 33　　阴上 35　　　　阴去 24　　　　阴入 53
阳平 21　　阳上 55　　　　阳去 41

2.2 恭城直话语音特点

㈠ 古全浊声母今逢阳平有轻微浊流，塞音和塞擦音一部分读不送气，一部分读为送气。今逢阳上、阳去读清音，声母清化，塞音和塞擦音今读不送气清音。

㈡ 古非、敷、奉母今多读双唇音。例如：分 pi³³ | 反 pe³⁵ | 蜂 pʰou³³ | 捧 pʰua³⁵ | 肥 ba²¹ | 房 baŋ²¹。少部分字读 [x ɣ]，例如：方 xua³³ | 凡 ɣie¹。还有少部分字在合口呼前读[ɸ]，例如：夫＝呼＝ɸu³³ | 飞＝挥＝ɸuei³³ | 方＝慌＝ɸuaŋ。

㈢ 古微母字今读[m]和零声母，例如：[m]的如"尾 ma55 | 蚊 mua21 | 望 maŋ41 | 网 maŋ55 | 问 mi41 | | 文 y21 | 万 ye41 | 袜 ya53 | 雾 u24 | 味 uei41。

㈣古知母、澄母字大部分与端、透、定母合流，读[t d]。例如：猪 te³³ | 柱 te⁵⁵ | 癫 te³³ | 迟 da²¹。

㈤阳声韵中除江摄外，其余各摄都不同程度地读开尾韵。例如耽咸单山 tuo33 | 闪咸选山 se35

｜凡_咸闲_山行_梗yie21｜犯_咸贩_山xye24｜深_深新_臻si33｜林_深轮_臻ly21｜临_深邻_臻菱_曾灵_梗lio21｜针_深真_臻蒸_曾征_梗tsi33｜肿_通tsi35｜灯_曾东_通tua33｜藤_曾同_通dua21。

(六)古入声韵尾消失,例如:插_咸tʻsia53｜答_咸tuo53｜八_山pia53｜滑_山ya21｜急_深kie53｜骨_臻kua53｜落_宕lu41｜北_曾pua41｜脉_梗mua41｜六_通liɔ41｜角_江kioub。

(七)古平上去依古声母清浊各分为两类,清声母今读阴调类,浊声母今读阳调类。古清声母入声今读入声,古浊声母入声字今读阳去。

三　恭城直话同音字汇

本字汇按大合土话韵母、声母、声调的顺序排列。写不出本字的音节用方框"□"表示,并加注释。释义、举例在字后用小字表示,在例子里用"～"代替本字。又读、文白异读等一字多音的现象在字的右下角用数码表示,一般用"1"表示最常用或最口语化的读音,"2"次之,依次类推。

$$[ɿ]$$

ts　[33]资之芝　[35]纸指旨止址　[55]子_{4日～}　[24]至冬～置□～　□da21_{火:火柴}

　　[53]摺_{～被}□_{灌～:化脓}

tsʰ　[21]瓷慈磁辞词祠饲　[24]次柿

s　[33]撕斯私师狮丝司思厕诗哩辣～～□_{大～:大家匙饭}～骨_{肩胛骨}豉₂

　　[35]屎喜_{～鹊}　[55]是□_{热～:热闹}　[24]世过～翅势₁架～

　　[41]事舌十实₂　[53]湿□_{～□kiou53:假餐,农忙时下午四点的加餐}□茶_{～:茶叶}

z　[21]时

$$[i]$$

p　[33]分_{1～开}蓖婆　[35]本　[24]畚簸_{1～米}闭　[55]辫

　　[41]薄_{衣裳薄}缚_{～柴:捆柴}份₁　[53]钵□换

b　[21]朋盆

pʰ　[24]破_{～案}剖　[53]泼_{～水}

m　[21]门迷　[41]磨_{～盘}问_{～路}

　　[53]□ma33 ma33_{～～:唠唠叨叨}

t　[35]点_{2差～}　[55]重子_{1裤～}里屋～　[41]直着_{3沿～}□_{～tʰa24:打喷嚏}

d　[21]虫

tʰ　[33]锑~壶

n　[21]人银浓~茶疑尼宜便~　[55]你$_2$~们那□量词，一~人：一个人

l　[41]力

ts　[33]针津珍真蒸征椒$_1$辣~　[35]肿枕~头种~子　[55]最

　　[24]种□tʰ^{21}~声：别出声智志　[41]蛰惊~侄□打~：打仗值　[53]鲫织

tsʰ　[33]亲称~重　[24]秤沁~水田　[53]戚□揭：~锅盖

s　[33]心深芯辛新薪身申~冤朏升尸　[35]□~股：屁股

　　[24]信势$_2$试式~样敁$_1$~油：酱油　[41]息利~食伙~　[53]惜识

z　[21]神匙剩唇松~木树：松树

k　[33]鸡斑~：斑鸠饥基机箕经$_1$念~金斤筋髻　根更三~半夜

　　[35]紧几~个　[55]近襟连~　[24]寄记继季计

g　[21]旗棋□~□kio^{41}：玩儿

kʰ　[24]契器汽气□□xa^{41}~：现在

x　[33]希　[35]恐害怕晨　[24]饩~猪戏

ø　[33]医衣依音观~阴荫檐$_1$廊~底：屋檐鹦　[21]姨缯　[24]印肆~业意

　　[41]任吃　[53]一

[u]

b　[21]蒲~扇

m　[33]模~子

ɸ　[33]夫$_2$姐~呼　[21]何荷~包豆湖符　[35]好有~意：怀孕　[55]腐豆~

　　[24]傅付富副　[41]服~气盒合大~村　[53]渴蠚□mo^{21}~：忘记

t　[33]多都　[21]驼~子：罗锅儿砣　[55]舵沓一~钱　[24]剁

tʰ　[33]拖　[53]脱托着$_2$睡~

n　[33]挼搓　[35]□~~：小孩语，猪　[55]□老~：母亲（背称）　[41]糯

l　[33]乐平~：地名　[21]螺脶手指纹锣箩驴庐□~麻：黄麻

　　[41]落$_1$~雨将~肠子：用手握住肠子向一端滑动达到洗净的目的

ts　[35]爪左姓□两~□nu^{55}：母子俩　佐　[24]做

　　[41]凿戳　[53]捉灼喋~水：用竹筒吸水

tsʰ　[33]搓[35]　吵炒　[24]锉~镰：镰刀糙　[53]撮~斗：撮箕

s　[33] 蓑筲苏酥用油炸　[35]锁　[55]坐座　[24]溯素诉塑

　　[53]索朔嗍~鼻涕

k　[33] 哥歌姑₂老客~：老姑娘　　[53]割各葛~麻

ŋ　[41]饿

ø　[33]屙　[21]吴　[55]握武　[24]雾恶可~

[y]

t　[33]墩砧~板跺　[53]着₁~衣：穿衣

n　[35]□酒糟~：粉刺　[55]软₁　[41]嫩

l　[21]林淋鳞₁轮　[35]□搅拌

ts　[35]准　[24]注炷~香蛀著

tsʰ　[33] 村椿春皱手开~蛆　[35]蠢杵~~棍：拐杖　　　[24]寸处

s　[33]孙舒输须需　[35]笋榫□sie³³~：食物不柔软　[24]漱□~鼻：擤鼻涕

　　[41]嚼勺水~：竹筒做的舀水用具　[53]削

k　[33]车₂~马炮居　[35]举　[55]菌₁伞把~　[24]过瞿棍据　[53]脚

g　[21]裙渠□~鱼：全鱼

kʰ　[33]区　[24]货

x　[33]虚嗅婚荤份₂~~合同分₂~~钱窠鸡~：鸡窝

　　[35]粉火许~愿伙~计暑　[53]阔

ɣ　[21]魂和~气

ø　[33]温晕瘟　[21]匀云禾文斯~娱于余如儒渔~鼓：打击乐器

　　[35]稳　[24]□~起来：关起来遇裕誉预　[41]运润闰药

[a]

P　[33]□巴₂乡~佬芭~蕉疤　[24]沸~水：滚水霸　[53]□~人：掐人

b　[21] 肥~肉

m　[33]□~□mi⁵³唠叨糜~烂□奶奶□~□ɸu⁵³：脏[35]□了~：了结

　　[55]尾₁白~狗：狐狸　[53]没~下去：沉下去沕打₂~子：潜水

t　[33]知　[55]雉~鸡：野鸡　[24]大爸爸

　　[41]地褡背~子,毛背心　躲子₂盘~~□~轭：牛轭　[53]□拥挤

d　[21]迟□ŋ²⁴~火：火柴

tʰ　[24] □ti⁴¹~：打喷嚏

n [55]你₁哪 [41]二入日₁~子₄□saŋ³⁵～：干净

l [21] 梨篱栗₂板~ [35]□量词，一～柴：一捆柴缕

[55]李₁姓，行~里理鲤礼得助词 [41]厉利~息痢俐立笠

ts [35]姐紫子₃父~ [53]眨□～～密密：密密麻麻

tsʰ [53]七漆生~

s [35] 死 [24]四肆 [41]字牸□齐浸~谷种

z [21]□糍粑

k [33]□我～：我的

kʰ [53]□～～□te³⁵：乌鸦

x [53]现~□kʰi²⁴：现在这～□pɤ⁵³：这里

[ia]

p [33]~子：瘸子 [35]摆 [55]髀大~瓜：大腿 [24]拜 [41]稗败

[53]八□taŋ41~：打破

b [21]排牌

pʰ [35]□白~鬼：小银鱼 [24]派

m [21]埋 [55]买 [41]卖

t [55]待~客 [24]戴带 [41]代袋贷

d [21]台苔抬

tʰ [33]胎□后缀□ma³³~：烂 [24]太 [53]□～～鞋：木板鞋

n [21]捱碍~墨 [55]奶~牛 [24]茶精神不振 [41]耐

l [21]来 [55]□~子₂家：小孩 [41]赖癞

[53]□剪：~头发□一～：一共□等一～：等一下

ts [33]斋吃~ [24]再载装：~东西 [41]煤煮，~kua⁴¹kua：煮鸡蛋（连皮）□敲击~镲

镲□搋：~耳光 [53]闸铡溅扎驻~□～～：妈妈

tsʰ [33]猜差出~搋~面粉 [35]彩~头镲一种打击乐器

[24]菜蔡 [53]擦插□鱼~：獭□～头：低头

s [33]腮鳃筛~茶：倒茶□锯，拉，~木头，~胡琴 [55]在

s [24]晒 ᵓ[41]寨

[53]杀~猪

z [21]才材财裁豺柴

k [33]该街　[35]改解~开　[24]介界芥戒盖尬械

　[53]夹₁~袄挟袯

kʰ [33]揩~手帕

x [33]开　[35]海~碗蟹　[55]稀~饭　[41]害狭　[53]瞎掐

ɣ [21]鞋

ø [35]矮　[24]爱亚

[ua]

p [33]枫崩倒塌□指某些食物纤维少而柔软：芋头很~

　[35]□~口裤：开裆裤□~塘：深水塘

　[41]□竖：~碑卜萝~□丛　[53]北

b [21]□溢：水~了

pʰ [35]捧

m [33]摸磨~~蹭蹭□词缀，表程度深：黑~　[21]蚊

　[35]□一~棍子：一根棍子□痛~，词缀，表程度深

　[55]母词缀，缸母：水缸　[24]□扔　[41]梦墨脉

t [33]灯东冬□量词：颗，粒，一~星星　[35]等

　[55]凼水坑动~来~去　[24]凳冻　[41]第邓峒~田

　[53]□~面皮：给面子

d [21]同铜桐筒藤眷籐苘

tʰ [35]桶筒~~鞋，水鞋　[24]痛　[53]□~火：烧火

n [21]农脓~包　[53]□~水：浑水

l [21]笼聋　[55]笼~箱　[24]弄一~屋

　[41]肋~骨得~□bei²¹：得到

　[53]劣~骨田：劣质田得识~：认识｜niɔ⁵⁵~：没有

ts [35]崽　[55]□~□kiou³³：柿子　[24]挣~开粽　[53]侧~边

tsʰ [33] 葱

s [35]使₁用　[24]送宋　[41]贼　[53]塞色虱膝俗刷□扫：~地

z [21]层

k [33]工做~夫公₁爷爷蚣瓜根竹~须：竹跟后~　[35]寡□矮：好~睁

　[55]□抓：~痒□一~花生：一捧花生瓜词缀，耳~：耳朵□~春：猫发情时的喊叫

[24]卦褂挂~纸：扫墓□~水：凉水　　[41]□~落：丢失□~~：蛋□~bei^{21}：摔倒

[53]骨股屁~国□~□tsɿ：线疙瘩，竹节疙瘩

kʰ　[33]□吞夸跨　[53]咳卡骨卡在喉

x　[33]风疯兄封方$_1$北~空~屋花　[35]肯　[24]空有~化缝$_1$门~

　　[41]划画话　[53]黑□井~水：井水

ɣ　[21]红含衔□鸡嗉

ø　[33]□~□sa^{21}：打糍粑菅大~村：地名　[21]回$_1$~屋：回家　[55]瓦□门角~：门角落

　　[24]雍□应答：~一声□黄口~村：地名

　　[41]骂核眼睛~ 子$_2$：眼珠子　[53]□砍：~脑壳｜~甘蔗

[ya]

t　[33]堆　[24]对一~~耳环｜死~头兑队

tʰ　[33]推　[35]腿　[24]退蜕□用水漂洗：~衣裳

n　[41]内~衣

l　[33]勒牛嘴~：笼头　[21]雷□词缀，表程度深：黑~

　　[35]□~水：从岭上流下来的溪水　[55]垒~祖：特指为祖先休整坟墓

　　[41]拉~筋：抽筋

ts　[33]抓~脉：把脉　[35]量词：一~葡萄｜一~头发　[24]黑头~：黑头翁

　　[53]嘴啄

tsʰ　[33]□~柜：书桌

s　[55]罪　[24]碎　[53]□骗：~人

k　[35]拐~ta^{41}：小偷□lou^{24}~ta^{41}：疥疮　[24]怪

　　[53]刮草~：刮草的耙子□半~风：偏瘫□词缀，东边~：东边

kʰ　[24]会~计快块

x　[33]灰　[41]会开~罚　[53]发□钝豁~嘴：兔唇｜~牙

ø　[33]歪煨□酒~：酒壶　[21]回$_2$~信｜~乡

　　[55] □张开，~tsya^{53}：打哈欠　[41]滑

　　[53]挖袜□量词，一~柚子：一瓣柚子

[e]

p　[35]扁匾反$_1$~头来：回来　[55]□动词，搞：~好　[24]变便$_2$顺~边桌~

　　[41]饭便$_1$方~

b　[21]便~宜

pʰ　[24]骗片遍篇

m　[21]棉绵□秤尾低　[41]面

t　[33]猪朱硃癫羊~风□~tuo³³：明天　[35]鸟点₁~头□这~：这些

　　[55]柱

　　[24]钓吊调~动　[41]箸住电垫　[53]□吃

d　[21]田填甜条调~狮子：舞狮

tʰ　[33]挑₂~牙天添　[24]跳调~皮

n　[21]燃年□跟：~我来　[35]碾撵~面皮撵捏　[55]女软₂~肋

　　[41]尿念~经验□词缀，表程度深，细~，很细

l　[33]□词缀，表程度深，长~：很长　　[21]帘镰连联鲢莲撩招惹

　　[55]了~□ma³⁵：了结[41]料练炼链绿　[53]□转~：转弯

ts　[33]砖尖楔煎粘~禾米煎~茶：油茶

　　[35]转剪展~开碾~米战 tie35 冷~　[24]箭□特指动物生育

tsʰ　[33]千笺迁~坟川氽钎~刀签　[35]浅

　　[24]串一~葡萄□~血：淤血

s　[33]先鲜仙伸₁~腰　[35]选癣闪kuei53~：闪电[24]线扇搧₁~风穗

　　[41]贱旋~圈：毛发呈旋涡状处

z　[21]前钱泉全船椽传~票

ø　[24]要

[ie]

p　[33]般搬₁膘班斑扳镖标~枪熛水溅出来

　　[35]表老~：表弟婊版板₁石~　[24]□山蛙

　　[41]办拌畔~田□词缀，表程度深，湿~：很湿

b　[21]屄女阴

pʰ　[33]泡₁一~屄　[24]襻□词缀，表程度深，狭~：很窄

m　[33]□羊姑~~：蜻蜓　[55]尾₂老~：排行最小[41]庙慢

t　[35]打~跟跄□taŋ₄₁~：打架　[24]扯~秧

　　[41]震

n　[21]岩别~人　[35]□~ka：什么　[55]蚁耳眼　[41]硬稠

l　[35]□羞: 好~　[55]冷

ts　[33]焦招争椒$_2$白胡~　[35]煮主盏　[24]照赵罩□鸡~: 未下蛋的鸡

　　[53]崭新~□~~: 伯母

dz　[21]锄潮朝$_1$~南剿动词, 刺

tsʰ　[33]初蹭撑铛炒菜锅□词缀, 表程度深, 短~: 很短　[35]铲拄

　　[53]逞~能

s　[33]梳书消宵霄硝销箫烧~烟: 抽烟鬓荽芫~山衫生$_1$~意牲甥鞘薯红~□指某

　　些食物纤维多不柔软: 芋头~sy^{35}　[35]省鼠数动词小$_1$~满

　　[24]绍笑　[41]树竖赎

　　[53]粟□崩~裤: 开裆裤

k　[33]娇撒~啮□ni^{55}: 那么　[35]缴绕~线饺绞　[55]倚站立菌$_2$~木树

　　[24]句锯间~门: 堂屋与灶屋之间的门叫$_1$特指动物的喊叫

　　[41]轿撬翘$_2$~屁股　[53]急劫结吉□田埂

g　[21]桥骑□翘: ~二郎脚

kʰ　[33]欺

x　[33]墟　[35]起~栏: 指猪牛发情□~鱼: 干鱼启　[24]喊

ɣ　[21]闲行凡

ø　[33]腰名词, 量词, 一~裤子: 一条裤子　[21]窑移　[35]舀

　　[41]拽~手: 摇手鹞~鹰叶　[53]噎腌

[ue]

k　[35]捲滚卷试~　[41]柜

g　[21权拳踡弯: ~腰, 弯腰

kʰ　[33]圈　[24]劝

ø　[33]冤　[21]完丸药~圆~圈铅原源元~宵袁援园芫~荽沿~着

　　[55]远　[24]怨　[41]县愿院

[ye]

ts　[41]鹊喜~

s　[33]闩　[53]□飞~: 风筝

k　[33]关~刀　[24]惯

x　[33]翻　[35]反$_2$~了　[55]犯　[24]贩

ɣ　[21]烦

ø　[33]湾小~村：地名环耳~　　[21]横还~愿　[41]万

[ɔ]

p　[33]□蹲

t　[33] 兜一~菜：一颗菜　[35]朵量词斗漏~陡坡

　　[55]斗笠~：斗笠　[41]豆痘毒道~师公公：法师

d　[21]头□~lɤ²¹：事情

tʰ　[33]偷　[35]敨~凉　[24]透

n　[24]皱起~

l　[33]□ba²¹~：阳沟　[21]楼劳~改　[35]□连词：我~你□翻动：~谷

　　[41]漏陋

ts　[35]走

tsʰ　[33]抽₁~尿　[24]凑燥

s　[33]馊骚　[24]嗽瘦

k　[33]勾钩大~耙：四齿耙　[35]狗　[24]够

g　[21]□抠：~泥鳅

kʰ　[33]抠铐手~　[24]扣铐~起来

x　[35]口量词：一~锄头　[55]后厚

ɣ　[21]喉猴毫银~

ŋ　[21]牛　[55]藕

ø　[33] 瓯欧　[35]呕　[24]沤久浸水中怄

[iɔ]

t　[41]挑₁~担　[53]竹

d　[21]绸

tʰ　[33] 鳅塘角鱼

n　[21]□垂：~下来　[55]□"唔有ŋ²¹ iɔ⁵⁵"的合音，~得：没有

　　[41]肉₂泛指人身上的肉

l　[33]溜词缀，指程度深，直~：很直　[21]流刘留硫　[35]柳楝苦~树

　　[24]□~kuo³⁵：丢面子　[41]六陆姓

ts　[33]周州　[35]酒　[24]皱~眉头　[41]□~水：踩水

[53]粥□扭：~干揪

dz　[21]仇□嘈杂

tsʰ　[33]抽$_2$~水秋劁~猪佬：阉猪的人　[24]臭

s　[33]修收　[35]手守首　[55]受　[24]□词缀，表程度深：清~
[41]寿就$_1$将~熟　[53]宿叔熄

k　[35]九久韭　[55]舅　[24]救叫$_2$~化佬：乞丐　[41]旧搅~糠潲

ɡ　[21]求球□词缀，指程度深，壮~：很壮

kʰ　[24]柚

x　[35]朽　[24]较酵校

ø　[21]游油邮鱿　[55]有友　[41]右

$$[ɤ]$$

p　[33]晡夫$_1$工~　[35]补斧~头府$_1$　[55]簿作业~□两~：妯娌俩
[24]布　[41]步部埠长~村：地名　[53]□xa^{41}~：这里

b　[21]□双手捧：~茶

pʰ　[33]铺~路　[35]浦　[24]簸$_2$~箕铺店~[53]扑

m　[41]木

t　[33]低　[35]堵赌底抵肚鱼~　[55]肚~ta^{41}：肚子弟帝
[41]度渡杜独~人：自己读□~bei^{21}：找到

d　[21]徒屠提

tʰ　[33]梯　[35]土体~面：漂亮　[24]兔替剃
[53]铁贴帖□酒~：酒坛

n　[21]奴泥　[41]热日$_2$~头　[53]□拣　~骨□~鼓：翻绳

l　[33]□mo^{55}~牯：石头　[21]卢炉芦犁噜□dɔ^{21}~：事情
[35]□词缀，表程度深：圆~
[55]李$_2$~子　[41]露$_1$~水露$_2$~身：裸体路荔
[53]烙□背~：背脊□铁~：鼎锅

ts　[33]租　[35]祖　[24]祭~文　[53]接节疖截

tsʰ　[33]粗　[24]醋砌~刀　[53]切

s　[33]西疏行距~　[35]洗使$_2$让搧$_2$小$_2$~女人家：小老婆
[24]细数名词婿

z   [21]齐到~

k   [33]姑₁两~侄：姑侄俩箍孤估   [35]古讲~：讲故事牯鼓~眼睛：瞪眼

    [24]顾   [53]壳脑~：脑袋谷口词缀，鼻~：鼻子

g   [21]嗝口音东西的用具，汤~

k^h [35]苦₂工作~   [24]库

x   [33]麸枯   [35]苦₁味道~口词缀，表程度深，咸~府₂虎

    [55]雨   [24]裤去[41]戽瓠芋~头   [53]哭

ɣ   [21]胡壶鬍葫糊糯~伏三~天口~药头：熬

ŋ   [21]鱼蜈   [55]五伍午端~鹅

ø   [33]乌   [35]口~头鼻：青鼻涕   [53]屋

[o]

p   [33]巴₁下~笆口~口luo³³针：发簪玻菠波

    [55]妇媳~   [24]把刀~口~意：特意   [41]白   [53]拨百伯

b   [21]爬耙钯

p^h [24]帕   [53]拍

m   [33]口背：~东西蟊   [21]麻口~口ɸu⁵³：忘记

    [55]马码蚂口~ta⁴¹：子弹口~lɤ³³牯：石头   [41]抹~桌子麦

[io]

p   [33]槟冰兵   [35]饼   [41]病   [53]壁

b   [21]贫平坪晒谷~：晒谷场评瓶

p^h [33]拼烟~：晒烟叶用的器具

m   [21]明名   [41]命

t   [33]丁钉~ti⁵⁵：钉子蜇   [35]顶~嘴丨楼~   [24]钉~东西   [41]澄订定笛

t^h [35]挺~胸   [24]听~任口量词：一~屋：堂屋   [53]踢

n   [33]粘挨口~麻：麻线团   [21]赢   [35]影~子

l   [21]临鄰灵零铃伶   [35]领一~衣服：一件衣服   [55]岭

    [41]令栗₁~木镇历~本：日历

ts   [33]精~明睛正~月遮   [35]井整诊~病   [55]蔗

    [24]正正当借肉₁泛指动物的肉   [53]只炙~火：烤火脊背~

ts^h [33]车清青   [35]请   [24]斜   [53]尺赤taŋ₄₁~脚

s　[33]赊佘声星腥　[35]写舍醒傻~里~气　[55]袖社~日□请~：拜神

　　[24]锈姓泻　[41]麝射石实1~乐村；地名宅上~村：地名谢席就2~来

　　[53]锡腋~毛

z　[21]蛇情成城恭~县

k　[33]京惊荆　[35]颈□tɐn33~：公水牛最成熟、体力最好时　[55]舔

　　[41]□gi21~：玩拃量词：一~　[53]涩

g　[21]茄

kʰ　[33]轻

ø　[33]爷同年~　[55]野　[41]夜也

[uo]

t　[33]担~任眈~心丹单药~te33~：明天　[35]胆他　[55]淡生意~

　　[24]担~子　[41]大春~米　[53]答搭达□词缀，表程度深，苦~：很苦

d　[21]谈~白：聊天痰弹

t‘　[33]滩瘫风~摊塔　[35]毯坦平~　[24]探炭叹

n　[33]□词缀，表复数，我~：我们　[21]南男难~看　[41]难灾~

l　[33]啰　[21]蓝篮~球拦栏落2~花生：花生兰罗　[55]懒伸~腰

　　[41]辣腊蜡□~尿：屙尿　[53]□~石：鹅卵石

ts　[33]渣蚱　[35]鲊~米攒　[24]榨炸拃~拳　[53]摘

tsʰ　[33]餐差~不多权叉~腰□~柜：书桌　[24]岔

　　[53]测濯~米：淘米拆坼

s　[33]三纱沙杉裳痧发~梭唆　[35]伞　[24]散排~：一种用油炸的食物

　　[53]洒~水撒~娇，~肥

z　[21]茶查

k　[33]家~婆傢痂加嘉　[35]假~装假放~贾□量词：一~香蕉□lio~ɔi24：丢面子

　　[24]价嫁架摆~ta41　[53]格隔夹2~生饭肩换~

x　[33]虾　[55]夏下~面化叫~佬　[53]客嚇

ɣ　[21]咸何

ŋ　[21]牙芽蛾鹅　[55]我2~们　[41]额

ø　[33]垭山~~：山坳　[35]哑　[53]鸭押压厄~脚村轭牛~

[ei]

p　[33]坝碑　[35]比　[55]贝被　[24]背₁~脊: 后背辈□~ti⁵⁵: 棉花倍

　　[41]背₂~书鐾~刀鼻篦~子　[53]笔髮鼊□吐: ~痰

b　[21]陪匹₂一~马赔皮啤□词缀, lua⁴¹~: 摔倒

pʰ　[33]坯批一~　[24]屁配　[53]匹₁一~布

m　[21]□~病: 看病煤梅媒眉蛾~豆霉　[55]米□脑~心

　　[41]妹篾密蜜□词缀, 手头: 手指头　[53]□抿: ~嘴瘪~谷: 不饱满的谷子灭

d　[21]锤槌捶挨~: 挨打□搧: ~耳光

n　[53]□谁

l　[53]□~母: 泥鳅□田~: 田垄

ts　[33]追锥　[24]醉　[41]绝　[53]□用吸管吸

tsʰ　[33]催崔吹　[24]衬脆翠　[53]出□报~: 告诉

s　[35]水　[24]岁　[41]睡　[53]□~水: 喝水雪薛~家坪村

[uei]

ɸ　[33]挥辉徽飞　[21]回量词　[35]悔毁　[24]废肺费　[53]血出~

s　[24]税过~: 交税

k　[33]龟归规□~尾骨: 尾椎骨　[35]鬼轨诡　[24]桂鳜贵癸　[41]跪

　　[53]桔□~招呼: 打招呼

kʰ　[33]亏　[24]愧　[53]缺~少

ø　[33]为难~威　[21]危维唯围违　[35]□折断　[24]畏胃未卫

　　[41]外~婆为位味月₁~亮越　[53]月₂一个~

[ou]

p　[33]煲~药: 煨药　[35]保宝　[55]抱

　　[24]报~ts'ei⁵³: 告诉　[41]菢~小鸡

b　[21]浮~颈: 大脖子病

pʰ　[33]蜂黄~泡₂灯~鳔　[24]炮用油炸

m　[21]毛矛茅谋　[55]某　[41]帽

t　[33]刀　[35]倒~水　[55]道名词, 量词, 一~: 一遍　[24]到斗

d　[21]桃逃淘陶绹用绳子捆投~篮

tʰ　[35]讨　[24]套直~: 性格直爽

n　[35]脑　[55]恼恨　[41]闹

l [21]牢痨~病 [55]老公~：父亲佬 [24]□~家：串门 □~kya³⁵ta⁴¹ 疥疮

ts [33]糟 [35]早枣蚤 [24]灶 [53]□抓

tsʰ [21]曹槽巢朝₂ [55]草

s [33]臊羊~ [35]嫂 [24]扫~杆：扫帚

　　[41]□~肥：干粪与草灰搅拌的肥料

k [33]高膏篙竹~糕 [35]稿 [24]告~状 [53]蛤~蟆

kʰ [33]敲蒿 [24]靠 [53]瞌taŋ⁴¹眼~：打盹磕

x [33]薅 [35]好₁ [24]□~ti⁵⁵：痱子 [41]号候~伺□~xa⁵³~：这些

ɣ [21]扶

ŋ [21]熬~夜

ø [35]袄 [53]□~肚：将鞋底烧热敷肚子，治疗肚痛

[iou]

p [33]包胞苞 [35]饱 [24]豹爆暴跑~井水：从地下冒出的水

　　[41]雹 [53]剥驳

b [21]嫖

pʰ [33]抛漂飘taŋ⁴¹~：发抖 [24]票泡₃水~炮鞭~

m [21]苗茅猫□~刀：割草刀

n [55]咬

l [33]鹞 [21]捞~鱼撩掀榴石~ [53]搂~手：双手交叉放在胸前

k [33]交胶~鞋教茭□□tsua⁵³~：柿子跤 [24]觉教窖枢扶~

　　[53]角八~|~落□□sₗ⁵³~：农忙时下午四点的加餐□八~鸟：八哥□白~：白果

kʰ [35]巧考赶~ [24]翘₁~牙齿

x [24]孝 [53]壳法犯~

ø [41]学~手艺 [53]约~客

[aŋ]

p [33]帮搬₂板₂台~：矮桌榔词缀 [35]绑榜中~ [55]伴 [24]放半

　　[41]棒笨~头~脑

b [21]旁螃房防庞盘

pʰ [35]□馕，肉起~：指肉起了霉点

m [21]芒~种忙茫 [55]满小~网~鱼□~~婶婶 [41]望 [53]莽大：很~

t　　[33]端~午当₂~面　[35]短挡

　　　[55]段断~绝□词缀，表程度深，光~：很亮

　　　[24]当₁~铺　[41]缎□打：~渔鼓□~kua⁴¹ kua：寡蛋　[53]铛乐器名：敲~

d　　[21]唐糖塘堂祠~团~围：周围

tʰ　[33]汤词缀，表程度深，衣服湿~　　[35]□~竹：毛竹倘~江村：地名　　[24]烫

n　　[33]裆囊词缀，表程度深，泡~：非常松软　[55]暖

l　　[33]晾□谈，~天：聊天　[21]狼郎廊　[35]□~瓜：丝瓜

　　　[55]卵男阴　[41]乱

ts　[33]钻动词樟装桩妆　[24]壮钻~子葬　[41]撞~见：遇见，碰见

tsʰ　[33]仓疮窗昌倡　[24]唱

s　　[33]酸霜双~生桑　[35]赏□~na⁴¹：干净　[55]上₂~山　[24]算蒜丧

　　　[41]上₁山~尚~好状肠

z　　[21]床尝

k　　[33]缸观~音肝甘官吃~司光₁天~：天亮刚钢

　　　[35]广₁~西杆秆赶~闹子：赶集敢减管馆　[24]虹灌

g　　[21]昂~头

kʰ　[24]□下~：指棺材入土

x　　[33]欢荒糠龈牙~□屠~佬：杀猪佬　[55]旱　[24]炕烘项

　　　[41]汗换~肩

ɣ　　[21]黄蝗皇行~被：缝被子

ŋ　　[24]□傻

ø　　[33]安鞍庵　[35]碗　[24]岸案~板

[iaɲ]

p　　[33]鞭毛竹~，竹根

t　　[33]张量词中₁~心　[35]涨长生长　[55]丈岳~　[24]胀

d　　[21]长

n　　[33]孃姑姑　[35]仰　[55]两₁~个　[24]腻□~水地

　　　[33]□蚊：蚊[21]涼洗~量（组词）梁瓦~梁粮□介~包：鳞₂鱼~痔

　　　[35]两₂二~　[24]踉~跄　[41]亮~光脑壳，秃头量大~：大方

ts　[33]将浆泥~章　[35]蒋奖桨掌　[24]酱帐浆米~

ts' [33]枪 [21]藏蒙蒙~, 捉迷藏 [35]抢厂 [24]跄□~~眼睛：斜眼睛

s [33]箱镶厢商伤□词缀，表程度深：险~ [35]想 [24]相 [41]像匠

z [21]墙祥常

k [33]姜江 [35]讲 [24]降下~

k' [33]腔疆 [21]强旺：强健

x [33]香乡 [35]响~雷享 [24]向

ɣ [21]降投~

ø [33]秧殃□词缀，表程度深：嫩~

[21] 羊洋烊阳~面杨~梅融鹰~母，老鹰[55]养痒 [41]酿样让

[uaŋ]

ɸ [33]方$_2$四~八面：四面八方慌 [21]凰 [35]访谎

k [33]光$_2$副词 [35]广$_2$~火：酒菜丰富

g [21]狂~人：疯子

k' [33]筐眶诓~小孩，骗小孩 [24]矿

ø [21]王 [35]往~年 [55]枉 [41]旺

[eŋ]

t [33]□词缀，表程度深：熟~□~□kio^{35}：公水牛最成熟、体力最好时

n [55]忍染

s [33]生$_2$学~ [24]□~仔：傻子

k [33]羹调~ [35]梗菜~

k' [35]啃

x [35]□~虫母：蚯蚓

[ieŋ]

ts [24]占尽~力症郑证

ts' [33]擒用爪子抓，老鹰~鸡伸$_2$~手 [21]陈尘

s [55]善鳝 [24]骗~牯

k [33]经$_2$~过 [35]碱枧大~：地名 [24]见敬

k' [33]牵 [21]芹琴勤 [24]欠歉

x [33]掀□鹌~母：鹌鹑

ɣ [21]嫌形

ø　[33]烟咽鹰殷姓　　[21]盐檐$_2$帽~

　　[35]□~壳：蚌壳　[24]燕毽踢~子应淹~水 堰~塘村：地名

[oŋ]

p　[41]□土地~公：土地神　　[53]□~~琴：吉他

b　[21]彭膨棚篷蓬刺~

p'　[33]胖肿~，后缀

m　[33]□~~藏：捉迷藏　[21]盲~年　[35]猛□~~心懵　[24]孟

t　[35]懂董

t'　[33]通囱

l　[35]拢

ts　[35]总~起来

ts'　[33]聪　[21]重~阳

s　[33]松 ~开

k　[33]公$_2$相~工$_2$长~　[35]拱汞

x　[55]奉~神：供神　[24]俸缝$_2$开~　[41]凤

ø　[33]鹌~□xieŋ^{33}母：鹌鹑　　[24]瓮~琴，二胡

[ioŋ]

l　[21]龙

k　[33]恭~城县弓　[41]供

k'　[21]穷

x　[33]胸

ɣ　[21]雄熊

ts　[33]钟盅鬃中$_2$~药□~嘴：撅嘴　[24]种芒~中射~

ts'　[33]春泥~屋　[24]铳

ø　[21]绒~~毛

ŋ̍

ø　[21]唔/n不　[55]我

参考文献

[1] 恭城瑶族自治县地方志编纂委员会：《恭城县志》，广西人民出版社 1992 年版。

[2] 鲍厚星：《东安土话研究》，湖南教育出版社 1998 年版。

[3] 梁敏、张均如：《广西平话概论》，《方言》1999 年第 1 期。

[4] 王福堂：《平话、湘南土话和粤北土话的归属》，《方言》2001 年第 2 期。

[5] 詹伯慧：《广西"平话"问题刍议》，《语言研究》2001 年第 2 期。

[6] 梁金荣：《桂北平话语音特征的一致性与差异性》，《语言研究》1998 年第 2 期。

[7] 韦树关：《桂北平话质疑》，《广西民族学院学报》（哲学社会科学版）1999 年第 4 期。

（原载《方言》2005 年第 3 期）

桂南疍家话的归属

白 云

一 引言

1.1 疍家指我国广东、广西、福建、海南等地浮家江滨、以舟为室的水上人家。"疍"原写作"蜑",又作"蛋",是一种蔑称。疍家人旧时被视为"贱民",备受歧视和欺压。近半个世纪来,对疍家的压迫和歧视已经消除。但由于历史的原因,加上萍踪无定的生活方式,疍家人受教育程度整体偏低,他们在社会竞争中也往往处于劣势,成为一个弱势群体。

"疍家话"是疍家人群体内部的日常交际用语,他们对外多使用当地的权威方言。疍家话在当地语言的使用格局中处于弱势,常常不为其他族群所认同。对于疍家话,学界一直少见研究,其系属亦未有定论。随着社会的发展,越来越多的疍家人告别舟居生活,与使用不同汉语方言的陆上居民杂居,疍家之间使用疍家话的机会越来越少,年轻的一代则干脆放弃疍家话而改说当地的权威方言。如今只有 50 岁以上的人能说相对而言比较地道的疍家话,三四十岁的人受当地权威方言的影响很大,而青少年则少说或完全不说疍家话。

1.2 史籍方志对疍家多有记载,但对疍家话只有零星的记载,且往往语焉不详。较早论及疍家话的是宋人周去非《岭外代答》,其中提到广西钦州疍家"语似福广,杂以广东西之音"。

清代屈大均《广东新语·卷十一·文语·土言》载:"蛋人则谓饭曰迈,筋曰梯,碗曰爱,瓦盆曰把浪,拿网曰今网。"

伍锐麟在 20 世纪 30 年代记述了广州沙南疍家的情况,指出沙南疍家话与广州话大同小异（伍 2005：156）。他还指出：广东三水河口疍民的语言与三水县陆地居民的言语（粤语）在语音和词汇上存在着一些差别（伍 2005：242）。

林语堂（1928）指出，疍家话是一种既不同于闽语，也不属于粤语或客家话、土著话。船家所用的是百姓话。[①]《柳江县志》："百姓语之在县境亦地著特别之语也……。此种语言，独柳城、融县所操之土音相同。蜑家语与县属之百姓语相同。"按：柳城、融县的土音即当地称为百姓话、土拐话的汉语方言。据李连进（2000）研究，土拐话属于桂南平话，与粤语的关系很密切。[②]据笔者调查，今融水疍家所操方言跟融水百姓话有着诸多的一致性，与林氏所记吻合。

徐松石（1938）也称："岭南蜑人没有特殊的言语，但蜑户对于广东白话的传播非常有功。广西现有一种叫做百姓话的，只有在西北部通舟地方附近之处，大约与蜑户极有关系，以为这百姓话乃白话与土话的混合体。"

刘锡蕃（1934：25）载：蜑人 "居于桂粤西江之上下流，其语在客语粤语猺语之间"。陈序经（1946）也记载："海丰一带的疍民，多能操福佬话，和能用福佬话来唱歌谣。……在广西西江一带的疍民的言语，是在客话粤话僮话之间，在广州者，除广州语外，别的言语多不能说，其在琼州者，则杂以客黎音。"

可儿弘明（1967）称："陆上居民的广州话与水上居民的广州话略有不同。"

梁猷刚（1986）说："在北海市附近海岛及沿海一带还有一种叫疍家话的汉语方言，从主要特点看，跟粤语比较接近。"

黄谷甘（1990，1991）指出：海南省三亚市的疍家话属于粤语，和广州话比较，有许多共同点，但也有它的个性。他还引《海南岛志》加以证实："艇家（疍家）语广东语也。"黄谷甘（1990）是目前罕见的描述疍家话具体音系的论文。

《平乐县志》（1990）载："船民话又称茅村话，旧称船民为'疍家'，故船民话又称疍家话，现称'船民话'。县内船民祖先来自福建省和平县，其语言属于闽南次方言。"（笔者按：此说不确）这是笔者目前所能见到的

---

① 林语堂：《语言学论丛》，《民国丛书》第一编 51，上海书店 1989 年版，第 51 页。
② 李连进：《平话音韵研究》，广西人民出版社 2000 年版。

唯一对疍家话进行记述的县志材料。

1.3 疍家话是沿江分布的。广西境内属于珠江水系的各主要河流及其支流沿岸的县（镇）市主要是西江、浔江、黔江、红水河、贺江、柳江（支流洛清河、融江、龙江）、郁江、邕江等。西江沿岸主要有梧州市、苍梧县，浔江沿岸有藤县、平南县、桂平市，黔江沿岸有武宣县，红水河沿岸有来宾县，贺江沿岸有贺州市，柳江沿岸有象州县、柳江县、柳州市、宜州市、柳城县、融水县、融安县、鹿寨县、永福县，郁江沿岸有贵港市，邕江沿岸有南宁市。另外北部湾沿海的钦州市、北海市、合浦县一带也有相当数量的疍家话分布。笔者选取北海、桂平、贺州、贵港、南宁、昭平、武宣、怀远、运江、来宾等 11 个点作为研究对象。从语音特点看，这 11 个点的疍家话内部具有相当高程度的一致性。由于上述方言点主要分布在广西南部和东部，我们姑且统称之为"桂南疍家话"①。下面我们将通过语音的比较，明确桂南疍家话的粤语性质，以期为疍家话系属的确定提供依据。

二 声母比较

2.1 粤语广州话中，古全浊声母今读塞音塞擦音的，平声和上声（只包括不变去声的部分）读送气清音，去声、入声以及今变为去声的那部分古全浊上声字读不送气清音。疍家话古全浊声母的演变分为两类，具体情况是：

①平声和不变去声的古全浊上声字读送气音，其余不送气，北海、桂平、贺州、南宁、贵港、武宣、怀远七个点属于此类，与粤语广府四邑、高阳、邕浔、钦廉等片一致。不过怀远有较多例外，主要是少数平声字读不送气音：牌排排培陪赔并图徒途屠涂定才材财裁从豺崇桥侨乔群。

②不论平仄基本不送气，运江、来宾、融水、昭平四点属于此类，与粤语勾漏片同。但由于受周边其他汉语方言的影响，各点都出现了少数字读送气音。这些字是：运江：特定造践藏从似斜续邪锄撬镜崇屡雳群；来宾：捕仆并特驼定造存从似斜象邪撞澄屡群雳群槛挟匣；融水：皮捕叛仆并挺艇凸定造存从象邪撞镜崇翘雳群祸匣；昭平：皮脾疲捕佩叛仆葡并辅奉舵驮驼淡定筹绸陈尘澄柴豺崇酬仇禅奇其旗棋祈骑茄芹群。

---

① 此处的"桂南"概念与地理上的桂南和桂北的概念不一定完全吻合。

	皮並	同定	茶澄	桥群	舅群	抱並	淡定	象邪
北海	phei²¹	thoŋ²¹	tsha²¹	khiu²¹	khɐu²³	phou²³	tham²³	tsœŋ²²
桂平	phi²¹	thoŋ²¹	tɕha²¹	khiu²¹	khɐu¹³	phou¹³	tham¹³	tsɔŋ²¹
贺州	phei²¹	thoŋ²¹	tsha²¹	khiu²¹	khɐu¹³	phɐu¹³	tham¹³	tɕœŋ²¹
贵港	phei²¹	thoŋ²¹	tɕha²¹	khiu²¹	khɐu¹³	phou¹³	tham¹³	tsœŋ²²
南宁	phei²¹	thoŋ²¹	tsha²¹	khiu²¹	khɐu²⁴	phəu²⁴	tham²⁴	tɕhœŋ²⁴
昭平	phi³¹	toŋ³¹	ɕa³¹	kiu³¹	khɐu¹³	phou¹³	tham¹³	tshœŋ²¹
武宣	phi²¹	thoŋ²¹	tsha²¹	kiu²¹	tɕɐu¹³	pou¹³	tham¹³	ɬiaŋ¹³
怀远	phei³¹	thuŋ³¹	tsha³¹	kiu³¹	khɐu²⁴	pɐu²⁴	tham²⁴	tsœŋ²¹
运江	pi³¹	toŋ³¹	tɕa³¹	kiu³¹	khɐu³³	phou²⁴	tham²⁴	sœŋ³³
来宾	pi³¹	toŋ³¹	tɕa³¹	kiu³¹	keu²¹²	pɔ²⁴	tam²⁴	siŋ⁴³³
融水	phi²¹	toŋ²¹	tɕa²¹	kiu²¹	keu²³	pɔ²³	tam²³	tshiŋ²¹

2.2 古微母字在桂南疍家话的今读和粤语高度一致，大都读双唇鼻音 m。例外很少。

	蚊	味	袜	舞
北海	mɐn⁵⁵	mɛi²¹	mat³	mou¹³
桂平	mɐn⁴¹	mi²¹	mat²	mu¹³
贺州	mɐn⁵³	mɛi²²	mat²	mou¹³
南宁	mɐn²¹	mɛi²¹	mat²	mou¹³
贵港	mɐn⁵⁵	mɛi²¹	mat²	məu²⁴
昭平	mɐn⁴²	mi²¹²	mat³	mu¹³
武宣	mɐn⁴¹	mi²¹	mat²	mu²⁴
怀远	mɐn⁵⁵	mɛi³¹	mat³	u²⁴
运江	mɐn³¹	mi²¹²	mat³	u²⁴
来宾	mən³¹	mi²¹	mat³	mu²³
融水	mɐn²¹	mi²³	mat³	u³⁴

2.3 古溪母字读 h、f 是粤语的一大特色，这在除融水以外的桂南疍家话各点都得到普遍的反映。个别点如运江受官话的影响，出现少数例外。

	去	轻	哭	阔	裤
北海	høi³³	hɛŋ⁵⁵	hok⁵	fut⁵	fu³³
桂平	hy³³	hiŋ⁴¹	hok⁵	fut⁵	fu³³
贺州	hœy³³	hɛŋ⁵³	hok⁵	fut³	fu³³
南宁	hœy³³	hiŋ⁵⁵	hok⁵	fut³	fu³³
贵港	hoi³³¹	hiŋ⁵²	hok⁴	fut³³	fu³³¹
昭平	hui⁵⁵	hɛŋ⁴²	hok⁵	fut⁵	khu⁵⁵
武宣	hy³³	hɛŋ⁴¹	hok⁵	fut⁵	fu³³
怀远	hui³³	hɛŋ⁵⁵	hok⁵	fut⁵	fu³³
运江	hy⁴³³	hɛŋ⁴²	hok⁵	fut⁵	fu⁴³³
来宾	hy⁴³³	hiŋ⁵²	hok⁴	fut⁴	fu⁴³³
融水	khy⁴⁴	khɛŋ⁴¹	khok⁵	khut⁵	khu⁴⁴

2.4 古晓母在桂南疍家话和粤语的演变基本一致，开口字读 h，合口字与非敷奉母合流，大部分读为 f。只有个别点如运江受官话影响，出现少数例外。

	火	货	花	虎	灰
北海	fɔ³⁵	fɔ³³	fa⁵⁵	fu³⁵	fui⁵⁵
桂平	fɔ³⁵	fɔ³³	fa⁴¹	fu³⁵	fui⁴¹
贺州	fɔ³⁵	fɔ³³	fa⁵³	fu³⁵	fui⁵³
贵港	fo³⁵	fo³³¹	fa⁵²	fu³⁵	fui⁵²
南宁	fɔ³⁵	fɔ³³	fa⁵⁵	fu³⁵	fui⁵⁵
昭平	fo⁴⁴	fo⁵⁵	fa⁴²	fu⁴⁴	fui⁴²
武宣	fo²⁴	fo³³	fa⁴¹	fu³⁴	fui⁴¹
怀远	fo²⁴	fo³³	fa⁵⁵	fu²⁴	fui⁵⁵
运江	fɔ⁵⁵	fɔ²¹²	fa⁴²	fu⁵⁵	fui⁴²
来宾	fo⁵⁵	fo⁴³³	fa⁵²	fu⁵⁵	fui⁵²
融水	fa³⁴	khuɔ⁴⁴	fa⁴¹	fu³⁴	foi⁴¹

2.5 古匣母在粤语和桂南疍家话的演变相同，开口多读 h，合口字多读零声母，或读带摩擦色彩的 w、j，只有个别点如怀远受官话的影响，出现少数例外，读 f。

	换	坏	完	黄	滑
北海	un²¹	wai²¹	in²¹	wɔŋ²¹	wat³
桂平	un²¹	wai²¹	yn²¹	wɔŋ²¹	wat²
贺州	un²²	wai²²	yn²¹	wɔŋ²¹	wat²
贵港	un²¹	wai²¹	yn²¹	wɔŋ²¹	wat²
南宁	un²¹	wai²¹	yn²¹	wɔŋ²¹	wɐt²
昭平	un²¹²	wai²¹²	yn³¹	wœŋ³¹	wat³
武宣	un²¹	uai²¹	uan²¹	wɔŋ²¹	uat²
怀远	un³¹	uai³³	uan³¹	wɔŋ³¹	uat⁵
运江	un²¹²	wai²¹²	wan³¹	wɔŋ³¹	wat³
来宾	un²¹	uai²¹	uan³¹	wɔŋ³¹	uɐt³
融水	un²³	uai²³	yn²¹	uŋ²¹	uat³

2.6 北海、贺州、武宣、南宁、贵港、桂平疍家话精组合知照组混同，与粤语广府、高阳等片同；南宁、贵港心母，读ɬ，与粤语邕浔、勾漏、钦廉等片同；昭平精清两母读t、th，从心母读ɬ，与粤语四邑、勾漏、吴化等片同；运江、来宾、怀远、融水保留精组和知照组之别，与粤语早期状况一致（参看彭小川，1990）。

	左	取	洗	住	榨
北海	tso³⁵	tshøi³⁵	sɐi³⁵	tsi²¹	tsa³³
桂平	tɕo³⁵	tɕhy³⁵	sɐi³⁵	tɕy²¹	tɕa³⁵
贺州	tso³⁵	tshœy³⁵	sɐi³⁵	tsy²²	tsa³³
南宁	tso³⁵	tshœy³⁵	ɬɐi³⁵	tsy²¹	tsa³³
贵港	tɕo³⁵	tɕhoi³⁵	ɬɐi³⁵	tɕy²¹	tɕa³³¹
昭平	tø⁴⁴	thy⁴⁴	ɬɐi⁴⁴	tɕy²¹²	tɕa⁵⁵
武宣	tso²⁴	tshy²⁴	sɐi²⁴	tsy²¹	tsa³³
怀远	tso²⁴	tɕhy²⁴	sɐi²⁴	tɕy³³	tsa³³
运江	tso⁴³³	tshy⁵⁵	se⁵⁵	tɕy²¹²	tɕa²¹²
来宾	tso⁵⁵	tsy⁵⁵	sɛ⁵⁵	tɕy²¹	tɕa²¹
融水	tso⁴⁴	tshy³⁴	se³⁴	tɕy²³	tɕa⁴⁴

2.7 古邪母字广州话多读塞擦音，桂南疍家多同。唯昭平读ɬ，与广西部分粤语同。

	饲	袖	象	祥	席	徐
北海	tshi²¹	tsɐu²¹	tsɔŋ²¹	tshɔŋ²¹	tsik³	tshøi²¹
桂平	tshɿ²¹	tɕɐu²¹	tɕœŋ²¹	tɕhœŋ²¹	tɕik²	tɕhy²¹
贺州	tshi²¹	tsɐu²²	tsœŋ²²	tshœŋ²¹	tsik²	tshœy²¹
南宁	tshi²¹	tsɐu²¹	tshœŋ²¹	tshœŋ²¹	tsɛk²	tshœy²¹
贵港	tɕhi²¹	tɕɐu²¹	tɕhœŋ²⁴	tɕhœŋ²¹	tɕik²	tɕhoi²¹
昭平	ɬi³¹	ɬɐu²¹²	ɬiaŋ¹³	ɬiaŋ³¹	ɬik³	ɬy³¹
武宣	tshi²¹	tshɐu²¹	tsœŋ²¹	tshœŋ²¹	tsik²	tshy²¹
怀远	tshɿ³¹	tsɐu³³	sœŋ³³	tshœŋ³¹	tsik³	tɕhy³¹
运江	tsi³¹	tsɐu²¹²	siŋ⁴³³	tsiŋ³¹	tsik³	tsy³¹
来宾	tsi³¹	tsəu⁴³³	tshiŋ²¹	tsiŋ³¹	tsik³	tɕy³¹
融水	tsi²¹	tsɐu²³	tshiŋ²³	tsiŋ²¹	tsik³	tɕy²¹

2.8 古疑母与粤语一致，洪音多读ŋ（唯北海脱落），细音与日母合流为ȵ或j。

	我疑	岩疑	额疑	蚁疑	鱼疑	人日	日日	肉日
北海	ɔ¹³	am²¹	ak³	ɐi¹³	i²¹	jɐn²¹	jaʔ³	jok³
桂平	ŋɔ³⁵	ŋam²¹	ŋɐk²	ŋei³⁵	ȵy²¹	ȵɐn²¹	ȵɐt²	ȵok³
贺州	ŋɔ¹³	ŋam²¹	ŋak²	ŋei¹³	y³⁵	ȵɐn²¹	jɐt²	jok³
南宁	ŋɔ¹³	ŋam²¹	ŋak²	ŋei¹³	y²¹	jən²¹	jaʔ²	jok²
贵港	ŋo²⁴	ŋam²¹	ŋak²	ŋei²⁴	y²¹	jɐn²¹	jɐt²	jok²
昭平	ŋɔ¹³	ŋam³¹	ŋak³	ŋei¹³	y³¹	ȵɐn³¹	ȵɐt³	ȵok³
武宣	ŋɔ²⁴	ŋam²¹	ŋɐk²	ȵei²⁴	ȵy²¹	ȵɐn²¹	ȵɐt²	ȵok³
怀远	ŋo²⁴	ŋam³¹	ŋak²	ȵi²⁴	ȵy²¹	ȵɐn³¹	ȵɐt³	ȵok³
运江	ŋɔ²⁴	ŋam³¹	ŋak³	ȵi²⁴	ȵy³¹	ȵɐn³¹	ȵɐt³	ȵok³
来宾	ŋuo²³	ŋam³¹	ŋək⁴	ȵi²³	ȵy³¹	ȵən³¹	ȵɐt⁴	ȵok³
融水	ŋɔ³⁴	ŋam²¹	ŋek³	ȵi³⁴	ȵy²¹	jɐn²¹	ȵɐt³	ȵok³

2.9 与粤语各片一样，桂南疍家话见系字大多未见腭化。只有昭平部分字例外（主要来源于流开三和深开三），读塞擦音，此与粤语勾漏片某些地方相同。

	家	起	交	叫	球	金
北海	ka⁵⁵	hei³⁵	kau⁵⁵	kiu³³	kʰɐu²¹	kɐm⁵⁵
桂平	ka⁴¹	hi³⁵	kau⁴¹	kiu³⁵	kʰəu²¹	kɐm⁴¹
贺州	ka⁵³	hei³⁵	kau⁵³	kiu³⁵	kʰɐu²¹	kɐm⁵³
南宁	ka⁵⁵	hei³⁵	keu⁵⁵	kiu⁵⁵	kʰɐu²¹	kɐm⁵⁵
贵港	ka⁵²	hei³⁵	kau⁵²	kiu³³¹	kʰɐu²¹	kɐm⁵²
昭平	ka⁴²	hi⁴⁴	kau⁴²	kiu⁵⁵	tɕɐu³¹	tɕɛm⁴²
武宣	ka⁴¹	hi²⁴	kau⁴¹	kiu³³	kʰɐu²¹	kɐm⁴¹
怀远	ka⁵⁵	hei²⁴	kau⁵⁵	kiu³³	kʰiɐu³¹	kɐm⁵⁵
运江	ka⁴²	hi⁵⁵	kau⁴²	kiu²¹²	keu³¹	kɐm⁴²
来宾	ka⁵²	hi⁵⁵	kau⁵²	kiu⁴³³	keu³¹	kɐm⁵²
融水	ka⁴¹	khi³⁴	kau⁴¹	kiu⁴⁴	kiɐu²¹	kɐm⁴¹

三 韵母比较

3.1 韵母系统中存在a：ɐ元音长短对立，是"粤音重要特征之一"（袁家骅 2001：182）。疍家话也普遍存在这一现象，只有少数地方的个别韵无对立，或转化为其他对立。

	街	鸡	三	心	山	身	彭	朋	擦	七	煠	十	麦	墨
北海	kai⁵⁵	kei⁵⁵	sam⁵⁵	sɐm⁵⁵	san⁵⁵	sɐn⁵⁵	pʰaŋ²¹	pʰaŋ²¹	tsʰat⁵	tsʰɐt⁵	sap³	sɐp³	mak³	mɐk³
桂平	kai⁴¹	kei⁴¹	sam⁴¹	sɐm⁴¹	nan⁴¹	ɕɐn⁴¹	pʰaŋ²¹	pʰəŋ²¹	tɕʰat³	tɕʰɐt⁵	ɕap²	ɕɐp²	mak²	mak²
贺州	kai⁵³	kei⁵³	sam⁵³	sɐm⁵³	san⁵³	sɐn⁵³	pʰtaŋ²¹	pʰɐŋ²¹	tsʰat³	tsʰɐt⁵	sap²	sɐp²	mak²	mɐk²
贵港	kai⁵²	kɐi⁵²	ɬam⁵²	ɬɛm⁵²	ɕan⁵²	ɕɐn⁵²	pʰaŋ²¹	pʰaŋ²¹	tɕʰat⁴	tɕʰɐt⁴	ɕap²	ɕɐp²	mak²	mɐk²
南宁	kai⁵⁵	kei⁵⁵	ɬam⁵⁵	ɬɐm⁵⁵	san⁵⁵	sən⁵⁵	pʰaŋ²¹	pʰaŋ²¹	tsʰat³	tsʰɐt³	sap³	sɐp³	mak³	mɐk³
昭平	kai⁴²	kɐi⁴²	ɬam⁴²	ɬɛm⁴²	ɕan⁴²	ɕɐn⁴²	pʰaŋ²¹	pɐŋ²¹	tɕʰat⁵	tʰɐt⁵	ɕap³	ɕɐp³	mak³	mɐk³
武宣	kai⁴¹	kei⁴¹	sam⁴¹	sɐm⁴¹	ɕan⁴¹	ɕɐn⁴¹	pʰaŋ²¹	pʰɐŋ²¹	tsʰat³	tsʰɐt⁵	ɕap²	ɕɐp²	mak²	mɐk²
怀远	kai⁵⁵	kɐi⁵⁵	sam⁵⁵	sɐm⁵⁵	ɕan⁵⁵	ɕɐn⁵⁵	pʰuŋ³¹	pʰuŋ³¹	tsʰat³	tsʰɐt⁵	sap³	sap²	mak³	mɐk³

运江	kai^{42}	ke^{42}	sam^{42}	sɐm^{42}	çan^{42}	çen^{42}	paŋ^{31}	paŋ^{31}	tshat^{5}	tshɐt^{5}	çap^{5}	çɐp^{3}	mak^{3}	mɐk^{3}
来宾	kai^{52}	ke^{52}	sam^{52}	sɵm^{52}	çan^{52}	çɔn^{52}	pɔŋ^{31}	pɔŋ^{31}	tshat^{3}	tshɐt^{4}	çap^{2}	çɐp^{3}	mak^{3}	mɔk^{3}
融水	kai^{41}	kie^{41}	sam^{41}	sɐm^{41}	çan^{41}	çen^{41}	poŋ^{21}	poŋ^{21}	tshat^{5}	tshɐt^{5}	çap^{3}	çɐp^{2}	mek^{24}	mɐk^{3}

3.2 粤语圆唇元音较多，这一特点在桂南疍家话各点有不同程度的反映。

	去	女	取	双	脚
北海	høi^{33}	løi^{13}	tshøi^{35}	sɔŋ^{55}	kɔk^{4}
桂平	hy^{33}	ny^{13}	tɕhy^{35}	çɔŋ^{41}	kœk^{3}
贺州	høy^{33}	nœy^{13}	tshœy^{35}	sœŋ^{53}	kœk^{3}
贵港	hoi^{331}	noi^{24}	tshœy^{35}	çœŋ^{52}	kœk^{33}
南宁	hœy^{33}	nœy^{13}	tɕhoi^{35}	sœŋ^{55}	kœk^{3}
昭平	hui^{55}	nui^{13}	thy^{44}	çœŋ^{42}	kiak^{5}
武宣	hy^{33}	ny^{24}	tshy^{24}	sɔŋ^{41}	kœk^{3}
怀远	hui^{33}	nui^{24}	tɕhy^{24}	sœŋ^{55}	kœk^{3}
运江	hy^{433}	ny^{24}	tshy^{55}	çɔŋ^{42}	kik^{5}
来宾	hy^{433}	ny^{23}	tsy^{55}	çɔŋ^{52}	kik^{4}
融水	khy^{44}	ny^{34}	tshy^{34}	çuŋ^{41}	kik^{5}

3.3 粤语三套鼻音/塞音韵尾保留完整，桂南疍家话各点毫无例外都有此特点。

	淡	单	生	答	杀	百
北海	tham^{13}	tan^{55}	saŋ^{55}	tap^{4}	sat^{4}	pak^{4}
桂平	tham^{13}	tan^{41}	çaŋ^{41}	tap^{3}	çat^{3}	pak^{3}
贺州	tham^{13}	tan^{53}	saŋ^{53}	tap^{3}	sat^{3}	pak^{3}
南宁	tham^{24}	tan^{55}	saŋ^{55}	tap^{3}	sat^{3}	pak^{3}
贵港	tham^{13}	tan^{52}	çaŋ^{52}	tap^{33}	çat^{33}	pak^{33}
昭平	tham^{13}	tan^{42}	çaŋ^{42}	tap^{5}	çat^{5}	pak^{5}
武宣	tham^{24}	tan^{41}	çaŋ^{41}	tap^{3}	çat^{3}	pak^{3}
怀远	tham^{24}	tan^{55}	paŋ^{55}	tap^{3}	çat^{3}	pak^{3}
运江	tam^{24}	tan^{42}	çaŋ^{42}	tap^{5}	çat^{3}	pak^{5}

续表·

来宾	tam²³	tan⁵²	çəŋ⁵²	tap⁴	çat³	pak⁴
融水	tam²³	tan⁴¹	çøŋ⁴¹	tap⁵	çat⁵	pɐk⁵

3.4 广州话于古蟹摄开口字，大体上是一等咍韵为一类，泰韵混于二等韵，三等韵与四等韵合流。疍家话的演变和广州话基本一致。

	台₁	害₁	排₂	柴₂	败₂	世₃	洗₄
广州	thɔi²¹	hɔi²²	phai²¹	tshai²¹	pai²²	sɐi³³	sɐi³⁵
北海	thɔi²¹	hɔi²¹	phai²¹	tshai²¹	pai²¹	sɐi³³	sɐi³⁵
桂平	thɔi²¹	hɔi²¹	phai²¹	tɕhai²¹	pai²¹	çei³³	sei³⁵
贺州	thɔi²¹	hɔi²²	phai²¹	tshai²¹	pai²²	sɐi³³	sei³⁵
贵港	thɔi²¹	hɔi²¹	phai²¹	tɕhai²¹	pai²¹	çɐi³³¹	ɬɐi³⁵
南宁	thɔi²¹	hɔi²¹	phai²¹	tshai²¹	pai²¹	sɐi³³	ɬɐi³⁵
昭平	tɔi³¹	hɔi²¹²	pai³¹	tɕhai³¹	pai²¹²	çɐi⁵⁵	ɬɐi⁴⁴
武宣	thɔi²¹	hɔi²¹	phai²¹	tshai²¹	pai²¹	çɐi³³	sei²⁴
怀远	thui³¹	hui³³	pai³¹	tshai³¹	pai³³	çei³³	sɐi²⁴
运江	tɐi³¹	hɐi²¹²	pai³¹	çai³¹	pai²¹²	çe⁴³³	se⁵⁵
来宾	tɐi³¹	hɐi³¹	pai³¹	çai³¹	pai²¹	çɛ⁴³³	sɛ⁵⁵
融水	tɐi²¹	hɐi²³	pai²¹	çai²¹	pai²³	çie⁴⁴	sie³⁴

3.5 和粤语区绝大多数点一样，桂南疍家话大体保持了古效摄一、二等韵的区别，三四等韵则混同，大都读为iu。

	刀₁	毛₁	包₂	交₂	照₃	烧	鸟₄	料₄
桂平	təu⁴¹	məu²¹	pau⁴¹	kau⁴¹	tɕiu³³	çiu⁴¹	niu¹³	liu²¹
贺州	tou⁵³	mou²¹	pau⁵³	kau⁵³	tsiu³³	siu⁵³	niu¹³	liu²²
贵港	təu⁵²	məu²¹	pau⁵²	kau⁵²	tɕiu³³¹	çiu⁵²	niu²⁴	liu²¹
南宁	tou⁵⁵	mou²¹	pɐu⁵⁵	kɐu⁵⁵	tsiu⁵⁵	siu⁵⁵	niu¹³	liu²¹
昭平	tou⁴²	mou²¹	pau⁴²	kau⁴²	tɕiu⁵⁵	çiu⁴²	niu¹³	liu²¹²
武宣	təu⁴¹	məu²¹	pau⁴¹	kau⁴¹	tsiu³³	çiu⁴¹	niu²⁴	liu²¹
怀远	tou⁵⁵	mou³¹	pau⁵⁵	kau⁵⁵	tɕiu⁵⁵	çiu⁵⁵	niu²⁴	liu³³
运江	tɔ⁴²	mɔ³¹	pau⁴²	kau⁴²	tɕiu⁴³³	çiu⁴²	tiu⁴²	leu²¹²

续表

来宾	tuo^{52}	muo^{52}	pau^{52}	kau^{52}	tçiu^{433}	çiu^{52}	niu^{55}	liu^{21}
融水	to^{41}	mo^{21}	pau^{41}	kau^{41}	tçiu^{44}	çiu^{41}	tiu^{41}	liu^{23}

3.6 和粤语绝大多部分点一样，古流摄一、三等韵在桂南疍家话大都相混，例外不多。

	口一	偷一	九三	牛三
北海	hɐu^{35}	thɐu^{55}	kɐu^{35}	ɐu^{21}
桂平	hɔu^{35}	thɔu^{41}	kɔu^{35}	ŋɔu^{21}
贺州	hɐu^{35}	thɐu^{53}	kɐu^{35}	ŋaɯ^{21}
贵港	hɐu^{35}	thɐu^{52}	kɐu^{35}	ŋaɯ^{21}
南宁	hɐu^{35}	thɐu^{55}	kɐu^{35}	ŋɐu^{21}
昭平	hɐu^{44}	thɐu^{42}	tçɐu^{44}	ŋaɯ^{31}
武宣	hɐu^{24}	thɐu^{41}	kɐu^{24}	ŋɐu^{21}
怀远	hou^{24}	thɐu^{55}	kiɐu^{24}	ŋɐu^{31}
运江	hɐu^{55}	thɐu^{42}	keu^{55}	nɐu^{31}
来宾	hɔu^{55}	thɐu^{55}	kɐu^{55}	nɐu^{31}
融水	hɐu^{34}	thɐu^{41}	kiɐu^{34}	nʲiɐu^{21}

3.7 跟广州话一样，桂南疍家话各点山摄开口一等寒韵见系字与其他声组字的韵母有别，分别是ɔn和an（融水略有变化）。

	竿	安	汗	单	餐
北海	kɔn^{55}	ɔn^{55}	hɔn^{21}	tan^{55}	tshan^{55}
桂平	kɔn^{35}	ɔn^{41}	hɔn^{21}	tan^{41}	tçhan^{41}
贺州	kɔn^{53}	ɔn^{53}	hɔn^{22}	tan^{53}	tshan^{53}
贵港	kɔn^{52}	ɔn^{52}	hɔn^{21}	tan^{52}	tçhan^{52}
南宁	kɔn^{55}	ɔn^{55}	hɔn^{21}	tan^{55}	tshan^{55}
昭平	køn^{44}	øn^{42}	høn^{212}	tan^{42}	than^{42}
武宣	kɔn^{24}	ɔn^{41}	hɔn^{21}	tan^{41}	tshan^{41}
怀远	kɔn^{24}	ɔn^{55}	hɔn^{33}	tan^{55}	tshan^{55}
运江	kɔn^{55}	ɔn^{42}	hɔn^{212}	tan^{42}	tshan^{42}

续表

来宾	kɔn^{55}	ɔn^{52}	hɔn^{21}	tan^{52}	tshan^{52}
融水	kuan^{34}	wan^{41}	huan^{23}	tan^{41}	tshan^{41}

3.8 粤方言普遍存在自成音节的鼻辅音，疍家话 11 个点也都有ŋ，和广州话一样来自遇摄合口一等疑母字"吴梧蜈五午伍误"等。贺州还有m̩^{21}（否定词）和广州一样。

3.9 疍家话各点大多无舌尖元音，只有桂平、南宁、怀远、武宣四点有舌尖元音[ɿ]，与粤语邕浔片的部分方言同。

	资	自	师	瓷
桂平	tsɿ^{41}	tɕi^{21}	sɿ^{41}	tɕi^{21}
南宁	tsɿ^{55}	tsi^{21}	sɿ^{55}	tshi^{21}
怀远	tsɿ^{55}	tɕi^{31}	sɿ^{55}	tshɿ^{31}
武宣	tsɿ^{41}	tsɿ^{21}	sɿ^{41}	tshi^{21}

四 声调比较

4.1 调类数目较多是粤语的特点。桂南疍家话的声调数也普遍较多，少的有七个，多的达九个。粤语在声调上还有个特点是阴入两分，这在桂南疍家话也多可见。

桂南疍家话和广州话在声调的分合上的差异主要表现在上声和去声，特别是上声。武宣、怀远、融水上声只有一类。北海、桂平、贵港、南宁、武宣等地古清声母去声字保留为去声，古浊声母去声归阳平，怀远则是清浊合为一类。这与粤语钦廉片很相似（伍巍 2007：175）。

	平声		上声			去声		入声			调类数
	清	浊	清	次浊	全浊	清	浊	清		浊	
广州	阴平	阳平	阴上	阳上		阴去	阳去	上阴入	下阴入	阳入	9
北海	阴平	阳平	阴上	阳上	阳上 阳平	去声	阳平	上阴入	下阴入	阳入	8
桂平	阴平	阴平	阴上	阳上	阳上 阳上	去声	阳平	上阴入	下阴入	阳入	8

续表

贺州	阴平	阳平	阴上	阳上	阳上 阳去	阴去	阳去	上阴入	下阴入	阳入	9
贵港	阴平	阳平	阴上	阳上	阳上 阳平	去声	阳平	上阴入	下阴入	阳入	8
南宁	阴平	阳平	阴上	阳上	阳上 阳平	去声	阳平	上阴入	下阴入	阳入	8
昭平	阴平	阳平	阴上	阳上 阴上	阳上 阳去	阴去	阳去	阴入		阳入	8
武宣	阴平	阳平	上声		上声 阳平	去声	阳平	上阴入	下阴入	阳入	7
怀远	阴平	阳平	上声		上声 去声	去声		上阴入	下阴入	下阴入 阳入	7
运江	阴平	阳平	阴上	阳上 阴上	阳上 阳去	阴去	阳去	阴入		阳入	8
来宾	阴平	阳平	阴上	阳上 阳上	阳上 阳去	阴去 阳去	阳去	阴入		阳入	8
融水	阴平	阳平	上声		阴去	阳去	阳去	上阴入	下阴入	下阴入	8

4.2 桂南疍家话各调类的调值跟广州话相比，也相当接近。

	平声		上声		去声		入声		阳
	阴	阳	阴	阳	阴	阳	阴		
广州	55/53	21	35	13	33	22	55	33	22
北海	55	21	35	13	33	21	5	4	3
桂平	41	21	35	13	33	21	5	3	2
贺州	53	21	35	13	33	22	5	3	2
贵港	52	21	35	24	331	21	4	33	2
南宁	55	21	35	13	33	21	5	3	2
昭平	42	31	44	13	55	212	5		
武宣	41	21	24		33		5	3	2

续表

怀远	55	31	24		33		5	3	2
运江	42	31	55	24	433	212	5		3
来宾	52	31	55	23	433	21		4	3
融水	42	21	34		44	23	5	3	23

五　结论

5.1 通过语音系统的比较可以发现，桂南疍家话和粤语的语音特征相当一致，其中有些特征是粤方言区别于汉语其他方言的区分性特征。如果把各韵的分合和具体读音统统列出，相同点会更多。这充分说明，桂南疍家话是粤语家族的成员，桂南疍家话系属于粤语。

5.2 运江王姓疍家族谱记载，其祖先为广东韶州府英德县东乡又沙河五丝茅岭村人。这是我们在调查中看到的唯一一本疍家族谱。其余接受调查的疍家人都反映族谱在洪水中遗失，但他们都自述其祖上来自广东。如运江李姓疍家自述祖上是广东三水县七夏村人；怀远叶姓疍家祖上来自广东三水县牛屎湾金竹村；融水叶姓自述来自广东三水县下塘村福兴社；武宣杨姓自述祖上来自广东猪儿巷（按：可能是广东南雄珠玑巷的讹传）。据陈礼贤（2002）调查，南宁邕江上的船民"大体上是从广东、福建等一带辗转漂泊迁移而来"。陈序经（1946）记录了民国时期广东疍民最多的地方是番禺、南海、三水、顺德、香山、新会、东莞、清远、韶州、石龙、惠州等地。陈氏说："历史记载，未有言及疍民来自广西者。反之，一般传说及据我个人的询问，广西诸疍民多云来自广东。""广西的疍民，他们很多告诉我们是来自广东。"而根据前辈学者对广东各地疍家话的描述，疍家的言语与陆上居民无异。陆上居民的言语当主要是粤语。由此可认为，桂南疍家由广东迁徙而来时带来了粤语，并沿用至今。

参考文献

[1] 白宛如：《广州方言词典》，江苏教育出版社 1998 年版。

[2] 陈礼贤：《河疍：都市里的边缘族群——广西南宁邕江船民近五十年社会文化的

变迁》，广西民族学院硕士论文，2002 年。

[3] 陈序经：《疍民的研究》，商务印书馆 1946 年版。

[4] 黄谷甘：《海南省三亚市疍家话音系及其特点》，载《第二届国际粤方言研讨会
论文集》，暨南大学出版社 1990 年版。

[5] 黄谷甘：《海南省三亚市汉语方言的分布》，《方言》1991 年第 4 期。

[6] 可儿弘明：《香港艇家的研究》（东南亚研究专刊之五），香港中文大学新亚书
院研究所 1967 年版。

[7] 李连进：《平话音韵研究》，广西人民出版社 2000 年版。

[8] 李新魁：《广东的方言》，广东人民出版社 1994 年版。

[9] 林语堂：《闽粤方言之来源》（1928 年），载《林语堂名著全集》第十九卷（梅
中泉主编），东北师范大学出版社 1994 年版。

[10] 梁猷刚：《广西钦州地区的语言分布》，《方言》1986 年第 3 期。

[11] 梁忠东：《广西玉林话的粤语系属》，《方言》2006 年第 4 期。

[12] 刘策奇：《广西语言概述》，《歌谣周刊》1926 年。

[13] 刘汉忠、罗方贵点校：《柳江县志》，广西人民出版社 1998 年版。

[14] 刘锡蕃：《岭表纪蛮》（1934），载《民国丛书》第三编第十八册（周谷城主编），
上海书店出版社，1991 年。

[15] 麦耘：《古全浊声母清化规则补议》，《中国语文》1991 年第 4 期。

[16] 彭小川：《粤语韵书〈分韵撮要〉的声母系统》，载《第二届国际粤方言研讨会
论文集》，暨南大学出版社 1990 年版。

[17] 平乐县志办公室：《平乐县志》，广西人民出版社 1990 年版。

[18] 伍锐麟：《粤海虞衡卌一秋——伍锐麟调查报告集》（何国强主编），国际炎黄
文化出版社 2005 年版。

[19] 伍巍：《粤语》，《方言》2007 年第 2 期。

[20] 松石：《粤江流域人民史》，中华书局 1939 年版。

[21] 《续修四库全书》编纂委员会：《续修四库全书》734·《广东新语》，上海古籍
出版社 2002 年版。

[22] 武泉：《岭外代答校注》，中华书局 1999 年版。

[23] 霭芹：《粤语方言分区问题初探》，《方言》1991 年第 3 期。

[24] 家骅等：《汉语方言概要》（第二版），语文出版社 2001 年版。

[25] 伯慧主编：《珠江三角洲方言字音对照》，广东人民出版社 1987 年版。

[26] 伯慧主编：《粤西十县市粤方言调查报告》，暨南大学出版社 1998 年版。

[27] 伯慧主编：《粤北十县市粤方言调查报告》，暨南大学出版社 1994 年版。

（原载《方言》2007 年第 3 期）

广西贺州八步（桂岭）本地话音系

陈小燕

一　概况

贺州市位于广西壮族自治区东北部，属地级市，辖八步区、钟山县、昭平县、富川瑶族自治县三县一区。其中八步区面积 5147.20 平方公里，位于湘、粤、桂三省区交界地。东面、东南面分别与广东省连山壮族瑶族自治县、怀集县交界，南与广西苍梧县相接，西接昭平县和钟山县，北邻湖南江华瑶族自治县。八步区下辖 20 个乡镇，总人口 80 多万，现为贺州市政府所在地。

八步区是典型的多语多方言地区。境内除汉语外，还有壮语、瑶语（勉）、苗语等多种少数民族语言。汉语方言十分复杂。境内有本地话、客家话、白话（广府片粤语）、官话、湖广话（湘语）、坝佬话（闽语），还分布着系属未明的铺门话、都话（土拐话）、鸬鹚话等土话。

本地话属勾漏片粤语，《贺县志》（梁培煐、龙先钰，1934）称"梧州声"，《广西年鉴》（广西省政府统计局，1935）称"百姓话"，当地无论操本地话还是不操本地话的人都称其为"本地话"或者"本地声"，以别于其他汉语方言。顾名思义，本地话历史上进入八步的时间较其他汉语方言要早。本地话是八步区最大的汉语方言，使用人口 30 多万，约占总人口40%。主要分布于桂岭镇（约 4.14 万）、贺街镇（约 3.78 万）、大宁镇（约3.77 万）、仁义镇（约 2.55 万）、步头镇（约 1.87 万）、莲塘镇（约 1.5万）、公会镇（约 1.32 万）、鹅塘镇（约 1.23 万）、信都镇（约 1.2 万）、沙田镇（约 1.08 万）。此外也散见于其他乡镇，其中水口、开山、里松、黄田等乡镇使用本地话的也各近万人。本地话内部一致性较高，各地口音差别很小。

本文所记是笔者母语桂岭镇本地话音系。桂岭镇位于贺州八步区东北部，东与广东省连山县交界，北紧邻湖南省江华县，素有"打个喷嚏传三省"之趣言。总人口近八万人。当地汉语方言主要有本地话（4 万多人）和客家话（3 万多人）。本音系发音人为笔者本人及世居桂岭镇的家人。笔者，女，1967 年出生，1990 年离开家乡，至今还能说一口流利的桂岭本地话。笔者母亲 1934 年出生，长兄 1952 年出生，至今居住桂岭镇，口音纯正。本音系调查记录开始于 2004 年，写定于 2007 年。

二 八步（桂岭）本地话的声韵调

2.1 声母 19 个，零声母在内。

p pʻ m f t tʻ n l θ tʃ tʃʻ k kʻ ŋ̍ ŋ h j ø

2.2 韵母 76 个，包含自成音节的 [ŋ]。

i	u	y	a	ø	o	ai	oi	ui	au	ou	iu
			ia	iɛ	iø			iai	ioi	iui	iau	iou
			ua		uo	uai	uoi				

am	om	im	an	ɛn	øn	on	in	un	yn	aŋ	øŋ	uŋ	ŋ̍
	iom		iɛn	iøn	ion					iaŋ	iøŋ	iuŋ	
			uan	uɛn		uon				uaŋ	uoŋ		

ap	op	ip	at	ɛt	øt	ot	it	ut	yt	ak	øk	uk
iap	iop		iat	iɛt	iøt	iot				iak		iuk
			uat	uɛt		uot				uak		uok

说明：自成音节的 [ŋ̍] 有时读为 [m̩]，二者不对立。

2.3 单字调 9 个，轻声在外。

阴　平 52	诗班飞单山青	阳平 132	时盆渠群兰梅
阴　上 55	史板反胆鬼改	阳上 24	是犯罪武懒养
阴　去 35	试信肺碎桂世	阳去 214	事射路妹跪受
上阴入 5	识逼尺骨一急	阳入 214	食白敌局佛药
下阴入 34	百拍杀刮窄桌		

　　桂岭本地话两字连读，后字不变调。除主谓结构外，前字一般读变调。但前字为阴上、阳上、阴去调时情况则较为复杂，一般来说，日常口语中的常用词前字都变调，而非常用词、外来方言词、书面语词前字不变调。变调分别为五个新调值：33、31、21、3、1。变调规律大体如下：

　　①阴平、阴上、阴去字在阴调字前变读为33。例如：

山边 ʃan⁵²⁻³³ pin⁵²　　山顶 ʃan⁵²⁻³³ nɛn⁵⁵　　山货 ʃan⁵²⁻³³ fuo³⁵　　　书桌 ʃy⁵²⁻³³ tʃøk³⁴

火星 fuo⁵⁵⁻³³ θɛn⁵²　　火把 fuo⁵⁵⁻³³ pa⁵⁵　　火箭 fuo⁵⁵⁻³³ tim³⁵　　请客 tʼɛn⁵⁵⁻³³ hak³⁴

教师 kau³⁵⁻³³ ʃi⁵²　　教主 kau³⁵⁻³³ tʃy⁵⁵　　唱片 tʃiaŋ³⁵⁻³³ pʼin³⁵　　变色 pin³⁵⁻³³ ʃɛt⁵

　　②阴平、阴上、阴去字在阳调字前变读为31。例如：

山城 ʃan⁵²⁻³¹ ʃɛn¹³²　　山后 ʃan⁵²⁻³¹ ou²⁴　　山路 ʃan⁵²⁻³¹ lu²¹⁴　　山药 ʃan⁵²⁻³¹ jiak²¹⁴

火炉 fuo⁵⁵⁻³¹ lu¹³²　　火柱 fuo⁵⁵⁻³¹ sy²⁴　　写字 θia⁵⁵⁻³¹ θi²¹⁴　　火力 fuo⁵⁵⁻³¹ lɛt²¹⁴

布头 pu³⁵⁻³¹ tou¹³²　　送礼 θuŋ³⁵⁻³¹ loi²⁴　　种树 tʃuŋ³⁵⁻³¹ ʃy²¹⁴　　炸药 tʃa³⁵⁻³¹ jiak²¹⁴

　　③阳平、阳上、阳去字在阴调、阳调字前变读为21。例如：

梅花 mui¹³²⁻²¹ fa⁵²　　羊毛 jiaŋ¹³²⁻²¹ mu¹³²　　存款 θun¹³²⁻²¹ fun⁵⁵　　零件 lɛn¹³²⁻²¹ kin²⁴

同志 tuŋ¹³²⁻²¹ tʃi³⁵　　来路 lø¹³²⁻²¹ lu²¹⁴　　牛骨 ŋou¹³²⁻²¹ kuot⁵　　来客 lø¹³²⁻²¹ hak³⁴

阳历 jiaŋ¹³²⁻²¹ lɛt²¹⁴

后生 au²⁴⁻²¹ ʃaŋ⁵²　　后门 au²⁴⁻²¹ mun¹³²　　上火 ʃiaŋ²⁴⁻²¹ fuo⁵⁵　　妇女 pu²⁴⁻²¹ ny²⁴

上课 ʃiaŋ²⁴⁻²¹ kʼuo³⁵　　社会 ʃia²⁴⁻²¹ ui²¹⁴　　眼色 ŋan²⁴⁻²¹ ʃɛt⁵　　犯法 pan²⁴⁻²¹ fat³⁴

上学 ʃiaŋ²⁴⁻²¹ øk²¹⁴

外甥 mui²¹⁴⁻²¹ ʃaŋ⁵²　　面条 min²¹⁴⁻²¹ tiu¹³²　　字典 θi²¹⁴⁻²¹ lim⁵⁵　　调动 tiu²¹⁴⁻²¹ tuŋ²⁴

饭店 pan²¹⁴⁻²¹ lim³⁵　　办事 pan²¹⁴⁻²¹ ʃi²¹⁴　　大雪 tai²¹⁴⁻²¹ θut⁵　　电压 tin²¹⁴⁻²¹ ap³⁴

练习 lin²¹⁴⁻²¹ θop²¹⁴

　　④上阴入、下阴入字在阴调、阳调字前变读为3。例如：

北方 pak⁵⁻³ fuoŋ⁵²　　竹床 tʃuk⁵⁻³ ʃøŋ¹³²　　竹板 tʃuk⁵⁻³ pan⁵⁵　　竹马 tʃuk⁵⁻³ ma²⁴

竹器 tʃuk⁵⁻³ hi³⁵　　竹帽 tʃuk⁵⁻³ mu²¹⁴　　竹节 tʃuk⁵⁻³ tit⁵　　叔伯 ʃuk⁵⁻³ pa³⁴

竹叶 tʃuk⁵⁻³ ip²¹⁴

八仙 pat³⁴⁻³ θin⁵²　　作文 tøk³⁴⁻³ muon¹³²　　作品 tøk³⁴⁻³ pʼom⁵⁵　　发冷 fat³⁴⁻³ laŋ²⁴

百货 pak³⁴⁻³ fuo³⁵　　八路 pat³⁴⁻³ lu²¹⁴　　法国 fat³⁴⁻³ kuok⁵　　八角 pat³⁴⁻³ køk³⁴

角落 køk³⁴⁻³ løk²¹⁴

⑤阳入字在阴调、阳调字前变读为 1。例如：

石灰 ʃet²¹⁴⁻¹fui⁵²　　石头 ʃet²¹⁴⁻¹ tou¹³²　　白纸 pak²¹⁴⁻¹tʃi⁵⁵　　白蚁 pak²¹⁴⁻¹ŋoi²⁴

白菜 pak²¹⁴⁻¹tˈø³⁵　　绿豆 luk²¹⁴⁻¹tou²¹⁴　　白色 pak²¹⁴⁻¹ʃet⁵　　及格 tʃop²¹⁴⁻¹kak³⁴

学习 øk²¹⁴⁻¹θop²¹⁴

三　八步（桂岭）本地话主要语音特点

跟中古音对比，可以看出桂岭本地话声韵调的一些特点，下边分别列举。

1. 古全浊声母今读塞音、塞擦音不论平仄近 96%读不送气清音。例如：婆 puo¹³²|鼻 pi²¹⁴|头 tou¹³²|弟 toi²⁴|群 kuon¹³²|件 kin²⁴|勤 tʃuon¹³²|舅 tʃou²⁴等。

2. 古非、敷、奉母字今口语中 40%以上读为[p pˈ]。其中奉母字最多唇音比例最高。例如：粉面~ puon⁵⁵|斧 pu⁵⁵|副一~ pˈu35|浮 pou¹³²|坟 puon¹³²|肥 pi¹³²。

3. 古明母合口三等韵字未分化出微母，仍读[m]。例如：巫 mu⁵²|尾 mi⁵⁵|晚 man⁵⁵|文 muon¹³²|望 møŋ²¹⁴。

4. 古端母字读[l]，与阴调类相配。例如：多 lø⁵²|堵 lu⁵⁵|带 lai³⁵|对 lui³⁵|东 luŋ⁵²| la 得 k⁵。古来母字也读[l]，与阳调类相配。

5. 精组与知庄章有别。精组读[t tˈ θ]；知庄章合流读[tʃ tʃˈʃ]。例如：租 tu⁵²|醋 tˈu³⁵|字 θi²¹⁴|心 θom⁵¹|寺 θi²¹⁴|猪 tʃy⁵²|超 tʃiu⁵²|丈 ʃiaŋ²⁴|装 tʃøŋ⁵²|叉 tʃa⁵²|柴 ʃai¹³²|梳 ʃø⁵²|支 tʃi⁵²|吹 tʃˈ⁵²|唇 ʃuon¹³²|书 ʃy⁵²|纯 ʃuon¹³²。

6. 古日母按摄分流，与效、宕摄韵母相拼读[ŋ]，其他多读[ɲ]。例如：饶 ŋiu¹³²|让 iŋiaŋ²¹⁴|弱 ŋiak²¹⁴|儿 ɲi¹³²|人 ɲion ¹³²|热 ɲit ²¹⁴|染 ɲi m²⁴。

7. 古精组、见晓组在今细音前读音不混。例如：焦 tiu⁵²≠骄 kiu⁵²|墙 θiaŋ¹³²≠强 kiaŋ¹³²|尖 tim⁵²≠兼 kim⁵²|节 tit⁵≠洁 kit⁵|小 θiu⁵⁵≠晓 hiu⁵⁵。

8. 古溪母今多读[kˈ h]。例如：敲 kˈau⁵²|巧 kˈiu⁵⁵|扣 kˈou³⁵|可 kˈø⁵⁵|凯 kˈai⁵⁵||看 høn³⁵|口 hou⁵⁵|渴 høt³⁴。少量古合口字读[f]。例如：裤 fu³⁵|快 fai³⁵|阔 fut⁵。

9. 古疑母逢今细音一般读[ɲ]，逢洪音一般读[ŋ]。例如：鱼 ɲy¹³²|严 ɲim¹³²| 牙 ŋa¹³² | 眼 ŋan²⁴。

10. 古晓母合口字今多读为[f]，少数读[h]。例如：灰 fui⁵²|欢 fun⁵²|火 fuo⁵⁵|货 fuo³⁵||虚 hy⁵²|胸 hiuŋ⁵²。

11. 匣母字无论开合近90%读零声母。例如：河 ø¹³²|毫 o¹³²|效 au²¹⁴|厚 ou²⁴|含 om¹³²||红 uŋ¹³²|话 ua²¹⁴|壶 u¹³²|活 ut²¹⁴|县 yn²¹⁴等。

12. 蟹摄开口一二等有别。蟹开一多与果开一合流读[ø]，二等字读[ai]。例如：台 tø¹³²|彩 tʰø⁵⁵|改 kø⁵⁵||排 pai¹³²|债 tʃai³⁵|街 kai⁵²。

13. 蟹摄开口四等齐韵与止摄开口三等支脂之韵有别。止开三多读[i]，蟹开四今多读洪音[oi]。例如：师 ʃi⁵²≠西 θoi⁵²|披 pi⁵²≠批 pʰoi⁵²|弃 hi³⁵≠契 kʰoi³⁵|梨 li⁵²≠犁 loi¹³²。

14. 效摄一二等对立，一等豪韵读[u o]，二等肴韵读[au]。例如：保 pu⁵⁵≠饱 pau⁵⁵|帽 mu²¹⁴≠貌 mau²¹⁴|高 ko⁵²≠交 kau⁵²。

15. 流摄一三等多合流读[ou]。例如：楼 lou¹³²＝流 lou¹³²|走 tou⁵⁵＝酒 tou⁵⁵|勾 kou⁵²＝鸠 kou⁵²。

16. 臻摄一三等无论开合多合流读[uon /uot]。例如：吞＝亲 tʰuon⁵²|昏＝分~开 fuon⁵²|勃＝佛 puot²¹⁴；只有少数字今读韵母从分。例如：根 kon⁵²≠君 kuon⁵²|门 mun¹³²≠民 muon¹³²|没沉没 mut²¹⁴≠物 muot²¹⁴。

17. 古阳声韵今读[m n ŋ]韵尾，入声韵今读[p t k]韵尾。例如：三 θam⁵²|林 lom¹³²|典 llim⁵⁵|餐 tʰan⁵²|盆 pun¹³²|郑 tʃen²¹⁴|瓶 pen¹³²|邓 taŋ²¹⁴|争 tʃaŋ⁵²|东 luŋ⁵²||插 tʃʰap³⁴|习 θop²¹⁴|孽 nip²¹⁴|法 fat³⁴|八 pat³⁴|骨 kuot⁵|色 ʃet⁵|脊 tet⁵|北 pak⁵|百 pak³⁴|木 muk²¹⁴。

18. 曾摄三等、梗摄三四等韵合流读[n/t]韵尾。例如：剩 ʃen²¹⁴|力 let²¹⁴||井 ten⁵⁵|命 men²¹⁴|释 ʃet⁵|兄 fen⁵¹|青 tʰen⁵²|戚 tʰet⁵|萤 ŋen¹³²。

19. 古平上去入四声依古声母清浊各分阴阳两调。古全浊上少数书面用字今读阳去。

阴入调以今读韵母为条件进一步分化为两类。今逢[op iop ip ɛt iɛt uɛt iot uot it ut yt iak uok iuk uk]归上阴入；今逢[ap at iat uat øt iøt uak øk]归下阴入。例如：湿 ʃop⁵|□ ȵiop⁵ 一~：一撮儿|接 tip⁵|脊 tet⁵|□ȵiɛt⁵ ~~子：食不下咽状|□kuɛt⁵ ~~子：小口慢饮状|一 iot⁵|骨 kuot⁵|节 tit⁵|阔 fut⁵|决 kʰyt⁵|脚 kiak⁵|国 kuok⁵|足 tuk⁵||答 lap³⁴|八 pat³⁴|□ȵiat³⁴ ~粗：（米、棉布等）极粗糙|刮 kuat³⁴|割 køt³⁴|□ȵiøt³⁴ ~~子：（行走）缓而无力状|□kuak³⁴ ~伤：划伤|作 tøk³⁴。

今逢[ak]读上阴入，也读下阴入。例如：北 pak⁵|则 tak⁵|得 lak⁵|塞 θak⁵|刻 kʰak⁵|黑 hak⁵‖百 pak³⁴|魄 pʰak³⁴|赤 tʃʰak³⁴|格 kak³⁴|客 hak³⁴。似乎上阴入和下阴入的分别不以今读韵母为条件。实际上[ak]韵母字原先应分属两个韵母，这正是分别上阴入和下阴入的条件；今都读[ak]是后来合并的结果。

四　八步（桂岭）本地话同音字汇

本字汇按韵母次序排列，同一韵母内又按声母次序排列，一声母内又以阴平、阳平、阴上、阳上、阴去、阳去、上阴入、下阴入、阳入为序。写不出的字用方框"□"表示，少数语气词则用同音字或近音字替代，并非本字。注释、举例小字齐下。例中用"～"代表所释字；写不出的字不再用方框表示，直接标写读音。多音字分两种情况：自由变读小字齐下标明"又读某音"；条件变读小字齐下标明"又见某音"。

i

p　[52]蓖～麻悲碑陂堤坝椑～柿：柿子[132]疲啤脾琵枇皮肥

　　[55]比鄙彼[24]婢被被子。又见pi²¹⁴[35]庇滗～茶：倒茶

　　[214]鼻①～头：鼻子。②鼻涕痹币毙篦弊敝备避臂被介词。又见pi²⁴

p'　[52]披[55]痞[35]屁

m　[52]眯□（饭、菜地等因水量过多而）烂糊[132]微霉楣眉弥麋靡

　　[55]尾狗～：狗尾巴。又见mi²⁴[24]尾田～：地名。又见mi⁵⁵

　　[35]秘～书泌潜水[214]味未泌媚

f　[52]徽辉挥妃飞非[55]匪[35]讳费肺废翡

t　[52]滋兹咨姿资辎□极小的虫子

　　[55]梓子姊紫□量词。一～：一小捆（线等）[214]地

t'　[55]此[35]刺次砌赐

n　[55]□簡～：现在[24]你拟

　　[35]腻呢语气词。表示疑问或反诘的语气]～～子：悄无声息状[214]匿

l　[52]梨雪～：梨子□癞～：疥疮[132]厘狸离篱璃

　　[55]□拔（鸡毛、草等）[24]鲤理里被～。又见ly²⁴李[35]□搔痒痒

　　[214]厉痢吏利励□len²¹⁴～：干净

θ　[52]思斯厮私司丝蛳[132]瓷糍辞磁祠慈词鹚

　　　　[55]死[24]巳似祀[35]四肆伺[214]牸寺字嗣饲自

tʃ　　[52]芝知栀之肢枝支蜘技妓□~tʃa³⁵：蝉[55]址趾止纸指旨脂

　　　　[35]至智致痣置志稚[214]治雉痔

tʃʻ　　[52]痴嗤黐粘（专指孩子离不开大人）□撕

　　　　[55]始齿耻侈矢[35]翅斥

ʃ　　　[52]诗师狮尸施[132]迟池匙时驰持[55]屎[24]士氏仕是市恃

　　　　[35]视电~。又见ʃi²¹⁴试□称~：逞能

　　　　[214]豉侍事示嗜视近~。又见ʃi³⁵□鼻~：鼻子

k　　　[52]基饥讥机肌叽己自。又见ki³⁵[132]骑奇棋期祈祁其旗

　　　　[55]几[24]徛站[35]冀记纪既己天干的第六位。又见ki⁵²季四~。又见kuoi³⁵寄继

　　　　过~。又见koi³⁵[214]岐忌杞苣

n̠　　　[52]宜pit²¹⁴~：便宜。又见ni¹³²儿鸡~：小鸡|头~鸡：才一只鸡|瞬~：一小会儿。又见

　　　　ni¹³²[132]沂疑而儿~子。又见ni⁵²宜~山：地名。又见ni⁵²倪仪

　　　　[24]饵耳尔[214]贰谊义二毅议

ŋ　　　[35]□~声：吱一声

h　　　[52]稀希欷熙牺奚嬉[55]喜起启禧

　　　　[35]弃系关~|联~器汽气戏企

ø　　　[52]医衣依以可~。又见i⁵⁵[132]夷姨移饴遗~产。又见uoi¹³²

　　　　[55]已以~为。又见i⁵²椅倚[35]意亿肄[214]异易容~。又见ɛt²¹⁴

u

p　　　[52]煲炖釜炊具[132]俘菩脯胸~肉：（鸡）胸部肌肉。又见pʻu⁵⁵葡浮~藻。又见pou¹³²

　　　　葫蒲芙抚扶袍符□心~：心悸[55]补斧保堡褒宝

　　　　[24]泡~沫。又见pʻau³⁵父妇簿傅哺阜抱[35]布暴报豹讣赴

　　　　[214]菢~鸡儿：孵小鸡部步附腐豆~。又见fu⁵⁵埠负怖

pʻ　　　[52]铺铺设。又见pu³⁵□量词。一~：一次[55]辅脯果~。又见pu¹³²浦普谱捕甫

　　　　[35]瀑铺店铺。又见pu⁵²副量词。一~（手套等）

m　　　[52]诬巫模样子[132]毛矛无~产阶级

　　　　[55]舞~工：干活。又见mu²⁴[24]拇母牡侮武舞跳~。又见mu⁵⁵

　　　　[35]□狗~：婴儿|ŋop⁵~：说梦话[214]慕墓暮幕募雾冒帽戊务

f　　　[52]枯肤夫呼麸敷蝴~蝶[55]府俯腑浒俘虎腐~烂。又见pu²¹⁴苦东西~|辛~。

又见kʻu⁵⁵[35]富庳~水裤赋

t   [52]租遭糟都范围副词。又见lu⁵²□o⁵²~：骯脏

      [132]淘屠途涂图徒陶萄桃绹捆绑[55]组祖枣蚤早

      [24]肚屎~：腹部。又见lu⁵⁵导[35]做灶

      [214]镀渡道杜度温~。又见tøk²¹⁴妒□下药毒死鱼、老鼠等

tʻ   [52]操涛滔粗[55]土楚草讨~论|~新妇：娶媳妇|~米：买米

      [35]糙燥躁套醋兔吐

n   [132]奴[24]恼脑努[214]闹怒

l   [52]刀都都城。又见tu⁵²捞~水：捞一把。又见lau⁵²

      [132]芦庐炉鸬卢劳牢痨[55]祷堵箇~：这里倒赌佬肚猪~。又见tu²⁴

      [24]卤老虏鲁橹[35]岛到□心~~：心空荡荡地[214]鹭路露涝

θ   [52]馊膄骚酥苏[132]槽曹嘈吵闹[24]造□攒：聚集

      [35]扫~杆：扫把|~地素[214]造□傻撘手持物置水中来回搅洗

k   [52]姑孤鸪辜[55]牯古估猜鼓股[35]顾故雇固锢

kʻ   [52]箍[55]苦~命。又见fu⁵⁵[35]库酷

Ø   [52]乌污[132]湖狐壶胡糊[55]□~堵：哪里

      [24]沪户[35]汙黑、脏[214]付~校长芋互护驸恶可~。又见øk³⁴

y

tʻ   [52]趋蛆[55]取[35]趣

n   [24]女

l   [132]驴[55]□用手指点戳

      [24]旅吕缕履屡里~头：里面。又见li²⁴

      [35]□蜂蜇人□~下头：低下头[214]滤虑

θ   [52]需须[132]徐[24]绪叙序聚[35]絮

      [214]□头~~子：头低低地，垂头丧气状

tʃ   [52]珠诛猪朱诸株[55]主煮拄[35]铸驻注蛀[214]著

tʃʻ [55]杵褚姓□①用棍子捅。②数落[35]处①处所。②相处

ʃ   [52]输书舒枢[132]薯殊厨除雏[55]暑鼠署数动词。又见ʃy³⁵

      [24]柱竖储[35]庶数名词。又见ʃy⁵⁵恕□数把（屎、尿），其间伴以口哨声

      [214]树箸苎~麻住

k [52]拘车~马炮。又见tʃia⁵²驹居

[132]佢第三人称代词渠~道瞿螵螊~：蟾蜍

[55]矩举[24]巨拒距[35]锯句[214]据俱具惧

kʻ [52]区驱

ŋ [132]娱虞愚儒渔鱼□（小孩儿）调皮[24]语[214]遇

h [52]虚墟集市[55]许[35]去

ø [52]迂[132]余馀如盂榆逾于 [24]雨宇禹羽与

[35]饫过饱且腻[214]裕豫预誉喻愉御寓愈玉~石。又见ŋiuk²¹⁴浴

a

p [52]疤芭粑巴大~车。又见pa¹³²□~poi³⁵：艰辛

[132]钯耙杷琶爬扒巴下~luk⁵：下巴。又见pa⁵²

[55]靶把①动词。~稳：遮挡住。②量词。一~（柴）：一大捆（柴火）

[35]爸坝霸[214]罢

pʻ [52]叭拟声词□~θa⁵²：（头发等）长而散乱状[55]□两脚分开[35]怕帕

m [52]妈□吾~：祖母麻轻微的麻木感。又见ma¹³²攀爬

[132]痲麻油~：芝麻。又见ma⁵²[55]□眼~~子：双眼圆睁且眼神呆滞状

[24]码马蚂[35]□背，动词

f [52]花[55]□箇~：这一带[35]化画名词。又见uak²¹⁴

tʻ [52]他它她

n [52]□液状物留下的印迹[55]□母亲□号子~：唢呐 [214]那

l [52]啦语气词。表厌烦或命令语气[132]□遗失[55]打相~：打架

[35]□缝隙□箇~：这些|我~：我们 [214]□~ʃa²¹⁴子：（竹树枝等）杂乱状

θ [52]卅□pʻa⁵²~：（头发等）长而散乱状[55]洒潇~[35]□玩耍

tʃ [52]抓渣查姓。又见ʃa¹³²楂[132]□说话声音大

[55]鲊肉~：腌制而成的干肉[35]炸诈假装榨□tʃi⁵²：蝉

tʃʻ [52]差劣。又见tʃʻai⁵²叉[35]杈木~：枝丫岔

ʃ [52]纱沙砂鲨痧杉[132]查调~。又见tʃa⁵²搽茶荃[55]耍骗

[24]□~稳去：（摸黑或闭着眼睛）走

[214]□木枝~下来：大而长的树枝垂下来几近挡住地面

ᵏ [52]家嘉加枷傢[132]□两腿分开跨过去

[55]假①放~（名）。②真~（形）贾[35]价嫁驾架稼

[214]□~就死定了：这下死定了

k' [52]扠用手之虎口用力按压[55]咔卡关~丨~片[35]跨越过□占地方

ŋ [52]□笨朳~：树枝分出的地方□量词。表"大拇指与食指张开所抓握的量"，如：一~菜[132]~开嘴：张大嘴巴牙芽衙岈

[55]哑[24]瓦[35]□ŋo³⁵~子：胡言乱语状

h [52]虾哈□~lat³⁴：螃蟹疴~嗽：咳嗽丨扯~：哮喘□~（细子儿）：欺负（小孩儿）□~鹩：八哥[55]□好~：很傻[35]可欤~~（笑）：大声（笑）

ø [52]丫~环鸦阿[132]遐瑕霞[55]雅

[214]亚夏厦下~底：下面。又见jia²⁴、ia²⁴

ia

p [52]□拟声词

t [55]姐小~[35]借

t' [55]且[35]笡斜

n [55]□man⁵²~：蜻蜓[214]□姑姑

l [52]□招惹

θ [132]斜邪[55]写[35]泻卸[214]谢

tʃ [52]遮[55]者[35]蔗

tʃ' [52]车又见ky⁵²□~常：经常[55]扯

ʃ [52]赊奢畲菜园佘姓[132]蛇[55]舍大~：大方。又见ʃia³⁵
[24]社[35]舍隔离邻~：邻居。又见ʃia⁵⁵赦马舍嫱~：嫱娟[214]麝射

k [132]茄

ȵ [52]□五指抓拢□口~~子：口张开哭笑不得之痛苦状

[55]□（被）传染[35]□~ȵuk⁵：很皱状

ŋ [55]惹

j [52]爷[24]野下~来。又见a²¹⁴、ia²⁴[35]夜（名）[214]夜（形）

ø [52]□~~子：大声嚷嚷[24]下唱~：祭祀时双手合十鞠躬祭拜之动作。又见a²¹⁴、jia²⁴□语气词。表惊讶语气

ua

k [52]瓜[132]□~~子：声音很大状[55]寡剐[24]□①动词，用指尖抓。②量词。用

手可抓握的碎物的量，如：一～米（一把米）[35]挂卦

k‘ [52]夸[55]垮

ø [52]洼蛙[132]桦铧华①中～。②姓[214]话

iɛ

p [52]□屎肚～：肚子（童语）

p‘ [52]□扑克

m [55]□tʃiɛ⁵⁵～子：小孩儿一步不离紧随大人状

　 [35]猆背，动词□手指～：多长出的手指咩语气词。表疑问语气

n [52]□语气词。表否定语气，带娇嗔意味[35]□nom³⁵～：磨蹭

l [35]咧语气词。用于祈使句中，表催促或委婉提醒的语气

tʃ [214]□整（人）

tʃ‘ [55]□～miɛ⁵⁵子：小孩儿一步不离紧随大人状[35]□口～～子：微笑状

ʃ [55]□～～子：冷飕飕地

k [24]□（腰部、关节等）很不灵活[35]□偷看

ȵ [35]□嘀咕

ŋ [132]□（小孩儿）哭声[35]□（小声）应答，含贬义

ø

p [52]波菠玻□屎肚～～子：肚子大且下垂状[55]跛[35]播簸～谷|～箕

p‘ [52]坡□量词。一～：一丛[35]破

m [132]摩摹磨～刀。又见mø²¹⁴魔[55]摸①动词。②形容词，喻做事动作迟缓

　 [214]磨石～。又见mø¹³²

t [52]夵[132]驼驮台苔抬砣[55]□①～～（响）：拟声词。②～～tʃuon³⁵：不停地颤抖

状[35]再佐左载[214]殆怠待贷代舵袋惰□因过重而垂下来

t‘ [52]胎搓拖[55]睬采彩妥[35]蔡菜错措锉唾吐（口水）

n [52]挼（用力）揉搓[132]□～长（面）：拉长（脸）[35]□挪动

　 [214]糯耐奈□①很能干。②有效、成功

l [52]多箩女多～婆：外婆啰[132]来胭螺锣萝罗骡

　 [55]朵□～人：找人[24]□～～子：（大量）液体不断往下流

　 [35]□（用言辞）刺人

θ [52]鳃腮唆蓑[132]才裁财材[55]锁琐所[24]坐

[35]□（鱼等）产卵[214]座□~无去：宁可不去

tʃ [52]蛛□头部被撞伤后鼓起的疙瘩□（快速）丢弃

[55]阻□量词。一~花：一朵花

tʃʻ [52]初□嘴~~子：嘟嘴状[55]础□（语速极快地）数落人

[35]□（鸡、鸭、鹅）等啄人

ʃ [52]疏蔬梳梭[132]锄[55]□稍纵即逝状

[24]□~~子：庞然大物逼压过来状[214]助

k [52]歌哥该[55]改[24]□量词。一~姜□kom^{132}~：（冻）僵状[35]盖

kʻ [55]可[35]□（用指关节）轻敲头部

ŋ [52]□~~：拟声词，呻吟声[132]娥鹅俄蛾[55]□呆[214]饿艾

h [52]开[55]海蟹醢铠~：锅铲□~~子：声音很大状；很热之感

ø [132]荷薄~何河[55]屙[24]亥

[35]爱~得：自找的。又见ŋai^{35}哦语气词。表提醒或劝令语气[214]害碍贺

iø

h [52]靴

ø [132]□往下坠[24]□~~子：眩晕状

o

l [24]□大~：姑妈（比父大）

θ [55]嫂

k [52]膏高篙羔糕[132]□唤鸡声[55]稿[35]个一~箇~堵：这里告

ŋ [52]□长时间熬煮[132]摮用力摇，使之松动或晃动

[35]□~ŋa^{35}子：胡言乱语状[214]傲□~酒：酿酒

h [52]蒿薅除田草□luk^{5}~：洗澡（含贬义）[55]好[35]耗

ø [52]□~tu^{52}：肮脏[132]毫壕豪[24]浩[214]号奥懊

uo

p [132]婆

f [55]火伙[35]货

ʃ [35]□什么

k [52]锅□①火完全熄灭。②（人）死

[55]果水~。又见kʻuo^{55}馃一种油炸的酥脆食品[35]过

kʻ [52]科[55]果乐~：农药名。又见kuo⁵⁵[35]课

ŋ [24]我

ø [52]倭莴蜗窝①小坑（名）。②一~水（量）

　[132]禾和~气|~水泥[24]祸

ai

p [132]簰牌排□有~你等：有得你等[55]摆跛

　[24]□衣服久穿磨损严重状[35]拜[214]败稗

pʻ [55]派~头|~你去

m [132]埋[55]□歪[24]买[214]迈卖

f [35]块快

t [52]□死，含贬义[55]□吃（美味佳肴）[214]大①不小。②姐姐

tʻ [35]态太泰

n [52]□tai⁵²~：（如死人般）睡状[132]□伸（舌头、身体等）

　[55]奶~奶。又见nai²⁴□踩[24]乃奶牛~。又见nai⁵⁵

l [52]拉[55]□累[24]□焯（菜）□~~子来：（众多的人、鸭子等）有秩序地、不断地来

　□①液体呈线状泼洒下来。②不自主地排泄大小便。③蔓延

　[35]癞带戴赖姓。又见lai²¹⁴[214]赖~死：耍赖。又见lai³⁵

θ [52]□①浪费，可惜。②特指婴儿夭折[35]赛

tʃ [52]斋[35]债

tʃʻ [52]猜钗差出~。又见tʃʻa⁵²[55]踩

ʃ [52]筛~酒：倒酒□~板：将木头锯成板[132]柴豺

　[55]□（痛快地）饱吃、饱喝[24]舐舔[35]晒[214]寨

k [52]街佳皆阶[55]解①~衫：脱衣服。②理解

　[35]溉介界概届戒械芥尬解将大圆木锯成板□坡[214]□（重物）压

kʻ [52]揩[55]楷凯[35]慨

ŋ [52]挨~稳：紧挨着。又见ŋai¹³²□（牛等）用力搓磨背脊□~子佬：客家人

　[132]挨拖延时间。又见ŋai⁵²涯崖捱被（打、骂）[35]爱喜好。又见ø³⁵

ø [52]埃哀矮又读ai⁵⁵[132]鞋谐[55]矮又读ai⁵²[24]骇

　[214]隘□大~：一种药用植物

iai

ɳ　[52]摁_{以手掌用力压搓}[55]□虫另～：青蛙

　　[35]□_{长时间咀嚼食物而不吞，含贬义}

ø　[52]□_{赖～子：邋遢状}[132]□_{差劲、没用}

　　[214]□_{口水～～子：嘴张开唾沫垂溢状}

uai

k　[52]乖[55]拐虫另[35]怪

k'　[35]会_{～计。又见ui²¹⁴}筷

ø　[132]怀槐淮[24]□_{吐出来（不吞）}[214]坏

oi

p　[24]妣_{吾～：伯母|爷～：父母}[35]闭蔽□_{pa⁵²～：艰辛}

　　[214]陛□_{糟糕、倒霉}

p'　[52]批剀_{削（笔、果皮等）}

m　[52]□_{剥开}□_{眼～～子：（因病或疲劳而）双眼睁不开状}[132]谜迷

　　[24]米[35]□_{阳具}

t　[52]剂_{量词。一～药：一服药。又见toi³⁵}[132]啼蹄提题[55]崽

　　[24]弟[35]济际祭剂_{药～：师。又见toi⁵²}[214]递第隶□_哭

t'　[52]妻梯凄[55]体[35]剃替涕

n　[132]泥尼[35]□_小[214]□_{用黏稠的糊状物）塞}

l　[52]低[132]黎犁[55]抵底[24]礼[35]帝蒂□_啃[214]荔丽例

θ　[52]犀栖西茜_{水草}[132]脐齐[55]洗玺徙□_{～火：唆使}[35]婿细

　　[214]□_{用力打}□_{～得：很能吃}

tʃ　[35]制

ʃ　[52]筛谷_{～（名）|～谷（动）}[55]驶史使甩[24]柿

　　[35]势世帅[214]逝誓

k　[52]稽鸡[132]□_{污垢}[35]计髻继_{～续。又见ki³⁵}□_{tan²¹⁴～：父亲（引称）}

k'　[52]溪[35]契

ŋ　[24]蚁[214]艺

h　[52]□_{女阴}

ioi

n̠　[52]□用指甲掐[55]□脏分兮地[214]□肉（童语）

ø　[52]□poi²¹⁴~：极倒霉

uoi

k　[52]闺归规~矩。又见kʻuoi⁵²龟[132]葵逵奎圭[55]诡鬼轨
　　[35]贵癸季四~青：植物名。又见ki³⁵桂瑰[214]跪柜

kʻ　[52]亏窥规~定｜圆~。又见kuoi⁵²[35]愧

ŋ　[132]危桅[214]伪魏

ø　[52]□（天）阴威[132]为作~。又见uoi²¹⁴维惟遗遗失。又见i¹³²唯违韦围回几~：
　　几次。又见ui¹³²[55]伟纬苇委[24]胃[35]喂谓畏敌敌~：农药名。又见uoi²¹⁴慰
　　[214]卫为介词。又见uoi¹³²位畏敬~。又见uoi³⁵

ui

p　[52]杯卑[132]裴培陪赔[35]贝辈背~脊｜~东西。又见pui²¹⁴
　　[214]痱背~书。又见pui³⁵焙吷倍□棉花殕食上生白毛

pʻ　[52]胚坯[35]佩配沛辔

m　[52]□微馍[132]煤媒枚梅霉玫莓[24]美每[214]外妹昧寐

f　[52]灰恢[55]毁悔□厌烦[35]贿

t　[52]□uot⁵~：肮脏[132]颓[55]嘴[35]醉最[214]兑队

tʻ　[52]崔推催[55]腿[35]翠脆蜕退褪

n　[132]□臀部着地挪动[35]□①（植物）枯萎状。②（人）萎靡不振状[214]内

l　[52]堆□竹编或藤编农具，用于装草等□铜~：铜元
　　[132]雷擂□苦干｜皮肤上抓出的痕迹[55]□贩卖[24]垒累连~
　　[35]碓对[214]泪类□赶（走）

θ　[52]羞绥虽衰倒霉□秽~：肮脏[132]随[24]罪在
　　[35]粹岁碎[214]遂

tʃ　[52]追锥①锥子。②（蚊子、蚂蟥等）叮咬人□（鸡、鸭）屁股
　　[35]□饭~：长在手脚上的坚硬的小肉瘤

tʃʻ　[52]吹炊

ʃ　[132]锤槌垂谁[55]水[35]税[214]瑞睡坠耳~

kʻ　[52]盔[35]溃刽

ø　[52]煨[132]茴回回来。又见uoi¹³²[35]秽~θui⁵²：肮脏

[214]慧惠绘会开~。又见kʻuai³⁵汇

iui

n̥　[24]蕊乳腐~：豆腐乳□唤猪声[214]芮

ø　[214]锐

au

p　[52]包胞苞鲍[132]刨动词龅牙齿~：牙齿露出唇外□姣~：妖冶、淫荡□~饭：用筷子拨饭入口[55]饱[35]豹爆爆裂□涌（出来）[214]鉋名词

pʻ　[52]抛[55]跑[35]炮泡①水泡。②较长时间地浸于液体中。又见pu²⁴

m　[132]矛茅锚[24]卯□容器，用于贮藏粮食等[35]猫[214]貌

n　[132]□~长：(蛇、蚂蟥等)很长状

l　[52]捞从水或其他液体里取东西。又见lu⁵²[132]□~au¹³²：馋；不守规矩

　　[55]□搅拌[35]□~一眼：(快速)瞟一眼□将衣袖、裤腿等往上捋

　　[214]□~~子：空空无遮状

θ　[132]□~得：很能吃□痛打

tʃ　[55]找~散纸：找零钱□捆扎[35]罩□(用油)炸

tʃ　[52]抄钞牛卓(牛)用角顶人[55]炒[35]吵

ʃ　[52]□木~：松针[132]□lau¹³²~：不守规矩

　　[24]□~~子：(飞机、老鹰等)飞得很低状[35]潲[214]□扔

k　[52]胶郊交[55]搞铰[35]觉睡~。又见kʻiak⁵窖酵较教

kʻ　[52]敲[55]烤考□睾丸□~~子：(食物)极脆状

ŋ　[52]□挠(痒痒)[132]~~子：大声哭状[55]拗折断[24]咬

h　[35]孝

ø　[52]坳山~[132]姣妖冶、淫荡[55]□叫；喊

　　[24]后~生：年轻（人）。又见ou²⁴[35]校校正（闹钟等）。又见au²¹⁴

　　[214]校学~。又见au³⁵效

iau

p　[132]□肚~~子：(小孩儿)肚子鼓起状

l　[52]□惹　[132]□謷

tʃ　[35]□(小孩儿)能说会道

tʃ　[52]□瞪眼

k [52]□背~~子：驼背状[132]□手~~子：手指动作很不灵活状

k‘ [52]□~ŋiau⁵²子：翘起二郎腿悠闲端坐状　　[55]□~~：拟声词

　　[35]□死（贬义）

ȵ [52]□一种（挖地用）带齿农具[55]□爪子

ŋ [52]□k‘iau⁵²~子：翘起二郎腿悠闲端坐状

h [52]□~~子：怒而目中无人状

ou

p [52]□嘴~~子：嘴巴闭拢、两腮鼓起状[132]浮~上来|~（糍粑）：油炸（糍粑）。又见pu¹³²

　　□肚~~子：肚子鼓起状□蚊子~：蚊子包

p‘ [52]□鱼~：鱼鳔[55]剖[35]□浮肿状

m [52]□（用言辞）欺骗□（食品）酥松[132]谋[55]□（木头等）腐朽

　　[24]亩某冇没、没有[35]□（谷子等）不饱满[214]茂贸

t [52]邹[132]投头[55]酒走[35]奏[214]豆就~去：马上去。又见θou²¹⁴

t‘ [52]秋偷[55]敨[35]凑透

n [52]□讨厌[132]□~长：漫长

　　[55]□发屎~：尿频症扭~干：拧干。又见nou³⁵[24]纽

　　[35]扭~着：扭伤。又见nou⁵⁵

l [52]褛大~：大衣嘹叫、邀□~（耳朵）：掏（耳朵）

　　[132]楼流刘留榴硫琉馏骝马~：猴子[55]斗量词

　　[24]柳瘤瘤子[35]窦巢鬮~争|~木：做家具[214]陋漏

θ [52]搜修□（苍蝇、蚊子等）叮爬[132]囚[55]□摇（头、铃铛等）

　　[35]绣秀嗽[214]袖就将~。又见tou²¹⁴

tʃ [52]周舟州洲[132]求球[55]韭九久[24]舅[35]昼宙咒救究灸

　　[214]旧骤

tʃ‘ [52]抽掫①提、拿（东西）。②把（屎、尿）[55]丑[35]臭

ʃ [52]收[132]酬稠筹愁仇绸[55]首守手[35]瘦兽

　　[214]售受寿授

k [52]纠~熟：男女间有不正当关系。又见kiu⁵⁵阄鸠勾沟钩佝□停~：过一会儿

　　[132]□眼~~子：眼睛圆睁状□用手挖

　　[55]苟狗□量词。一~（索）：一团（绳索）[35]购构够

[214]□（单手）手臂环绕□量词。一～（泥）：一团（泥巴）

k' [52]抠铐[35]寇扣叩犒靠

ŋ [52]□弯曲状□眼～～子：眼睛大且凹陷状[132]牛[214]□大～：傲气

h [52]□赶鸡声[55]口吼

ø [52]欧[132]侯喉猴瘊[55]呕偶□紫[24]后前～。又见au²⁴厚

[35]奥怄～气沤～烂[214]候

iou

ȵ [52]□物品受潮或未晾干状[132]柔[55]□（胡乱地）抓

[35]□皱[214]藕

[52]休丘邱

ʑ [52]幽优忧悠[132]尤邮由油游犹[24]酉友莠有

[35]诱幼粉好～：粉磨得很细，与"粗糙"相对柚洋～：柚子[214]又右佑釉

iu

p [52]彪表手～。又见piu⁵⁵标膘瀌（液体快速）进射[132]嫖瓢藻浮～：浮萍

[55]裱婊表老～：表亲。又见piu⁵²[214]□猪（用嘴）拱物

p' [52]飘漂打水～：落空。又见p'iu³⁵[55]□屎肚～胀：肚子胀鼓状

[35]票漂～白粉。又见p'iu⁵²

m [132]苗描瞄[24]秒渺藐[214]谬妙庙

t [52]椒蕉焦[132]调～味。又见tiu²¹⁴条趒跑

[35]醮打～：道士设坛念经做法事[214]调①调动。②贩卖。又见tiu¹³²

t' [52]挑选锹缲[55]□换[35]跳窕俏～皮：调皮

n [52]□（饭）松软且有黏性[132]□（扁担等）不胜重负状

[35]□（不平滑的）疤□葫芦～：葫芦中间之细小部分[214]尿

l [52]貂雕溜刁～祸：惹是生非[132]燎撩疗辽聊

[55]屌□（绳索等）绊着[24]瞭了了结[35]吊钓鹩ha⁵²～：八哥□缝合

[214]廖料□扔

θ [52]箫萧销硝霄宵消肖[55]筱小吝啬[35]鞘笑[214]噍嚼

tʃ [52]朝～头：早上。又见ʃiu¹³²昭招召召见。又见tʃiu³⁵[35]诏照召号～。又见tʃiu⁵²

[214]兆

tʃ' [52]超□饭～：喷嚏[55]□（毫不犹豫地）扔弃

ʃ [52]烧[132]韶潮朝朝代。又见tʃiu⁵²[55]少不多。又见ʃiu³⁵[24]赵沼

　　[35]少～年。又见ʃiu⁵⁵邵用于人名。又见ʃiu²¹⁴[214]绍邵～阳。又见ʃiu³⁵

k [52]骄娇浇[132]荞乔桥侨

　　[55]纠～正。又见kou⁵²矫绞缴搅狡饺佹□（小）渔网

　　[35]叫[214]轿藠□～ʃi³⁵：摆谱

kʻ [55]巧[35]窍撬跷

ȵ [35]□ȵia⁵²～：很皱状

ŋ [132]饶□（一圈一圈地）摇 [55]绕扰

h [52]嚣好～：很得意、很张狂[55]晓 [35]翘

∅ [52]腰要～求。又见iu³⁵妖邀□抱[132]尧姚摇谣窑瑶[55]□妖冶

　　[24]舀[35]要希望得到。又见iu⁵²□半中～：正中[214]耀鹞大～：老鹰

am

p [132]□～～声：喻起势凶猛

t [52]簪□（用单个手指之指甲）用力戳[132]谈谭潭燂置火苗上方烤或烧[24]淡

tʻ [52]参～加。又见ʃom⁵²贪[55]惨[35]探

n [132]南男[24]腩□头～～子：额头很高状

l [52]担挑（担子）。又见lam³⁵篮菜篮子。又见lam¹³²榄～豉：橄榄腌制品。又见lam²⁴□叨、

　　衔[132]篮～球。又见lam⁵²蓝[55]胆[24]榄橄～。又见lam⁵²缆揽～事：惹是生非□置

　　火苗上烧[35]担担子。又见lam⁵²□跨

θ [52]三[132]馋谗惭蚕[55]□撒（粉状物）[214]暂

tʃ [55]斩

tʃʻ [52]□～多：差不多[35]□掺杂

ʃ [52]衫[35]渗

k [52]监①牢房。②强迫。又见kam³⁵尴[55]减[35]鉴监太～。又见kam⁵²

　　[214]□量词。一～：大拇指与食指或中指张开的长度

kʻ [35]勘

ŋ [52]啱合适。又见ŋam⁵⁵[132]岩癌□陷（下去）

　　[55]啱人与人关系和谐。又见ŋam⁵²

h [35]□骂

∅ [52]庵[132]咸衔函涵[214]苋～菜□（粽子等）含碱量过大

om

p　[132]□拟声词

p‘　[55]品

t　[132]□（用布、树枝等）遮盖[35]浸

t‘　[52]侵[35]□~血：瘀血□将断掉的东西（一般指管状物）重新接起

n　[132]□（红薯、菜等）煮得很软很烂[55]諗 思考；思念

　　[24]□（无齿者）嚼东西[35]□摸~：磨蹭

l　[52]□痒痒；恶心□~下去：一屁股坐在地上[132]林淋临

　　[55]□（用绳索）轻轻捆绑□~~痛：（肚子）隐痛[24]檩[35]□偷~（去）；悄悄（去）

θ　[52]心[132]寻岑[214]□头发垂下遮住眼睛□呆、痴

tʃ　[52]金今斟针襟[132]禽擒琴[55]枕锦[24]妗舅母[35]禁

tʃʻ　[55]□酸痛感

ʃ　[52]深参人~。又见tʻam⁵²[132]沉又见ʃom²¹⁴□吟~：（低声地）唠叨

　　[55]婶审沈[24]甚[214]沉使沉。又见ʃom¹³²

k　[52]柑甘[132]□~kø²⁴：（冻）僵状螭~蝶：蟾蜍[55]橄敢感

　　[214]搟按□双肘支在某物上

k‘　[52]□好看[35]□盖（动词）

ŋ　[52]□~~子：连打哈欠状[132]吟~ʃom¹³²：（低声地）唠叨

　　[55]□遮盖（阳光或风尘）[35]□（因不满而）嘟哝

h　[52]钦堪龛□拿□~~子：形容人很多[55]□挖成的用以种蔬菜瓜果的坑[35]□锅盖

ø　[52]□（用石头）砸[132]含[55]□用拳头捶打[24]□田基~：田埂的两侧[35]暗

iom

ȵ　[132]壬寅[55]□~~笑：笑不露齿

　　[35]□口~：零食□颤（专指上下颤动）□~酸：很酸[214]任□蝗虫

h　[52]欣

ø　[52]音阴[132]淫□（随意）遮盖[55]饮

im

t　[52]尖~子櫼①楔子。②挤、插[132]甜[35]箭□尖[214]垫

t‘　[52]迁添签笺歼[35]□用刺刀刺

n　[52]拈粘张贴□（孩子）不肯离（娘）□~子：桃金娘[132]鲇[214]念验

l　[132]帘镰廉□边沿[55]典点[24]敛

　　[35]店□量词。一～：一瓣（柚子、柑子等）[214]殓

θ　[132]潜[24]渐

tʃ　[52]沾瞻占～米：粳米[35]占～位

ʃ　[55]陕闪～开：让开

k　[52]搛兼[132]钳黔□手～：手镯[55]检俭[35]剑

k'　[52]谦

ȵ　[52]研[132]言严阎[24]染

h　[55]险[35]歉欠

ø　[52]阉[132]嫌櫼盐[55]掩厣痖[35]堰淹厌厌烦

　　[214]腌用盐腌（青菜、萝卜等），使其发酵变酸焰

an

p　[52]颁斑班[132]凡帆～布。又见fan⁵²□（人）爬行

　　[55]扳版板□打□摔[24]犯范姓。又见uan²¹⁴[35]扮[214]饭瓣办

p'　[52]攀□打耳光（较轻）□（藤蔓）盘绕　[35]襻纽～盼□（藤蔓）向上缠绕

m　[52]□攀扶□～nia⁵⁵：蜻蜓[132]蛮[55]挽晚[24]□～女：最小的女儿

　　[214]万慢漫馒

f　[52]翻藩帆～船。又见pan¹³²番□～落地豆：重挖已收花生的土地，寻找遗剩的花生□量

　　词。一～被：一床被子[55]返反相反。又见p'uon⁵⁵[35]贩媠鸟下蛋

t　[132]弹～琴。又见tan²¹⁴坛檀潭谭[55]攒从本不充足的东西中匀出一部分，留作他用

　　[35]赞[214]灒（液体）向四周溅出来蛋弹～弓。又见tan¹³²但旦诞

t'　[52]餐摊滩瘫[55]坦毯[35]灿叹炭

n　[132]难不易。又见nan²¹⁴[214]难灾～｜～好久：病了很久。又见nan¹³²

l　[52]单丹[132]栏拦兰[55]揎□残留物　[24]懒

　　[35]□剥（植物之梗的）皮[214]烂滥

θ　[132]痰残涎[55]散退热～。又见θan³⁵[24]□菜～：量极少的剩菜

　　[35]散分散。又见θan⁵⁵伞[214]□溅

tʃ　[55]崭[35]站～岗。又见tʃan²¹⁴[214]栈站收购～。又见tʃan³⁵赚绽

tʃ'　[55]铲产□～跤：滑一跤□头～～子：头扁斜状[35]□喉咙灼痒状

ʃ　[52]山姗珊删　[214]□碗～：碗橱

k [52]奸懒：偷工减料间时~｜一~（房）[55]拣碱简柬茧笕水~

　　[35]间①分界线。②隔开

k‘ [55]砍

ŋ [52]□~~够：恰好够；刚刚够[132]颜顽[55]□门前~：窗户□量词。一~（灯）：一

　　盏（灯）[24]眼[35]□~定：限定[214]雁

h [52]悭吝啬

ø [132]闲[24]限[35]晏①中午。②晚也

uan

k [52]关[35]惯

ø [52]湾弯[132]繁矾烦环还完玩桓□~ot²¹⁴：结巴

　　[24]□拥抱[214]范师~。又见pan²⁴宦

εn

p [52]冰兵[132]萍屏瓶凭平坪便便宜。又见pin²¹⁴评频

　　[55]秉丙饼柄量词。一~（扇子、伞等）。又见pen³⁵□攮走

　　[24]并~行~讲：一边走一边说[35]柄刀~：刀把。又见pen⁵⁵[214]病

p‘ [52]□一种稀疏的竹编片状农具，用于晾晒东西

　　[35]拼~命。又见p‘in³⁵聘□量词。一~泥：（较厚的）一块干泥巴

m [52]□~手帕：将手帕捆扎在头上□眼~：瞎（詈语）[132]铭名明鸣眠

　　[55]□一~：一点儿；一小块儿[214]命

f [52]兄

t [52]睛晶精[132]庭廷停亭□箇~：这种[55]井

　　[24]锭艇□~~子：一动不动状[214]定澄淀

t‘ [52]青厅清[55]请[35]听

n [52]□叮嘱：请[132]宁凝

　　[55]□nuŋ⁵⁵~子：纠缠不清状□山~：山顶□~~痛：（某个小部位）刺痛

　　[35]□拎、拿□赘疣[214]□鼻头水~~子：（清鼻涕）垂落状□乳房：乳汁

l [52]疗丁钉□伶俐[132]凌菱陵零铃伶翎灵龄□颈~：喉结

　　[55]顶鼎□量词。一~（衫）：一件衣服[24]岭领

　　[35]□~鞋：纳鞋底□逢年过节送给长辈亲戚的礼品，一般用藕叶包裹，主要为肉类、油炸豆

　　腐等□踮起（脚尖）□陡峭

[214]另令□lap²¹⁴~：闪电 □~li²¹⁴：干净

θ [52]腥星猩[132]晴情[55]醒[24]靖静

[35]姓性金生铁锈[214]净

tʃ [52]征正~月。又见tʃen³⁵侦贞蒸又读tʃaŋ⁵²[55]整

[35]政正反~。又见tʃen⁵²症证[214]郑□~有：还有

tʃ' [52]称①自吹。②称（重）。又见tʃen³⁵[35]秤称相~。又见tʃen⁵²

ʃ [52]声升[132]呈橙惩诚城成程乘丞承埕坛子[35]胜圣

[214]盛剩□~更：更加

k [52]荆惊经鲸京[132]擎琼□~~瘦：奇瘦无比[55]警颈景

[35]竟竞镜境劲径敬

k' [52]卿□聊天[55]倾顷[35]磬

ŋ [132]萤仍迎□颈~~子：很馋的样子；很消瘦的样子

h [52]馨轻兴~旺。又见hen³⁵[35]庆兴高~。又见hen⁵²

ø [52]缨婴樱英应~份：应该。又见en³⁵、aŋ³⁵[132]刑型形赢盈

[55]影□耀眼、刺眼[35]映应同意。又见en⁵²、aŋ³⁵□~话话无听：再怎么说都听不进去

iɛn

n̩ [52]□头毛~~子：（孩子）头发稀少且枯黄状

ø [214]□用食物诱人

uɛn

k [35]□红~~：红得刺眼状

ø [132]营莹荣[24]永颖咏泳

øn

tʃ' [52]□帽~：帽舌　[55]□铲（东西）

ʃ [52]栓拴闩门~[24]□舔[214]□秆~：（刷锅用的）刷子

k [52]肝竿担~：扁担干~湿。又见køn³⁵[55]杆秆赶

[35]干~部。又见køn⁵²

ŋ [55]□碾

h [55]罕[35]看汉

ø [52]鞍安平~｜~（东西）：置放（东西）[132]韩寒[24]旱

[35]案按[214]翰焊汗岸

iøn

ȵ　[35]□背后发牢骚

on

k　[52]跟根[35]□①热物连同容器一并置冷水中降温。②～着：（因湿寒）着凉

ŋ　[132]银

h　[55]很□～ȵiaŋ^{35}：这样（做）[35]睏睡着

ø　[52]因～为。又见ion^{52}恩[132]痕□痒[35]□～量：限量

　　[214]恨□～～痛：灼痛

ion

ȵ　[52]人～儿：独自。又见ȵion^{132}[132]人几头～：几个人。又见ȵion^{52}仁

　　[24]忍[35]□（散而乱的）草、稻草等[214]认韧刃

ø　[52]姻因原～。又见on^{52}[132]匀[55]隐尹

　　[24]引演瘾[35]印　[214]孕

uon

p　[52]奔分给予。又见fuon^{52}、puon^{214}槟宾彬斌[132]坟焚贫□玩弄（东西）

　　[55]粉粉末。又见fuon^{55}[24]忿愤泛[35]奋粪

　　[214]份笨分成～。又见fuon^{52}、puon^{52}

p'　[55]反翻转。又见fan^{55}[35]喷～香：香喷喷|～水

m　[52]文量词。一～纸：一块钱。又见muon^{132}

　　[132]闻听见蚊～子。又见maŋ^{132}纹文～化。又见muon^{52}民[24]刎敏悯闽

　　[35]□泉眼[214]问

f　[52]荤勋熏纷芬分～开。又见puon^{52}、puon^{214}燻烤、烘婚昏

　　[55]□搜（身）粉粉条或粉丝。又见puon^{55}[35]训混

t　[52]津[35]俊晋进[214]钝吨顿～脚：跺脚|（车）～：（车）颠簸盾

t'　[52]饨云～吞亲～戚|～家

n　[55]□捻□蚯蚓□整（人）

l　[52]扽猛然使劲拉扯□（绳索等）编得密实□寻找

　　[132]轮沦伦仑邻麟磷□（藤类、火苗等）蔓延[55]□躲藏

　　[24]□满[35]□（用手）碰[214]论讲究

θ　[52]薪新辛[132]荀巡循旬秦[55]桦笋[24]尽

[35]迅逊讯信□甩开

tʃ [52]筋斤臻真巾珍[132]勤[55]准紧诊疹谨

[24]近[35]振震镇圳颤

tʃʻ [52]春椿[55]□~ȵian³⁵：怎样[35]趁~墟：赶集□抖（直）

ʃ [52]娠伸申身森[132]醇纯唇绳芹臣晨辰神尘陈

[24]肾□眼~~子：眼皮耷拉状[35]舜□呻吟[214]顺慎阵瞬

k [52]军君钧均[132]裙群[55]滚沸[24]菌[35]棍[214]郡

kʻ [52]昆坤[35]困

ø [52]瘟温[132]晕云浑馄芸耘□~鼎：一种陀螺状的很深的铁锅

[55]稳[35]□关押[214]运韵闰润

in

p [52]边鞭[55]匾扁贬□合并[24]辫辩辨[35]变

[214]便方~。又见pen¹³²□准备

pʻ [52]蝙~paŋ¹³²鼠：蝙蝠篇偏编□（快而乱地）翻找

[35]遍骗片拼~音。又见pʻen³⁵

m [132]棉~衫绵眠 [55]□密不透风

[24]勉娩免缅皿抿填补（墙壁的）裂缝[214]面

t [52]煎干煎。又见tin³⁵[132]填田[55]剪

[35]煎（用水或油）煎熬。又见tin⁵²[214]佃奠殿电靛

tʻ [52]千天[55]浅遣[35]□（小孩儿）好动；挣扎

n [52]年箘~春：今年|三~。又见nin¹³²[132]年~岁：年龄。又见nin⁵²

[55]撵莘捻□用两个指头用力掐

l [52]颠癫[132]莲怜联连鲢[24]□菜虫[35]□倒下；滚动

[214]恋楝炼练

θ [52]先鲜新~。又见θin⁵⁵仙[132]前钱[55]癣鲜朝~。又见θin⁵²

[35]线[214]羡饯贱践

tʃ [52]毡□剥（猪皮等）[55]展[35]战

ʃ [52]搧打耳光（较重）□①（东西）平展。②（事情）完结

[132]禅缠孩子缠磨大人。又见ʃin²¹⁴[24]膳鳝善胆小

[35]扇煽[214]缠缠绕。又见ʃin¹³²

k [52]肩坚（绳索等）坚韧[132]乾虔[24]件[35]见荐
[214]腱健建犍键

h [52]掀轩牵[55]显[35]献宪

ø [52]烟胭蔫（饭、菜）馊[132]弦然燃延筵炎贤沿檐
[55]躽挺（胸）、腴（肚）[35]燕咽艳宴[214]谚砚现□（虫子）爬行

un

p [52]搬般[132]盆盘[55]本[24]伴绊拌[35]半
[214]□（蛇）盘绕；围（围巾）

p' [52]潘□量词。一～：一趟；一轮[35]判叛

m [52]□鱼篓[132]门瞒[55]□搬[24]满[214]闷

f [52]宽欢□（牙齿等）松动[55]款

t [52]尊遵樽[132]臀豚屯团[55]□～（禾稿）：捆扎（稻草）
[24]断[35]钻①木工用具。②动词[214]缎段锻

t' [52]村[35]寸衬

n [55]□蚊子～：蚊子包[24]暖[214]嫩

l [52]敦端墩圞圆□剁[132]鸾[55]短[24]卵[214]乱

θ [52]孙宣酸喧[132]存泉全[55]损选 [35]蒜算逊
[214]旋①旋转（动）。②头发旋（名）

k [52]观参～。又见kun³⁵棺官鳏冠衣～。又见kun³⁵[55]馆管
[35]冠～军。又见kun⁵²观寺～。又见kun⁵²罐灌贯

ø [132]魂[55]碗惋宛腕[214]幻换焕唤

yn

tʃ [52]肫砖专[35]转～圈|～屋：回家

tʃ' [52]穿川[55]蠢[35]串篡窜

ʃ [132]传传说。又见ʃyn²¹⁴椽船
[214]传～柴：两人合作将柴火传至阁楼存放。又见ʃyn¹³²

k [52]绢捐娟鹃[132]颧权拳[55]卷[35]眷
[214]倦□将手依傍在某物上

k' [52]圈[35]劝券

n̠ [132]源原[24]阮软[214]愿

ø [52]□洋柚~：酸柚子冤渊鸳[132]圆员缘铅元丸园援玄悬袁辕猿[24]远[35]怨[214]院县眩

aŋ

p [52]崩[132]棚彭房庞□蝙~鼠：蝙蝠[55]□肚~~：形容肚子很大

[24]棒（用扫帚等）赶、打[35]□~出来：（鸡鸭等）挤破笼门钻出来

[214]傍倚（物）；依靠（人）

p' [52]□劈~：荆棘丛□~臭：很臭[55]□~涨：（肚子）胀气或过饱状

[35]□谷~：秕谷

m [52]□拉（线）□蒙上（眼睛）

[132]盲萌虻蚊~蝇：苍蝇。又见muon¹³²瞢目不明，程度较"瞎"轻目孟粗鲁、凶

[55]蜢[24]□脾气暴躁莽蟒[35]□（扣子、牙齿）缺损或掉了

f [35]□无~：不理睬□高高翘起□~来~去：晃来晃去

t [52]僧憎增曾姓。又见taŋ¹³²罾（大）鱼网

[132]藤誊腾曾唔~：未曾。又见taŋ⁵²[35]□蒸饭用的（木制、桶状）大炊具□四周围起的村寨[214]邓□~人：照看小孩儿□~koi³⁵：父亲（引称）

t' [35]□凑在一起

n [52]□常用物量词。如：一~苹果（黄豆、番薯、铛等）[132]能

[55]□~~痛：（剧烈地）扯痛□相连；牵连、牵扯[35]□连结□疤痕

[214]□好~、多~：非常好、非常多□~~子：黏稠的液状物垂落状

l [52]灯登[132]棱[55]等戥挡□（小孩儿、小禽畜等）非常瘦弱□毛线

[24]冷[35]凳

θ [132]层[55]□很大、很壮[35]□擤（鼻涕）□玩耍[214]赠助人

tʃ [52]争①吵架。②相差、欠蒸又读tʃen⁵²埩□大土堆□（用大石头）砸

tʃ' [52]撑~伞|~手：举手。又见tʃaŋ³⁵铛[55]□用力蹬踢

[35]撑支撑。又见tʃaŋ⁵²掌椅~□顶嘴□张开□（艰难地）往上登

ʃ [52]甥笙牲生[55]省[35]□肋~：肋骨[214]□耳~~子：听而不闻状

k [52]耕羹庚更三~半夜。又见kaŋ³⁵艰[24]哽□碰、触

[35]更~加。又见kaŋ⁵²□~（屎窟）：擦（屁股）□倾倒（东西）

k' [52]□~硬：非常坚硬[35]□很能干

ŋ [52]□①用力解大小便。②大声吼[55]□用力捶打

　　　[35]□ʃaŋ²¹⁴~：发愣、发呆□用棍棒打[214]硬

h　[52]亨坑[55]肯□无~（你)：不理会[35]□霉味

ø　[52]骺恶心□鸡~：鸡嗉[132]行走。又见øŋ¹³²衡恒□（谷子、花生等）很饱满

　　　[24]幸[35]应应答。又见ɛn⁵²、ɛn³⁵[214]绗杏

iaŋ

p　[52]□拟声词

p'　[55]□~转面：侧过脸

t　[52]浆将~就。又见tiaŋ³⁵[55]奖蒋桨[35]将将帅。又见tiaŋ⁵²酱

t'　[52]枪[55]抢[35]呛反驳

n　[132]娘

l　[132]梁梁粮量~长短。又见liaŋ²¹⁴良凉[55]辆两几~。又见liaŋ²⁴

　　　[24]两~头人：两个人。又见liaŋ⁵⁵[35]靓[214]量数~。又见liaŋ¹³²谅亮

θ　[52]镶相互相。又见θiaŋ³⁵箱厢湘襄[132]墙祥详翔[55]想

　　　[24]橡象大~像好~[35]相照片。又见θiaŋ⁵²[214]匠

tʃ　[52]樟章张[55]掌长生长。又见ʃiaŋ¹³²[35]障瘴胀账帐仗涨

tʃʻ　[52]窗昌[55]厂[35]倡唱畅

ʃ　[52]商伤[132]偿肠尝场常长~短。又见tʃiaŋ⁵⁵[55]赏

　　　[24]上~山。又见ʃiaŋ²¹⁴丈杖[214]上~头：上面。又见ʃiaŋ²⁴尚

k　[52]姜[132]强强大。又见kiaŋ²⁴、k'iaŋ⁵⁵[55]□植物的根须

　　　[24]强强迫。又见kiaŋ¹³²、k'iaŋ⁵⁵

k'　[52]羌腔疆[55]强勉~。又见kiaŋ¹³²、kiaŋ²⁴

ȵ　[55]□①（毛发等）杂乱缠绕状。②争吵[35]□hon⁵⁵~：这样（做)

ŋ　[24]仰[214]酿让

h　[52]香乡[55]享响晌饷[35]向

j　[52]殃秧央鸯[132]疡阳扬杨炀洋羊[24]养[214]样

ø　[132]蝇[24]□（影子等）一晃而逝

uaŋ

k　[132]□拟声词　[55]梗[35]□毛衣针、蕨草梗等[214]□扔弃

ø　[132]横

øŋ

p　[52]邦帮□攃[132]螃~θat³⁴：小螃蟹旁膀滂[55]榜绑谤

　　[214]磅□量词。一~（山）：一片（山地）

p'　[52]□削[55]□①一种宽口的锄头。②铲（草）[35]□~着：（被死人）冲犯

m　[52]□~~子：河水泛滥状[132]芒忙茫氓虻亡萌忘记[24]网辋

　　[214]望忘妄

t　[132]塘糖唐棠堂螳[24]□讲~：聊天□~~光：非常亮[35]葬

　　[214]荡宕□闲逛；玩

t'　[52]汤仓苍劏杀[55]躺倘[35]烫趟量词。一~□~~子：宽阔状□一种圆形浅口

　　蒸具□谷~：用于将晾晒的稻谷摊开、刮拢的农具□~开：敞开（衣服等）

n　[52]□尿~：膀胱[132]瓤囊[24]□表皮擦伤状[35]□~起面：拉长脸

　　[214]□（肌肉）下垂状□裆

l　[52]当担任。又见løŋ³⁵□田~：水田的出入水口[132]廊郎狼榔螂

　　[55]党□良漱（口）、粗粗地涮洗（碗等）□偏袒[24]朗

　　[35]当当作。又见løŋ⁵²[214]浪日良晾

θ　[132]藏藏匿。又见tʃøŋ³⁵[55]磉柱下石□~湿：行走时裤脚被植物上的水珠弄湿

　　[214]脏肠子。又见tʃøŋ³⁵

tʃ　[52]庄装赃妆[35]壮藏西~。又见θøŋ¹³²状~况。又见ʃøŋ²¹⁴脏心~。又见θøŋ²¹⁴□~（衫

　　袋）：揣进（口袋）

tʃ'　[52]疮[35]闯撞创

ʃ　[52]双孀霜桑[132]床[55]爽□好~：很有意思

　　[214]状告~。又见tʃøŋ³⁵□指桑骂槐

k　[52]江冈刚纲缸[55]港讲岗[35]钢杠降投~丨下~

k'　[52]扛（两人）抬康慷[35]抗炕

ŋ　[24]昂□~水：将水烧热（而非烧开）[35]□~做：白干了□痴呆

h　[52]糠[35]□烘炒

ø　[132]行量词。一~：一列。又见aŋ¹³²航杭[24]项

　　[35]□量词。一~（菜）：一畦（菜）[214]巷□鸡~：未下蛋的小母鸡

iøŋ

n̠　[55]□肉韧；脾气犟

uoŋ

f [52]芳方慌荒[55]访仿纺肪谎~人：骗人

k [52]光[132]狂[55]广

k‘ [52]眶筐匡框[35]矿况旷

ø [52]汪[132]王防妨蝗皇簧黄蟥璜凰

[55]枉[24]往晃~眼[214]旺

uŋ

p [132]缝裁~逢冯蓬鹏篷朋□一~（鸭）：一大群（鸭子）□（因沸腾而）溢出

[55]□（撑）破[24]□草木茂盛状[214]奉~神：拜神凤

p‘ [52]烹塳（尘土）飞扬状□（芋头、红薯等）粉而面[55]捧[35]碰

m [52]□叔叔□水儿~：毛毛雨[132]蒙盟萌朦眼~：视力极弱

[24]懵猛□晕厥[214]梦孟

t [52]鬃踪宗棕综[132]铜桐筒童瞳同苘[55]总[24]动

[35]纵~容粽[214]洞侗峒栋□木桩

t‘ [52]囪葱匆聪通[55]统捅桶搡用力推。又读θuŋ⁵⁵[35]痛

n [52]侬咱[132]脓农[55]□~naŋ⁵⁵：纠缠不清[35]□（饭菜等）煮烟了

[214]齉多涕鼻疾□面~~子：拉长脸状；脸部很肥状

l [52]冬东□空心[132]龙隆聋笼[55]拢懂董□活结

[24]垄陇簧大木箱[35]冻~水：冷水[214]弄□~噢：张罗饭菜

θ [52]嵩松轻~。又见θuŋ¹³²[132]松~木：松树。又见θuŋ⁵²从丛

[55]怂搡用力推。又读t‘uŋ⁵⁵[35]宋送[214]讼颂诵

tʃ [52]盅钟终忠中~央：中间。又见tʃuŋ³⁵□心~：心慌，害怕[132]穷

[55]肿种~子。又见tʃuŋ³⁵[35]种~菜。又见tʃuŋ⁵⁵众仲中射~。又见tʃuŋ⁵²

[214]□一起

tʃ‘ [52]春冲充[55]宠[35]铳□烤

ʃ [132]重~复。又见ʃuŋ²⁴崇虫[24]重轻~。又见ʃuŋ¹³²

k [52]供恭宫躬弓攻功工蚣公[55]拱~低：弯腰巩汞[35]贡□洞[214]共

k‘ [55]孔姓恐 [35]控又读huŋ³⁵

ŋ [55]□~~子：很高状[24]□眩晕

h [52]枫空内无物。又见huŋ³⁵风锋疯丰封峰蜂烘轰□两~孙：姑侄俩

[55]哄讽[35]控又读kʰuŋ³⁵放空空闲。又见huŋ⁵²

ø　[52]翁[132]虹鸿洪红宏弘[55]□推[35]薨

　　[214]□（冻得）发紫□～～子：潮热状

iuŋ

ȵ　[52]□蹲□（头发等）蓬乱[132]浓[24]□拥挤[35]嗅

h　[52]胸凶急急忙忙

ø　[52]痈壅填埋[132]绒熊雄融戎镕蓉容溶榕熔

　　[55]勇拥涌[214]用

ŋ̩

ø　[132]吴蜈吾梧唔～曾：未曾[35]五伍午[214]误悟

ap

p　[34]□拟声词

t　[214]沓踏□㨨（起来）

tʰ　[34]塔榻塌拓搨□坛子

n　[34]□①夹子（名）。②夹（动）[214]捺纳

l　[34]答搭溻汗～～㨨（用手掌）用力打□（蚂蟥）叮咬□火～～子：灯火忽明忽暗状

　　[214]腊蜡□～θap³⁴：垃圾□～len²¹⁴：闪电

θ　[34]□lap²¹⁴～：垃圾[214]杂

tʃ　[34]铡□～（衫袖）：挽起（衣袖）

tʃʰ　[34]插

ʃ　[214]闸煠（红薯、鸡蛋等）整个放入水中煮

k　[34]夹～衫甲胛挟[214]狭衣服不合身；拥挤

ŋ　[5]□～～子：大口吞吃状

h　[34]喝大口喝□（芋）苗

ø　[34]鸭押压　[214]峡侠

iap

t　[5]□～～子：边吃边咂嘴状

l　[5]□～靓：油光光状

ȵ　[34]□用指尖抓取东西□①微痒。②生气□卷（衣袖、裤腰）

ø　[34]□～（眼）：眨（眼）[214]□～手：招手

op

p' [5]□拟声词

t [5]□~~子：大滴大滴的水不断往下滴状

[214]跌□~（衫）：用洗衣槌捶拍（衣服）

t' [5]缉□将两物对准连接上

n [5]□（无齿者）嚼□酒~：酒窝□k'op⁵~：蝌蚪□~嫩：极嫩

l [5]□双手抱物于怀中[214]立笠

θ [5]□头毛~~子：头发湿漉漉状[214]集辑习袭

tʃ [5]执拾（取）、摘（取）汁急给供~□~嘴：亲吻[214]及

tʃ' [5]级吸汲~水□用力往下压

ʃ [5]湿[214]十什拾执~：整理（东西）

k [5]蛤鸽佮合、并

k' [5]□盖上（锅盖等）□~nop⁵：蝌蚪

ŋ [5]□（独自）胡言乱语□~~子：（旁若无人地）大口吞吃状

h [5]盍支猛力碰撞

ø [5]□~石头：砸石头㷓（暗火）烧；敷（药）[214]合喜欢、中意盒

iop

ɳ [5]□①量词。一~：一撮儿。②拈（用两三个指头夹取）[214]入

ip

t [5]接[214]谍蝶牒碟叠迭

t' [5]妾帖贴□闭~双眼：闭紧眼睛

n [5]□粘贴[214]聂镊业孽

l [5]□谷壳[214]猎

θ [5]片妾将楔子、木头或砖块等垫在器物底部，使其固定不摇晃[214]捷

tʃ [5]折折叠。又见tʃit⁵、ʃit²¹⁴褶

ʃ [5]摄[214]涉

k [5]□涩[214]劫

h [5]胁协

ø [5]页腌用盐腌（肉、蔬菜等），使其入味或去除水分[214]叶

at

p　　[34]八[214]拔罚乏

m　　[34]抹~布。又见mat²¹⁴□鼻头~~子：鼻梁塌陷状[214]抹擦。又见mat³⁴袜

f　　[34]法发阀

t　　[34]□狗~：蟑螂[214]达

t‘　　[34]擦獭挞（用手掌使劲）打足达滑跌□将两根或两根以上的细线搓紧成一体

n　　[214]□（用鞋底等）来回搓压

l　　[34]□~灰：用烧火棍将灶内之灰拨出来□虾~：　螃蟹

　　　[214]刺（利器）划辣瘌□~θat³⁴：又脏又乱状□量词。一~：一行、一排

θ　　[34]萨撒□lat²¹⁴~：又脏又乱状□螃~：小螃蟹□~~跳：不停地跳

tʃ　　[34]札扎

tʃ‘　　[34]察

ʃ　　[34]杀

k‘　　[34]□摩擦

ŋ　　[214]□~着：夹伤

h　　[34]瞎

ø　　[34]轧[214]辖

iat

ȵ　　[34]□~粗：（米、棉布等）极粗糙

uat

k　　[34]括刮

ø　　[34]挖[214]滑猾

εʈ

p　　[5]壁璧碧迫逼

p‘　　[5]僻辟劈

m　　[5]幂□~儿：一丁点儿[214]觅讨求（别人不太愿意给的）东西

t　　[5]绩脊迹积即□~~~子：（夹吃花生、说话等）频率很高状

　　　[214]嫡狄敌笛荻籴

t‘　　[5]踢剔惕戚□织（毛衣）

n　　[5]□~~痛：刺痛[214]匿溺

l [5]滴的目~□用力猛拉□tʃet⁵~：多嘴（多指女人）□量词。一～（地）：一小块（地）

[214]历力□撕破（纸张、衣服等）列□～（屎、尿）：拉（屎、尿）。含贬义

θ [5]析锡昔惜媳熄息膝悉[214]寂夕席籍藉

tʃ [5]炙（靠近炭火）烤只职织质□~let⁵：多嘴（多指女人）[214]植值

tʂ [5]斥尺

ʃ [5]释适饰式识色[214]石殖蚀食直蛰

k [5]激击戟剧~烈。又见ket²¹⁴[214]极屐剧戏~。又见ket⁵²

kʻ [5]□心~~子：心里惦念状□~ŋet⁵：打嗝

ŋ [5]□kʻet⁵~：打嗝[214]逆□～头：点头

h [5]噢

ø [5]益抑忆[214]役疫液易交~。又见i²¹⁴译亦翼

iɛt

n̠ [5]□~~子：食不下咽状[214]□~二：二十二

h [5]□~~子：因发脾气而出言不逊

uɛt

k [5]□~~子：小口慢饮状

kʻ [5]□说话语气很凶状

ø [214]□耳~：招风耳

øt

ʃ [214]刷室术述□~屋：扫地

k [34]割葛

ŋ [34]□切（较厚的）肉

h [34]渴

ø [34]□~~~子：（频频）呕吐状 [214]□（绳索）勒痕

iøt

n̠ [34]□~~子：（行走）缓而无力状

ot

ø [214]□uan¹³²~：结巴核审~。又见uot²¹⁴

iot

n̠ [5]日箇~：今天。又见niot²¹⁴[214]日~子。又见niot⁵

ø　[5]一[214]逸□你去我～去：你去我也去

uot

p　[5]不笔毕必又读pit⁵[214]勃佛

p‘　[5]拂轻拍、擦拭匹

m　[5]□～定：未必殁死（光）[214]物勿密蜜

f　[5]窟洞

t　[5]卒窒①堵住（洞口等）。②塞子[214]突凸高（出来）、鼓（出来）

t‘　[5]七漆

n　[5]□掐断（蔬菜梗等）□～niu⁵²：（糯米饭等）很黏

l　[5]□斥责□（皮肤）又辣又痛□（将树枝）砍去[214]律率栗

θ　[5]戌恤□理睬，用于否定形式[214]疾

tʃ　[5]吉□挑（不重的担子）[214]秩侄□（稀饭等）黏稠

tʃ‘　[5]出

ʃ　[5]失瑟虱[214]实

k　[5]骨□～子：水果（总称）□～～子：大口喝（酒、水）状

　　[214]掘倔□断（手、脚）

ŋ　[5]□臊[214]□～眯：打瞌睡

h　[5]乞

ø　[5]□～tui⁵²：肮脏□腌屈□（烟）薰；憋（气）□崴（着脚）

　　[214]捐扔、丢核桃子～。又见ot²¹⁴

it

p　[5]鳖弼必又读puot⁵[214]别□～宜：便宜

p‘　[5]撇

m　[5]□瘪□抿（嘴）[214]灭篾

t　[5]节

t‘　[5]铁切窃

n　[5]□黏

l　[5]□死结[214]烈裂劣

θ　[5]泄[214]截切断、割断

tʃ　[5]哲浙折打～。又见tʃip⁵、ʃit²¹⁴

tʃʰ　[5]彻撤澈

ʃ　[5]设[214]折~本。又见tʃip^5、tʃit^{5}舌

k　[5]洁结揭[214]杰

n̩　[214]热

h　[5]穴歇蝎

∅　[5]乙

ut

p　[5]钵拨[214]□噎着□屎~蛆：蛔虫

pʻ　[5]泼

m　[214]末沫没沉没□水漫过堤坝

f　[5]阔豁

t　[5]□~nut^{5}子：极肥状[214]夺

tʻ　[5]脱□量词。一~（衫）：一套（衣服）

n　[5]□肥~~：胖嘟嘟

l　[5]□滑脱[214]捋

θ　[5]雪薛[214]绝

∅　[214]活

yt

ʃ　[5]说~佛：念经

k　[5]蕨撅打[214]橛

kʻ　[5]决诀缺

n̩　[5]□钻：缩[214]月

h　[5]血

∅　[5]哕呕~：因消化不良而老打嗝、欲吐状[214]悦阅越粤

ak

p　[5]北□（针、荆棘等）刺[34]柏百伯泊梁山~。又见pøk^{214}

　　[214]帛白葡蘿~

pʻ　[34]拍魄

m　[5]□竹、木制杯子，常作量器□没有□~黑：特别黑状

　　[34]□~喉：哭（含贬义）□~开：张大（嘴巴等）

[214]脉麦陌默墨□～下：(迅速地)将重物放下

t [5]鲫则□猜测□断裂声[214]特

n [5]□～～子：①鸡猛力啄米状。②（较强烈地）刺痛

l [5]得德□灼痛[34]□赤～：打赤膊□～火柴：划火柴

   [214]肋勒掳打斗簕荆棘□～iak⁵：泥泞

θ [5]塞□重孙□～瞬：有时[214]贼

tʃ [5]侧[34]摘窄□～iak⁵：腋窝[214]责泽翟

tʃʻ [34]赤册策坼（皮肤、土地等因干燥而）开裂拆厕测

ʃ [5]□涂抹□无～：不是[34]□摔、砸□（用细长的鞭子）鞭打[214]宅

k [34]格革隔

kʻ [5]刻咳克□（用虎口）掐□坎儿

ŋ [5]□ŋuk⁵～子：说话条理不清且不连贯状□～人：骗人□量词。一～：一截儿□～～子：大口咬吃状[34]牴牛～[214]额□～头：点头

h [5]黑[34]吓赫客

ø [5]呃塞～：饱嗝

<h2 style="text-align:center">iak</h2>

t [5]雀爵

tʻ [5]鹊阿～：喜鹊

l [5]屻聪明，能干[214]略掠

θ [34]削[214]嚼

tʃ [5]着穿（衣）。又见ʃiak²¹⁴酌□～儿：小鸟

tʃʻ [5]绰

ʃ [214]芍着～（水淋）：(被)雨淋。又见tʃiak⁵□无～：不对

k [5]脚

kʻ [5]却觉感～。又见kau³⁵

ȵ [5]□～～子：用力咀嚼状

ŋ [214]若弱虐疟

h [5]□～得：知道□掀开（锅盖等）

j [5]约[214]药

ø [5]□lak²¹⁴～：泥泞□tʃak³⁴～：腋窝[214]□～手：招手

uak

k [34]□～伤：划伤

k' [34]□（用指关节）用力敲打头部

ø [214]划画动词。又见fa³⁵

øk

p [34]驳剥博膊[214]缚薄雹泊～船。又见pak³⁴

p' [34]□（用刀斧）劈

m [34]莫约～：大约。又见møk²¹⁴、muk²¹⁴□掰开

[214]莫姓。又见møk³⁴、muk²¹⁴膜寞漠

t [34]作啄[214]踱铎度～衫：量衣服。又见tu²¹⁴

t' [34]托

n [34]□角落[214]诺

l [34]□～鞋：拖鞋[214]落烙骆洛络乐

θ [34]朔索绳子屑塑～料[214]凿

tʃ [34]桌卓琢啄捉

tʃ' [34]戳翟术～门：用钥匙开门

ʃ [34]硕嗽吸（气）；吮吸[214]浊勺粪～

k [34]各阁郭角

k' [34]磕廓扩霍藿确□～着：撞着（头部、膝盖等）

ŋ [214]鄂岳

h [34]壳

ø [34]恶凶。又见u²¹⁴[214]学鹤

uok

f [5]□～开：掀开（被子等）

k [5]国

ø [214]惑或获镬握

uk

p [5]卜姓□三～：三处

[214]仆服袱伏栿地～：门槛□量词。一～（葡萄、锁匙等）：一串

p' [5]扑朴覆伏、趴

m　[214]木目穆牧睦莫~（去）：别（去）。又见 møk^{34}、møk^{214}

t　[5]足 [214]毒犊读独

t‘　[5]促秃猝□往上推

n　[5]屋人~：别人。又见 uk^5 □双手用力搓 [214]□将人（或动物）头部压入水中

l　[5]督笃□器物底部兀（用手指、小木棍等）戳□量词。一~（屎、尿）：一泡（屎、尿）

　　□欺骗□，（牛或猪）在烂泥中打滚□蘸 [214]录绿陆六禄鹿爧~着：烫伤|~菜：用开

　　水将菜烫熟□猪~：猪圈

θ　[5]粟宿①住宿。②（火）熄灭肃速

　　[214]续俗逐~慢：逐步族□（液体）呛着

tʃ　[5]嘱烛粥祝竹 [214]轴

tʃ‘　[5]畜六~触束筑□（用身体）压

ʃ　[5]叔缩淑 [214]属蜀赎熟孰

k　[5]谷菊□（陀螺等）转得很快 [214]局焗

ŋ　[5]□~ŋak^{5}子：说话条理不清且不连贯状

h　[5]复哭福幅

∅　[5]沃屋房屋。又见 nuk^5

iuk

n̠　[5]□皱□动弹 [214]肉玉~林：地名。又见 y214

h　[5]曲弯曲

∅　[5]郁育□翻~：反胃　[214]欲辱狱□~鸡：（用鸡食等）诱鸡入笼

参考文献

[1] 陈小燕：《贺州本地话研究》，厦门大学博士学位论文，2005 年。

[2] 广西省政府统计局编：《广西年鉴》，广西省政府统计局 1935 年版。

[3] 贺县县志编纂委员会编：《贺县县志》，广西人民出版社 1993 年版。

[4] 梁培煐、龙先钰纂修：《贺县志》，（贺县）华美商店承印 1934 年版。

[5] 唐择扶主编：《贺州市志》，广西人民出版社 2001 年版。

（原载《方言》2009 年第 1 期）

广西藤县濛江方言音系

杨世文

一 概况

梧州市藤县濛江镇，位于广西东部，东经 110.7391619 度，北纬 23.46970234 度，北回归线北侧，珠江干流西江的浔江段北岸。面积 296.66 平方公里，人口 9.6 万（2010 年），辖河西、河东 2 个社区，21 个村委会，516 个村民小组，为县内第二大集镇。濛江镇在清代以前称为安城墟市，历来水陆交通比较方便，集市处于两江相汇之处，干流浔江向上西通贵港、南宁、柳州，向下东达梧州、广州至港澳，支流蒙江北接蒙山县，故较早就成为通商埠头，明清时曾颇为繁荣。据旧县志记载，濛江镇清末民初便有货、客汽船每日通航，使得各地尤其是广东商家纷至沓来在此开设商行，其中尤以广东南海商人移民常住居多，乃至联合买下一座山专门作为安葬故人的坟地，命名为"南海山"。民国初期濛江镇又修建了县内最早的一条公路，北通荔浦、桂林，美孚石油公司在此开设加油站，更显示了其水陆交通咽喉的地位。由于交通便利，商业繁荣，各方移民渐多，也引来外国文化的传入，清光绪年间便有基督教传教士来此传教，建立了县内最早的基督教会和教堂。镇内人口绝大部分为汉族，方言为粤语勾漏片，是笔者的母语。发音合作人：孔庆祝先生，1947 年出生，初中肄业，集体单位会计；廖业昌先生，1948 年出生，初中毕业，供销社干部。两位先生世居濛江镇。

二 藤县濛江方言声韵调系统

2.1 声母 22 个，零声母在内。

p pʻ m f v t tʻ n l θ ʧ ʧʻ ʃ k kʻ ŋ x ȵ j ku kuʻ Ø

说明：[u] 介音只与[k、kʻ]声母拼合，为音系简洁计，今归入声母系统。

2.2 韵母 47 个，包括自成音节的[ŋ]。

a	œ		o	e	i	u	y
ai	ɐi œy	ɔi					
au	ɐu				iu		
iau							
am	ɐm	ɛm			im		
an	ɐn	ɛn	on		in	un	
aŋ	ɐŋ	ɔŋ	oŋ	eŋ			ŋ̍
iaŋ							
ap	ɐp				ip		
iap							
at	ɐt	ɔt			it	ut	
ak	ɐk	ɔk	ok	ek			
iak							

2.3 声调 9 个。

阴 平 52	帮庄刀精飘妻亏侬蚊璃
阳 平 231	常旁唐禾尘农门林油人
阴 上 55	丙九底子广手闯口讨扭
阳 上 25	並肚巨旱米女蚁雨礼耳
阴 去 34	拜对酱照印配太醋唱契
阳 去 11	败递字话浪卖怒二笨跪
上阴入 5	百得脊菊屋尺切七蜀粒
下阴入 34	搏答雀八客确插拍幕洛
阳 入 1	白笛昨熟侄力灭肉弱逸

说明：阳去发音开始时音高近于 2，后稍有下降，故亦可以记作 21。集市内阳入的时值比阳去短，而集市以外的乡村，阳入和阳去的时值同长且调型相同，均为 213 或 113，首尾较强而中间较弱，尾短促而上扬，尾音前常有瞬间的断裂停顿，实际上是中折调[①]。

三 藤县濛江方言语音特点

与中古音比较，濛江方言语音可以显出以下一些特点：

3.1 声母特点

① 古全浊声母今读塞音、塞擦音时，平声仄声均不送气。例如："朋倍备白"读[p]，"同动洞独"读[t]，"穷巨具杰"读[k]，"茶赵住浊"读[tʃ]。

② 古微母字与古明母字不分，一律读[m]。例如：文微=民明 men^{231}｜武微=母明 mu^{25}｜万微=慢明 man^{11}｜亡微=忙明 mɔŋ^{231}。

③ 精清二母与端透二母相混。精母今读 t，并入端母；清母今读 tʻ，并入透母。例如：宗精=东端 tɔŋ^{52}｜则精=得端 tek^5‖聪清=通透 tʻɔŋ^{52}｜醋清=兔透 tʻu^{34}。

④ 心从邪三母主要读齿间音[θ]。例如：丝 θi｜髓 θœy｜厢 θiaŋ｜宋 θɔŋ｜惜 θek｜肃 θok‖慈 θi｜罪 θœy｜匠 θiaŋ｜丛 θɔŋ｜集 θɐp｜昨 θɔk‖祠 θi｜随 θœy｜像 θiaŋ｜诵 θɔŋ｜席 θek｜俗 θok。

⑤ 知庄章三组合一。齿音声母只有一套，读舌叶音[tʃ tʃʻ ʃ]。例如：知组：知知 罩知 展知 筑知 耻彻 丑彻 逞彻 畜彻 池澄 潮澄 程澄 直澄‖庄组：楂庄 斋庄 争庄 责庄 又初 钗初 鐇初 策初 查崇 柴崇 栈崇 闸崇 纱生 晒生 省生 色生‖章组：支章 照章 整章 祝章 齿昌 秤昌 出昌 示船 蛇船 食船 始书 圣书 室书 匙禅 酬禅 石禅

⑥ 见系一般不腭化，与细音相拼也读舌根音[k kʻ ŋ x]。例如：机 ki^{52} 姜 kiaŋ^{52} 脚 kiak^{34} 检 kʻim^{55} 见 kin^{34} 结 kit^5 叫 kiu^{34} 举 ky^{55}

但见群二母少数三等韵字今读[tʃ]，例如：纠 tʃɐu｜鸠 tʃɐu｜赳 tʃɐu｜阄 tʃɐu｜久 tʃɐu｜灸 tʃɐu｜韭 tʃɐu｜禁 tʃɐm｜臼 tʃɐu｜柏 tʃɐu｜舅 tʃɐu｜妗 tʃɐm｜共 tʃɔŋ。

---

① 麦耘通过语音实验分析证实藤县岭景方言的阴去、阳去中折调是嘎裂声（2009），濛江墟市以外乡村话的阳去、阳入是否亦为嘎裂声，笔者未做实验分析，故不敢妄断，有待证实。

⑦ 溪母与晓母混同，主要读[x]，部分合口字读[f]。例如：凯溪＝海晓xɔi|口溪＝好晓xɐu|欺溪＝希晓xi|看溪＝汉晓xɔn|空溪＝烘晓xɔŋ|轻溪＝兴晓xeŋ|客溪＝嚇晓xak|刻溪＝赫晓xɐk|苦溪＝虎晓fu|抚敷裤溪＝戽晓＝副敷fu|窟溪＝沸非fɐt|婚晓＝分非fen|训晓＝粪非fen|荒晓＝方非fɔŋ。

⑧ 日母和疑母细音为ȵ，与娘母 n 构成对立，如：耳议ȵi²⁵≠你 ni²⁵|认ȵeŋ¹¹≠拧 neŋ¹¹。

3.2 韵母特点

① 长元音[a]与短元音[ɐ]构成系统对立。例如：稗ai≠币 ɐi|饱au≠宝ɐu|蓝am≠林 ɐm|办an≠笨 ɐn|盲aŋ≠萌 ɐŋ|杂ap≠集 ɐp|袜at≠密 ɐt。

② 流摄、臻摄（开口）、通摄不分洪细音，一等与三等同韵。例如：狗流一＝玖流三kɐu⁵⁵|构流一＝救流三kɐu³⁴|根臻一＝巾臻三ken⁵²|工通一＝弓通三kɔŋ⁵²|孔通一＝恐通三xɔŋ⁵⁵|禄通一＝绿通三lok¹。

③ 古阳声韵和入声韵今音韵尾分别是[m　n　ŋ]和[p　t　k]，两套韵尾对应整齐。例如：担咸开一tam³⁴—答咸开一 tap³⁴| |店咸开四tim³⁴—叠咸开四tip¹|林深lɐm²³¹—立深lɐp¹|班山开二pan⁵²—八山开二 pat³⁴|斤臻开三ken⁵²—吉臻开三 kɐt⁵|榜宕开一pɔŋ⁵⁵—博宕开一 pɔk³⁴|成梗开三ʃeŋ²³¹—石梗开三ʃek¹

④ 遇合三除非组、庄组外，一律读[y]。例如：猪知tʃy⁵²|著知tʃy³⁴|除澄tʃy²³¹|住澄tʃy¹¹|煮章tʃy⁵⁵|铸章tʃy³⁴|杵昌tʃʻ y⁵⁵|处昌y³⁴|舒书ʃy⁵²|鼠书ʃy⁵⁵|殊禅tʃy²³¹|树禅tʃy²⁵|如日ȵy²³¹|儒日jy²³¹

⑤ 蟹摄、效摄开口一等与二等有区别。例如：

蟹开一：ɔi 哀皑蔼爱才该改盖亥孩腮开　　蟹开二：ai 挨捱矮隘柴街解界懈鞋筛揩

效开一：ɐu 褒保报暴袍毛灶操槽草骚高稿告　　效开二：au 包饱豹鲍庖茅罩抄巢炒梢交搅窖

⑥ 止开三主要读[i]。下列帮端知系例字韵母均读[i]。例如：

帮组：碑备眉美|精组：资次磁自司辞寺|知组：智耻池治|章组：枝齿示翅豉时|日母：儿耳二

⑦ 咸摄开口一等见系部分字与深摄合流，读[ɐm　ɐp]。例如：甘咸＝今深|柑咸＝金深|敢咸＝锦深|覃咸＝寻深|鸽咸＝急深

⑧ 宕摄一等与江摄二等合流读[ɔŋ ɔk]。例如：帮_宕=邦_江 pɔŋ⁵²|冈_宕=江_江 kɔŋ⁵²|广_宕=讲_江 kɔŋ⁵⁵|钢_宕=降_江 kɔŋ³⁴|博_宕=驳_江 pɔk³⁴|搁_宕=角_江 kɔk³⁴|涸_宕=确_江 k'ɔk³⁴|鹤_宕=学_江 hɔk¹|腭_宕=岳_江 ŋɔk¹

⑨ 曾开三与梗摄合流读[eŋ ek]。例如：冰_曾=兵_梗 peŋ⁵²|凝_曾=宁_梗 neŋ²³¹|蒸_曾=争_梗 tʃeŋ⁵²|丞_曾=成_梗 ʃeŋ²³¹|凝_曾=迎_梗 ŋeŋ²³¹|力_曾=历_梗 lek¹|息_曾=锡_梗 θek⁵|直_曾=宅_梗 tʃek¹|色_曾=适_梗 ʃek⁵|极_曾=剧_梗 kek¹

3.3 声调特点

① 古平上去入四声依声母的清浊今读各分为阴阳两类，平上入次浊声母部分字今读阴类调。

② 古上声全浊声母部分字今读阳去。

③ 阴入依今读韵母进一步分为两类。韵母主要元音是 [i e ə o u] 的读上阴入， 韵母主要元音是 [a ɔ] 的读下阴入。

四　藤县濛江方言同音字汇

本字汇按韵母次序排列，同一韵母内又按声母次序排列，一声母内又以阴平[52]、阳平[231]、阴上[55]、阳上[25]、阴去[34]、阳去[11]、上阴入[5]、下阴入[34]、阳入[1]为序。写不出的字用方框"□"表示。注释、举例小字齐下。例中用"～"代表所释字；写不出的字不再用方框表示，直接标写读音。

a

p　[52]巴爸疤笆粑吧_{酒~}[231]爬扒杷琶[55]靶把[34]坝霸
　　[11]罢吧_{语气词}

p'　[52]趴[34]怕

m　[52]妈_{母亲}孖_{成双的}□_{攀扶}[231]麻[55]妈_{祖母}[25]马码[11]骂

f　[52]花[34]化

v　[52]蛙娃划_{~船}[231]华[11]画话

t　[52]打_{量词}[55]打_{动词}

t'　[52]她他它

n　[52]□_{粘贴}[231]拿娜[55]㐀_{已产仔的雌性生物}[25]哪那

θ [52]卅

l [52]喇[55]□握持[34]□缝隙

tʃ [52]渣楂揸[231]查茶搽[55]鲊[34]诈炸榨[11]乍

tʃ' [52]叉差~错[34]岔杈汊

n̠ [52]□抓[34]□垃圾[11]廿

ʃ [52]沙纱砂痧鲨[55]洒耍

k [52]家加嘉枷痂[55]假贾姓[34]价驾架嫁稼

k' [52]卡搕

ŋ [52]桠[231]牙芽衙[25]瓦雅[11]□佔

x [52]哈虾□欺负[231]霞暇瑕[25]下[11]夏厦

ku [52]瓜[55]寡剐[34]挂卦褂

ku' [52]夸跨[34]挎胯

Ø [52]鸦呀吖丫[55]哑亚娅[34]阿

œ

tʃ [55]□淬火

k [231]瘸手脚不灵活[55]刟切割

x [52]靴

o

p [52]波玻菠[231]婆[34]播簸

p' [52]坡棵[55]颇[34]破

m [52]魔摩[231]蘑磨~刀[11]卧磨石~

f [52]科蝌[55]火伙夥[34]货课

v [52]窝涡[231]禾和[25]祸[34]涴脏

t [52]多[231]砣驮驼佗坨鸵[55]左朵躲[25]舵妥椭[34]佐[11]堕惰垛

t' [52]拖搓[34]错唾锉

n [52]矬[231]挪[11]糯

θ　[52]梭蓑莎唆[55]锁琐[25]坐[34]□面团等不柔和[11]座

l　[52]啰箩挑谷子的筐[231]罗萝逻锣骡螺脶箩筸[55]裸攞买物
　　[34]□盛气凌人[11]摞

tʃ　[52]□头上起的包块[231]锄[55]阻咗祈使语气词[11]助□糍粑

tʃʻ　[52]初[55]楚

ȵ　[52]□打栗凿

ʃ　[52]梳疏蔬[55]所[11]傻

k　[52]戈哥歌锅[55]果裹[34]个过

ŋ　[231]讹娥鹅蛾[55]□傻[25]我[11]饿

x　[52]坷呵[231]何河荷[55]可[11]贺

j　[231]□不结实

Ø　[52]柯屙苛阿~胶[231]哦

e

p　[52]啤[34]□尿, 儿语[11]呗

m　[52]咩□翻找[55]乜不正[34]孭背负

t　[52]爹嗟[55]姐[34]借藉

tʻ　[55]且[34]趄斜

n　[55]奶乳房, 乳汁

θ　[52]些[231]斜邪[55]写泻洒落[34]卸泻腹~[11]谢

tʃ　[52]遮[55]者[25]这[34]蔗鹧□悄悄看

tʃʻ　[52]车[55]扯

ȵ　[52]□好胜[25]惹嘢物

ʃ　[52]赊畲[231]蛇佘[55]捨[25]社[34]舍赦[11]射

k　[231]骑茄[55]□割肉[34]嘅

j　[52]爷伯父[231]椰爷老~[25]也冶野[11]夜

i

p　[52]悲卑碑陂[231]皮疲枇琶[55]比俾畀给予髀大腿[25]婢被棉~

　　　　[34]臂秘痹滗[11]备鼻蓖篦避被~动

p'　　[52]披丕砒[55]彼[34]屁

m　　[52]□转速快[231]眉微薇湄楣[25]美尾[11]未味媚

f　　　[52]飞非菲扉妃[231]肥[55]匪诽翡[34]废肺费[11]吠

t　　　[52]资姿兹咨滋啲些[55]子姊秭梓紫仔~细[11]地

t'　　[52]雌[55]此[34]次刺

n　　　[231]尼呢[25]你[11]腻饵

θ　　　[52]思丝司私斯撕[231]词祠茨瓷慈辞磁鹚糍[55]死[25]似巳祀

　　　　[34]四肆[11]字自寺伺饲牸

l　　　[52]璃篱捹~[231]离梨狸鹂漓厘篱~笆[55]□拔草[25]理鲤李里

　　　　[11]利莉俐痢

tʃ　　[52]支芝枝知肢之栀脂蜘[231]持池弛驰迟

　　　　[55]止旨址纸指趾只~有徵五音之一[25]痔峙[34]志至致智痣置

　　　　[11]治痔稚

tʃ'　　[52]痴嗤答差参~黐黏[55]齿耻始[34]翅

n̠　　　[52]儿小称词尾[231]宜疑谊而仪儿~童[55]拟[25]耳议[11]二义

ʃ　　　[52]师诗施尸狮蛳[231]时匙鲥[55]史驶屎[25]是士仕市

　　　　[34]试[11]示事侍视豉氏

k　　　[52]饥机肌讥姬基箕几茶~[231]棋旗期其岐芪奇歧祈

　　　　[55]己纪杞几~个[25]企徛站立[34]记寄[11]忌技妓

k'　　[34]既

x　　　[52]希稀欺牺熙嬉羲兮[55]起喜岂[34]气戏弃汽器

j　　　[231]移姨夷沂贻[25]已以[11]异易肄

Ø　　　[52]衣医依伊[55]椅绮倚[34]意薏

u

p　　　[52]晡[231]葡蒲匍菩脯胸~[55]补[34]布怖[11]步部埠簿

p'　　[52]铺捕潽[55]普谱斧辅圃浦甫脯果~[34]舖

m　　　[52]巫模摹诬[231]无毋[25]母武舞拇侮鹉[11]墓慕暮务戊雾

f [52]夫肤麸孵敷俘[231]扶芙符[55]府虎苦抚俯釜[25]父妇傅
   [34]富副戽库裤[11]付负附赴腐讣

v [52]乌污呜呼[231]胡壶湖葫瑚糊蝴鬍弧狐[55]捂[25]户沪
   [34]恶厌~[11]互护芋

t [52]都租[231]图徒涂途屠[55]赌堵组祖[25]肚[34]做妒
   [11]杜渡镀度温~

t' [52]粗[55]土[34]兔醋措吐

n [231]奴[25]努[11]怒

θ [52]苏酥[34]素诉塑溯漱

l [231]卢庐芦炉轳鸬颅鲈驴[25]鲁卤虏橹[11]路露赂鹭

k [52]姑孤沽鸪菰辜酤枯[55]古诂股牯蛊鼓臌估贾商~
   [34]固故顾雇

k' [52]箍眍

                                y

t [52]狙[55]咀沮

t' [52]蛆趄[55]取娶[34]趣

n [25]女

θ [52]须需鬚荽绥胥[231]徐[25]聚序叙绪[34]絮赐

l [231]闾榈[25]裏旅吕侣[11]滤虑

tʃ [52]朱诛茱株珠诸猪蛛[231]除厨蜍殊[55]主煮[25]储树竖伫贮
   [34]注驻炷著蛀铸[11]住箸

tʃ' [55]杵处~理[34]处去~

ȵ [231]鱼渔如茹娱愉愚虞[25]语汝[11]遇御寓

ʃ [52]书舒输[231]薯[55]鼠暑黍曙数~一~[25]墅[34]恕庶数~量

k [52]居[231]渠[55]举矩榉[25]巨拒炬距[34]句据锯[11]具惧

k' [52]驱躯拘驹俱祛区~域

x [52]虚墟[55]许[34]去

j [231]余俞瑜舆儒渝盂[25]雨宇羽予与屿禹[11]预裕愈誉豫谕喻

Ø　[52]于於

ai

p　[231]排牌[55]摆[34]拜[11]败稗

p'　[34]派

m　[231]埋[55]歪[25]买[11]卖迈

f　[34]快筷块

v　[231]怀淮槐[11]坏

t　[52]呆婼外婆[55]歹[34]带戴[11]大

t'　[52]呔[34]太态泰贷汰

n　[25]乃迺奶

θ　[52]□浪费[231]□诋毁[55]玺[34]□完全

l　[52]拉[55]㦿田地收获后的剩余[34]癞[11]赖㦿遗尿叫~尿

ʧ　[52]斋[231]柴豺侪[34]债[11]寨砦

ʧ'　[52]猜钗差出差㨴~面[55]踩

ȵ　[52]□按揉[55]□踩[34]□咀嚼

ʃ　[52]□谑称睡觉[25]舐[34]晒

k　[52]街阶皆佳楷[231]□身上积垢[55]解~决
　　[34]界届介戒芥疥诚蚧尬解~押鍇锯开[11]□压

ŋ　[231]捱崖涯

x　[52]揩[231]鞋偕谐骸[25]蟹械懈□吐出

ku　[52]乖[55]拐[25]□水勺[34]怪

Ø　[52]埃挨[55]矮[34]隘嗌

ɐi

p　[52]跛[34]闭蔽[11]币毙敝弊

p'　[52]批

m　[231]迷谜[25]米[34]□男阴

v　[52]威喂[231]韦围违唯帷惟维为行~[55]委萎尉慰毁

[25]卫胃伟纬苇渭猬[34]畏餵[11]位谓讳为~了

t [52]低挤[231]堤啼题蹄[55]底抵牴崽氏[25]弟[34]帝蒂[11]递第隶逮

t‘ [52]妻梯凄栖萋[55]体睇[34]剃涕替沏砌悌

n [52]□摘[231]泥黄~[11]泥用泥状物塞缝

θ [52]西犀茜[231]齐脐荠[55]洗[34]细婿

l [231]犁黎嚟来[25]礼[34]□舔[11]厉丽励例荔

ʧ [231]□踩踏[25]柿[34]制[11]滞

ȵ [52]□用指甲掐[55]□肉食

ʃ [52]筛[55]使[34]世势[11]逝筮誓

k [52]鸡[34]计继髻[11]偈

k‘ [52]溪稽奚[55]启[34]契

ŋ [52]□央求[231]危巍桅[25]蚁[11]艺伪毅魏

x [52]□女阴[55]□在[11]系

ku [52]归龟圭[231]葵闺癸奎逵[55]鬼轨诡[34]贵桂鳜瑰[11]柜跪匮

ku' [52]规挥晖辉亏窥[34]愧

Ø [34]翳

œy

p [52]杯[231]赔陪培[25]倍[34]贝狈辈背~部[11]焙痱悖背~书

p‘ [52]坯胚[34]配佩沛

m [52]妹女孩子[231]梅煤媒霉枚玫莓脢[25]每[11]昧妹姊~

f [52]灰诙恢徽[55]悔诲贿

v [52]煨[231]回蛔[25]会学~[11]汇彙会开~

t [52]堆[231]颓[55]嘴[25]兑锐[34]对碓[11]队

t‘ [52]催摧推崔[55]腿[34]退脆蜕

n [55]□用力搓擦

θ [52]虽尿ㄨ[231]隋随[55]翠髓[25]罪[34]岁碎淬祟[11]瑞隧遂穗

l [52]儡□一种小筐[231]雷擂研磨[25]类磊屡累积~[34]累疲倦
[11]泪戾擂~台

tʃ [52]追椎锥佳[231]垂锤捶槌[34]赘[11]坠

tʃʻ [52]吹炊[34]□揩拭

ȵ [25]乳蕊馁

ʃ [52]衰[231]谁[55]水[34]帅税说游~[11]睡

kʻ [52]盔魁[34]溃刽

j [25]蕤[11]彗慧睿遗裔

ɔi

t [52]灾栽哉[231]抬臺苔青~[55]宰载[25]怠迨[34]再载一年半~
[11]代待袋

tʻ [52]胎苔舌~[55]采彩睬[34]菜蔡

n [55]□疲倦[11]内奈耐

θ [52]腮[231]才材财裁[25]在[34]赛塞[11]载一船或一车物

l [231]来[11]睐

tʃ [52]□抛掷[34]□肿块

ʃ [231]□傻

k [52]该垓赅[55]改[34]盖

kʻ [34]概溉慨忾

ŋ [231]皑騃无神气[11]外艾碍

x [52]开[231]孩[55]海凯[25]亥骇[11]害

Ø [52]哀[55]蔼[34]爱

au

p [52]包胞苞[231]刨庖[55]饱[34]豹爆[11]鲍齙

pʻ [52]抛脬泡灯泡[55]跑[34]炮疱

m [231]矛茅锚[25]卯铆牡冇没有[11]貌

n　[231]铙[11]闹

θ　[11]□打

l　[52]捞打~

tʃ　[231]巢[55]找爪纠赳帚[34]罩笊焯用油炸[11]棹骤

tʃ'　[52]抄钞[55]吵炒[34]□镲

n̠　[52]挠

ʃ　[52]梢筲艄□攀扶[55]稍捎[34]哨潲

k　[52]交郊茭胶[55]搞狡饺搅姣貌美[34]较教窖校~对觉睡~

k'　[52]□牛用角抵[34]靠铐

ŋ　[231]淆爻肴[25]咬

x　[52]敲酵[55]考巧拷烤[34]孝[11]效校学~

Ø　[34]坳拗不顺

ɐu

p　[52]褒[231]袍[55]宝保堡[25]抱泡泡沫[34]报[11]暴

p'　[55]剖[34]泡虚而松软

m　[52]跍蹲[231]毛谋牟[55]□腐朽[25]某亩[34]谬[11]茂贸

f　[231]浮蜉[55]否缶[11]阜埠码头

t　[52]刀遭糟兜蔸[231]头桃逃陶淘萄投涛掏绹捆绑

　[55]酒早枣走岛捣抖陡蚤斗量~倒倒开水[25]导悼

　[34]到鬥灶奏倒~退[11]豆逗痘窦

t'　[52]偷秋操叨绦滔韬[55]草讨敨休息[34]套透噪燥躁凑

n　[55]扭纽[25]钮

θ　[52]修羞骚臊溲馊脩馐[231]曹嘈槽囚泅[55]嫂搜艘叟[25]造

　[34]扫秀绣锈嗽[11]袖就皂

l　[52]褛搂捞~好处[231]劳牢痨[25]老娄[11]涝

tʃ　[52]周州洲舟鸠阄邹[231]筹酬绸稠售[55]久韭肘[25]舅臼柏

　[34]咒昼灸[11]宙

ʧʻ [52]抽[55]丑醜[34]臭

ȵ [52]搊卷裤腿、衣袖等□柔韧[231]柔揉踩[34]绉皱

ʃ [52]收[231]仇愁雠[55]手守首[25]受授[34]兽瘦[11]寿

k [52]高膏篙糕羔睪[231]求球裘[55]九玖狗苟枸笱稿
[34]告究救构购垢够[11]旧

kʻ [52]抠提起[34]叩扣寇

ŋ [52]勾钩[231]牛[25]藕偶[11]熬傲遨

x [52]蒿薅□看[231]喉侯壕蚝毫豪猴[55]口好~环[25]厚後
[34]耗好爱~[11]候号后昊浩皓

j [52]丘邱蚯休优忧幽悠[231]油由犹邮游尤鱿[55]诱[25]友有酉
[34]幼[11]又右柚佑釉

Ø [52]欧鸥瓯讴区姓[55]呕[34]殴祆澳懊怄沤

iu

p [52]彪标焱骠熛镖飙瀌穮錶[231]瓢藨嫖剽[55]表婊裱[25]鳔

pʻ [52]飘漂~流[34]票漂~白

m [231]苗描瞄[25]秒妙[11]庙

t [52]雕丢椒焦蕉礁刁凋貂碉[231]条迢调~整跳跑[55]屌剿[34]吊钓
[11]掉调曲~

tʻ [52]锹挑~担[55]挑~选[34]俏峭鞘跳~高

n [25]鸟[11]尿

θ [52]消萧硝销箫霄肖宵逍[55]小筱[34]笑

l [52]溜[231]疗聊寮撩辽僚燎[25]了蓼[34]□丢掉[11]料廖

ʧ [52]招朝早上[231]潮嘲晁朝~代[25]赵兆[34]照[11]召沼肇

ʧʻ [52]超钊昭

ȵ [231]尧饶[25]扰绕[34]要需~

ʃ [52]烧[231]韶[55]少多~[34]少~年[11]绍

k [52]娇骄[231]乔桥侨荞翘[55]缴矫[34]叫[11]轿

k' [34]窍

x [52]嚣[55]晓

j [52]腰邀幺夭妖要~求[231]窑摇遥瑶谣姚[25]舀[11]耀鹞

iau

m [52]猫[34]□猪拱

n [52]□有黏性

ŋ [55]拗折断[34]拗闹性子

x [231]姣发骚

Ø [52]□叫

am

p [11]涩

t [52]耽眈簪担~当[231]谈痰谭潭[55]胆[25]淡澹[34]担重~
[11]啖咬一口

t' [52]贪参~加[55]惨[34]探

n [52]喃[231]男南[55]□㕷[25]腩[34]□张开虎口量

θ [52]三[231]蚕惭

l [231]蓝篮岚婪[55]览榄[34]□迈步[11]滥舰缆

tʃ [231]馋谗镶刺入[55]斩崭[25]站~住錾断铁[34]湛蘸[11]暂站车~

tʃ' [52]掺揿[34]杉

ʃ [52]衫

k [52]监~狱[55]减[34]鉴监太~

ŋ [52]啱合适[231]岩癌

x [231]咸衔函涵[34]喊[11]陷馅

ɐm

p [52]泵

m [52]□跌倒[55]□刀缺口

t [231]□掩埋[55]抌捶打[25]凼[34]浸[11]□跺脚

t'　[52]侵[55]寝[34]□诶组合部件

n　[52]□闭眼[231]睑软[55]谂思考[34]□用手探物

θ　[52]心芯[231]覃寻浔[34]沁

l　[52]□被胳肢的感觉[231]林淋临琳霖[55]揽[34]冧倒塌[11]□堆砌

tʃ　[52]针砧斟[231]岑沉忱[55]枕[25]妗[34]禁[11]鸩沉特指溺水

tʃ'　[52]参添加水等[55]□牙齿或腿脚酸软[34]谶

ȵ　[52]□砍□商量□用手指撮取[231]吟[55]饮[34]□上下颤动[11]任

ʃ　[52]深森参人~[55]审婶沈[34]渗瞫偷偷看[11]甚

k　[52]今金甘泔柑疳[231]琴禽擒[55]敢感锦[25]咁这样[11]揿用手压

k'　[52]襟[34]冚覆盖

ŋ　[52]□自言自语[55]□蹲[11]□嘟哝

x　[52]堪[231]含[55]砍坎坑[25]颔[34]勘坎低崖[11]憾撼

j　[52]音阴荫钦[231]淫[34]嵌鑫

Ø　[52]庵谙鹌□撞击[55]揞捂住[34]暗

εm

t　[52]□啄

l　[52]□火燎

k　[231]钳黔[25]槛门~[11]□攀高

im

t　[52]尖[231]甜[55]点[25]舔[34]店[11]垫□笔直

t'　[52]迁添签[55]忝

n　[52]拈黏[231]鲇[11]念

θ　[231]潜[11]渐

l　[231]帘廉镰[25]脸殓敛

tʃ　[52]沾粘[34]占

ȵ　[231]严阎炎[25]染冉[11]艳验焰

ʃ　[231]蝉禅婵[55]闪[11]赡

k　[52]兼[55]捡[25]俭[34]剑

k'　[55]检

x　[52]谦[55]险[34]欠歉

j　[52]阉[231]盐檐嫌[55]掩淹厣_{螺类的盖}[34]厌

an

p　[52]班斑颁瘢[231]□_{爬行}[55]板[34]□_打[11]办扮瓣片

p'　[52]攀[34]盼

m　[52]□_{扳回}[231]蛮[25]晚[11]万慢

f　[52]翻番返[231]凡帆烦繁[55]反[25]犯範[34]泛贩[11]饭范_姓

v　[52]弯[231]还环[55]挽[25]鲩皖[11]幻患

t　[52]丹单箪[231]坛昙檀罎弹_{~出}[55]攒[34]旦诞赞[11]但蛋弹_{子~}

t'　[52]餐摊滩瘫[55]坦袒毯[34]灿叹炭

n　[231]难_{困~}[11]难_{灾~}

θ　[231]残[55]散_{松~}[34]伞散_{~会}

l　[52]躝_{叫人滚蛋}[231]兰拦栏[25]懒[11]烂

tʃ　[231]潺漦_{黏液}[55]盏[11]栈绽赚

tʃ'　[55]产铲

ʃ　[52]山闩删珊舢[34]涮汕

k　[52]奸艰间_{房~}[55]拣茧简碱枧涧[34]谏间_{~隔}

ŋ　[231]顽颜研_{~磨}[25]眼[11]雁赝

x　[52]悭_{节省}[231]闲[25]限

ku　[52]关[34]惯[11]□_{提桶、篮等动作}

Ø　[34]晏

ɐn

p　[52]奔宾彬斌[231]贫频[55]禀[34]殡膑鬓[11]笨

p‘　[55]品[34]喷

m　[52]缗炆蚊[231]民文纹闻[55]抿[25]敏吻闵闽[34]汶_{泉眼}[11]问

f　[52]芬氛婚分~开[231]坟焚[55]粉[25]奋忿愤[34]粪训

　　[11]份分本~

v　[52]瘟昏[231]云魂纭芸耘晕[55]稳[25]允尹[34]□_{关押}

　　[11]运韵混

t　[52]敦墩津遵樽_瓶[231]屯[55]顿[34]进晋俊拉_{猛拉}[11]炖盾钝

t‘　[52]亲吞饨[34]褪

n　[52]□_{蚯蚓}

θ　[52]辛新薪[231]询驯[55]笋榫[25]尽[34]信讯汛迅蕈囟

　　[11]殉徇绚

l　[52]□_{饭太干硬}[231]邻鳞麟伦沦仑[55]□_{寻找}[25]□_满[11]论

tʃ　[52]真珍[231]陈[55]准[25]朘[34]镇震圳振[11]阵

tʃ‘　[52]春抻_{伸直}[34]趁衬

ȵ　[52]□_{调皮捣蛋}[231]人仁[25]忍[11]闰润膶_{猪肝}

ʃ　[52]身申伸呻绅[231]尘臣神辰晨纯唇[25]肾[34]舜[11]慎

k　[52]根跟巾斤筋[231]勤芹□_欣[55]紧[25]近[11]仅

ŋ　[52]夭_{细小}[231]银龈[25]□_{粗壮}[34]□_{截断}[11]□_{冰冷}

x　[231]□_痒[55]很狠垦恳[34]□_{睡觉}[11]恨痕

ku　[52]军君均钧[231]群裙[55]滚磙[25]菌[34]棍□_哄[11]郡

ku'　[52]坤昆崑[55]捆[34]困

j　[52]恩因姻欣茵殷[231]匀寅[55]隐[25]引蚓瘾[34]印

　　[11]刃仞纫韧孕

Ø　[34]□_{估计}

εn

p　[55]扁

p‘　[34]片

m [52]□掰开

n [55]□捏

Ø [55]□挺起

on

k [52]干杆肝[55]赶秆[34]幹

ŋ [11]岸

x [231]寒韩邯[55]罕刊侃[25]旱悍[34]汉看[11]汗焊翰瀚

Ø [52]安鞍[34]案按

in

p [52]边鞭辫[55]贬匾[34]变[11]便辨辩卞汴

p' [52]编偏篇[34]遍骗

m [52]□粥米煮得糜[231]棉绵眠[25]免勉娩冕缅[11]面

t [52]颠癫煎巅笺[231]田填[55]剪翦典[34]箭荐[11]电殿淀奠靛

t' [52]天千[55]浅

n [231]年

θ [52]仙先鲜[231]前钱[55]癣洗[25]践羡[34]线腺[11]贱饯

l [231]连怜莲[34]□石碾，碾压[11]练炼楝

tʃ [52]毡[231]缠[55]展辗[34]战

ɳ [231]燃言

ʃ [52]搧用巴掌打[25]善鳝膳骟[34]煽扇[11]擅

k [52]坚肩[231]虔乾[25]件[34]见[11]建健键

j [52]烟牵掀轩咽胭焉[231]贤舷弦然[55]显蚬[25]演遣
   [34]燕宴宪献[11]现砚

un

p [52]般搬[231]盘盆蟠[55]本[25]叛伴拌[34]半[11]绊

p' [52]潘[34]判

m [52]瞒[231]门[25]满[11]闷

f　　[52]欢宽[55]款

v　　[231]桓爰[55]碗腕[25]玩阮[11]唤换涣焕痪

t　　[52]端尊蹲[231]团豚[55]短[25]断_截~[34]钻断_判~[11]段缎煅

t'　　[52]村[34]寸

n　　[55]□_{皮肤凸起的发痒的包}[25]暖[11]嫩

θ　　[52]酸孙宣[231]存全泉[55]损选[34]蒜算[11]旋漩

l　　[52]圝_圆[231]联峦峦鸾銮[55]撵[25]卵[34]恋[11]乱

ʧ　　[52]专砖[231]传_{流~}[55]转_{一个来回}[34]转_{传动}[11]篆传_{~记}

ʧ'　　[52]川穿[55]喘[34]串窜

ȵ　　[231]原源[55]□_{刀不利}[25]软[11]愿

ʃ　　[231]船[25]吮[34]□_{芋头莲藕不粉}

k　　[52]官棺捐鹃观_{~看}冠_皇~[231]权拳[55]馆管卷莞
　　[34]贯灌罐券眷盥鹳观_{道~}冠_{~军}桊_{牛鼻子穿的小铁环}[11]倦

k'　　[55]捲

x　　[52]圈

j　　[52]冤鸳渊褊[231]元员园铅丸完玄悬芫沿圆袁援缘猿辕媛沅
　　[55]犬[25]远阮[34]劝怨[11]县院炫

aŋ

p　　[52]乓[231]庞彭棚澎膨

m　　[231]盲[25]猛孟

ɐŋ

p　　[52]崩绷[231]朋鹏凭_{文~}[11]凭_{倚靠}

p'　　[52]烹

m　　[52]搣_拉[231]盟萌

t　　[52]灯登僧增憎罾曾_姓[231]藤腾疼誊滕[55]等戥[34]凳甑
　　[11]邓澄_{让水中杂物下沉}

n　　[231]能

θ   [231]层曾~经[34]撜[11]赠

k   [52]更~正口绷紧[55]耿[25]哽[34]更~好

x   [52]亨[231]恒衡口谷粒饱满[55]肯

ku'   [52]轰

∅   [52]莺

ɔŋ

p   [52]邦帮[231]旁螃[55]榜[25]蚌[11]傍谤

p'   [52]耪开口锄

m   [52]芒~草[231]亡忘忙氓茫芒锋~[25]网莽妄冈[11]望

f   [52]方坊芳荒慌枋方形木条[231]房防妨[55]访纺仿[34]放

v   [52]汪[231]皇凰黄磺簧王惶煌蝗[55]枉[25]往[11]旺

t   [52]赃脏当担~[231]唐堂棠塘糖螳[55]党挡[34]档葬当典~[11]荡

t'   [52]仓沧苍舱汤劏宰杀[55]躺淌[34]烫趟撪推平抹光

n   [231]囊瓤[34]裆

θ   [52]桑丧~事[231]藏隐~[55]嗓[34]丧~失[11]奘脏腩~藏宝~

l   [231]郎狼廊[25]朗[11]浪

tʃ   [52]庄装妆桩[231]床[34]壮[11]状撞

tʃ'   [52]窗疮[55]厂闯[34]创

ʃ   [52]双霜[55]爽

k   [52]冈刚岗纲肛缸光江[231]狂[55]广讲港[34]杠降钢

k'   [52]筐框眶腔扛匡[34]矿抗旷扩况亢邝

ŋ   [231]昂[55]口喂家禽的陶盆[34]戆

x   [52]康糠[231]航杭行银~[55]慷[25]项[34]炕烤[11]巷

∅   [52]肮盎

oŋ

p   [231]蓬篷口满[55]捧手托物

p‘ [52]墥扬尘[55]捧双手掬水或物[34]碰

m [52]矇幪用布覆盖[231]蒙濛朦[55]瞢懵檬[25]蠓[11]梦

f [52]丰风枫封疯峰烽锋蜂[231]逢缝冯[55]讽[11]凤奉俸

t [52]东冬宗综棕踪鬃[231]同彤桐铜童瞳筒莔~蒿
[55]董懂总[25]动
[34]冻栋纵粽[11]洞戙竹篙或木棍垂直插地

t‘ [52]葱聪通囱匆[55]捅桶[34]痛

n [52]侬我，我们[231]农浓脓

θ [52]嵩鬆[231]从丛松~树[55]怂耸竦[34]宋送[11]诵颂讼

l [52]窿[231]龙咙珑聋隆笼鸡~[55]拢[25]垄陇笼竹箱[11]弄

tʃ [52]中忠终盅钟衷[231]虫崇重双~[55]肿种~子[25]重~量[34]中种
[11]共仲重又，更

tʃ‘ [52]充衝[55]宠铳统[34]冲

ȵ [52]□毛发蓬松[55]□斥责[34]嗅

k [52]工弓公功攻供宫恭躬供~应[231]穷穹[55]巩拱龚
[34]贡供~奉
[11]共

k‘ [34]控

x [52]凶胸哄烘空天~[231]红宏洪鸿雄虹弘[55]孔恐
[34]空~闲[11]讧

j [52]翁壅雍邕[231]容溶蓉榕熔镕融熊戎绒茸庸
[55]勇涌拥甬恿蛹踊[11]用

ø [34]瓮蕹~菜

eŋ

p [52]兵冰[231]平评坪苹屏瓶萍[55]饼并丙秉炳
[25]並[34]柄[11]病

p‘ [52]抨拍打[34]拼聘

m [231]名明鸣铭瞑冥溟[25]皿[11]命

f [52]兄

v [231]横荣[55]颖[25]永咏泳

t [52]丁钉晶睛精盯[231]廷亭庭停霆[55]顶鼎井
[25]挺艇[34]订[11]定锭

t' [52]青清蜻汀[55]请[34]听

n [231]宁柠[55]□鱼篓[34]□瓜果的柄[11]拧

θ [52]星腥惺猩[231]情晴[55]醒省反~[25]静靖[34]姓性[11]净

l [231]零铃苓玲灵龄鲮凌[25]岭领[11]令

ʧ [52]争蒸征筝贞侦徵~求正~月[231]呈惩程橙埕肚大口小的坛澄~清事实
[55]整[34]证政症正~直

ʧ' [52]称~赞蹧平底锅撑~船[55]逞[34]秤称对~撑顶托

ȵ [11]认

ʃ [52]升生声牲笙甥[231]成承诚城乘绳丞盛~满[55]省节~[34]胜圣
[11]剩盛兴~

k [52]京惊耕经荆更三~[231]琼擎[55]景警竟境茎颈
[34]敬镜[11]劲径竞

k' [52]倾[55]顷

ŋ [231]迎盈凝仍[11]硬

x [52]轻坑卿兴~旺[231]桁行~走[34]庆兴高~[11]杏幸行德~

ku [55]迥炯

ku' [55]扃门户

j [52]英婴鹰蝇缨樱鹦膺应~该[231]刑形型营莹萤赢
[55]影映[34]应答~

Ø [52]罌长颈瓶

ŋ̍

Ø [231]吴吾梧鼯[25]五伍午[11]误悟晤

Iaŋ

m　　[55]蝱

t　　[52]浆将~来[55]奖桨蒋[34]酱将大~

t'　　[52]枪[55]抢[34]呛欱两头斜尖用来挑稻草的竹杠

n　　[52]孃伯母[231]娘

θ　　[52]厢湘箱镶相互~[231]墙详祥翔[55]想[25]象像橡

　　　[34]相~片[11]匠

l　　[231]良粮凉梁梁量商~[55]辆两斤~[25]两~个[34]靓[11]亮谅量数~

tʃ　　[52]张章彰樟璋[231]肠常场裳嫦长~短[55]掌长成~涨~水

　　　[25]丈杖仗仪~[34]帐账胀障涨~大仗打~

tʃ'　　[52]昌娼猖[34]唱倡畅

n̠　　[25]仰[11]让酿壤攘

ʃ　　[52]伤商[231]尝偿[55]赏[25]上~去[11]尚上~面

k　　[52]姜缰疆僵[231]强[25]劈勉~

k'　　[52]羌

x　　[52]乡香[55]享响饷[34]向

j　　[52]央秧鸯泱殃[231]阳杨扬羊洋佯[25]养痒[11]样漾恙

ap

t　　[34]答搭[1]踏蹋沓

t'　　[34]塌塔榻

n　　[34]口勾连[1]纳

θ　　[34]圾趿[1]杂

l　　[1]垃腊蜡

tʃ　　[34]咂眨扎驻~[1]闸铡

tʃ'　　[34]插

ʃ　　[1]煠用水煮

k　　[34]甲胛夹荚

x　　[34]恰洽歆_喝[1]匣狭峡侠

Ø　　[34]押鸭

ɐp

t　　[5]耷_{低头}[1]□_{跌下}

t'　　[5]缉楫辑

n　　[5]粒凹

θ　　[1]集习袭

l　　[1]立笠

tʃ　　[5]汁执

n̠　　[1]入

ʃ　　[5]湿涩[1]十拾

k　　[5]急鸽蛤佮_{合并}[1]及

k'　　[5]给级吸

x　　[5]盒阖瞌□_{欺负}[1]合

j　　[5]揖邑

ip

t　　[5]接[1]碟蝶叠

t'　　[5]妾贴帖

n　　[1]聂

l　　[5]□_{谷壳}[1]猎

tʃ　　[5]摺褶辄

n̠　　[1]业

ʃ　　[5]涉协胁摄

k　　[5]劫

x　　[5]怯

j　　[5]腌页[1]叶

iap

n   [34]镊

n̥   [34]□_{卷起袖子或裤腿}

k   [1]箧

x   [1]挟

at

p   [34]八捌[1]拔跋

m   [34]抹[1]袜

f   [34]发法[1]乏伐罚阀筏

v   [34]挖[1]滑猾

t   [34]笪挞_打跶_{跌倒}[1]达

t'   [34]遏

n   [34]捺

θ   [34]撒萨

l   [34]刺_{伤口疼痛}[1]辣邋

tʃ   [34]劄轧扎_{捆绑}

tʃ'   [34]擦察獭刹

ʃ   [34]杀刷煞

ŋ   [1]嗒

x   [34]瞎[1]辖

ku   [34]刮括

Ø   [34]压

ɐt

p   [5]笔毕不□_{舀水}[1]弼

p'   [5]拂匹

m   [1]密蜜勿物

f　　[5]沸窟[1]佛

v　　[5]屈熏薰鬱[1]核

t　　[5]卒率摔蟀[1]突凸

t'　　[5]七漆

θ　　[5]膝悉蟋戌恤[1]疾嫉

l　　[5]甩[1]栗律率

ʧ　　[5]质室[1]侄

ʧ'　　[5]出

n̩　　[5]□用手强按[1]日

ʃ　　[5]失室虱[1]实术述

k　　[5]吉桔橘□刺入

k'　　[5]咳

ŋ　　[1]屹讫迄兀突~, 猝然

x　　[5]乞[1]劾阂

ku　　[5]骨汩[1]倔崛掘

ku'　　[5]忽

j　　[5]一[1]逸溢佚轶

ɔt

k　　[34]割葛

x　　[34]喝渴

it

p　　[5]必鳖[1]别

p'　　[5]撇

m　　[1]灭蔑篾

t　　[5]跌节[1]秩迭

t'　　[5]切窃铁

θ　　[5]泄屑薛[1]截捷

l　　[1]列烈裂

tʃ　　[5]哲折_{转~}

tʃʻ　　[5]彻撤

n̠　　[1]热

ʃ　　[1]舌折_{~本}

k　　[5]洁结[1]杰

kʻ　　[5]揭锲

x　　[5]歇蝎

j　　[5]乙咽_{哽~}

ut

p　　[5]拨钵[1]勃渤

pʻ　　[5]泼

m　　[1]末沫茉没

f　　[5]阔

v　　[1]活

t　　[1]夺

tʻ　　[5]脱

θ　　[5]雪[1]绝

l　　[5]劣[1]捋埒_{田边渠}

tʃ　　[5]拙茁

n̠　　[5]口_{疲软}[1]月

ʃ　　[5]说

k　　[5]蕨撅_打

kʻ　　[5]缺决诀

j　　[5]血[1]穴越悦粤曰

$$ak$$

p   [34]□_{竹筒等破裂}

p'   [34]拍帕珀粕

tʃ   [34]窄砸

k'   [34]喀_{咳出痰}

x   [34]客嚇

$$ɐk$$

p   [5]北[1]雹葡菔

m   [5]唛[1]墨默

v   [1]畫

t   [5]得德則[1]特

θ   [5]塞[1]賊

l   [1]勒簕肋

tʃ   [5]仄側

tʃ'   [5]厠測

x   [5]黑克刻赫

ø   [5]握厄扼

$$ɔk$$

p   [34]博搏膊駁亳[1]薄泊舶

p'   [34]朴璞

m   [34]幕漠膜寞剥[1]莫

f   [1]縛

v   [1]或獲鑊_{炒菜锅}

t   [34]作[1]踱铎度_{衡量}

t'   [34]托拓

n   [1]诺

θ [34]索[1]凿昨

l [34]络骆烙洛[1]乐落

ʧ [34]捉[1]浊镯

ʃ [34]朔嗍吮吸

k [34]角各阁搁桷觉~察

k‘ [34]确涸榷

ŋ [1]岳腭鳄噩乐音~

x [34]壳霍[1]学鹤

ku [34]国郭廓

j [34]跃

Ø [34]恶凶~

ok

p [5]卜[1]仆曝伏躲藏

p‘ [5]仆扑

m [5]摸用手探取[1]木目牧沐睦穆

f [5]复腹覆幅福[1]服茯袱

t [5]督足笃厾捅[1]毒读独牍犊黩

t‘ [5]秃速促

θ [5]肃宿粟夙[1]俗续族

l [5]碌辘麓[1]六陆录鹿禄戮绿熝

ʧ [5]竹烛粥祝触嘱瞩蜀[1]逐轴

ʧ‘ [5]筑束畜蓄

ȵ [1]肉玉

ʃ [5]叔淑缩[1]熟塾孰属赎

k [5]谷菊鞠[1]局倔酷

k‘ [5]曲粬

x   [5]哭

j   [5]旭沃郁毓[1]育浴欲辱褥狱

ø   [5]屋

ek

p   [5]百伯逼碧壁璧迫柏佰煏用火烤[1]白

p'   [5]劈魄辟僻霹癖擗捶打

m   [5]掰汩觅[1]麦脉

v   [1]役疫劃惑域

t   [5]滴的嫡迹积绩脊摘[1]敌笛狄籴迪涤获

t'   [5]踢戚剔惕

n   [5]溺匿搦持物

θ   [5]昔析息惜晰锡熄媳[1]席籍寂夕

l   [5]沥烁砾雳[1]力历

tʃ   [5]责织隻职炙[1]择泽宅直值植殖蛰

tʃ'   [5]尺册策拆坼斥赤

ʃ   [5]色式饰拭适释识骰[1]石食硕蚀

k   [5]革格隔击嗝激亟戟膈棘[1]极剧屐

ŋ   [5]轭呃

x   [5]吃

ku'   [5]隙

j   [5]亿忆益抑[1]翼液腋亦译驿奕弈易交~

iak

t   [34]雀剁爵嚼啄琢

θ   [34]削

l   [5]僆才智高[1]掠略

tʃ   [34]酌芍灼着穿~焯用水煮[1]着睡~

ʧʻ　[34]鹊

n̩　[1]弱若

ʃ　[1]杓勺

k　[34]脚

kʻ　[34]却

j　[34]约[1]药钥

参考文献

[1] 麦耘:《广西藤县岭景方言的去声嘎裂声中折调》,载《现代语音学前沿文集》
（G.Fant、H.Fujisaki、沈家煊主编）,商务印书馆 2009 年版。

（原载《方言》2013 年 1 期）

从"空格"现象看广西象州疍家话音系的历史演变

白 云

一 引言

语音的变化和组合受共时因素即语音组合规律的影响。但是语音的历史演变也会对语音的组合产生影响,这些影响反映在语言或方言的音系结构中,造成音系系统中的一些"空格"。下面我们将对此进行讨论。

音系结构具有系统性的特点。表现在语音的平行和对称上,当然这种平行和对称不是绝对的,而是相对的,因为语音不是一成不变的,音系结构会随着语音的变异而不断地调整其结构格局,从而导致在系统大框架下的不平行和不对称。这种不平行和不对称不是由语音的组合规律造成的,而是历史演变的结果。下面我们将对象州疍家话音系结构中的一些不对称现象进行分析,以考察历史演变对共时音系结构的影响。

二 象州疍家话音系结构及其"空格"

象州疍家话音系结构的系统性表现出相当程度的平行、对称的特点,从韵母系统的排列不难看出。不过,其中仍存在着一些不对称的现象,出现了一些"空格"。而音系结构中的不对称现象正是我们考察语音演变的主要线索。从缺口中找出语音历史发展的足迹。音系结构中的缺口是现象,所以,我们需要透过系统的大框架,对声韵配合上的"空格"作出解释,从中探究语音历史演变的本质。在音系结构中,韵母系统的不对称、不平行是宏观上的表现，声韵配合上的"空格"则是微观上的反映。为了更好地说明疍家话语音的历史演变对音系结构的影响，我们不仅要从宏观的层面考察，还要从微观的层面即声韵配合关系去考察音系中的"空格"。下表反映的就是象州疍家话在声类和韵类具有配合关系的前提下，声韵配合中出现的"空格"情况。这些"空格"，与言语社区的语言心理无关，不受共时配音律的规范和制约，它们的出现，是由于语音的历史演变造成的（至于演变的原因属于另外的问题，另文讨论），也就是通常所说的意外缺口，是语言的语音系统中潜在的组合，即可能但不存在的组合[2]。

象州疍家话的声母共二十五个（不在本文讨论范围内的零声母和半元音除外），具体如下：

表 1　象州疍家话声母表

p	ph	m	f
t	th	n	l
ts	tsh		s
tɕ	tɕh	ȵ	ɕ
k	kh	ŋ	h
kʷ	khʷ	ŋʷ	hʷ
kʲ			hʲ

根据语音组合规律，我们把上述声母分成四类，第一类是唇p、ph、m、f，用 P 类表示；第二类是舌尖前音t、th、n、l、ts、tsh、s，舌面前tɕ、tɕh、ɕ以及舌根音k、kh、ŋ、h，统一用 T 类表示；第三类是腭化的舌根音kʲ、hʲ，用 KJ 类表示；第四类是唇化的舌根音 kʷ、khʷ、ŋʷ、hʷ，用 KW 类表示。KJ 类声母只与以/a、ɐ、o、ɔ/ 等发音位置较低的元音配合，KW 类声母与韵母的配合有两种表现：（1）不与舌位较高的前元音i、e相配；（2）不与圆唇元音相配。T 类声各包含四组声母，各组的语音行为略有差异，所以单列出来，分别用 Tt、Tts、Ttɕ、Tk表示。

下面我们将讨论P类声母、T类声母与韵母的配合情况。为了便于考察，我们列出象州疍家话声韵配合表并重新给出象州疍家话的韵母表。声韵配合表中声母和韵母有配合关系的用"＋"号表示，前文已经讨论过的由配音律的制约产生的"空格"用小短横"－"表示，本文不再讨论。属于本文讨论的"空格"对象，用空格表示。

表2　象州疍家话韵母表

i		iu	im	in	iŋ	ip	it	ik
a	ai	au	am	an	aŋ	ap	at	ak
	ɐi	ɐu	ɐm	ɐn	ɐŋ	ɐp	ɐt	ɐk
e		eu	em	en	eŋ			
ɔ	ɔi			ɔn	ɔŋ		ɔt	ɔk
ø				øn	øŋ		øt	
u	ui			un			ut	
y				yn			yt	
					oŋ			ok

表3　象州疍家话声韵配合表

	ui	ɐi	au	yn	aŋ	ut	yt	en	ɔi	ø
P	+		+	+	−	+	−	+		−
Tt	+	+	+		+	+		+		+
Tts	+	+		+		+				
Ttɕ		+	+		+		+		+	+
Tk	+	+	+	+	+	+	+			+

三　"空格"现象的解释

考察上述表2和表3，对表3中出现的配合"空格"，可以作以下的历史解释：

1. 从韵母表中可以看出，以/i、a、ɐ/为主元音的韵母系列都呈现对称、平行分布，但以/ɔ/为主元音的韵母系列中由于唇音异化规则这一配音律的作用，出现了ɔu、ɔm、ɔp三个"空格"。这是共时音变规律制约的结果，我们已在另文中讨论，从共时变化作出了合理的解释。现在我们需要解释的是在以/ɔ/为主元音的韵母系列中出现的*uŋ和*uk两个"空格"。/u/韵母系列中有ui、un和ut三个韵母，如果从音系结构的系统性来看，应该还有*uŋ和*uk两个韵母，但这里却出现了"空格"，导致了整个音系格局的不平衡。问题出在哪里呢？再看以/o/为主元音的韵母系列，有oŋ和ok，但没有oi、on和ot，与/u/系列正好处于互补分布。这种分布状态使我们猜测，象州疍家话的/u/系列就来源于/o/系列，即oi>ui，on>un，ot>ut。历史分析正可以证明这一点。象州疍家话的ui主要来自灰韵，而灰韵在中古的主元音正是[o]。象州疍家话的un韵主要来源于山摄合口一等桓韵，该韵的中古音是uɑn，到《中原音韵》变作桓韵on，在很多方言中的今音都是[on]，如笔者的家乡广西来宾市象州话以及笔者调查的广西河池市怀远话（都属西南官话桂柳方言）。与桓韵的uan>on>un相对应，末韵在象州疍家话中则经历了下列变化：uat>ot>ut。但是ua>o的这一音变并未涉及整个/o/系列韵母，它只发生在舌位靠前的韵尾i、n、t前，在后舌位的ŋ、k前却保持oŋ、ok不变，从而造成了目前这种互补的局面。

那么为什么上述音变只发生在前舌位的i、n、t前而不发生在后舌位的ŋ、k前呢？这也需要做出解释。从音理上看，语言的清晰性原则要求语音尽量清晰明辨，相结合的两个音之间的差别越大，从听觉上就越容易分辨。比如ai听起来就要比e容易分辨，因为a和i这两个音之间的差别要比e和i之间的差别大。同样的道理，从o到u的变化也正是语音清晰性原则选择的结果。这从实验语音上可以得到证明：从元音来说，元音发音部位越前，第二共振峰 F2 越高，发音部位越后越高，F2 越低；从辅音来说，发音部位前，能量集中区越高，部位越后，能量集中区越低。o是发音部位较后的圆唇元音，F2 很低，u是比o发音更后更高的元音，其 F2 更低。[4] 在韵尾不变的情况下，u与i、n、t 韵尾结合时，元音和韵尾之间的区别比原来的组合oi、on、ot之间的差别要大，从听感上就更容易分辨，符合语言的清晰性原则。而当u与后舌位的ŋ、k结合时，u和韵尾ŋ、k之间的差别比o与ŋ、k之间的差别反而更小，在听感上可分辨程度比原来更低，与清晰性原则相抵触，所以阻止了变化的发生。

2./e/系列韵母中也出现了*ep、* et、* ek三个"空格"，造成音系格局的不对称。疍家话/i/和/e/分别来自中古开口三四等韵，三等韵带有i介音，四等韵的主元音则是e。由于语音的变化，疍家话一些三等韵的i介音取代了原来的主元音而成为主要元音：阳韵iŋ，药韵ik，仙韵in，薛韵是it。四等韵发生向三等合并。目前，有的韵已经完成了合并，有的韵还没有完成。已经完成合并的有咸、梗两摄。咸摄的四等由em（p）＞im（p），如：尖_咸tsim、甜_{咸四}tim、接_咸tsip、碟_{咸四}tip。按理，梗摄四等也应该平行地由eŋ＞iŋ，但由于iŋ的位置已经被宕摄三等阳韵字占据了，为了避免与阳韵产生混淆，梗摄三等被迫向四等靠拢，由eŋ＞iŋ。不过，梗摄入声韵的变化与舒声韵不同，仍然是四等向三等靠拢，由ek＞ik，并与药韵部分字合流。如：病_{梗开三}peŋ 、清_{梗开四}tsheŋ、石_{梗开}ɕik、戚_{梗开四}tshik。蟹、效两摄的三四等依然保持着i和e的对立，如：票_效piu、桥_效kiu、鸟_{效四}teu、料_{效四}leu、毙_蟹pi、制_蟹tɕi、米_{蟹四}me、洗_{蟹四}se。山摄基本上完成了由en（t）＞in（t）的变化，常用字中只残留两个字：来自三等的"碾"和来自四等的"扁"。另外还有几个例外：咸摄已经完成了从em（p）＞im（p）变化，但来自深摄的"金禁"不知为什么脱离了自己的大队伍，填补了em的"空格"，而来自咸摄三等的"贬"和四等的"舔"，韵尾由m变成了n，与山摄掉队的"碾扁"会合，成为例外。尽管如此，上述现象仍然表明，象州亘家音系中/i/和/e/系列韵母曾经处于平行、对称的状态，只是由于音位合并，ep、et、ek与ip、it、ik合流，因而在整个音系格局中留下了*ep、*et、*ek的"空格"，同时也在声韵配合表上留下了T类声母与en配合上的大量缺口。

3. 在象州亘家话中，/u/系列与/y/系列应该是平行对称的，在韵母表中两者大体呈现平行状态。但当我们把目光转向声韵配合表上观察时，我们会发现在平衡的大框架下隐含着的"空格"。在韵母表中un（t）与yn（t）在排列上是平行对称的，但在声韵配合"空格"情况表中yn（t）与T类声母中的各组声母的配合出现了两个"空格"。这些"空格"是由山摄合口三四等的不平衡发展造成的。山摄合口三四等在象州亘家话有三种变化方式（唇音字的变化不在讨论范围内，暂不考虑）：（1）主元音受介音的影响变成前圆唇元音y，即iun（t）〉 yn（t），如船_三ɕyn、县_三yn、月_四ȵyt、血_四hyt；（2）介音i 取代了主元音，与开口韵合流，即iun（t）〉 yn（t），如恋_三lin、劣_三lit；3、介音；失落，与一等的桓末韵发生合流，即iun（t）〉un（t）），如：砖_三tɕun、雪_三sut。由于三种变化方式发展的不平衡，造成了 Tt 、Tts 与 yn（t）和Tts与un（t））配合上的缺口。

4. P类声母与e类韵母有配合关系，但与ɐi的配合上出现了"空格"，即P类声母不与ɐi相拼。P类声母与ɐi的配合并没有违反任何一条配音律，从理论上说应该是规范的组合，我们称之为潜在的组合或者可能但不存在的组合。所以它的"空格"是语音历史演变的结果。从历史上看，象州疍家话的ɐi韵有几个来源：哈韵、泰韵开口和支脂微韵合口。上述各韵的非唇音字都变为了ɐi，只有唇音字走了另外的路线。《切韵》的唇音没有开合对立，但是中古的同一个韵如果因为开合不同在方言中分为两个不同的韵类，唇音字的演变会出现两个方向，一是跟开口字走，一是跟合口字走。在《切韵》时代，哈韵的唇音字就发生了跟着合口灰韵走的演变。后来，泰韵的唇音字也跟着合口跑。北京话及汉语的其他方言的演变都是如此，象州疍家话也是这样，所以这两个韵开口的ɐi中就没有唇音字了。止摄的唇音则跟着开口跑，微韵的唇音在韵图中虽然列为合口，但是轻唇化发生以后，它也跟着开口一道变化了，象州疍家话也是如此，这就是来自支脂微等的ɐi韵缺少唇音字的原因。

5. 声韵配合表中的另外一些"空格"源自中古《切韵》音系的结构特点。Tts类声母与a类韵配合时，留下了与au、aŋ配合的"空格"。au主要来自中古效摄二等肴韵，少数来自一等豪韵。T类ts组声母来自中古的精组，二等韵没有精组，而一等韵虽有精组，但中古一等豪韵在象州疍家话读ɔ，只有来自见系的少数几个非口语字因受周边西南官话柳州方言的影响，读au，于是出现ts组声母不与au配合的"空格"。aŋ来自梗摄开口二等韵，同样道理，二等韵中没有精组字，所以造成T类ts组声母不与a类韵的aŋ韵配合的结果。T类tɕ组声母不拼u类韵的ui韵母的原因，是因为ui来自蟹摄一等灰泰等韵，tɕ组声母来自中古的知照组，而一等韵中是没有知照组的。

6. 最后要特别讨论的是ɔi韵和ø类韵。疍家话ɔi韵只和tɕ组声母配合，且出现的频率很低，它只出现在"撅tɕhɔi、□揉搓 nɔi、□ɕɔi（甜～西红柿）、帅ɕɔi"等几个字音中（"□"表示有音但暂无确定的本字）。"撅帅"的中古来源不同，而其余两个有音无字，根据这几个字，我们很难对ɔi的音韵地位作出判断，所以对ɔi 的语音行为暂时无法做出解释。ø类韵的情况也是如此，它包括ø、øn、øŋ、øt几个韵母；虽然从表面上看它在韵母系统的排列是对称的，但在声韵配合上却很不平衡。这些音出现的频率也很低，每个韵只有二三个字音，并且往往找不到合适的字，因此它们的音韵地位也很难确定，要解释其语音行为比较困难。所以，我们对ɔi和ø类韵的来源作这样的猜测：1. 由于受到某种因素的干扰变化滞后，留在目前的阶段；2. 借自其他方言，从而造成不同语音系统的叠置。[7]

四 余言

本文初步追踪到了象州疍家话音系结构演变发展的历史轨迹，变化的推动力来源于语音系统的内部。与此同时，我们也注意到：推动一种语言或方言音系结构演变发展的力量也可能来自该语言或方言的外部，即来源于其他音系的影响。大量语言接触的事实证明，方言词语借用在某种情况下面会进入到核心词汇圈，方言接触也会引起方言音系结构的改变。不同语音系统在接触过程中是如何相互影响的，是受哪些因素制约的，我们觉得很值得进一步思考。如果我们对音系叠置的规律有一定的了解，就有可能对前文一些无法确定音韵地位的语音提出新的看法。

参考文献

[1] [美]维多利亚·弗罗姆金、罗伯特·罗德曼：《语言导论》，北京语言学院出版社 1994 年版。

[2] 白云：《广西象州蛋家话的音系结构》，《广西师范大学学报》（哲学社会科学版）2002 年第 3 期。

[3] 潘悟云：《汉语历史音韵学》，上海教育出版社 2000 年版。

[4] 吴宗济等：《实验语音学概要》，高等教育出版社 1987 年版。

[5] 徐通锵：《历史语言学》，商务印书馆 1996 年版。

[6] 袁家骅等：《汉语方言概要》（2 版），语文出版社 2001 年版。

[7] 王福堂：《汉语方言语音的演变和层次》，语文出版社 1999 年版。

（原载《广西民族学院学报》2006 年第 1 期）

贺州本地话"古端母浊化"等若干现象与古百越语语音

陈小燕

  贺州市位于广西壮族自治区东北部，地处湘、粤、桂三省（区）交界地。东面、东南面分别与广东省连山壮族瑶族自治县、怀集县相接，南与广西苍梧县交界，西与广西昭平、钟山县接壤，北与湖南江华瑶族自治县毗邻，是桂林、梧州、柳州、广州等大中城市交通要道必经之地和中转站。贺州在古代为百越民族栖息地，在中原汉人迁入之前，这里是土著民族语言——古百越语的天下。秦汉时期，随着漓江与湘江、贺江与潇水的联结沟通，贺州开始有中原汉人迁入。到了晋代，中原相继发生"八王之乱"和"五胡乱华"，大批士民向南迁徙，当时的贺州已有一定规模的南迁汉人定居。宋以后各个朝代，尤其是明清两朝，有不少人群或因征戍，或因兵祸，或因逃荒，从江浙、湘赣、闽粤和桂西等地陆续迁入，使贺州成为典型的多语言、多方言地区。境内除汉语以外，还有壮语（使用人口 2.6 万多人）、勉语（使用人口 3 万多人）等。贺州的汉语方言十分复杂，除了系属比较明确的客家话、白话（粤语）、官话、湖广话（湘语）、坝佬话（闽语）之外，境内还分布着至今归属未明的本地话、铺门话、都话（土拐话）、鸬鹚话等方言土语。本地话是贺州第一大方言，使用人口达 30 多万，约占全市总人口的 40%。在贺州各乡镇，不管是"自称"还是"他称"，这种方言均无一例外地称为"本地话"，以别于后来进入贺州的其他汉语方言（西南官话、客家话、白话、湘语等）。

  通过对贺州本地话语音、词汇进行全面的比较研究，我们认为贺州本地话归属粤语，是形成年代较早、保留早期粤语（老粤语）特点较多的方言之一。本文选取贺州本地话"古端母浊化"、"古精清母塞化"等若干特殊语音现象作为讨论对象，试图揭示这些特殊语音现象的语源及其发展演变的过程。

一 "古端母浊化"的古百越语语源及其历史演变

（一）汉语南方方言古端母今读类型

1. 读[t]：绝大多数南方方言古端母今读[t]。

2. 读先喉浊塞音[ʔd]：海南海口话端母读[ʔd]，如"灯[ʔdeŋ1]、单[ʔdan1]"等；浙南永康方言古端母在阴声韵前亦读[ʔd]（郑张尚芳，1985）。

3. 读浊塞音[d]：广西玉林话、广西贺州大宁本地话和仁义本地话、广西富川七都话、广东下江话（吴化片粤语）、粤北连山白话等，古端母字今读[d]。如：

	灯	赌	多	得
玉林话	daŋŋ54	du33	dɤ54	dak44
大宁/仁义本地话	doŋ52	du55	dø52	dɔk5
富川七都话	doŋ54	dau24	də54	dəu35
下江话	deŋ52	dou35	dɔ52	dɐk33
连山话	daŋ53	du55	dø53	dak55

4. 读[n]：湘南冷水铺话古端母今多读[n]，如"当[naŋ1]、灯[ni1]、东[ni1]、点[nəŋ3]"等（黄雪贞，1993）；浙南汤溪话古端母在阳声韵前读[n]，如"胆[no3]、单[no1]、端[nɤ1]"等（曹志耘，1990）；浙南永康、武义方言古端母在阳声韵前读[n]（郑张尚芳，1985）；广西富川九都话古端母在阳声韵前亦读[n]，如"灯[noŋ1]、短[naŋ3]"等。

5. 读[l]：广西贺州本地话（大宁、仁义点除外）；广西钟山土话；广西富川民家话、富川梧州话及富川八都话；广东新会荷塘话；闽北浦城话；湘南广发话等，古端母今都读[l]。浙南武义话、广西富川九都话等，古端母在非鼻尾韵前亦读[l]。如：

	低	赌	刀	堆
贺州桂岭、贺街本地话	loi52	lu55	lu52	lui52
钟山土话	luæ35	lu42	lo35	lui35
富川民家话	lei54	lau31	lo54	lua54
富川梧州话	lei53	lu44	lo53	lui53
富川八都话	lei55	lau31	lo55	lua55
新会荷塘话	lai24	lu55	lau24	lui24
闽北浦城话	lie35	lo44	lau35	lue35
湘南广发话	li24	lu35	lou24	lei24
浙南武义话	lie35	lu55	luɯÐ35	la24
富川九都话	lei55	leu24	lao55	lua55

6. 读零声母：广东台山（台城）话、开平（赤坎）话、鹤山（雅瑶）话等，古端母今读零声母。如：

	都（城）	戴	底	堆	刀	斗（名词）
台山（台城）	u33	ai31	ai55	ui33	au33	eu55
开平（赤坎）	u33	ai31	ai55	ui33	ɔ33	au55
鹤山（雅瑶）	Au33	ɔ32	ai55	ui33	ɛ33	ɔu55

（二）贺州本地话"古端母浊化读[l]或[d]"的古百越语语源及其历史演变

我们认为，贺州本地话古端母浊化读[l]或[d]，很可能是语言接触和渗透的结果，其语源可能是作为古百越语底层形式的先喉浊塞音[ʔd]。

两广、湘南、江浙、闽北、海南等地区汉语方言都不同程度地存在着端母浊化且与阴调相配的现象，其中桂东北、桂东、桂东南、湘南、粤北、粤西等地区尤其普遍。这些地区端母浊化现象可能并不是一种巧合，而是"异地同源"现象，其共同的语源可能是作为古百越语底层形式的先喉浊塞音[ʔd]。众所周知，两广、湘南、江浙、闽北、海南等地是古百越民族故地，尤其是广西东北部和南部、湘南、粤北等地区，至今仍是壮侗等少数民族聚居之地。这些地区历史上乃至今天，与百越民族之间语言接触一直都非常频繁，语音之间相互渗透的客观条件是成熟的。另据陈忠敏先生分析（1989、1995），先喉浊塞音[ʔd]不仅存在于今壮侗语中，也见于南亚语系和南岛语系的一些语言，是古代百越语底层形式，今汉语南方方言和侗台语、东南亚各语种里的先喉浊塞音从类型、性质到演变途径都非常一致，进一步揭示了汉语南方方言中的先喉浊塞音应是古百越语影响渗透的结果。作为古百越语底层形式的先喉浊塞音[ʔd]在今汉语南方方言中的表现和分布形式不尽相同，有的方言仍保留先喉浊塞音[ʔd]，如海南海口方言、浙南永康方言等；而有的方言则发生了演变，读[d]、[l]（或[n]），如玉林话、贺州本地话、富川新华话等。作为古百越语底层形式的先喉浊塞音[ʔd]在这些汉语方言中的发展演变过程，应该是一种直接的、链状的演变：端ʔd→d→n/l。今端母仍读[ʔd]的方言应是保留了较早的历史层次；贺州本地话古端母多读[l]（如桂岭、贺街本地话等），也有读[d]的（如仁义本地话），这是两个不同历史层次的语音现象叠置于同一种方言共时的语音系统中的表现：读浊塞音[d]当是早期的，由[ʔd]直接演变而来，而读边音[l]则可能是晚近由[d]进一步演变而成；此外，今端母读[n]或[l]的，应该都是直接由浊塞音[d]演变而来，属于同一个历史层次，今有的方言点古端母既有读[n]也有读[l]的，彼此之间不对立，也不受韵母限制，如广西富川新华话等，另不少南方方言存在[n]、[l]不分现象，[n]、[l]属自由音位变体，如桂林官话等，这些均可作为佐证。

二 "古精清母塞化" 的古百越语语源及其历史演变

贺州本地话精母读不送气清塞音[t]，但与阴调相配，与来自古定母的字读为阳调不同，如：精 tɛn1、椒 tiu1、租 tu1、早 tu3、借 tia5、积 tɛt7/tɛk7 等；古清母读送气清塞音[th]，与透母一样均与阴调相配，因此清透二母可以同音，如：搓拖 thø1；锹挑 thiu1 等。

广西东北部、东南部还有不少其他方言精、清也读[t]、[th]，如**钟山土话**：借 tie51、嘴 tui42、清 th35、草 tho42；**平乐青龙话**（李连进，2000）：脊 tE55、津 tEi53、亲 thiE53、七 thiE55、村 thɛŋ53；**富川梧州话**：井 ten44、酒 tau44、草 tho44、浅 thin44；**昭平土话**：尖 tim52、借 tɛ44、操 thɘu52、寸 thun44；**藤县话**（李连进，2000）：进 tən533、节 tit55、切 thi55、千 thin53、亲 thən53 等。有的方言精母不读[t]但清母读[th]，如**蒙山西河客家话**（李

如龙、张双庆，1992）精、清分别读[θ]、[tʰ]：最θui56、祖θu3、做θɔ56、妻thi1、催thui1、错thɔ56；**广西玉林话**精母同端母读浊塞音[d]，清母读[tʰ]：紫di33、子di33、嘴dui33、早dɤu33、雌thi54、此thi33、刺thi51、草thuɤ33等。

今广东境内也有不少汉语方言精、清读[t]、[tʰ]，如**粤北连山话**：紫ti55、资ti53、酒tou55、刺thi35、秋thou53；**粤西郁南话**：节tit43、粽toŋ42、草thu35、葱thoŋ55；**新会荷塘话**：祖tou55、借tɛ22、醋thu33、草thau55；**南海沙头话**：祖tou35、做tou33、粗thou55、错thɔ33；**台山台城话**：祖tu55、做tu31、醋thu31、错thɔu31；**开平赤坎话**：姐tia55、借tia31、醋thu31、错thu31；**鹤山雅瑶话**：祖tAu55、做ty32、醋thAu32、错thɔu32等。

赣语中也有精组读如端组的现象，如江西南城话和闽北建宁话，主要表现为清母读如透母（李如龙、张双庆，1992）。如**南城话**：粗thu1、醋thu5、错thɔ5、操thou5；**建宁话**：粗thu1、醋thu5、错thɔ5、操thau5。

陕西关中方言有些地方精、清读如端、透的现象，如**宝鸡**（董琳莉，1997）：精tiŋ1、清thiŋ1；**兴平**（孙立新，1997）：即ti21、七thi21、亲thiŋ21。

汉越语精、清也读[t]、[tʰ]，如：节tEt35、切thEt35、千thEn44、进tɐn35、亲thɐn44（李连进，2000）。

麦耘先生认为（1997），精组塞化读如端组来源于早期粤语中作为壮侗语底层的齿间塞擦音和擦音[tθ]、[θ]类音；李连进先生认为（2000），唐代以前的汉语音系里精清确曾尚未从端透分出，即古无齿头音，今玉林市以至玉林、梧州两地区的广大农村精、清读"[t]、[tʰ]"是"古无齿头音"的留存。我们倾向于麦耘先生的推论，认为部分汉语南方方言存在的精组塞化现象是历史上受古百越语影响的结果，但其最早语源可能不是麦耘先生所构拟的齿间塞擦音和擦音[tθ]、[θ]类音，而应是边塞擦音和擦音[tɬ]、[ɬ]类音。今壮语、侗语、傣语、黎语等少数民族语言的诸多方言中都有边擦音声母[ɬ]，尤其是黎族自称为[ɬai1]，更能说明边擦音声母[ɬ]很可能是古百越语语音的直接留存，据此推断，古百越语应该也有与边擦音[ɬ]相配套的[tɬ]类塞擦音。今壮侗语中，不少语言古塞擦音已经塞化或擦音化，如，今广西壮语语音系统中已基本没有塞擦音，古边塞擦音[tɬ]类音在武鸣壮语中已发展演变为塞音[t]或齿间擦音[θ]（一般记为[s]，但其实际音值为典型的齿间擦音），在南壮的一些方言中则演变为塞音[t]或边擦音[ɬ]。汉语南方方言精组塞化的性质和演变途径与壮侗语古塞擦音塞化应当是一致的。从汉语语音史角度考察，汉语南方方言精组塞化的时间应当是在ʑ浊音清化ʑ基本完成之后，即北宋以后。就贺州本地话而言，精、清塞化的时间可能更晚一些，具体而言，应该是在端母浊化之后，为了填补端母变[d]后的空缺而变精为端，清亦随之变为透，其演变的步骤大致如下：浊音清化→端母浊化→精、清塞化。越南汉越语中的精组塞化现象，与汉语南方方言精组塞化应该是同源的。汉越语是隋唐时期进入越南的汉语借词，当时借入的精组字读音很可能不是通语的读音，而是南方方音且很可能是今广西一带的汉语方音，即作为古百越语底层的边塞擦音和擦音[tɬ]、[ɬ]类音。汉越语精组塞化当是借入后才演变形成的，与汉语南方方言精组塞化现象之间属于ʑ异地同源且同变ʑ关系；至于陕西关中方言有些方言点精组也塞化，包括今北京话古从母字"蹲 tun1"（《广韵》，徂尊切，本应读为"tshun2"）读如端母等例外音，则可能只是"异地同变"现象，而与汉语南方方言精组塞化现象并不同源。

三　"古从心邪母合流读[θ]或[f]"的古百越语语源及其历史演变

（一）贺州本地话及周边方言古心母今读类型及其分布情况

1. 读边擦音[ɬ]。广西玉林话：锁ɬœ33、西ɬai54、消ɬɒu54、信ɬan51；**广西藤县话**：锁ɬɐ33、写ɬɛ33、素ɬu33、赛ɬœ533；**桂南平话（亭子）**：写ɬe33、苏ɬu53、絮ɬy55；**广西南宁白话、廉州白话**，如：写ɬɐ35（南宁）/ɬɛ24（廉州）；**粤北连山话**：写ɬia55、西ɬɔi53、消ɬiu53、蒜ɬun35；**粤西郁南话**：四ɬi42、扫ɬu42、线ɬin42、蒜ɬun42；**广东新会荷塘话**：丝ɬi24、三ɬam24、松ɬɔŋ24、碎ɬui33；**广东台山（台城）话**：锁ɬɔu55、写ɬiɛ55、素ɬu33、丝ɬu21；**广东开平（赤坎）话**：襄ɬɐ33、锁ɬu55、写ɬia55、素ɬu33；**广东鹤山（雅瑶）话**：襄ɬɒu55、锁ɬɔ55、写ɬiθ55、素ɬʌu33 等。

2. 读齿间擦音[θ]。贺州本地话（大宁、大平点除外）：三θam52、西θoi52、写θia55、心θɔm52；**钟山土话**：锁θø42、西θuæ35、消θiu35、信θuã51；**昭平土话**：散θan5、心θɐm1、写θiɛ3、息θɐk7；**粤西怀集话**：锁θɔ53、西θai42、消θiu42、信θɐn33；**广西蒙山（西河）客家话**：心θim1、伞θan3、

仙θien1、酸θɔn1 等。

3. 读唇齿擦音[f]：贺州**大宁、大平**本地话，如：三 fam52、松 fuŋ52、碎 fui45、写 fia55/fieɛ55 等

4. 读舌尖前擦音[s]或舌面擦音[ɕ]：如桂北平话、客家话、西南官话（非细音前）等读[s]；梧州白话、西南官话（细音前）等读[ɕ]。

（二）贺州本地话及周边方言古从、邪母与心母的分混及读法

1. 从、邪母与心母合流读擦音。

（1）从、邪母与心母合流读边擦音[ɬ]。如**藤县藤城**：坐ɬɔ35、才ɬœ212、在ɬœ35、斜ɬE35、谢ɬE22、徐ɬy212、锁ɬɔ33、写ɬE33；**粤北连山**：坐ɬø13、才ɬøy21、杂ɬat214、祠ɬi21、袖ɬɔu214、俗ɬuk214、写ɬia55、西ɬɔi53；**粤西郁南**：在ɬɔi13、钱ɬin21、席ɬɐk22、象ɬɐŋ21、四ɬi42、扫ɬu42 等。

（2）从、邪母与心母合流读齿间擦音[θ]。如**贺州本地话**：坐θø24、齐θoi231、谢θia214、俗θuk214、三θam52、西θoi52；**钟山土话**：坐θø33、齐θuæ213、袖 θocɔ33、俗θo44、锁θø42、西θuæ35；**昭平土话**：坐θɔ24、裁θɔi31、习θap8、席θɛk8、散θan5、心θɐm1。

（3）从、邪母与心母合流读唇齿擦音[f]。贺州**大宁、大平**本地话等，如：从fuŋ231、才 fø231、谢 fia6、集fɔp214、三 fam52、松 fuŋ52 等。

2. 从、邪合流读塞音而与心母读擦音有别。

（1）**广西玉林话**从、邪母合流读[t]而心母读[ɬ]，如：坐 tɤ24、才 tɔi32、谢 tɛ21、袖 tau21、/锁ɬœ33、西ɬai54。

（2）广东**新会荷塘话、开平赤坎话、鹤山雅瑶话**等，从、邪母合流读[t]或[th]（仄声读[t]，平声读[th]）而心母读[ɬ]，如荷塘话：座tɔ22、才 thuɔi21、邪 thɤ21、谢 tɛ22、/松 ɬoŋ24、碎ɬui33；赤坎话：聚 tui31、财 thuɔi22、斜 thia22、谢 tia31、/写ɬia55、素ɬu33；雅瑶话：财 thyθ12、聚 tui32、词 thy12、谢 tiθ32、/蓑ɬuɔ55、写 ɬiei55。

（3）广东**台山台城话**从、邪母合流读[t]或[th]（平、上读[th]，去、入读[t]）而心母读[ɬ]，如：财 thuɔi22、聚 thɔi21、在 tuɔi31、斜 thiɛ33、谢 tiɛ31/锁ɬuɔ55、写ɬiɛ55 等。

（4）广西蒙山（西河）客家话，除个别从、邪母字混同心母字读[θ]（如集θip8、习θip8、俗θuk8）外，大多数从、邪母字合流读[th]而与心母

读[θ]有别，如：残 than2、钱 thien2、尽 thin56、斜 thia2、谢 thia56、徐 thi2、/心 θim1、伞 θan3、酸 θɔn1。

3. 从、邪母合流读塞擦音而与心母读擦音有别，包括粤西怀集话、桂北（临桂）平话、桂南（亭子）平话、南宁白话、廉州白话、梧州白话、陆川客家话、桂柳官话、全州湘语等等。

（三）贺州本地话"古心母读[θ]或[f]"的古百越语语源及发展演变

贺州本地话等汉语方言古心母读擦音[θ]或[f]，应该是来源于早期粤语中作为古百越语底层形式的边擦音[ɬ]。

在今粤北、粤西南、桂东南、桂南等地区不少方言中存在边擦音声母，另徽语区的黄山话和闽语区的莆仙话也有这个声母。从汉语语音史、边擦音[ɬ]声母在今汉语方言及壮侗语诸语言中的分布情况等角度考察，汉语南方方言中的边擦音声母[ɬ]应该是作为古百越语的底层成分在汉语方言中的留存。在李方桂、王力、高本汉、邵荣芬、杨耐思等知名汉语史学家所构拟的各个历史层次的古音中，未见有边擦音声母[ɬ]，今汉语北方方言也未见有这个声母，由此可推断，边擦音声母[ɬ]可能不是汉语古音的留存或由汉语古音直接发展演变而来。今壮语、侗语、傣语、黎语等少数民族语言的诸多方言中有边擦音声母[ɬ]，如黎语保定话的"[ɬeɯ1]（女婿、新郎）、[ɬau3 gu：ŋ1]（亲戚）、[ɬɯ：k7 fou3]（孙子）、[ɬi：n3]（舌头）、ɬa：u3（心脏）、ɬɯ：ŋ3（清）、ɬɯt7（层）"等，尤其是黎族自称为[ɬai1]，更能说明边擦音声母[ɬ]很可能是古百越语古音的直接留存。今有边擦音声母[ɬ]的汉语方言区如粤北、粤西南、桂东南、桂南等，自古以来都是壮侗诸民族居住地，历史上乃至今天都与壮侗语之间有着密切的接触关系，可以推断，在这些地区的汉语方言形成时，作为古百越语底层成分的边擦音声母田就已存在于它们的语音系统当中并留存至今。贺州本地话等汉语方言心母读[θ]或[f]，可能都是由作为古百越语底层的边擦音[ɬ]发展演变而来。我们推断，早期的贺州本地话心母可能也读[ɬ]，后来由于"发音部位前移（省力原则）"等内因起作用演变为[θ]，最后再进一步演变为[f]。我们知道，人的发音器官，越是偏前的部分越灵活，因此这些部位发出的音容易留存；而偏后的部位灵活性则差一些，为了省力，偏后部位发出的音就容易弱化或发生演变。从舌尖前边擦音[ɬ]，到齿间擦音[θ]，再到唇齿擦音[f]，贺州本地话心母字的读音明显地朝着越来越省力的方向演变，今贺州桂岭老派本地话古心母字都读齿间擦音[θ]，而新派则多有读[f]的，似可作为佐证。如此看来，广西玉林话、粤北连山话等古心母读边擦[ɬ]，贺州（桂岭、贺街、仁义）本地话、钟山土话、昭平土话、粤西怀集话等古心母读[θ]，贺州大宁、大平本地话古心母读[f]，分别代表了古心母字三个历史层次的读音：读边擦音[ɬ]应是较早期的，是作为古百越语底层的边擦音[ɬ]的直接存留；齿间擦音[θ]由边擦音[ɬ]直接发展演变而来，属于第二个历史层次的读音；而读唇齿擦音[f]则可能是晚近才由[θ]演变形成的。

通过以上的分析和讨论，我们可以看出，贺州本地话语音系统在形成及其发展演变过程中，有着较深的古百越语语音影响的烙印；另外，贺州本地话不少口语常用字 m、n、ŋ、l 与阴调类相配，阴入调二分等，应当也是受古百越语影响的结果；加之贺州本地话常用词中有规模不小的壮侗语"关系词（底层词）"，使得贺州本地话呈现出诸多与其他汉语方言不同的"特征音"和"特征词"。个别先生曾据此认为贺州本地话是"当地的一种壮语"（张奕，1993），通过全面的调查和研究，我们认为"贺州本地话归属壮语"这种观点明显是有偏颇的。从贺州本地话语音与《广韵》所代表的中古音的对应关系、贺州本地话与周边汉语方言之间语音的亲疏关系以及通过贺州本地话语音系统的历史层次分析，贺州本地话归属汉语方言当属无疑。贺州本地话中存在较其他汉语南方方言更为丰富的古百越语底层现象，应该是长期的、频繁的语言接触过程中语言渗透的产物，反映出贺州本地话与古百越语诸语言之间历史上一直有着较为密切的接触，贺州本地话的形成和发展演变过程中受古百越语影响较深。具体而言，贺州本地话语音系统中的古百越语底层成分，应该是在成型之后与百越语频繁接触而受百越语影响渗透的产物，其中端母浊化当是较早期的，但也应当是在"浊音清化"基本完成之后，即北宋后；古塞擦音塞化、擦音化，次浊母与阴调相配等音变则可能晚些，但也应该是在中古时期，如古精、清母读[t]、[th]现象，在广西一些少数民族语言如仫佬语的中古层次汉语借词中不难发现，似可作为旁证，而古百越语对贺州本地话调类分混的影响和渗透则应该是宋以后（近古）才发生的。

参考文献

[1] 陈忠敏：《汉语、侗台语和东南亚诸语言先喉塞音对比研究》，《语言研究》1989年总 16 期。

[2] 陈忠敏：《作为古百越语底层形式的先喉塞音在今汉语南方方言里的表现和分布》，《民族语文》1995 年第 3 期。

[3] 曹志耘：《金华汤溪方言帮母端母的读音》，《方言》1990 年第 1 期。

[4] 董琳莉：《周至方言语音研究》，暨南大学硕士论文，1997 年。

[5] 黄雪贞：《江永方言研究》，社会科学文献出版社 1993 年版。

[6] 李如龙、张双庆：《客赣方言调查报告》，厦门大学出版社 1992 年版。

[7] 李连进：《平话的历史》，《民族语文》2000 年第 6 期。

[8] 李连进：《平话音韵研究》，广西人民出版社 2000 年版。

[9] 麦耘：《中古精组字在粤语诸次方言的不同读法及其历史意义》，Journal of Chinese Linguistics，Vol.25，No.2，June 1997。

[10] 孙立新：《关中方言说略》，《方言》1997 年第 2 期。

[11] 辛世彪：《新会荷塘话音系特点及分析》，载《汉语方言研究文集》（李如龙主编），暨南大学出版社 2002 年版。

[12] 郑张尚芳：《浦城方言的南北分区》，《方言》1985 年第 1 期。

[13] 詹伯慧、张日昇主编：《粤北十县市粤方言调查报告》，暨南大学出版社 1994 年版。

[14] 詹伯慧、张日昇主编：《粤西十县市粤方言调查报告》，暨南大学出版社 1998 年版。

[15] 詹伯慧、张日昇主编：《珠江三角洲方言字音对照》，广东人民出版社 1987 年版。

[16] 张奕：《贺县客家方言探讨》，贺县县志（贺县县志编纂委员会编），广西人民出版社 1993 年版。

（原载《广西民族研究》2006 年第 4 期）

广西恭城直话单字调和双字调
变调的实验研究

关英伟　吴　晶

一　引言

　　恭城直话是在广西恭城瑶族自治县栗木镇使用的一种汉语次方言，其系属还有待考证。说该方言的当地人自称为"直话[ti⁴¹ xua⁴¹]"，外人称之为"土话"。

　　栗木镇位于广西恭城瑶族自治县最北部，东与湖南交界，南与嘉会乡毗邻，西接灵川县，北接灌阳县。全镇人口4.3万，共17个行政村，一个居委会。本文讨论的恭城直话，主要分布在栗木镇下辖的9个行政村中，人口1.7左右，占全镇人口近40%。直话人原为汉族，20世纪90年代初恭城县改为恭城瑶族自治县，也随之改为瑶族。此外，还有龙虎乡岭尾、实乐两个自然村1500多人也说直话。当地人称，各村直话语音大体一致，只是上灌、高岭以及龙虎乡的岭尾、实乐的直话，略有不同，但不影响交际。

　　恭城直话有声母22个；韵母30个，其中单韵母9个，复韵母13个，鼻韵母8个；声调7个，其中平、上、去各分阴阳，阳入归并到了阳去。

　　实验语音学可以为声调研究提供更为实证和客观的考察手段，本文在关英伟（2005）《恭城直话音系》的基础上，通过声学分析的方法对恭城直话单字调系统进行进一步的声学考察，并对双字调变调进行实验研究，将实验结果与田野调查结果进行比较和综合，力求为恭城直话声调系的研究得出更为客观的结果。

二 实验说明

2.1 实验材料和发音人

实验材料分单音节字表和双音节字表两个部分。单音节选择[a] [i] [u] [ɤ]四个元音,基本照顾了前、后、高、低各个位置,声母尽量用塞音或塞擦音,包括栗木直话的七个声调共 28 个音节。双音节按 7 个声调两两组合选词,得到共 49 个组合,每个组合保证选词至少四个,49 个组合共 196 个词,392 个音节。声母首选塞音或塞擦音,同时尽量照顾各种结构。

单音节每个字录音时念三遍,每个声调是 12 个样本,七个声调共计84 个样本。双音节每个词各念一遍,共得到 392 个样本。

2.2 声调段的确定

恭城直话的声调虽然有阴阳对立,但与声母的清浊已经没有对应关系,从听感上可以感觉到阳平还带有浊音的痕迹,但从语图中我们并没有发现阳调有浊音的迹象,因此,本文的声调段等同于韵母段。我们确定声调段的方法基本上参照朱晓农先生的标准(朱晓农 2004:40)。声调起点等同于发声起点,一般是 F2 的第一个声门直条清晰可见处。声调终点的确立标准是:降调基频终点是在宽带图上的基频直条有规律成比例的间隔结束处。升调基频终点定在窄带语图上的基频峰点处。平调参照降调的标准。

2.3 实验过程和方法

本次实验的录音软件为 Cooledit,录音时使用 B-2PRO 麦克风加外接声卡直接录入计算机,以波形文件形式储存。采样率为 44100Hz,单通道,采样精度为 16 位。所有声学参数的提取都是通过 Praat 声学分析软件完成,全部数据使用 Excel 电子表格进行统计和分析。

我们首先在 Cooledit 软件上对录音样本进行切分,然后将切分好的样本导入到 Praat 中,对每个样本进行声调段的标记,在此基础上,运行"音高提取程序",提取 10 个基频点数据;再将数据导入 Excel 电子表格中进行处理,计算发音人在 10 个时刻点上七个声调的基频数据的平均值和标准差。

2.4 五度值的换算方法

为了方便与田野调查的五度值记调结果进行比较，本文对所有单字调和双字调组合的基频数值进行了 T 值换算（石峰 1990：68）。T 值法的公式如下：

T=（lgx-lgb）/（lga-lgb）× 5

其中，a 为调域上限频率，b 为调域下限频率，x 为测量点频率。在本文中，单字调的 a、b 分别取平均后的 7 个声调基频数据点中的最大值和最小值，双字调的 a、b 则分别取平均后所有声调组合中基频数据的最大值和最小值。

三　单字调实验结果分析

我们根据基频均值和归一后的 T 值数据，分别作出恭城直话单字调基频平均曲线见图 3－1 和 T 值音高曲线见图 3－2。

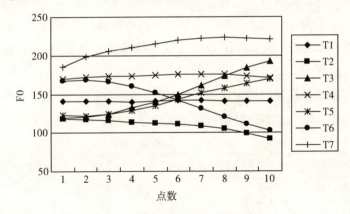

图 3－1　单字调基频平均曲线

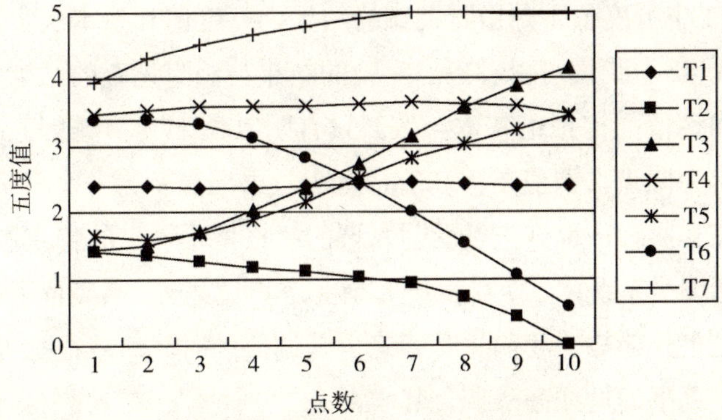

图 3－2　单字调 T 值音高曲线

从图 3—1 显示的基频曲线可见,恭城直话的七个声调中,有两个平调:阴平 T1 和阳上 T4;两个降调:阳平 T2 和阳去 T6;三个升调:阴上 T3、阴去 T5 和阴入 T7。其中,最高点是阴入调的终点 223Hz,最低点是阳平调的终点 92Hz。

图 3—2 是进行基频归一后的五度值音高曲线。从显示的五度音高曲线看,阴平 T1 呈一条平直曲线位于调域中部的 3 度区间。阴上 T3 和阳去 T6 一升一降斜跨调域的 2 度至 5 度区间,相交于 T1 中段,三条曲线在 T1 调长的二分之一处汇成一个交叉点。阳上 T4 与阴平 T1 平行,比 T1 高 1 度,位于调域的 4 度区间。阴去 T5 与阴上 T3 的整体走势十分相似,前二分之一重合,后二分之一才逐渐分开,只是终点比 T3 低了 1 度。阴入 T7 是一个高升调,起点位于 4 度区间,终点升至调域的最顶部。

这里我们发现了一个有意思的现象,除 T7 外的其余六条曲线如果以它们的相交点为中心线,左右两边基本呈对称现象,而且它们的音高曲线或相交或相接连在一起。只有 T7 的音高曲线孤立于调域上方,似乎与这六个声调"格格不入"。

根据 T 值换算的结果如图 3—2 所示,我们把恭城直话的单字调实验结果获得的五度调值与田野调查的结果放在一起进行比较,见表 3—1。

表 3—1　单字调五度值对比

调类	阴平 T1	阳平 T2	阴上 T3	阳上 T4	阴去 T5	阳去 T6	阴入 T7
五度值 I	33	21	35	55	24	41	53
五度值 II	33	21	25	44	24	41	45

表 3—1 中五度值 I 是田野调查的结果,五度值 II 为本次实验的结果。

从表 3—1 中我们可以看出,实验的结果与田野调查的结果大体相同,调型走向和调值的构拟也基本一致。只有阴入调 T7 差异较大:田野调查结果我们定为降调,调值定为/53/,而实验结果显示为一个升调,调值定为/45/。究其原因,也许正是受阴入调的"格格不入"的特点影响所致。在恭城直话调类系统中,T7 游离于其余 6 个声调之外,高高位于调域顶部,曲线微微呈上升趋势。我们凭听感确定其调值的时候,就很难确定其到底是高升调、高平调抑或高降调。其实,/55/、/44/、/54/、/45/从听感上很难严格区分开来。我们定为 /53/ 是平衡了各个调类及其调值的情况后，出于让 T7 的调值不要过于"游离"于其他调类之外的一种考虑。本次实验结果为恭城直话单字调 T7 调值的正确构拟提供了声学依据，弥补了听感上的局限，这也是本次实验的一个新发现。

四　双字调实验结果分析

基于以上单字调的分析，本节讨论双字调连调式的语音变调，即只在语音层面上发生声调变异，变调后不引起意义变化，其功能是调节发音。在恭城直话双字调连调式中，我们没有发现 T1、T4、T5 发生变调的情况，其余 T2、T3、T6、T7 四个声调都会在一定程度上发生变调。为了便于比较，我们采用 T 值音高曲线图。下面我们分别讨论变调的具体情况。

4.1　T2 的变调

从听感上分辨，T2 的后字根据其双音节的结构形式的不同有两种变调，我们分为 T2a 和 T2b 两类来考察。T2a 为偏正结构，T2b 为动宾结构。

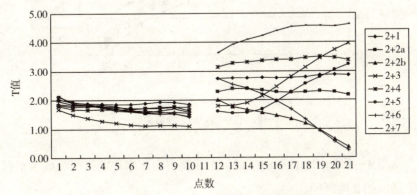

图 4-1　T2+（T1-T7）音高曲线

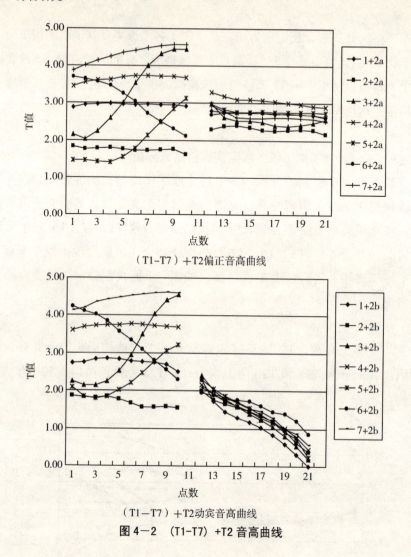

（T1–T7）+T2偏正音高曲线

（T1–T7）+T2动宾音高曲线

图 4—2 （T1-T7）+T2 音高曲线

从图 4—1 看，T2 位于前字时，声调调型由单字调的降调变成了平调，位于调域的 2 度区间。

图 4—2 是 T2 位于后字的音高曲线， T2 在图中一分为二。偏正结构 T2a 的音高曲线大都集中在调域的 3 度区间，呈一条平直的曲线，而动宾结构 T2b 的音高曲线呈下降趋势，起点比 T2 的单字调起点高出 1 度，位于调域的 3 度区间。

4.2 T3 的变调

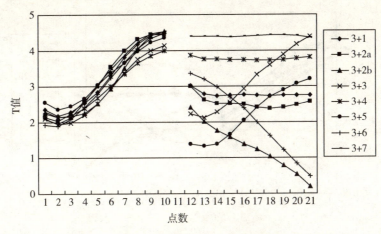

图 4—3 T3+(T1-T7) 音高曲线

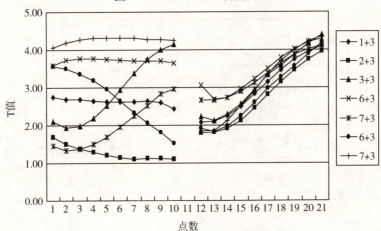

图 4—4 (T1-T7) +T3 音高曲线

从图 4—3 看，T3 位于前字时，声调调型没有改变，但起点升幅提高，由单字调的 2 度上升到了 3 度。

图 4—4 显示，T3 位于后字时，整体情况与其在前字时的音高曲线相同，起点升幅虽然略比前字低，但比单字调要高，大多数都到达了 3 度区间。

4.3 T6 的变调

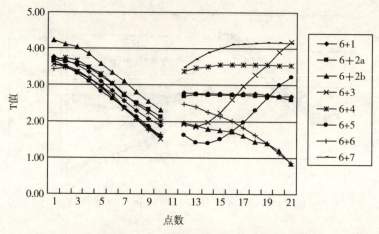

图 4-5　T6+(T1-T7) 音高曲线

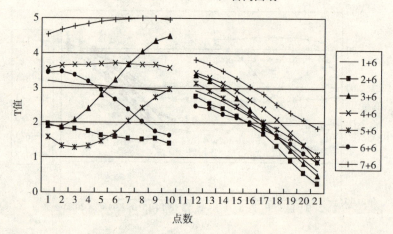

图 4-6　(T1-T7) +T6 音高曲线

　　图 4-5 和图 4-6 中，T6 位于前字位置时，前字起点比较集中，终点降幅比位于后字位置的 T6 要减少，大多数都在 2 度区间的上部和 3 度区间的下部。后字起点和终点都比较分散，后字终点的降幅也比前字的下降幅度增加，大多数落在 1 度区间。

4.4 T7 的变调

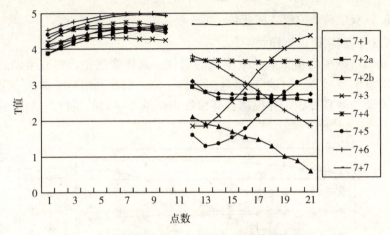

图 4-7 T7+（T1-T7）音高曲线

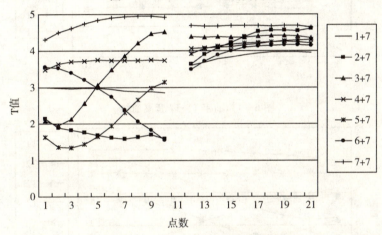

图 4-8 （T1-T7）+T7 音高曲线

从图 4-7 看，T7 位于前字时，虽然大部分位于 5 度区间，但仍然可以看出是一个上升的调型，除了与 T3 和 T5 两个升调连读时，调型因为异化变成一个高平调，与其他声调组合时，仍然保持一个升调。从图 4-8 中可以看到，后字 T7 有两个变体/45/和/55/，T7 与 T3、T5 和 T7 三个升调组合时，由于声调异化的作用，为了避免拗口，调型变成了一个高平调/55/。而 T7 与其他非升调组合时，如 T1、T2、T4、T6 仍然保持一个高升调的调型。

五　讨论

5.1　双字调调位模式和变体

5.1.1　双字调调位模式

我们依据平均值来归纳双字调的调位。具体做法是，将双字调的每一声调位于前后音节时的 T 值数据进行平均，据此画出位于前后音节的七个声调的音高曲线，并根据音高曲线来归纳双字调的调位。见图 5－1和图 5－2。

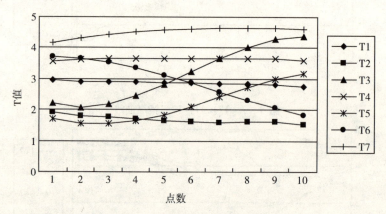

图 5－1　前字 T1-T7 音高曲线

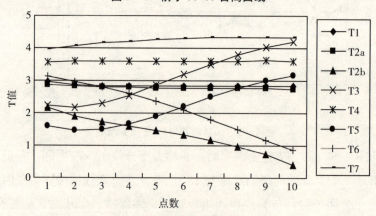

图 5－2　后字 T1-T7 音高曲线

从图 5－1 和图 5－2 看，恭城直话双字调 T1、T4、T5、T7 无论位于前字还是后字位置，声调大体没有发生变化，但在实际组合中会有一些因为协同发音带来的变化，见 5－2；　T2、T3、无论位于前字还是后字位置都会发生变调；其中 T2 位于前字时由低降调/21/变为低平调/22/；位于后字时根据结构不同分化出两种变调：偏正结构 T2a 变为/33/，与阴平后字的声调合并，动宾结构 T2b 变为/31/，升幅比单字调上升 1 度。T3 位于前字和后字位置时，起点升幅提高，由/25/变为/35/。T6 位于前字降幅比单字调减少，调值定为/42/，T6 位于后字时，调值没有发生变化，调值仍为/41/。

恭城直话七个声调两两组合共 49 组双字调，连读变调时 T2 后字根据结构不同分化出两个变调类型，故应有 56 种组合，但由于 T2a 变调模式与 T1 后字变调模式相同，合并后仍然是 49 种组合，具体调位模式见表 5—1。

表 5—1　恭城直话双字调调位模式

序号	调位模式（五度值标写）	调类组合（声调分类标写）	序号	调位模式（五度值标写）	调类组合（声调分类标写）
1	33+33	T1+T1, T1+T2a	20	35+31	T3+T6
2	33+31	T1+T2b	21	35+55	T3+T7
3	33+35	T1+T3	22	44+33	T4+T1, T4+T2a
4	33+44	T1+T4	23	44+31	T4+T2b
5	33+24	T1+T5	24	44+35	T4+T3
6	33+31	T1+T6	25	44+44	T4+T4
7	33+55	T1+T7	26	44+24	T4+T5
8	22+33	T2+T1, T2+T2a	27	44+31	T4+T6
9	22+31	T2+T2b	28	44+55	T4+T7
10	22+35	T2+T3	29	24+33	T5+T1, T5+T2a
11	22+44	T2+T4	30	24+31	T5+T2b
12	22+24	T2+T5	31	24+35	T5+T3
13	22+31	T2+T6	32	24+44	T5+T4
14	22+55	T2+T7	33	24+24	T5+T5
15	35+33	T3+T1, T3+T2a	34	24+31	T5+T6
16	35+21	T3+T2b	35	24+55	T5+T7
17	35+35	T3+T3	36	42+33	T6+T1, T6+T2a
18	35+44	T3+T4	37	42+31	T6+T2b
19	35+24	T3+T5	38	42+35	T6+T3

39	42+44	T6+T4	40	42+24	T6+T5
41	42+31	T6+T6	46	45+44	T7+T4
42	42+45	T6+T7	47	55+24	T7+T5
43	45+33	T7+T1，T7+T2a	48	45+31	T7+T6
44	45+31	T7+T2b	49	45+55	T7+T7
45	55+35	T7+T3			

5.1.2 双字调调位变体

恭城直话双字调调位变体是根据 49 种组合的实际情况归纳出来的。我们将每种组合分别提取基频数据并作出 T 值图，得到恭城直话的双字调调位变体，见表 5—2：

表 5—2　恭城直话双字调调位变体

调位	变体	出现条件
T1，T2a　/33/	[33]	连调组合中前字和后字，偏正结构位于连调组合中的后字。
T2　/21/	[21]	与 T2 组合中的后字。
	[22]	连调组合中的前字。
	[31]	动宾结构位于连调组合中的后字。
T3　/35/	[35]	连调组合中前字和后字。
T4　/44/	[44]	连调组合中前字和后字。
T5　/24/	[24]	连调组合中前字和后字。
T6　/42/	[42]	连调组合中的前字。
	[31]	连调组合中的后字。
T7　/45/	[45]	连调组合中的前字，与 T2、T6 降调组合中的后字。
	[55]	与 T3、T5、T7 所有升调组合中的后字，与升调 T3、T5 组合中的前字。

从表 5—2 中可以看出，双字调调位由于 T2a 变调后的调值与单字调 T1 相同，故可以合并，仍为 7 个调位，49 种组合，调位变体有 12 个。在双字调的 7 个调位中，T1、T4、T5 与单字调相同，没有变体，即在双字调组合中没有发生变调；T2、T6、T7 三个调位至少有两个变体，T3 的调值由

单字调的[25]变成了[35]，起点升高了一度，调型没有变化；说明它们在组合中都发生了变调。

再从各个调位的调值所在的调域区间看，我们可以看到一个有趣的规律：变调都发生在起点或终点都处在调域上限或下限两极的声调中，如T2[21]、T3[25]、T6[41]、T7[45]。T2 和 T6 的终点位于调域最底部[1]，T3 和 T7 的终点位于调域最顶部[5]，它们在组合中都发生了变调；而T1[33]、T4[44]、T5[24]它们的起点或终点都没有达到调域的两极，所以在组合中都没有发生变化。我们将在下面对双字调变调的具体分析中，结合这一规律做进一步的考察。

5.2　恭城直话变调的类型和条件

恭城直话变调的类型都属于语音性的连读变调，即"连读变调的发生只与语音方面的环境条件有关，而不论词汇和句法方面的因素如何（石锋2009）"。其中又分为两类：调位性变调和非调位性变调。

5.2.1　调位性变调

调位性变调是语音性连读变调的一种，变调后的结果可以看作是另一个已有的声调或是一个跟已有的声调都不同的新调。恭城直话两字组声调组合有 49 种，其中有 7 种是调位性变调，即连读后变为另一个声调，见表5-3：

表5-3　恭城直话的调位性中和型连读变调

序号	中和型连读变调			
1	阴平+阳平→阴平+阴平	T1+T2a→T1+T1	33+21→33+33	
2	阳上+阳平→阳上+阴平	T4+T2a→T4+T1	44+21→44+33	前字不变调
3	阴去+阳平→阴去+阴平	T5+T2a→T5+T1	24+21→24+33	
4	阴入+阳平→阴入+阴平	T7+T2a→T7+T1	45+21→45+33	
5	阳平+阳平→阳平+阴平	T2+T2a→T2+T1	21+21→22+33	
6	阴上+阳平→阴上+阴平	T3+T2a→T3+T1	25+21→35+33	前字同时发生变调
7	阳去+阳平→阳去+阴平	T6+T2a→T6+T1	41+21→42+33	

上述 7 种连读变调是"中和型连读变调"，即"为减少连调式总数

从而构建较为简化的连调系统而发生调类中和"①。 这种中和型连读变调是由于后字 T2a 的变调引起的。阳平 T2a,都是偏正结构,处在双字调组合后字位置时,总是变同阴平 T1 的调值[33],即阴平与阳平在后字位置上失去对立,发生调位中和,从而将 14 种两字组合并为 7 种连调式。

在上述组合中,除了后字 T2a 发生中和型变调外,前字也有两种情况:一种是前字没有发生协同变调,保持原调。没有变调的原因是:(1)前字为平调,平调连读时较少发生变调,如上表第 1、第 2 类的 T1[33]和 T4[44];(2)前字声调的起点和终点都位于调域中部,调域的剩余空间为双字调组合提供了协调的条件,故前字没有发生变调,如第 3 类的 T5[24];(3)前字 T7[45]为升调,终点位于调域顶部,按理应该发生变调,变成一个平调,但由于后字 T2a 变读为平调,两个平调发生异化,故 T7 让位于 T2a,保持了原调。

另一种是由于简化的需要,前字为了适应后字的变调会再次发生协同变调,形成前后字同时变调的现象,如表第 5-3、第 6、第 7 三类连字调中的 T2,T3 和 T6。它们的声调终点都位于调域两极,所以我们认为,前字发生协同变调,是与声调所处的调域位置有很大的关系。

5.2.2 非调位性变调

非调位性变调是语音性连读变调的另一种类型,在恭城直话的 49 组双字调组合中,除了上述 7 种中和型变调是调位性变调以外,其余 42 种都是语音性的非调位性变调。非调位性变调是指变调后的结果只是与前后的声调相连的调节变化,跟原来的声调没有调位的区别。分为异化型连读变调和简化型连读变调两种。

5.2.2.1 异化型连读变调

异化型连读变调,是使字组内部相邻音节调型有所区别而发生的异化变调。李小凡(2004)认为,汉语有要求字调平仄相间、错落有致的倾向,同调字组不符合这种要求。平调的同调连读易造成发音单调,非平调同调连读易发生拗口,因此同调连读较易发生变调。

---

① 李小凡:《汉语方言连读变调的层级和类型》,《方言》2004 年第 1 期。

恭城直话的异化型连读变调见表5-4:

表5-4　恭城直话异化型连读变调

序号	平调+平（4）		序号	升调+升调（9）		序号	降调+降调（4）	
1	阴平+阴平 （TI+T1）	33+33	5	阴上+阴上 （T3+T3）	25+25→ 35+35	14	阳平+阳平 （T2+T2b）	21+21→ 22+21
2	阴平+阳上 （T1+T4）	33+44	6	阴上+阴去 （T3+T5）	25+24→ 35+24	15	阳平+阳去 （T2+T6）	21+41→ 22+31
3	阳上+阴平 （T4+T1）	44+33	7	阴去+阴去 （T5+T5）	24+24→ 24+24	16	阳去+阳去 （T6+T6）	41+41→ 42+31
4	阳上+阳上 （T4+T4）	44+44	8	阴去+阴上 （T5+T3）	24+25→ 24+35	17	阳去+阳平 （T6+T2b）	41+21→ 42+31
			9	阴上+阴入 （T3+T7）	25+45→ 35+55			
			10	阴入+阴入 （T7+T7）	45+45→ 45+55			
			11	阴入+阴上 （T7+T3）	45+25→ 55+35			
			12	阴去+阴入 （T5+T7）	24+45→ 24+55			
			13	阴入+阴去 （T7+T5）	45+24→ 55+24			

　　恭城直话有两个平调,阴平 T1[33]和阳上 T4[44],两个平调的声调都处在调域的中部,从恭城直话的平调同调连读看,T1 和 T4 无论是平调之间的连读或者同一个平调的连读,都没有发生异化变调,见上表1-4。

　　恭城直话有 3 个升调,阴上 T3[25]、阴去 T5[24]和阴入 T7[45],其中阴去 T5 的声调起点和终点都没有处在调域两极,故 T5 与 T5 的同调连读没有发生异化变调。 T3 和 T7 的声调终点都位于调域最顶端 5 度,它们之间连读或同调连读都发生了异化变调的情况。有两种变调方式,一是高升调[45]变读为平调[55],一是中升调起点升幅提高,由[25]变读为[35],见上表5-13。

　　从变调发生的位置和引起变调的因素的方向关系看,有顺向变调,即连读变调是由前面的音节引起的,在后面的音节发生变调;也有逆向变调，即变调是由后面的音节引起的，在前面的音节发生变调；还有双向变调，即前字和后字互为条件都发生变调。变调的方是由 T3 和 T7 这两个升调位于双字调组合中的位置决定的。当 T3 与 T3 同调组合或 T7 与 T7 同调组合时，由于这两个声调的终点都位于调域最顶端，所以发生双向变调；当 T3 和 T7 分别与 T5 组合时，如果它们位于前字，就会发生逆向变调，如果它们位于后字，就会发生顺向变调，T5 无论在什么位置上总是不变调。

恭城直话有 2 个降调，阳平 T2[21] 和阳去 T6[41]，两个降调的终点都位于调域最底部。降调之间连读或同调连读时，全都发生了异化变调的情况。变调的方式有两种，一是低降调 T2 位于前字时 [21] 变读为平调 [22]，位于后字时变读为 [31] 或保持原调；二是高降调 T6 位于前字时由 [41] 变读为 [42]，终点提高 1 度，位于后字时，变读为 [31]，起点降低 1 度。由于两个降调的终点都位于调域最底部，所以它们之间的组合或同调组合都是是双向变调，见上表 14—17。

从引起变调的原因来看，变调的方向跟声调所处调域的位置有非常密切的关系。连读变调是声调在调域内部进行高低、升降、曲直、长短的调节，调域的空间大小为变调提供了调节的条件。如果终点处于调域两极的声调，调域调节的空间过小，其组合后往往会发生变调，而处于调域非两极的声调，调域调节的空间较大，其组合则不易发生变调。

从上表的变调情况和变调位置可以看出，两个平调都位于调域中部，有较大的协同连读空间，故其组合没有发生变调异化变调；升调组合中，阴去 T5[24] 终点和起点都没有位于调域两极，所以，只有 T5 和 T5 之间的同调组合没有发生变调；而 T3[25] 和 T7[45]，其终点都处在调域的两极，同调组合时，没有空间可以协调，所以连读时它们都发生了异化变调，变调的位置也取决于 T3 和 T5 所处的位置，如果它们处在前字，就发生逆向变调，处在后字，则发生顺向变调；如果是同调组合，则发生双向变调。降调的情况也是如此，阳平 T2[21] 和阳去 T6[41]，它们的终点都位于调域最底部，它们的组合都会发生变调，而且是双向变调。

5.2.2.2 简化型连读变调

简化型连读变调主要是减少连调式调型的曲折，也包括降低升调的幅度。

表5-5　恭城直话简化型连读变调

降+升（6）		升+降（6）	
阳平+阴上（T2+T3）	21+25→22+35	阴上+阳平（T3+T2b）	25+21→35+33
阳平+阴去（T2+T5）	21+24→22+24	阴去+阳平（T5+T2b）	24+21→24+31
阳平+阴入（T2+T7）	21+45→22+45	阴入+阳平（T7+T2b）	45+21→45+31
阳去+阴上（T6+T3）	41+25→42+35	阴上+阳去（T3+T6）	25+41→35+41
阳去+阴去（T6+T5）	41+24→42+24	阴去+阳去（T5+T6）	24+41
阳去+阴入（T6+T7）	41+45→42+45	阴入+阳去（T7+T6）	45+41→45+42
平+升（6）		升+平（6）	
阴平+阴上（TI+T3）	33+25→33+35	阴上+阴平（T3+T1）	25+33→35+33
阴平+阴去（T1+T5）	33+24	阴去+阴平（T5+T1）	24+33
阴平+阴入（T1+T7）	33+45→33+55	阴入+阴平（T7+T1）	45+33
阳上+阴上（T4+T3）	44+25→44+35	阴上+阳上（T3+T4）	25+44→35+44
阳上+阴去（T4+T5）	44+24	阴去+阳上（T5+T4）	24+44
阳上+阴入（T4+T7）	44+45→44+55	阴入+阳上（T7+T4）	45+44
平+降（4）		降+平（4）	
阴平+阳平（TI+T2b）	33+21→33+31	阳平+阴平（T2+T1）	21+33→22+33
阳上+阳平（T4+T2b）	44+21→44+31	阳平+阳上（T2+T4）	21+44→22+44
阴平+阳去（T1+T6）	33+41	阳去+阴平（T6+T1）	41+33→42+33
阳去+阳上（T6+T4）	41+44→42+44	阳上+阴入（T4+T6）	44+41

　　降调与平调或升调连读，连调式形成一个曲折，为了减少声调曲折的复杂度，就会发生变调，在恭城直话中，"降+升"、"降+平"组合时，降调的简化方式是：低降调 T2[21] 变成平调[22]，高降调 T26[41] 变成[42]，减少降幅。在"升+降"和"平+降"组合中，降调位于连调式后字，低降调 T2b 变成[31]，起点升高，而高降调 T6 保持原调[41]不变。

　　升调的连读变调表现与降调类似，在"升+降"和"升+平"组合中，T3 都变成[35]，起点提高；T7 没有变调，仍为[45]，这是因为，T7 与降调组合时，由于后字 T6 是一个高降调，起点较高，位于调域 4 度区间，而T3 起点升幅的提高，减少了曲折的复杂度，或者说降低了曲折度，符合发音省力的原则，故不需要变调。在"降+升"和"平+升"组合中，降调的简化方式是，T3 成[35]，T7 或者保持原调[45]，或者变成高平调[55]。

5.3 小结

本文通过声学实验，考察了恭城直话双字调的语音性连读变调的调位及调位变体、变调类型、变调方式和变调条件，在此基础上总结出了恭城直话双字调变调的一些规律，小结如下：

（1）根据连读变调的结果在语音系统中的作用，恭城直话双字调连读变调可以分为调位性变调和非调位性变调两类。在调位性变调中，T2 后字根据结构不同分化出两个变调类型，偏正结构 T2a 和动宾结构 T2b，其中 T2a 变同阴平 T1 的调值[33]，致使阴平与阳平在后字位置上失去对立，发生调位中和，将（T1-T7）+T1 和（T1-T7）+T2a 的 14 种连调式组合合并为 7 种连调式。我们称之为调位性中和型连读变调。非调位性变调分为异化型连读变调和简化型连读变调两种。

（2）实验结果显示，恭城直话的双字调连读变调与声调所处的调域空间位置有着密切的关系，调域的空间大小为变调提供了协调发音的条件。如果终点处于调域两极的声调，调域调节的空间有限，其组合后往往会发生变调，而处于调域非两极的声调，调域调节的空间较大，其组合则不易发生变调。

（3）恭城直话双字调变调的方向有顺向变调、逆向变调和双向变调三种，变调的方向也是受到调域空间大小制约的，位于调域两极的声调与处于调域非两极的声调组合时，变调的往往是前者，后者则不发生变调；位于非调域两极的声调组合时，往往都不发生变调；位于调域两极的声调组合时，前后都发生变调。

（4）恭城直话双字调的变调方式主要有改变调型、减少降幅和提高升幅三种手段，降调的简化方式是：低降调 T2 [21]变成平调[22]，高降调 T26[41]变成[42]，减少降幅；升调的简化方式是，起点升幅提高，如 T3[25]变成[35]，或者变成高平调，如 T7[45]变成[55]。

参考文献

[1] 关英伟：《广西恭城直话音系》，《方言》2005 年第 3 期。

[2] 李小凡：《汉语方言连读变调的层级和类型》，《方言》2004 年第 1 期。

[3] 石锋：《语音学探微》，北京大学出版社 1990 年版。

[4] 石锋：《实验音系学探索》，北京大学出版社 2009 年版。

[5] 朱晓农：《上海声调实验录》，上海教育出版社 2005 年版。

（原载《南开语言学刊》2011 年第 2 期）

贺州（桂岭）本地话的
"bA"、"bbA"式形容词

陈小燕

贺州位于广西壮族自治区东北部，地处湘、粤、桂三省（区）交界地。贺州语言资源非常丰富，是典型的多语多方言地区。境内除汉语外，还分布有壮语、瑶语（勉）、苗语等少数民族语言。贺州汉语方言十分复杂，境内有本地话、客家话、白话（广府片粤语）、官话、湖广话（湘语）、坝佬话（闽语），还分布有系属未明的铺门话、都话、鸬鹚话等土语。本地话是贺州第一大方言，根据贺州本地话古阳声韵今读鼻韵尾-m、-n、-ŋ三分，古入声韵今读塞韵尾-p、-t、-k三分，调分九类，古全浊上今仍多读阳上等主要语音特征，我们认为贺州本地话归属粤语，属于粤语中的老粤语层次[1][2][3]。

贺州本地话中的"bA"、"bbA"式形容词甚为丰富，且颇具特色。所谓"bA"、"bbA"式形容词，是指诸如"□滑 $lun^{35}uat^{214}$、□□滑 $lun^{35}lun^{35}uat^{214}$｜□长 $nau^{132}\int ian^{132}$、□□长 $nau^{132}nau^{132}\int ian^{132}$｜□红 $lun^{52}un^{132}$、□□红 $lun^{52}lun^{52}un^{132}$｜□胀 $p'an^{55}t\int ian^{35}$、□□胀 $p'an^{55}p'an^{55}t\int ian^{35}$"之类的形容词。这类形容词多为单音节性质形容词性语素带前加成分构成，有着显著的描绘性特点，为典型的状态形容词。本文以笔者母语——贺州桂岭本地话为具体考察对象，力图在对该方言"bA"、"bbA"式形容词进行穷尽性考察的基础上，对其内部结构特征、语法功能、语义特征及语用功能等进行探讨。

一　"bA"、"bbA"式形容词的内部结构特征

（一）"bA"、"bbA"式形容词中的"A"。

1. "bA"、"bbA"式形容词中的"A"多为性质形容词性成词语素。如：□轻p'ɛn³⁵hɛn⁵²、□□轻p'ɛn³⁵p'ɛn³⁵hɛn⁵²轻飘状 | □臭maŋ⁵²tʃ'ou³⁵、□□臭maŋ⁵²mmaŋ⁵² tʃ'ou³⁵臭气熏天状等。

2. "bA"、"bbA"式形容词中的"A"表示的性质客观上必须有程度上的变化，即"需要具有量的可变动性"[4]，否则不能进入该结构。如"圆、扁、高、矮"等可进入该结构，因其所表示的性质在程度上还可深化；而"真、假"等因其所表示的性质在程度上不具可变动性，则不能进入该结构。

3. "bA"、"bbA"式形容词中的"A"表示的性质多具有可感知性，如"红、臭、甜、粗、暖、重、深"等；而"恶凶、精聪明、难、易"等所表示的性质可感知性差或不具可感知性，则不能进入该结构。

4. "bA"、"bbA"式形容词中的"A"表示的性质多为人们普遍熟知，即具有常用性。如"颜色"类中的"红、黄、白、黑、青绿、□紫ou⁵⁵"等可进入该结构，而"蓝、灰"等则不能进入该结构。

5. "A"的上述条件是进入"bA"、"bbA"式结构的必要条件，而非充分条件。换言之，能进入"bA"、"bbA"式结构的"A"基本都具备上述条件，但并非所有符合上述条件的性质形容词性语素"A"都能进入"bA"、"bbA"式结构，表现出一定的不平衡性，其中的制约条件或规律尚有待挖掘，在此只列举现象若干。如：

（1）同为表味觉感知的"A"，有的可进入该结构，如"酸、甜、苦、淡"等；而"辣"等则不能进入该结构。

（2）"轻、重、大、小"等所表示的性质均为人们普遍熟知，符合常用性特点，且同属于度量范畴，其中"轻、重"可进入"bA"、"bbA"式结构，而"大、小"则不能。

（3）具有反义关系的"A"，均可进入该结构，呈现出对称性，如"老（□nian⁵²老、□□nian⁵²nian⁵²老），嫩（□nop⁵嫩、□□nop⁵nop⁵嫩）"；而有的则不对称，如有"□ŋou⁵⁵深、□□ŋou⁵⁵ŋou⁵⁵深"的说法，却无相应的"b浅、bb浅"结构。

（二）"bA"、"bbA"式形容词中的"b"。

1. "bA"、"bbA"式形容词中的"b"几乎都是不成词虚语素[①]。如：□nuk^{214}重、□□nuk^{214}nuk^{214}重很重状｜□t'op^{5}脆、□□t'op^{5}t'op^{5}脆很酥脆状｜□iop^{5}幼、□□iop^{5}iop^{5}幼（粉末等）很细腻状等。

2. "bA"、"bbA"式形容词中的"b"没有概念意义，只含形象色彩和程度意义，且以形象色彩最为凸显。如"□ȵiam^{35}腥、□□ȵiam^{35}ȵiam^{35}腥｜□ȵiu^{55}亮、□□ȵiu^{55}ȵiu^{55}亮"中的"□ȵiam^{35}"和"ȵiu^{55}"，分别含有"腥得刺鼻"、"亮得刺眼"的形象感及程度义。

3. "bA"、"bbA"式形容词中的"b"有相当一部分读 m-、n-、l-、ŋ-、ȵ-，且为阴调类，大多有音无字，语源不详，疑非汉语来源。如：□mak^{5}黑、□□mak^{5}mak^{5}黑很黑状｜□nom^{35}暖、□□nom^{35}nom^{35}暖很暖和状｜□laŋ^{55}干、□□laŋ^{55}laŋ^{55}干很干燥状｜□ŋam^{55}青、□□ŋam^{55}ŋam^{55}青绿油油状｜□ȵia^{35}□ȵuk^5、□□ȵia^{35}ȵia^{35}□ȵuk^{5}皱巴巴状等。

（三）"bA"、"bbA" 式形容词中"A"与"b"的"一对一"搭配关系

"bA"、"bbA"式形容词中"A"与"b"的搭配约定俗成，且绝大多数是"一对一"的关系：即"A"只与固定的"b"搭配，"A"对"b"有严格的选择性。例如表1：

表 1

b	A	bA式 / bbA式	词义
□pa^{132}	□haŋ^{35}霉臭	pa^{132}haŋ^{35} / pa^{132}pa^{132}haŋ^{35}	霉味熏天状
□p'ɛt^5	矮	p'ɛt^{5}矮 / p'ɛt^{5}p'ɛt^{5}矮	很矮小状
□ma^{52}	□mit^{5}扁	ma^{52}mit^5 / ma^{52}ma^{52}mit^5	（谷子、黄豆等）很不饱满状
□t'øŋ^{35}	阔宽	t'øŋ^{35}阔 / t'øŋ^{35}t'øŋ^{35}阔	很宽状
□t'ak^5	实紧实	t'ak^{5}实 / t'ak^{5}t'ak^{5}实	很紧实状
□nam^{24}	直	nam^{24}直 / nam^{24}nam^{24}直	很直状

---

① 说明：贺州本地话中有个别"bA"、"bbA"式形容词中的"b"为动词性语素，如"喷香、喷喷香"，但同时又有"□ȵiau35 香、□□ȵiau 35 ȵiau 35 香"格式与之并存，且可互换。我们认为，"喷香、喷喷香"等可能是后起的，这类"bA"、"bbA"式形容词属于个别现象，不列入本文讨论范围。

续表

□naŋ³⁵	□nut⁵ (皮肤等) 黏糊	naŋ³⁵ nut⁵ / naŋ³⁵ naŋ³⁵ nut⁵	（皮肤等）很黏糊状
□not⁵	□niu⁵² (糯米饭等) 黏性强	not⁵ niu⁵² / not⁵not⁵ niu⁵²	（糯米饭等）黏性很强状
□lau⁵²	冻 (水等) 冷	lau⁵²冻 / lau⁵² lau⁵²冻	（液体）冰冷状
□lau³⁵	空	lau⁵²空 / lau⁵²lau⁵²空	衣服因宽大而不贴身状；（房子等）空无遮挡状
□len³⁵	险 陡峭	len³⁵险 / len³⁵ len³⁵险	很陡状
□lat³⁴	咸	lat³⁴咸 / lat³⁴ lat³⁴咸	很咸状
□ʃom³⁵	甜	ʃom³⁵甜 / ʃom³⁵ ʃom³⁵甜	很甜状
□ȵia³⁵	□ȵuk⁵ 皱	ȵia³⁵ȵuk⁵ / ȵia³⁵ȵia³⁵ȵuk⁵	（衣服等）很皱状
□ȵiat³⁴	粗 粗糙	ȵiat³⁴粗 / ȵiat³⁴ ȵiat³⁴粗	粗糙状
□hø³⁵	热	hø³⁵热 / hø³⁵ hø³⁵热	很热状

例外现象有：

1. 少数"b"可与不同的"A"组合，构成不同的"bA"、"bbA"式形容词。这种现象有明显的语义限制——不同的"A"所表示的性质具有很高的相似性（如表2）。

表 2

b	A	bA式 / bbA式	词义
□p'aŋ⁵⁵	1. 胀 2. 急	1. p'aŋ⁵⁵胀 / p'aŋ⁵⁵ p'aŋ⁵⁵胀 2. p'aŋ⁵⁵急 / p'aŋ⁵⁵ p'aŋ⁵⁵急	1.（过饱）鼓胀状（感） 2.（伤口）肿胀之感
□lau¹³²	1. 稀 2. 疏	1. lau¹³²稀 / lau¹³² lau¹³²稀 2. lau¹³²疏 / lau¹³² lau¹³²疏	1.（稀饭等）很稀状 2.（毛发等）很稀疏状

2. 少数"A"可与不同的"b"来组合，表示的语义（主要是形象义或评价义）有细微差别（如表3）。

表 3

b	A	bA式 / bbA式	词义
□ŋom⁵²	黄	ŋom⁵²黄 / ŋom⁵² ŋom⁵²黄	很黄（深黄）状
□ŋen⁵²		ŋen⁵²黄 / ŋen⁵² ŋen⁵²黄	很黄（嫩黄）状
□ȵiom³⁵	酸	ȵiom³⁵酸 / ȵiom³⁵ ȵiom³⁵酸	很酸状（可接受或喜欢）
□laŋ³⁵		laŋ³⁵酸 / laŋ³⁵ laŋ³⁵酸	很酸状（不可接受或不喜欢）

（四）"bA"与"bbA"之间的配套性。

贺州本地话"bA"与"bbA"式形容词是一一配套的，即只要有"bA"式，就一定有与之配套的"bbA"式，无一例外。

二　"bA"、"bbA"式形容词的语法功能

（一）"bA"、"bbA"式形容词的组合功能

1. "bA"、"bbA"式形容词可与名词性成分组合。

（1）可无条件地与名词性成分构成主谓结构"NP+bA/bbA"。如：头狗□$kaŋ^{132}$瘦／□□$kaŋ^{132}kaŋ^{132}$瘦_{这条狗瘦骨嶙峋}。

（2）与名词性成分组合为定中结构时，有两种情况：

A. 其中的名词性成分非量名结构时，中间须加结构助词"ko^{33}"。如：□nau^{132}长／□□$nau^{132}nau^{132}$长ko^{33}路_{漫长的路}｜□mak^5黑／□□mak^5mak^5黑ko^{33}衫_{黑乎乎的衣服}。

B. 其中的名词性成分为量名结构时，无须加结构助词"ko^{33}"。如：□lun^{35}滑／□□$lun^{35}lun^{35}$滑头鱼无见了_{滑溜溜的那条鱼不见了}｜我捉倒□lun^{35}滑／□□$lun^{35}lun^{35}$滑头鱼_{我抓到了滑溜溜的那条鱼}。

2. "bA"、"bbA"式形容词可与谓词性成分组合，构成述补结构。如：整（倒）□□$lom^{35}lun^{52}$／□□$lom^{35}lom^{35}lun^{52}$_{弄得滚圆滚圆的}｜挖（倒）□$ŋou^{55}$深／□□$ŋou^{55}ŋou^{55}$深_{挖得深深不见底}。

3. "bA"、"bbA"式形容词不能受程度副词及否定副词修饰。

4. "bA"、"bbA"式形容词不能修饰动词。

（二）"bA"、"bbA"式形容词的造句功能

贺州本地话中的"bA"、"bbA"式形容词主要充当谓语、定语和补语，在特定句法条件下可作主语和宾语，但不能充当状语。

1. 充当谓语。这是"bA"、"bbA"式形容词最主要的造句功能，所有"bA"、"bbA"式形容词均可无条件充当谓语。如：条路□$lɛn^{35}$险／□□$lɛn^{35}lɛn^{35}$险_{这条路崎岖不堪}｜条水□$ŋam^{55}$清／□□$ŋam^{55}ŋam^{55}$清_{这河水清澈见底}。

2. 充当定语。

（1）"bA"、"bbA"式形容词充当定语一般有标记（加结构助词"ko^{33}"），如：□□$ȵia^{35}ȵuk^5$／□□$ȵia^{35}ȵia^{35}ȵuk^5ko^{33}$衫_{皱巴巴的衣服}｜□$nop^5$

嫩／□□nop⁵nop⁵嫩ko³³菜_{鲜嫩的菜。}

（2）其中的名词性成分为量名结构时，所构成定中结构没有标记，但不能单说，只能充当主语、宾语，如：□□ȵia³⁵ȵuk⁵／□□ȵia³⁵ȵia³⁵□ȵuk⁵□lɛn⁵⁵⁻³³衫就勿要着了_{皱巴巴的那件衣服就别穿了}｜你要讨□nop⁵嫩／□□nop⁵nop⁵嫩□la³⁵⁻³³菜_{你要买鲜嫩的那些菜}。若能单说，则非定中结构，而是主谓结构的强调形式。如：

a.□kaŋ¹³²／□□kaŋ¹³²kaŋ¹³²瘦头狗死开了。

（瘦骨嶙峋的那条狗已经死了。定中结构，不能单说充当主语）

b.□kaŋ¹³²／□□kaŋ¹³²kaŋ¹³²瘦头狗。

（瘦骨嶙峋的，这条狗。"主谓结构"的强调形式，能单说）

3. 充当补语。"bA"、"bbA"式形容词主要充当状态补语，且一般有标记（加结构助词"倒"）。如：整倒□lak³⁴湿／□□lak³⁴lak³⁴湿_{弄得湿漉漉的}｜煮倒□ʃau⁵²淡／□□ʃau⁵²ʃau⁵²淡_{煮得淡而无味。}

4. 充当主语和宾语。

（1）充当主语。"bA"、"bbA"式形容词充当主语，对谓语有一定的条件限制，谓语往往表示评议或判断。如：□ʃom³⁵甜／□□ʃom³⁵ʃom³⁵甜好吃_{甜丝丝好吃}｜□kaŋ¹³²瘦／□□kaŋ¹³² kaŋ¹³²瘦无好_{瘦骨嶙峋不好。}

（2）充当宾语。"bA"、"bbA"式形容词充当宾语，对谓语也有一定的条件限制，谓语中心往往是表示感知义的动词。我见□ʃau⁵²淡／□□ʃau⁵²ʃau⁵²淡，无想吃_{我觉得淡而无味，不想吃}｜我见□ŋou⁵⁵深／□□ŋou⁵⁵ ŋou⁵⁵深，无敢下去_{我看深不见底，不敢下去。}

三　"bA"、"bbA"式形容词的语义特征及语用功能

（一）"bA"、"bbA"式形容词的语义特征。

1."bA"、"bbA"式形容词，其概念意义与基式"A"基本相同，但"bA"、"bbA"式较基式"A"而言，明显增添了附加意义。"bA"与"bbA"的附加意义基本一致。

（1）具有形象意义。所有"bA"、"bbA"式形容词均带有显著的描绘性，能给人以具体形象感，"能直接诉诸听话人的形象思维，唤起视、听、味、触等方面的印象"[5]。如："□nau¹³²长／□□nau¹³²nau¹³²长"能给

听话很强烈的"小而长"之形象感。

（2）增添评价意义。部分"bA"、"bbA"式形容词带有"评价意义"。如：

基式"A"：（苦瓜）苦（客观表示一种单纯的属性）

"bA"、"bbA"式：（苦瓜）□lak³⁴苦/□□lak³⁴ lak³⁴苦（不仅语义程度较基式"A"明显强化，且带有说话人的主观态度及评价，即"我不喜欢"）

2. "bA"、"bbA"都具有量的意义（轻重、高矮、强弱、浓淡、深浅……），无论是作谓语、补语，还是作定语，都可强调量的加重，或强调量达到某种程度。例如：

a.水浊（指出"浊"的属性）；

b.水□luk⁵浊/□□luk⁵luk⁵浊_{水浑浊不堪}（表示量的加重，强调"浊"的程度比"A"句强）。

又如：

a.□naŋ⁵²⁻³³坑深_{这个坑深}（指出"深"的属性）；

b.□naŋ⁵²⁻³³坑□ŋou⁵⁵深/□□ŋou⁵⁵ ŋou⁵⁵深_{这个坑深不见底}（表示深至"不见底"，强调量达到某种程度）。

（3）"bbA"与"bA"相比较而言，主要是状态的形象性增强以及强调的程度加深，而不是"A"本身的程度加深。如，"□□lun³⁵lun³⁵滑"相较"□lun³⁵滑"而言，只是"滑"的形象感增强以及对"滑"的强调程度加深，并不是"滑"本身的程度加深。换言之，"□□lun³⁵lun³⁵滑"并不一定比"□lun³⁵滑"更滑，但"□□lun³⁵ lun³⁵滑"的形象性和强调意味明显比"□lun³⁵滑"更强。

（二）"bA"、"bbA"式形容词的语用功能。

概而言之，在表达功用方面，由于贺州本地话"bA"、"bbA"式形容词形象意义特别凸显，而且还可强调量的加重、程度的加深，可使表达更为生动形象、栩栩如生，同时能起到强调的作用。

1. "NP+bA/bbA"结构与"bA/bbA，NP"结构的语用功能比较。

贺州本地话中所有的"bA"、"bbA"式形容词都可充当谓语，构成"NP+bA/bbA"结构，描绘事物的状况和情态，使表达生动形象。如：

厅屋□t'øŋ³⁵阔/□□t'øŋ³⁵t'øŋ³⁵阔，房□kiap²¹⁴窄/□□kiap²¹⁴kiap²¹⁴窄（这）客厅宽宽的，（而）房间却窄窄的。

头鱼□lun³⁵滑/□□lun³⁵lun³⁵滑（这条鱼滑溜溜的）

当"NP+bA/bbA"中的"NP"为量名结构短语时，"NP+bA/bbA"结构均可转换为"bA/bbA，NP"结构，如：

头鱼□lun³⁵滑/□□lun³⁵lun³⁵滑这鱼滑溜溜的。→□lun³⁵滑/□□lun³⁵lun³⁵滑，头鱼滑溜溜的，这鱼。

这时，"bA/bbA"与"NP"之间有时会略有停顿，或"bA/bbA"读为重音；也可完全没有停顿，也不作重音处理，其结构形式与定中结构的"bA/bbA+NP"完全相同，但在实际语用中，"bA/bbA，NP"结构与定中结构的"bA/bbA+NP"不会混淆，因定中结构"bA/bbA+NP"在贺州本地话中不能独立成句。

与"NP+bA/bbA"结构相比较而言，"bA/bbA，NP"结构更为强调"bA/bbA"所表示的状态或形象感。在实际语言运用中，"bA（bbA），NP"结构的使用频率更高，这可能与"bA"、"bbA"式形容词本身就具有"强调意义"有关，是其自身的"强调意义"与表强调的"bA/bbA，NP"结构相互选择的结果。

2. "bA"、"bbA"式形容词与"程度副词+形容词"结构的语用功能比较。

贺州本地话的程度副词大致可分为"极度、高度、比较度、轻微度"等四个小类，均可与性质形容词组合成"程度副词+形容词"结构，如：

□□ʃuo³⁵mɛn⁵⁵滑极滑——极度

好滑很滑——高度

□ʃɛn²¹⁴⁻²¹更滑更加滑——比较度

有□mɛn⁵⁵滑/有□mɛt⁵⁻³儿滑有点儿滑——轻微度

从语义程度角度考察，"bA"、"bbA"式形容词大致相当于上述"程度副词+形容词"结构的"高度"，如"□lun³⁵滑、□□lun³⁵lun³⁵滑"所表示的语义程度大致相当于"好滑很滑"，但并不意味着两者可以完全互代，原因有二：

（1）"好滑很滑"所表示的程度是与"□□ʃuo³⁵mɛn⁵⁵滑极滑"、"有□mɛn⁵⁵

滑/有□mɛt⁵⁻³儿滑_有点儿滑_"相比较而言的，均为相对明确的层级量，彼此的层级界限基本明晰；而"□lun³⁵滑、□□lun³⁵lun³⁵滑"则都是对"很滑"程度的模糊的描写，不存在相应的"极度"或"轻微度"格式，不能划分出等级，是一种模糊的量。"□□lun³⁵lun³⁵滑"与"□lun³⁵滑"相比较，只是形象感和强调程度加深，并不是"滑"的程度加深。

（2）在实际语用中，两者的表达效果有着明显不同："bA"、"bbA"式形容词以很强的形象感和可感知性表示程度的深化，使表述更为直观、形象、生动；而"程度副词+形容词"结构则只是抽象地强调程度的加深。

四　相关讨论

"bA"、"bbA"式形容词并非贺州本地话特有，在共同语或其他汉语方言中也存在相同或相近结构的状态形容词，如共同语有类似"bA"结构的"飞快、通红、稀烂、滚圆"等状态形容词；与贺州本地话有直接地缘关系的粤北连山粤语、贺州钟山土话，也有丰富的"bA"、"bbA"式形容词；长沙方言有丰富的"bA的"式状态形容词，如"溜尖的、绷脆的、飞嫩的、刮瘦的"等[6]；四川彭州方言有较为丰富的"bA"式状态形容词，如"飞烫、刮苦、刮青、刮瘦、捞轻"等[7]；上海方言有"bbA"式状态形容词，与"Abb"式并存，如"蜜蜜甜—甜蜜蜜、 蜡蜡黄—黄蜡蜡、笔笔直—直笔笔"[8]等。

贺州本地话的"bA"、"bbA"式状态形容词与共同语或其他汉语方言中相同或相近结构的状态形容词相比较，在内部结构特征、语法功能及语义特征等方面表现出一定的共性，如：粤北连山粤语、贺州钟山土话的"bA"、"bbA"式形容词，其内部结构特征、语法功能、语义特征及语用功能与贺州本地话有着很高的一致性；四川彭州方言的"bA"式状态形容词，其中多数"b""没有具体的词汇意义，从语法性质上看，属于词缀，书写时多用借字，少有本字"[7]，这与贺州本地话"bA"式状态形容词中的"b"较为相似。然而，与其他方言相关结构比较而言，贺州本地话的"bA"、"bbA"式形容词在内部结构特征、语法功能、语义特征及语用功能等方面的特性也相当凸显。如，彭州方言"bA"式形容词中的"b"与"A"的搭配多有"一对多"现象，如，梆（梆硬 │梆重 │梆紧 │梆臭）、焦（焦干｜焦黄｜焦湿｜焦咸｜焦苦）、飞（飞快｜飞慢｜飞冷｜飞热｜飞好）、溜（溜圆｜溜尖｜溜酸｜溜滑）、刮（刮青｜刮瘦）等[7]，而贺州本地话"bA"、"bbA"式形容词中的"A"与"b"绝大多数为"一对一"搭配关系；贺州本地话中只要有"bA"式，就一定有与之配套的"bbA"式，而彭州方言的"bA"式状态形容词则没有相应的"bbA"式与之配套。又如，上海方言中的"bbA"式状态形容词，其修饰成分"b"有四种类型：一为"名词性语素"，如"席席薄、石石老、冰冰阴"等；二为"动词性语素"，如"滚滚壮、滴滴滑、喷喷香"等；三为"副词性语素"，如"煞煞白、煞煞齐、族族新"等；四为"拟声词性语素"，如"答答滴、别别跳、达达滚"等。这与贺州本地话"bbA"式状态形容词中的"b多为本字不明的虚语素"明显不同；"bbA"式状态形容词在上海方言中可以做状语，而贺州本地话"bbA"式状态形容词则不能做状语。此外，在语义特征、语用功能等方面，贺州本地话的"bA"、"bbA"式状态形容词与彭州方言的"bA"式、上海方言的"bbA"式状态形容词等也存在较为明显的差异。

关于汉语状态形容词的结构类型、语法特征、语义特征及语用功能等，已有研究多为从共同语的角度进行探讨，所得结论难免会存在一定的片面性。如，关于状态形容词的结构类型，大部分学者都接受了朱德熙先生的观点，认为有五种类型①，如果我们把视野拓宽到汉语方言，显然还有其他的结构类型；朱德熙先生认为"状态形容词作状语就不受什么限制"[9]，然而贺州本地话的"bA"、"bbA"式状态形容词却不能作状语；沈家煊先生根据"标记理论"，提出并证明了"性质形容词作谓语和状态形容词作定语都是有标记的"[10]，共同语固然如此，方言则不尽然，贺州本地话的"bA"、"bbA"式状态形容词作定语就存在无须标记的现象。可见，在汉语方言的各种语法事实尚未全面挖掘出来之前，针对汉语语法所下的各种结论与观点很容易走向"以共同语之偏概汉语之全"的误区，难以科学、系统地建构符合汉语实际的语法理论体系。近年来，已有不少研究者开始

---

①　朱德熙先生将状态形容词分为5类：1. 单音节形容词重叠式（小小儿）；2. 双音节形容词重叠式（干干净净）；3. "煞白、冰凉、通红"等；4. 带后缀的形容词，包括ABB式（黑乎乎），A里BC式（脏里呱唧）、A不BC式（灰不溜秋）以及双音节形容词带后缀的少数例子（可怜巴巴）；5. "f+形容词+的"形式的合成词（挺好的、怪可怜的）。

关注方言词法现象，但总体而言仍尚嫌薄弱。以方言状态形容词研究为例，很多方言的相关语法事实尚有待深入挖掘，更缺乏方言与方言之间、方言与其他民族语言之间全面深入的比较，因此不能系统地梳理出汉语状态形容词的类型性特征，当然也无法进一步探讨究竟哪些类型特征是汉语本体固有的，具有普遍性；哪些类型特征是语言接触或其他因素影响的结果，不具普遍性。深化汉语方言词法研究，对建构符合汉语实际的词法理论有着十分重要的意义。

参考文献

[1] 陈小燕：《多族群语言的接触与交融——贺州本地话研究》，民族出版社2007年版。

[2] 陈小燕：《广西贺州本地话的"-儿"尾——兼论粤语小称形式的发展和演变》，《广西师范大学学报》2006年第1期。

[3] 陈小燕：《贺州本地话音系及其特点》，《广西师范大学学报》2004年第2期。

[4] 朱景松：《形容词重叠式的语法意义》，《语文研究》2003年第3期。

[5] 刘丹青：《苏州方言重叠式研究》，《语言研究》1986年第1期。

[6] 张小克：《长沙方言的"bA的"式形容词》，《方言》2004年第3期。

[7] 杨绍林：《彭州方言中形容词的生动形式》，《西南民族大学学报》2005年第6期。

[8] 徐烈炯，邵敬敏：《上海方言形容词重叠式研究》，《语言研究》1997年第2期。

[9] 朱德熙：《语法讲义》，商务印书馆1982年版。

[10] 沈家煊：《形容词句法功能的标记模式》，《中国语文》1997年第4期。

[原载《广西师范大学学报》（哲学社会科学版）2011年第5期]

广西恭城"直话"的词汇特点

关英伟

一 恭城直话概况

1.1 恭城直话是在广西恭城瑶族自治县栗木镇使用的一种汉语次方言，该土话在恭城县志中没有记载，也不在桂北平话范围之列（梁敏、张均如 1999），其系属还有待考证。说该方言的当地人自称为[ti⁴¹xua⁴¹]"直话"，外人称之为"土话"。问及当地人"直话"的意思，他们也不太清楚，有关"直话"的含义，还有待考证。

1.2 栗木镇位于恭城瑶族自治县最北部，东与湖南交界，南与嘉会乡毗邻，西接灵川县，北接灌阳县。全镇人口 4.3 万，共 17 个行政村，一个居委会。其中有 9 个行政村说土话，占栗木镇 18 个行政村（居委会）的 50%。说土话的行政村主要位于栗木镇栗木河东北、东南部。东北部与灌阳县（湘方言区）和观音乡（瑶语区）交界，东南部是龙虎乡。说土话的人口 1.7 万左右，占全镇人口近 40%。此外，还有原属栗木镇管辖的龙岭村的岭尾、实乐两个自然村也讲土话，说土话人口 1500 多人，20 世纪 80 年代划归龙虎乡管辖。据当地人的语感，各村之间的土话语音差异不大，没有交际障碍，只是上灌、高岭以及已从栗木镇划分出去归龙虎乡管辖的岭尾、实乐的土话，当地人认为略有不同，但不影响交际。使用土话的人大部分原先都是汉族，在 90 年代初恭城县改为恭城瑶族自治县时，改为瑶族。说土话的九个行政村及人数见表 1：

表1　栗木镇说土话人口统计

上宅村	上枧村	石头村	大合村	马路桥村	上灌村	高岭村	大枧村	栗木村	合计
3800	3000	2700	2100	1600	1300	1300	700	500	17000 人

　　本文调查的土话为栗木镇大合村口音，大合村下辖八个自然村，其中有四个村讲土话：上大合、下大合、黑石垒、何家坝，这四个村的村民都姓欧阳。其余四个自然村讲官话。据发音合作人自称，他们的祖先欧阳晨共四兄弟，最早是在明朝时从江西吉安府太合县鹅拱桥村迁来湘南桂北的，一说是从江西吉安府太合县六步屯迁来的。关于"大合村"村名，据当地村民称，"太合县"的"太"原为"泰"，后改为"太"，为纪念祖宗来源地，并以示尊敬，"太"字去掉一点，改为"大"，即今"大合村"名的由来。今在大合的欧阳晨排行第二，其余三兄弟都择居湘南，长兄欧阳宴居湖南道洲，另外两个弟弟欧阳旻居湖南宁远，欧阳昇居湖南永州。

　　1.3 我们于 2002 年 7 月对恭城直话进行了调查，整理制作了《恭城直话音系》、《同音字汇》和《分类词表》等。之后又于 2003 年 5 月，2003 年 9 月和 2004 年 2 月以及 2007 年 7 月先后四次下去复核、审定、补充。《恭城直话分类词表》共分为 30 类，约 2000 个词条。词汇分类大体参照鲍厚星（1998）《东安土话研究》的分类体例。本文的研究就是基于上述词表、同音字汇和音系①。

　　构词差异和语素用词是方言词汇差异的重要表现，也是形成方言词汇的重要特点之一。在词汇的结构方式和造词方法上，栗木大合直话具有汉语词汇的基本特点，同时也表现出其独有的方言特色，主要表现在以下几个方面。

二　保留了诸多的古语词

　　2.1 方言和土话都会不同程度地保留一些古代书面语和口语中的词和用法，但是，不同的方言受到来源演化、迁徙年代、历史地理、民族融合、周围语言环境、使用人口等因素的影响，所保留的古代词语的年代、数量和范围是不一样的。这些古语词在某种程度上形成了某地土话甚至某一方

---

① 见拙文《广西恭城直话音系》，《方言》2005 年第 3 期。

言区的特点。下面我们列举一些大合直话中的古语词。

（1）箸[ty⁴¹]：指筷子。《广韵》："迟据切"；《说文·竹部》："箸，饭敧也"；《通俗文》："以箸取物曰敧。"恭城直话仍称筷子为"箸"。

（2）楔[tse³³]：指楔子。《集韵》："将廉切"；《说文》："楔也。"段玉裁注："木工于凿柄相入处，有不固，则斫木扎楔入固之，谓之"。恭城直话保留了这种用法。

（3）索[su⁵³]：指绳子。《广韵》："苏各切。"《说文》："索，草有茎叶可作绳索。"《小尔稚》："大者谓之索，小者谓之绳。"恭城直话仍称绳子为"索"。如："犁藤索。"

（4）饥[ki³³]：指吃不饱。《说文》："饿也，从食，几声，居宜切。"《广韵》："饥饿也，居宜切。"《后汉书·冯异传》："饥寒俱解。"《淮南子·说山训》："宁一月饥，无一旬饿。"高诱注："饥，食不足；饿，困乏也。"恭城直话中，吃不饱通常用"饥"而不用"饿"，如："肚饥（肚子饿）"。

（5）面[me⁴¹]：指脸。栗木直话通常说"面"不说"脸"。如：

洗面木盆sɤ³⁵me⁴¹mɤ⁴¹pi³³ 洗脸盆　　　装红面tsaŋ³³ yua²¹ me⁴¹ 装红脸
麻面胡须mo²¹me⁴¹yɤ²¹sie³³ 络腮胡　　　装黑面 tsaŋ³³ xua⁵³me⁴¹ 装黑脸
装花面tsaŋ³³xua³³me⁴¹ 装花脸　　　做鬼面 tsu²⁴kuei³⁵ me⁴¹ 做鬼脸

（6）盏[tsie³⁵]：指浅而小的杯子。《方言》第五："盏，杯也，自关而东，赵、魏之间或曰盏。"也指油灯盛油的浅盆。栗木直话中称酒杯为"酒盏"，称油灯为"灯盏"；还可以做酒或茶水的计量单位。如"一盏灯盏、一盏酒、一盏茶、一盏水"。

（7）恐［xi³⁵]：指害怕，畏惧。《左传·僖公二十六年》："何恃而不恐？"栗木直话"害怕"用"恐"而不用"怕"。

（8）糜[ma³³]：指碎烂。《说文》："糁也，从米，麻声，靡非切。"又为"碎烂"义，《汉书·贾山传》："万均之所压，无不糜灭者。"栗木直话指碎烂义时通常用"糜"而不用"烂"。例如：

糜砖 ma³³ tse　　烂砖　　　　　糜仔 ma³³ tsua³⁵　　　　烂仔
糜瓦 ma³³ ua⁵⁵　　烂瓦　　　　　生糜疮 sie³³ ma³³ ts'aŋ³³　长烂疮
糜口 mua³³ t'ia指烂的程度高。通常指家具、农具、房子、衣服等非常破烂。

（9）煠[tsia^{41}]：以清水煮物。《广韵》"士洽切：汤煠。"唐代刘恂《岭表录异下》："(水母)先煮椒桂或豆蔻，生姜缕切而煠之。"栗木直话如："煠□□：tsia^{41}·kua^{41} kua（用水煮鸡蛋）。"

（10）徛[kie^{55}]：站立。《说文》"徛，举胫有渡也"，徛到《广韵》时代引申为站立。《广韵》"渠绮切：徛，立也。"栗木直话"站立"也称"徛"。

（11）着（著）[ty^{53}]：指穿。《广韵》："服衣于身"。在栗木大合直话中，仍然使用"穿"这一意义。如：

着衣裳　ty^{53}i^{33}suo^{33}　穿衣服　　　着鞋　ty^{53}xia^{21}　　　穿鞋
着裤子　ty^{53}xɤ^{24} ti^{55}　穿裤子　　　着袜子　ty^{53}ya^{53}ta^{41}　穿袜子

（12）炙[tsio^{53}]：烤，引申为凡熏灼之称。大合直话中保留了这种用法。如"炙火[tsio^{53} xy^{35}]烤火"。

（13）洦：《广韵》："水浅貌，普伯切（入陌韵）。"在栗木大合直话中，"窟窿、眼儿"叫"洦孔[pua^{35} xua^{53}]"。如：

井孔水tsio^{35} xua^{53} sei^{35} 井水　　　　屎股洦孔sŋ^{35} kua^{53} pua^{35} xua^{53}屁眼儿
腋孔底sio^{53} xua^{53} tɤ^{35} 腋窝　　　　耳公洦孔nie^{55} kua^{55} pua^{35} xua^{53}耳朵
肚洦孔tɤ^{55} pua^{35} xua^{53} 肚脐眼儿　　　　　眼儿

2.2 栗木大合直话的语音，也遗留了上古汉语的一些痕迹。例如下列常用字即反映了上古汉语无轻唇音的特点：

pe^{41}　　　饭　　　　　　　　po^{53}　　　妇，媳～
pa^{21}　　　肥，～肉；猪栏～　　　pɤ^{35}　　　斧，～头
pei^{53}　　　发，头～　　　　　　pɤ^{33}　　　夫，工～
paɲ^{21}　　　房，　　　　　　　　pi^{41}　　　缚，～柴，捆柴；～鞋带，
paɲ^{24}　　　放，～假　　　　　　　　　　　扎鞋带
pe^{35}　　　反，～过来　　　　　　bou^{21}　　　浮，～颈，大脖子病
pua^{33}　　　枫，～树

栗木大合直话中知组三等字读如端组的特点，反映了上古汉语无舌上音的特点。如：

ti^{21}　　　虫　　　　　　　　t'u^{41}　　　着，睡～
ti^{55}　　　重，病～　　　　　　ty^{53}　　　着，～衣：穿衣
ti^{41}　　　直　　　　　　　　ty^{33}　　　砧，～板

ta^{33}	知，～道	tiaŋ^{33}	中
ta^{21}	迟	te^{33}	猪、朱、砵
tio^{54}	竹	diɔ21	绸

这些古音的保留，可以与词汇中的上古汉语层次相互印证。

三　生动形象的方言词

方言词汇大都是口语性的，基本上是在使用过程中口耳相传的，因而具有很强的形象性。用生活中常见的熟悉的能引起人们想象和联想的事物创造新词，是栗木直话词汇的主要特点，栗木直话中有许多这样生动形象的方言词。例如：

3.1 模拟日常事物形态特点给事物命名，使词语表现出形象性。例如：

砍刀鬼	ua^{53} tou^{33} kuei^{35}	螳螂
扫杆星	sou^{24} kaŋ^{35} sio^{33}	彗星
谷桶星	kɤ^{53} t'ua^{35} sio^{33}	排列成谷桶状的四颗星星。该星出现，

天气好。

牛角辣椒	ŋɔ^{21} kiou^{53} luo^{41} tsi^{33}	
犁头蛤蟆	lɤ^{21} dɔ^{21} kou^{53} mua^{55}	
犁头蛇	lɤ^{21} dɔ^{21} sio^{21}	
莲藕肚	le^{21} ŋo^{55} tɤ^{55}	小腿肚
羊角尖粽	iaŋ^{21} kiou^{53} tse^{33} tsua^{41}	
冬瓜圈	tua^{33} kua^{33} k'ue^{33}	老人孩子戴的无顶的帽子
棋子肉	k'i^{21} tsʅ^{55} tsio^{24}	红烧肉，肉状似棋盘的格子

"扫杆、打谷桶、犁头、牛角、羊角、莲藕、冬瓜、棋子"等都是日常生活中常见的事物，与人们的劳动生活紧密相关，将这些事物的形象特征投射到指称的事物上，使指称该事物的词语格外形象和生动，从而利于识别。

3.2 模拟事物的特征给事物命名，使词语具有生动性。如：

鸭母脚	uo^{53} mua^{55} ky^{53}	指走路内八字
鸭公声	uo^{53} kua^{33} sio^{33}	指声音沙哑
鸡母眼	ki^{33} mua^{55} nie^{55}	指夜盲

起鸡母粒　xie³⁵ kci³³ mua⁵⁵ ny³⁵　　起鸡皮疙瘩

猪母嘴　te³³ mua⁵⁵ tsya⁵³　　　　　指嘴往前撅

泥鳅眼　lei⁵³ mua⁵⁵ nie⁵⁵　　　　　小眼睛

牛眼睛　ŋɔ²¹ nie⁵⁵ tsio³³　　　　　　大眼睛

狗毛烟　kɔ³⁵mou²¹　　　　　　　　　烟丝，取其细似狗毛得名。

3.3 在模拟事物形象的基础上标明颜色给事物命名，使词语具有鲜明的色彩。如：

黄衣白　xaŋ²¹ i³³ po⁴¹　　　　　　　大白菜

青皮豆　tsˈio³³ bei²¹ tɔ⁴¹　　　　　毛豆

白尾狗　po⁴¹ ma⁵⁵ kɔ³⁵　　　　　　狐狸

白面鸡　po⁴¹ me⁴¹ ki³³　　　　　　布谷鸟

石灰鸟　sio⁴¹ xya³³ te³⁵　　　　　黑灰色，老虎的天敌

青竹镖　tsˈio³³ tiɔ⁵⁴ pie³³　　　　竹叶青蛇

青头蚊　tsˈio³³ dɔ²¹ mua²¹　　　　绿头苍蝇

青皮蛤　tsˈio³³ bei²¹ kou⁵³　　　　青皮蛙

乌头鼻　ɤ³³ dɔ²¹ pei⁴¹　　　　　　脓鼻涕

锈水田　sio²⁴ sei³⁵ de²¹　　　　　水色像铁锈一样红的水田（生田）

四　朗朗上口的叠音词

利用语音形式的特点，对某种声音加以模拟或改造来创造新的词语。使词语绘声绘色。主要有几种形式：

4.1 以拟声法给事物命名，有两种方式，一是取一个音节，把它们缀连起来发音，使这个整体的声音模拟某种事物现象，从而使这种声音能暗示带有相应声音特征的事物，形成一个指称该事物的词，二是在模拟的声音上加上一个表示所属事物的类别成分，形成一个指称该事物的词。如：

刷刷　　sua⁵³ sua⁵³　　衣服~~：衣刷

镲镲　　tsˈia²⁴ tsˈia²⁴　钹，乐器名。取其击打发出的镲镲声得名

铮铮　　taŋ⁵⁵ taŋ⁵⁵　　铃铎，乐器名，取其击打发出的铮铮声得名。

踢踢鞋　tˈia⁵³ tˈia⁵³ xia²¹　木屐，也叫板鞋，取其声音得名。

咔咔鸟　ka⁵³ ka⁵³ te³⁵　　乌鸦，取其叫声得名。

嗐嗐虫　kie^{33} kie^{33} di^{21}　　知了，取其叫声得名。

敲敲糖　k'ou^{33} k'ou^{33}tang^{21} 用红薯麦蚜制成，很硬，吃时要用木棍敲下来，故名。

崩崩琴　pong^{53} pong^{53} kien^{21}吉他，取其发声得名。

4.2　叠音。即通过音节的重叠而构成一个词。这类词大多是可以用于面称和旁称的亲属称谓。如：

伯伯[po^{53} po^{53}]　　　　　　　　　哥哥[ku^{33}ku^{33}]

叔叔[sio^{53} sio^{53}]　　　　　　　　　姐姐[tsa^{35} tsa^{35}]

姑姑[kɤ^{33} kɤ^{33}]　　姑妈　　　　妹妹[mei^{41}mei^{41}]

嬢嬢[niang^{33} niang^{33}]姑姑　　　　舅舅[kio^{55}kio^{55}]

满满[mang^{55} mang^{55}]婶婶　　　　姨姨[i^{21} i^{21}]

4.3　还有一些表示具体事物的名词也常常重叠，可以单用，也可以与其他的词组合表示某种事物。常带有"小"意。如：

袖袖[sio^{33}·sio]　　衣~~：衣袖　　　　骨骨[kua^{53}·kua]　　吃~~：吃骨头

袋袋[tia^{41}·tia]　　衣~~：衣袋　　　　仔仔[tsua^{35}·tsua]　猪~~：猪仔

蛋蛋[kua^{41}·kua]　咸~~：咸蛋　　　　棒棒[pang^{41}·pang]　衣裳~~：洗衣棒

盒盒[fu^{41}·fu]　　烟~~：烟盒

头头[to^{21}·to]　　烟~~：烟头　　　　米米 [mei^{55}·mei]　蒜~~：蒜头

斗斗[to^{35}·to]　　烟~~：烟斗

五　丰富的语缀词

在栗木直话中，用来构词的词缀非常丰富，尤以名词词缀和形容词词缀为最。形式多样，形象生动。名词词缀有：公、母、牯、佬、法、骨、仔、子等。名词后缀雌雄对立，分别以"公"、"母"标记；大小对立，以"仔[tsua35]"标记小，无标记表示大；物、人对立，以"子$_1$[ti55]"、"子$_2$[ta41]"标记。形容词词缀更是多不胜数。限于篇幅，本文只列举主要的名词词缀。

5.1　雌性动物叫××母，雄性动物叫××公，也叫××牯。但"公""母"并不一定用来表示雌雄，还可以用来表示非雌雄的事物和动物。

（1）指动物：

"公""母"对举的如：

猪公 te^{33} kua^{33}　　　　　猪母 te^{33} mua^{55}

狗公 kɔ^{35} kua^{33}　　　　　狗母 kɔ^{35} mua^{55}

鸭公 uo^{53} kua^{33}　　　　　鸭母 uo^{53} mua^{55}

鹅公 ŋuo^{21} kua^{33}　　　　　鹅母 ŋuo^{21} mua^{55}

鸡公 ki^{33} kua^{33}　　　　　鸡母 ki^{33} mua^{55}

"牯""母"对举的如：

牛牯 ŋɔ^{21} kɤ^{35}

牛母 ŋɔ^{21} mua^{55}

猫女牯 miou^{21} ne^{55} kɤ^{35}

猫女母 miou^{21} ne^{55} mua^{55}

羊牯 iaŋ^{21} kɤ^{35}

羊母 iaŋ^{21} mua^{55}

（2）指人。"公"　指男性，"母"指女性。如：

单身公 tuo^{33} si^{33} kua^{33}　鳏夫

奴奴公 nɤ^{21} nɤ^{21} kɔ^{33}　男仆

媒事公 mei^{21} sʅ^{41} kua^{33}　媒婆的丈夫或做媒的男人

寡母 kua^{35} mua^{55}　　　寡妇

奴奴母女 nɤ^{21} nɤ^{21} mua^{55} ne^{55}　女仆

接生母 tsɤ^{53} sie^{33} mua^{35}　　专门接生的妇女

大肚母 tuo^{41} tɤ^{55} mua^{35}　　怀孕的妇女

月子母 uei^{53} ti^{55} mua^{35}　　坐月子的妇女

仙女母 se^{33} ne^{55} mua^{35}　　仙女

（3）指物。事物虽不分雌雄，但是"公"、"母"的雌雄义仍然投射到事物上，根据事物的性质、形状等分别用"公/牯"、"母"来称呼。使事物也带上了雌雄的附加义。如：

袄母 ou^{35} mua^{35} 棉衣　　　　雷公 lya^{21} kua^{33}

担母 tuo^{33} mua^{55} 扁担　　　　牛角公 ŋɔ^{21} kiou^{53} kua^{33}　牛角

缸母 kaŋ^{33} mua^{55} 水缸　　　　大石公 tuo^{41} sio^{41} kua^{551}　大石头

雷母 lya^{21} mua^{55}　　　　　　细石公 sɤ^{24} sio^{41} kua^{55}　小石头

肩公 kuo³³ kua⁵⁵	肩膀	拳头牯 gue²¹ dɔ²¹ kɤ³⁵	拳头
石头牯 sio⁴¹ dɔ²¹ kɤ³⁵	石头	鼻牯 pei⁴¹ kɤ⁵⁵	鼻子

（4）指动物，但不表雌性，如：

蚤母 tsou³⁵ mua⁵⁵	跳蚤	波丝母 po³³ sʅ³³ mua⁵⁵	蜘蛛
虱母 sua⁵³ mua⁵⁵	跳蚤	洋母 iaŋ²¹ mua⁵⁵	老鹰
骚甲母 sou³³ kia⁵³ mua⁵⁵	蟑螂	蜜母 mei⁴¹ mua⁵⁵	蜜蜂
蛤母 kou⁵³ mua⁵⁵	蛤蟆	鹞子母 ie⁴¹ ta⁴¹ mua⁵⁵	鹞鹰
鳖母 pei⁵⁴ mua⁵⁵	乌龟	□虫母 xeŋ³⁵ ti⁵⁵ mua⁵⁵	蚯蚓
鹌鹑母 oŋ³³ sieŋ³³ mua⁵⁵	鹌鹑		

以上动物虽然也分雌雄，但不能用"公"对举。雄雌都用"母"来指称。

5.2 "仔" tsua³⁵，放在词的末尾，相当于一个词缀，用来表示小的事物和人，可单用，多重叠，带有可爱、亲切和蔑视的意味。例如：

（1）表示称呼

同年仔	dua²¹ ne²¹ tsua³⁵	对同年出生并结拜为兄弟的孩子的称呼。
伙计仔	xɤ³⁵ ki²⁴ tsua³⁵	对结拜为兄弟的孩子的称呼。
孙 仔	sy³³ tsua³⁵	孙子
外孙仔	uei⁴¹ sy³³ tsua³⁵	外孙
侄 仔	tsi⁴¹ tsua³⁵	侄子
外甥仔	uei⁴¹ sie³³ tsua³⁵	外甥
大仔	tuo⁴¹ tsua³⁵	大儿子
小仔	sɤ²⁴ tsua³⁵	小儿子

以上表示称呼的词都可以与"女"对举，一般不重叠使用。但下面的词就带有轻蔑的附加色彩。一般也不重叠使用。

私生仔 sʅ³³ sie³³ tsua³⁵		糜 仔 ma³³ tsua³⁵ 烂仔
败家仔 pia⁴¹ kuo³³ tsua³⁵		□ 仔 sən²⁴ tsua³⁵ 傻子

（2）表示小动物和婴儿。表示动物时通常要重叠，带有"可爱"的色彩。

牛仔仔 ŋo²¹ tsua³⁵ tsua³⁵		狗仔仔 kɔ³⁵ tsua³⁵ tsua³⁵
猪仔仔 te³³ tsua³⁵ tsua³⁵		羊仔仔 iaŋ²¹ tsua³⁵ tsua³⁵

鸡仔仔　ki³³ tsua³⁵ tsua³⁵　　　　兔子仔仔　t'ɤ²⁴ ta⁴¹ tsua³⁵ tsua³⁵

鸭仔仔　uo⁵³ tsua³⁵ tsua³⁵　　　　毛毛仔　mou²¹ mou²¹ tsua³⁵ 未满月

鹅仔仔　ŋuo²¹ tsua³⁵ tsua³⁵　　　　　　　　的孩子

（3）表示小的事物。可以重叠，也可以不重叠。如：

枪仔仔　ts'iaŋ³³ tsua³⁵ tsua³⁵ 子弹　　烟仔　ien³³ tsua³⁵ 烟

矮檬仔　ia³⁵ tua²⁴ tsua³⁵ 小凳子　　鸟仔　te³⁵ tsua³⁵ 小男孩生殖器

红仔　ɤua²¹ tsua³⁵ 象棋红方　　　　粒粒仔　ny³⁵ ny tsua³⁵ 小包包

绿仔　le⁴¹ tsua³⁵ 象棋绿方　　　　假手仔　kuo³⁵ siɔ³⁵ tsua³⁵ 六指

丸仔　ue²¹ tsua³⁵ 药丸子　　　　　阳铃仔　iaŋ²¹ liɔ²¹ tsua³⁵ 淋巴结

5.3 子₁[ti55]：放在词的末尾，相当于一个词缀，只用来表示事物，不表示人。一般不重叠。例如：

钉子　tio³³ ti⁵⁵　　　　　　　肚子　tɤ⁵⁵ ti⁵⁵

星子　sio³³ ·ti⁵⁵　　　　　　锯子　kie²⁴ ti⁵⁵

桃子　dou²¹ ti⁵⁵　　　　　　裤子　xɤ²⁴ ti⁵⁵

茄子　gio²¹ ti⁵⁵　　　　　　轿子　kie⁴¹ ti⁵⁵

李子　lɤ⁵⁵ ti⁵⁵　　　　　　　稗子　pia⁴¹ ti⁵⁵

橘子　kuei⁵³ ti⁵⁵

5.4 子₂[ta⁴¹]：放在词的末尾，大多表示人，含贬义。与子₁[ti55]的表物互补。例如：

瘸子　pia³³ ta⁴¹　　　　　　聋子　lua²¹ ta⁴¹

哑子　uo³⁵ ta⁴¹　　　　　　驼子　du²¹ ta⁴¹

骗子　p'e²⁴ ta⁴¹　　　　　　拐子　kya³⁵ ta⁴¹

癫子　lia⁴¹ ta⁴¹　　　　　　婊子　pie³⁵ ta⁴¹

瞎子　xia⁵³ ta⁴¹

六　文化蕴含丰富的特色词

在栗木大合直话中，保留了反映当地文化素养、风俗习惯的丰富多彩独具特色的方言词语。

6.1 "死"是人们最忌讳的字眼儿，所以把孩子夭折叫"没带到"，老人过世叫"过老子人"；棺材叫"寿轿"或"千年屋"，棺材板叫"寿轿板板";棺材入土叫"下炕",埋土叫"垒祖";装尸骨的坛子叫"金坛"。对一些特殊的病也有一些委婉的叫法,如出麻疹叫"做大人家"。

6.2 用"客"指称特定的人。初一拜年的新婚夫妇叫新客[si^{33} xuo^{53}],老姑娘叫老客姑[lou^{55}xuo^{53}ku^{33}];丈夫叫男客人[nuo^{21} xuo^{53} ni^{21}],妻子叫女客人[ne^{55} xuo^{53} ni^{21}];红白喜事的吹鼓手叫鼓手客[kɤ^{35} siɔ^{35} xuo^{53}]。

"假"不与"真"相对,而为"多余"意。如,六指叫"假手指",牙肉上多长出的牙叫"假牙齿",农忙时下午四五点临时增加的一顿非正式晚餐叫"假餐"。

6.3 特有的称呼。"问老同"或"喊老同",是当地的一种风俗。"老同"是指同年出生的人,"问老同/喊老同"的风俗就是指与同年出生的人结拜为兄弟姐妹。由此产生了一系列与这种风俗有关的背称:"同年仔、同年女",指互相结拜的孩子;"同年爷、同年□[nu^{55}]（同年娘）",指互指结拜了的孩子的父母;"同年影",用来喻指"人影"。与该风俗相应的还有"问老伙"风俗,"老伙"是非同年出生的人,"问老伙"就是与非同年出生的人结拜为兄弟姐妹,自然也就有"伙计仔、伙计女"、"伙计爷、伙计□[nu^{55}]（伙计娘）"的称呼。

"女人家"除指女人外,还特指"老婆"。讨老婆叫"讨女人家";"小女人家"指小老婆,"野女人家"指野老婆。

6.4 有一些词语反映了人们的某种心理,往往运用比喻和拟人的修辞手段,带有强烈的形象色彩,表示一种婉转含蓄和爱憎的态度。如:把日蚀叫"天狗吃月",把闪电叫"雷公眨眼",把流星叫"星子屙屎",把日晕叫"日头戴草帽"。把自然现象加以拟人化,反映了天人合一,人与自然和谐相处的美好愿望;把脚心叫"架桥板",人影叫"同年影";银河叫"白路",北斗星叫"七姊妹星";小男孩儿的生殖器叫"鸟仔",小孩过生日叫"牛仔过桥";酒席叫"十大碗",酒席的丰富叫"广火",怀孕叫"有好意"等等,这些叫法,含蓄、幽默、富于形象性;把曾孙叫"虱母孙",是借用虱子超强的繁殖能力的特征,喻子孙兴旺,反映了人们希望子孙后代兴旺发达的美好愿望。

6.5 特有的量词丰富了表达方式。如:用指事物的名词借代量词。窠[xy^{33}]指动物的窝,用来指同一胎动物的量:一～鸡仔|一～猪仔|

一～黄蜂；

腰[ie³³]用来指围在腰上的事物的量，相当于"条"：一～裤子|一～围裙；

领[lio³⁵]用来指具有该特征的衣物的量，相当于"件"：一～衣裳|一～裙；

路[lɤ]，借路的直表示"行、列"：一～字|一～树|一～禾苗；

线[se24]用来指称长而细的事物：一～谷穗/麦穗|一～鞭炮。

此外还有一些有音无字的特殊量词，如□[mua35]表示长的事物：一～木料|一～竹子|一～扁担|一～葱|一～韭菜；□[tua33]表示小颗粒状事物：一～花生|一～星星；□[kua⁵⁵]相当于"捧"：一～米|一～花生；□[kuo³⁵]指称成串的事物，相当"串"：一～香蕉|一～荔枝|一～龙眼。

以上我们对恭城栗木大合直话的词汇特点进行了初步的描写和分析。还有许多特点不能在一篇文章中全部列举，我们将在今后的研究中进一步深入发掘。

参考文献

[1] 鲍厚星：《东安土话研究》，湖南教育出版社 1998 年版。

[2] 关英伟：《广西恭城直话音系》，《方言》2005 年第 3 期。

[3] 梁敏、张均如：《广西平话概论》，《方言》1999 年第 1 期。

[原载《广西师范大学学报》(哲学社会科学版) 2008 年第 5 期]

广西金秀（柘山）话的句式特点

马 骏

与普通话相比，广西金秀柘山话的句法有自己的特点，本文只谈柘山话句法系统中句式的特点，不涉及句类。柘山话属西南官话桂柳片，相关的情况可参见马骏《广西金秀（柘山）话的语气词》[1]。

为了表述的需要，本文采用了一些符号：N—名词、V—动词、VP—谓词性成分、A—形容词、O—宾语、C—补语。"/"表示两可。常用的否定词释义：没：不；没曾：未曾；没得：没有。

一　双宾句及相关句式

（一）双宾句

柘山话双宾句的特色体现在双宾语的排列顺序上。语序有两种。一种类似普通话的语序，间接宾语在前，直接宾语在后，如："给我一本书。""收你两块钱。""教我们数学。"另一种语序是直接宾语在前，间接宾语在后，如"给本书我"。从语义上看，这种双宾结构的动词带有"给予"义。当动词为"给予"义时，双宾句通常使用这种排列语序。

（二）相关句式

与双宾句相关的句式主要有"V 给 O人 O物"和"VO物给 O人"。第一种句式跟普通话相同略而不说。第二种句式，动词限于带"给予"义，O人得到 O物。如："给本书给我。""还两担米给阿三。"这类句子的句末还可以加上相应的动词构成包含兼语的复杂句式。如："还两担米给阿三吃。"类似"给本书我"的双宾句都可以换用"VO物给 O人"这种句式来表达。而动词带"取得"义的双宾句（如："借了你一块钱。"），以及动词带有"给予"的意义、两个宾语因动作发生联系的双宾句（如："教我们数学。"）都不能用这种句式来表达。

把某人称呼作什么，普通话通常用双宾句来表达的，如："叫他小王"。而柘山话除此之外，还可用"VO人₁VO人₂"句式。例如："喊他喊四伯爷喊他四伯伯。""喊你喊做小妹喊你小妹。"

二　处置句

柘山话的处置式有三种：

（一）"把"字句。如："他把水挑上来了。"不过，柘山话的把字句无论在使用范围还是在使用频率上都比不上普通话。大凡普通话习惯用"把"字句表示的，柘山话更偏向使用非"把"字句。例如：

普通话：有些地方把开水叫滚水。　　　把那个东西拿来给我。

柘山话：有些地方喊开水喊滚水。　　　拿那个东西给我。

（二）"拿"字句。这种句子用"拿"而不是"把"将宾语提前。柘山话最常用这种处置式。如："他拿书撕了他把书撕了。""要吃饭了，快拿饭锅端到桌子高头快把饭锅端到桌子上。""阿三拿她自己的衣裳洗得干干净净的。""拿门关上。""他拿水挑上来了。"有些受事可以提到句首。如上述一些句子就变换为：

"他拿书撕了。"→"他拿撕了。"

"快拿饭锅端到桌子高头。"→"饭锅拿端到桌子高头。"

"阿三拿她自己的衣裳洗得干干净净的。"→"自己的衣裳阿三拿洗得干干净净的。"

有些受事习惯上不能提前，"他拿水挑上来了"很少变换为"水他拿挑上来了"。

（三）直接把受事放在句首的处置式。这类处置式带命令、祈使的语气。如："门关上，钥匙带倒把门关上，把钥匙带着。"若动词是带致失性意义的动词如："煎"、"改"、"撕"、"卖"、"杀"、"烧"等，通常在动词或动词性结构后加上"去"，如："东西吃干净去，莫留。""头发剪短去把头发剪短了，太长了。""鸡杀去把鸡杀了。"在语境中，受事也可省略不说。

三 "连"字句

普通话的"连"字句是指由"连……也/都……"固定格式构成的单句。"连"的性质，有人认为是助词，有人认为是副词。这种"连"字句，桕山话也有，如："我连菜都煮好了，你阿爸还没回来。""莫讲那么多，我连一分钱也没得。"

桕山话还有一类包含"连"的句子："连"只能用在否定句中，一般紧挨着否定词，位置在否定词前（只有一种情况"连"不挨着否定词，即当句子出现"V 没 C"结构时，语序是"连 V 没 C"①），"连"的词性是副词，表示"完全，全然"的意思；句子中不出现"连……也/都……"的固定搭配。这类句子的功能同样隐含了比较，表示强调，也可称之为"连"字句。有几种格式：

一是"连+否定词+X"。X 是动词和形容词。举例：

X 是动词：他睡得死死的，喊他连没醒。｜坐了一个小时，连没得动。｜衣裳连没曾洗。X 是形容词：加了哏多盐，菜连没咸。｜相片照得连没清楚。｜果子连没曾红，吃光了。

二是"连+否定词+VP"。"VP"是指连动结构、述宾结构、述补结构等动词性结构。如：

VP 是连动结构：他连没下田做工。｜五点钟来了，阿爸连没曾架锅煮饭。

VP 是述宾结构：老师连没上课。

VP 是述补结构：他还小，连没跑得几下。

三是"连 V 没 C"。例如："骨头太硬，连咬没动骨头太硬，都咬不动。""他的动作好滑稽的，我连学没会他的动作很滑稽可笑，我都学不会。""阿婆连吃没得，病太重了阿婆吃都吃不下，病太重了。"有些动词还能带宾语，"连 V 没 C"便可扩展为"连 V 没 CO"（C 是"得"），如："他手痛，他连穿没得衣服他手痛，他都穿不了衣服。"一些述宾式的离合词中间插入"没得"也可以构成"连 V 没 CO"。如："他手痛，连洗没得凉他手痛，澡都不能洗。"

---

① 类似的结构还有"连 V 没得 C"。这里以"连 V 没 C"为代表。

四 "得"字句

"得"字句是指包含"得"的句子。柘山话的"得"很活跃，由它构成的句子很多，对于它的用法，笔者已有专文讨论，现择要谈谈。

（一）动词"得"。"得"可作谓语，表示"得到、获得""具有"等意义，如："他得了一条鱼。""做事有钱得。""他钓得两条鱼。""这个猪得三百斤。""得"可用在动词后作结果补语，表示动作完成、有结果。如："饭煮得了，菜没曾煮得_{饭煮好了，饭还没有煮好}。""他洗得凉了_{他洗好澡了}。"

（二）助动词"得"。有三种用法：1."得"游离于主句外作谓语，表示可能，如："得行，就按你说的办。"2."得"用在动词或部分形容词前作状语，表示客观可能、情理许可等，如："这本书我得看三次。""火没大，菜没曾得熟。"此外，"得"还表示事实或情理上应该、需要、必须，如："得去上课了，再没去要迟到了。"3."得"用在动词或部分形容词后作补语，既能表示客观、情理许可，还能表示主观能力具备，如："这个东西吃得_{这个东西可以吃}。""他吃得_{他很能吃}。""这双鞋穿得，穿三年没烂_{这双鞋耐穿，穿了三年都没有烂}。""得"前的动词若带宾语，宾语放在"得"后，如："一条板凳坐得四个人_{一条板凳能坐五个人}。"

（三）结构助词"得"。分表示可能和不表示可能的两种情况。表示可能的"得"出现的结构为"V得C"，如："一百斤他挑得动。"若V还带宾语，宾语的位置在补语前后皆可，如："他阿爸喊得他动。"不表示可能的"得"可出现在以下结构：1. V/A得C。这种用法和普通话相同。如："气得要死。"2. V/A得。这个结构没有把补语说出来，表示程度无以复加，"得"的读音要拉长。如："脚痛得！""他跑得！"3. 算A了。这个结构强调形容词表示的性状。如："花算红得了。""衣裳算长得了。"4. 有得C。如："饭有得吃_{有饭吃}。""衣有得穿_{有衣穿}。" 5. V得有。如："酒买得有。""甘蔗种得有。"

（四）动态助词"得"。"得"用在动词或形容词后，表示动作或变化的完成。有些句子的"得"可以换成"了"，如："他一共就读得两年书。"用"了"替换"得"不影响句子要表达的意思。有一些"得"则不能换成"了"，如"出得门来，帽子忘了带"，一般不说"出了门来，帽子忘了带"。

以上用法一般都有相应的否定形式，不赘述。

五 "挃"字句

"挃"字句是带有"遭受"义动词"挃"的句子，如："他挃老师批评。""阿三挃坐牢。""他屋头挃小偷撬门。"在语义上"挃"字句表示甲遭受乙物，对于甲来说是一种被动的承受，其结果是又往往给甲带来某种不利和不幸，这种语义跟普通话的"被"字句通常所表示的被动关系、不愉快的语义色彩是一致的。但是"挃"字句和普通话的"被"字句表示被动语义的手段是不一样的：柘山话的"挃"是含"遭受"的实义动词，它表示被动的遭遇，可以仅带"了"一起作谓语（句末一定要带"了"），如说"××挃了"，根据具体的情景，指倒霉了、被抓了、出事了等不如意的事情。由它构成的"挃"字句，被动的语义是直接由"挃"的词汇意义体现出来的，是用词汇手段表示主语的被动和不幸，从本质上说，"挃"字句是由"遭受"义动词构成的主动句。普通话的"被"字句，它的被动意义不是由"被"的词汇意义体现的（"被"是虚词），而是由"被"所构成的句法结构关系造成的，是用语法手段表示主语的被动，"被"字句是被动句。正因为这种最本质的不同，才造成了两者其他方面的差异：

（一）从结构上看：

1. "被"字句的主语是受事，而"挃"字句的主语可以是受事，也可以是非受事。比较

柘山话：李明挃狗咬了。　　他挃走路去街。　　小华挃车撞对人。这把刀挃了三块钱。

普通话：李明被狗咬了。　　*他被走路去街。　　*小华被车撞了人。*这把刀被了三块钱。

第一例的主语是受事，"挃"字句能用"被"字句对译；后三例的主语是非受事，"挃"字句不能用"被"字句对译。

2. "被"的宾语是施事，"挃"后的宾语可以分别由动词或动词性结构、数量、名词或名词性结构、小句等充当。例如：

宾语是动词：他挃病着，病了好几轮他是生病了，病了好几次了。

宾语是动词性结构：回来迟，我挃吃冷饭回来晚了，我只好吃冷饭。

宾语是数量宾语：环保局来查，他都挃了几轮了公安局来查，他都被弄好几次了。

宾语是名词：补考的名单公布出来了，我揿语文，阿三揿数学，八妹揿英语。

宾语是小句，小句主语是施事：他刚刚揿人家拉去喝酒。小句主语是非受事：阿姐揿钱偷去了，什么都没买倒阿姐的钱被偷去了，什么都没买着。

"揿+小句（小主语是施事）"的类型可以省略，变成别的形式，如：小华揿阿妈骂几轮了→小华揿骂几轮了→小华揿几轮了→小华揿了。"揿"后的宾语甚至不出现，如"小华揿了"。

3."被"字句的动词是及物动词，"揿"字句"揿"后出现的动作性动词不受此限制。如："这个位子揿他坐去了。""坐"是不及物动词；"他揿打了"，"打"是及物动词。

4."被"和动词之间除了施事，不能再带别的词语，"揿"字后可紧跟着表示结果的"了、倒、着"。如："他今天揿倒感冒他今天遭感冒。""他揿了打，也没哭。""一揿着凉着，就要吃药一着凉，就要吃药。""被"字句的谓语动词不能是光杆动词，如"他被打"不能说，而"揿"后的动词可以不带别的成分，如可以说"他揿打"。

5."被"字句"被"不能单说独用，而"揿"带上"了"或"着"便可以用于答句。如："他揿打了？"——"揿了"。又如："小华刚刚揿雨淋啊？"——"揿着。"

可见，"揿"字句很多时候不能用"被"来对译，能够用"被"字替换"揿"的仅限于两种情况：第一种，大主语是受事，小句主语是施事，如："他揿犯人打。"第二种，主语是受事，动作的施事不出现，如："他揿打。"

（二）从使用上看，"揿"字句是由含"遭受"的实义动词构成的，它只能表示不如意、不愉快的事情，而自五四以来，由于受西方语言的影响，普通话的"被"字句除此之外，还能表示如意、愉快的事情。如"我很高兴，今天被选做班长"，绝不能用"揿"替换，因为说话人认为这是令人高兴的事情。若换成"揿"，"今天揿选做班长"，表达的是说话者不乐意做班长。

"揿"字句跟方言中另一个表示被动的"给"字句也不同。"给"字句类似于普通话的表示被动的"叫、让"句，"给"是介词，有"让"或"叫"的意思，"给"只能引进施事，不能直接依附在动词上，如："白菜全给马偷吃了。""锄头给别个借去了。""小心，莫给油烫着手。"从程度上看，这种句子的被动语气较轻，而"捱"字句表示被动的语义较重。从使用的频率看，人们更常用"捱"字句。

柘山话"捱"字句表示被动的遭遇，而由动词"得"构成的句子常表示如意的事情，两者形成鲜明的语义对比，如："我们得坐车去街，他捱走路。""我们得买8毛的青菜，他捱一块五。""阿哥得老师表扬，阿妹捱老师批评。""出去打工，个个得几百块钱，就是他没得钱，反倒捱花自己的钱。"

六　比较句

比较句分平比和差比。柘山话的平比句没有什么特色。这里只介绍差比句。普通话常用的差比句类型是"甲比乙如何"，柘山话除了用这种方式表示之外，还常用下面几种格式来表示：

（一）甲+A+过+乙。这种格式表示前项超过后项，既可以是积极的超过，也可以是消极的超过。如："小华高过小妹。""挑担辛苦过空手走路。""山猪好吃过兔子。""他的生活难过阿青？"

若有表示数量和程度的补语，直接放在句末。如："小华高过小妹两个手指。""小华高过小妹蛮多。""小华高过小妹点点小华比小妹高一丁点。""小华高过小妹点仔小华比小妹高一丁点。"

表示否定，可直接在形容词前加否定词"没"。如："今天没冷过昨天。""山猪没好吃过兔子。""李子没甜过苹果几多李子不比苹果甜多少。"也可换用"甲不比乙如何"的句式，如："今天没比昨天冷。"

（二）甲+V/A+没过+乙。这种格式表示前项不会超过后项。如："讲读书，我读没过他。""他的猪大没过王家的。"在山歌里，为了格律的需要，比较的前项常不出现，如："好吃没过山冲水，好耍没过少年时。"

当比较词都是形容词时，"A没过"和前面提到的"没A过"两种格式的表义有区别。"没A过"偏重在静态、客观的评价，比较的是性状程度，而"A没过"格式有两种可能的情况：1.比较的虽然也是性状程度，但说话的前提是承认甲、乙项都具备了A所代表的性状，只是甲要超过乙。如："今天冷没过昨天。"意思是今天和昨天都冷，但今天比昨天更冷。而"今天没冷过昨天"，只是说今天不比昨天冷。2.形容词带有动态的性质，比较的是性状的变化速度，如"他的猪大没过王家的"，是指在生长的速度上他的猪不及王家的猪。这种格式前常出现"甲A，甲A没过乙"、"（若）讲A"。

（三）甲+没够+乙+V/A。这个格式表示前项不如后项。如："这个鸡没够那个鸡重。""他没够小王打_{他打不过小王}。"

（四）甲+比+乙+过+A。这里的"过"念阴平，跟第一、二种格式的"过"（读去声）有别。如：他比我过老_{他年纪比我老}。""今年南方比北方过冷_{今年南方比北方冷}。"为强调程度可以在"过"前加上"还"，如："虾子比鱼还过贵_{虾子比鱼还要贵}。"若想强调两者差别不甚大，可以在形容词后加上"点"，如："虾子比鱼过贵点_{虾子比鱼贵一些}。"有时比较的后项不出现，如："擦了药，脚还过痛_{脚比未擦药时还要痛}。""阿哥让着阿妹，阿妹得的东西过多点。""菜放辣椒，过好吃点。"

否定形式：非省略格式是"……没比……"，省略格式是"……没过……"，都只出现在反问句里，如："虾子没比鱼还过贵呀？"、"鱼值几多钱啊，虾子没过贵啊？"说话者认为"虾子比鱼还贵"。

（五）甲+比+乙+多+A。这种格式跟第四种格式相似，仅举例。如："城市比农村多舒服。""他比我多聪明点。""金秀多凉快点_{跟别地相比}。""白菜多贱过茄子。"

（六）甲+没比+乙。这种格式表示前项比不上后项，没有相应的肯定形式。如："山区没比外头_{山区比不上外面的地方}。""种田没比打工_{种田比不上打工}。""黄牛没比水牛，水牛多狠_{黄牛比不上水牛，水牛比黄牛有劲}。"

七 "NN 没 V"类句子

这类句子包括"NN 没 V"、"NN 没曾 V"、"NN 没 VC"、"NN 没曾 VC"四种形式。其中，两个 N 是同一个名词，但并非是名词重叠，两者之间可以有停顿。N 以单音节名词最常见，其次是双音节名词，三音节名词较少见；V 是及物动词；名词是动词的受事。"NN 没 V"等都强调该做的事没有完成。它们都能构成主谓谓语句，如："你成天耍，地地没挖，你想死了。""太忙，桂林桂林没去成。""快入冬了，果子果子没曾捡。""板凳板凳没曾摆好，客人就来了。"除此外，所有的格式还可以充当句子的成分——谓语，主语是动作行为的施事。如："昨天我鞋鞋没穿，就跟倒他出去了。""他钱钱没曾捞倒，反倒欠了一大堆账。"每种格式也可以连用、列举的形式出现，如："电视机电视机没关，门门没锁，他就跑出去了。""这种人书书没曾读完，字字没曾练好，明天就开学了。"

NN 没 V 有一个变式：若 N 是单音节名词，V 后还出现 N，中间加上虚化的"个"，变成"NN 没 V 个 N"式，如："菜菜没买个菜，今晚上吃什么。"

NN 没曾 V、NN 没曾 VC 前面的名词还受别的词语修饰、限制，如："我的板凳板凳没曾摆好，戏就要开场了。""小华的田田没曾插，菜菜没曾种。"

八　"XX 什么"句

表示说话者对别人的某种行为不满予以否定，普通话经常使用"×什么×"结构，如："你哭什么哭。"偶尔也用"××什么"，如："你嚷嚷什么。"而柘山话则不同，"××什么"结构在日常生活中随时都可以听到，动词、形容词、甚至名词都可出现在这样的结构中。下面分别介绍：

（一）×是动词或动词性成分的"××什么"句。"××"是由单音节动词或双音节动词的第一个音节重叠而成。如："哭哭什么，有什么好哭的。""咳咳什么，再咳肠子要咳出来了。""什么"可插入双音节动词中，如："商商什么量，有什么好商量的。""洗洗什么凉，莫洗了。"此外，"什么"还可以插入述宾结构中，如："穿穿什么衣服，打赤膊算了。"

（二）×是形容词的"××什么"句。××是由单音节形容词重叠而成。表示说话者对某种性状不满予以否定。如："你的衣裳好新哟！"——"新新什么，快穿有两年了。"

（三）×是名词的"××什么"句。XX 是由名词临时叠合而成的。仅仅表示说话人对对方所提的事情不耐烦。常在对话中出现，如："今天买什么菜好？"——"菜菜什么，莫问我！"

九　"VV 得"类句子

柘山话有两大类由紧缩形式充当句子成分的句子，比较有特色。这些形式是：

（一）VV 得。"VV 得"指"V 还可以 V"。在 V 和 V 得之间可以有语音的停顿。由它充当谓语的句子，其后常常用"就是"等词语引出表转折的后续句。如：

　　果子吃得没曾？——吃吃得，就是有点酸。

　　我给你的笔好吧？——用用得，只是有时有点漏水。

　　这种说法表示说话者认为某人或某物可以怎样，但并不理想。

　　"VV 得"后可以加"下"。如："他种田种种得下，就是懒。""他搞修理修修得下，就是要价太高。""阿三唱山歌唱唱得下，就是要人请。"

　　"VV 得"可以转换成"V 是 V 得""V 还 V 得"，如：吃吃得←→吃是（/还）吃得。"VV 得下"转换为""V 是 V 得下""V 还 V 得下"也成立。

　　"VV 得"除单用作谓语，还可以连用。如：这种果子吃吃得，耍耍得，蛮好"。当"VV 得"连用时，表示某物或某人既怎样，又怎样，这时不需要后面有转折句。

　　（二）a 是 ab、a 都 ab、a 还 ab。ab 是双音节动词或形容词，a 是双音节动词或形容词的第一个音节。动词有"a 是 ab"、"a 都 ab"两式。形容词有"a 是 ab"、"a 还 ab"两式。这些形式的否定式是在"是"、"都"、"还"后加否定词"没"。无论由哪种格式充当谓语的句子，后面都接有后续句。如："他同是同意了，只是还没有盖章。""他复都复习了，应该给他考。""电视清是清楚，声音没好。""衣裳干还干净，就是湿了一块。"形容词的"a 是 ab"、"a 还 ab"还可以在 ab 前加上表示程度的词"蛮"、"有点"、"算"。

　　普通话虽然也有类似的用法，但是它的 ab 不能省略为 a。

十　形容词谓语句

　　在柘山话里，形容词单独充当谓语的情况比较少，往往带有修饰成分或补充成分。由这些成分构成的形容词谓语句中，有以下几种格式：

　　（一）算一/算鬼/算得+A+了。这种格式中的"一"可省略。人们常用这种格式表示人或事物的性状程度最高。如："他算好了，什么事情都不要阿妹做 他最好了，什么事都不用阿妹做。""今天的菜算一咸了，难吃。"

　　这种格式的否定式是把否定词放在形容词前面，表示反面的程度极深，如："过年算没闹热了。"意思是冷清到极点。

（二）死鬼/好鬼+A。这种格式表示性状程度较深。如："这个辣椒死鬼辣。""他好鬼精的，骗没得他。"

（三）几/几鬼+A。这种格式表示惊叹性状程度很高。句末常常带"啊、呃"等语气副词。如："那件衣裳几长呃！""阿旺几鬼肥！"

（四）够/够鬼+A+了。结构中的"够"是副词。这种格式表义程度比（三）式高。如："今天数学考试够难了！""她够鬼邋遢了她好脏！"

（五）A+死+哏这么+A。这种格式表示程度相当深。有人认为它带有厌恶色彩。其实不全是这样。凡出现在句子中的是消极意义的形容词，那么句子的表意确实带有厌恶色彩，例如："果子酸死哏酸。"水果太酸而不甜通常是人所不欲的，因而整个句子表达了说话者的厌恶之情，"那根扁担细死哏细，挑一下就断。"扁担太细不能承重，偏离人的要求，自然这种性状程度也不能令人满意。而句中出现的是积极意义的形容词，句子是否有厌恶色彩便要视具体情况而定。当人们要求某物的某些性状必须适度，不能过分时，一旦性状偏离人的要求，"A死哏A"便带有偏离特征，蕴含着说话者不满的色彩，例如："粽粑甜死哏甜，腻得很。""甜"通常是人之所欲，而粽子太甜则不能让人接受的，这时说话人认为甜味过度了，让人生厌。若说话人只是为了刻意夸饰、感叹某种性状是多么的好，"A死哏A"意即"多么A啊！"，并没有带厌恶的意味，例如，为了诱惑别人吃粽子，人们可以说："粽粑甜死哏甜啊，快点来吃啊。"大人哄小孩吃药："药香死哏香，好好吃的。"这两个例子都没有一丝厌恶的痕迹。这类句子的末尾常带语气词"啊"、"呃"等。若某物的性状程度再怎么高也不会让人觉得不适度，那么人们用"A死哏A"表达感叹，如："水井水甜死哏甜。"井水自然的甜度不会令人生厌，这里"甜死哏甜"只是强调、感叹井水不可言喻的甜美，又如："阿华的老公靓死更靓。"只是感叹阿华的丈夫长得很帅气。有时，带"A死哏A"的句子仅仅表明一种客观事实的存在，如："书记和小张的关系好死哏好，你哪搞得过小张。"

（六）蛮+A+点。"蛮"是南方方言比较通用的副词。柘山话也常在形容词加"蛮"，表示性状程度比较深，如："衣裳蛮新的。"可在A后加"点"，如："他们村蛮远点。""刀仔蛮利点。"

（七）没当+A+语气词。"没当A"意思是"不大A"。"没当A"式的句子表示性状的程度较低，如："水没当冷。""街没当闹热的。"

（八）没/没当+A+几多。这个格式相当于"不大 A"，所表示的性状程度跟"没当 A"差不多。如："这个灯没当亮几多。""河水没大几多。"

（九）A+附加成分。形容词后带一些附加成分，表示程度非常深。有几种形式：（1）A+完。"完"有"极了"、"透了"的意思。如："今年我衰倒霉完了。""这个世道假完了。"（2）A+死/得要死。如："脚痛死。""天热得要死。"（3）A+得。"得"的声音要拉得很长，语调上扬。这种方式表示程度无以复加。如："他的脸红得。""那个地方宽得。""洗完凉，舒服得。"

参考文献

[1] 马骏：《广西金秀（柘山）话的语气词》，《广西师范大学学报》2002 年第 3 期。

[原载《广西师范大学学报》（哲学社会科学版）2003 年第 4 期]

民族语言研究

瑶语早期汉语借词的声母

赵敏兰

　　瑶语有勉、金门、标敏和藻敏四大方言，勉方言包括广滇土语、湘南土语、罗香土语、长坪土语，金门方言包括滇桂土语、防海土语，标敏方言包括东山土语、石口土语、牛尾寨土语，藻敏方言内部较一致。

　　瑶语汉借词区分为早期和现代两层，区分的依据主要是声调。现以勉话（柘山）为例说明如何根据声调判别汉语借词的层次：

汉语	古调类	平		上			去		入	
	古声母	清	浊	清	次浊	全浊	清	浊	清	浊
勉语早期借词声调		33（1调）	331（2调）	553（3调）	231（4调）		35（5调）	311（6调）	55（7调）	31（8调）
勉语现代借词声调		33（1调）	31（2调）	53（3调）	35（4调）				没有入声（全部归入2调）	

　　由上表可见勉话早期汉语借词有八个调，分别跟汉语的四声八调对应，而现代汉语借词借自西南官话，只有四个调，没有入声（古入声归第2调），这样，依据声调的对应规律就能把勉话中早期汉语借词和现代汉语借词分开。

　　文中使用的材料：勉话（柘山、江底、罗香、长坪），金门（梁子、滩散），标敏（东山），藻敏（油岭、大坪）。柘山、梁子、东山和油岭分别是诸方言的代表点，行文中若没有特别标明，都是指这个点。江底、罗香、长坪、梁子、滩散、大坪的材料来自《瑶族勉语方言研究》，此外梁子的材料还参考了《苗瑶语古音构拟》一书，东山的材料来自《苗瑶语方言词汇集》，油岭的材料来自《连南八排瑶语》，柘山的材料为笔者调查所得。

一　早期汉语借词的声母

1. 重唇音

瑶语各个方言里早期汉语借词都有非组字读重唇的现象。例如：

	勉话	金门	标敏	藻敏
放非	$puŋ^{35}$	$puŋ^{44}$	$pə^{24}$	$boŋ^{41}$
斧非	pou^{553}	pou^{545}	$bəu^{35}$	bu^{24}
房奉	$puŋ^{331}$	—	$pə^{31}$	$poŋ^{41}$
浮奉	$biou^{331}$	$bjou^{33}$	$biau^{31}$	—
望微	$maŋ^{311}$	$muŋ^{33}$	$mə^{42}$	$moŋ^{22}$
袜微	$maːt^{31}$	$maːt^{42}$	mun^{42}	mat^{22}

但是数量的多寡不一，根据我们收集到的材料统计：勉话 45 个，藻敏 24 个，标敏 18 个，金门 11 个[①]，可见勉话最多。勉话、标敏非敷奉母字读重唇的表现各有三种：p、ph、b，而藻敏、金门没有送气声母。现以非母为例[②]：

方言	声母	例字	方言	声母	例字
	p	分 pun^{33}		p	风 $poŋ^{33}$
勉话	ph	甫 $phou^{553}$	标敏	ph	分 $phaŋ^{33}$
	b	粉 $buən^{553}$		b	粉 bin^{35}
金门	p	斧 pou^{545}	藻敏	b	分 ban^{44}
	b	富 bu^{33}			

许多勉话非敷奉母字读重唇的，其他方言对应非重唇的读音，如：

---

① 为了避免以偏概全，我们也对田林县八渡话里汉语借词读重唇的现象做了统计，结果是这个点有 16 个借词读重唇，只比梁子多 5 个（材料见《现代瑶语研究》），可见此类现象在金门方言里确实是比较少见。

② 金门方言防海土语非组有读先喉塞音的，放在后面讨论。

	粉非	粪非	方非	风非
勉话	buən⁵⁵³	puən³⁵	puŋ³³	puəŋ³³
金门	vaŋ⁵⁴⁵	fan⁴⁴	faŋ³⁵	hɔŋ³¹

	粉非	封非	发非	犯奉
勉话	buən⁵⁵³	puəŋ³³¹	put⁵⁵	pam³¹¹
标敏	hwan³⁵	huŋ³³	huən⁵³	huan²⁴

历史上某个时期在金门内部曾发生过部分双唇清塞音演化为f，双唇浊塞音演变为v的音变，这个音变不仅涉及固有词，也牵涉到借词，通过跟勉话的比较，可清楚地看到金门的这一个特点：

区别项 / 例词 / 方言	p/f				b/v			
	固有词		借词		固有词		借词	
	花	见	晒晒干	分分家	雪	糠	补	沸
勉话	piaŋ³³¹	puət³¹	phui³³	pun³³	buən³⁵	bie⁵⁵	bie⁵⁵³	buei³⁵
金门	faŋ³³	fat²¹	faːi³³	fun³⁵	van⁴⁴	va³¹	va⁵⁴⁵	vei⁴⁴

2. 来母

金门早期汉语借词中绝大部分来母字读g-（gj-），勉话读l-（只有语音特点接近金门的罗香土语读g-和长坪土语读ð-），标敏读l-、ɬ-，藻敏读l-、j-和h-（h-少见）。如：

	金门	勉话	标敏	藻敏
拦	gjan³³	lan³³¹	lan³¹	lon⁵³（jan⁵³、jam⁵³）
廪	gjam³²	lam²³¹	lan⁴²	jum⁴⁴
犁	gjai³³	lai³³¹	lai³¹	he⁵³
梨	gei³²	lai³³¹	lai³¹	jai⁵³

| 六 | gu²² | luə³¹¹ | ɬiɔ⁴² | lia²² |
| 笠 | gjap²² | lap³¹¹ | ɬan⁴² | jup²² |

根据巢宗祺（1989）的说明油岭"j 声母一般都发舌面中半元音［j］，也有人发成舌面前浊擦音［ʑ］或舌面前塞擦音［dʑ］"，相对应的声母，大坪点都记为dz-。如：

	廪	笠	拦
藻敏（油岭）	jum⁴⁴	jup²²	jan⁵³
藻敏（大坪）	dzum⁴⁴	dzup²²	dzan⁵³

3. 精组

瑶语各方言早期汉语借词中精组字的主要读音：

勉话	ts	tsh	dz	s	f				
金门	tθ	dð	t（tj）	d（dj）	ȶ	ȡ			
标敏	ts	tsh	dz	s	ȶ	ȡ	tɕ	tɕh	dʑ	ɕ
藻敏	t		d	s	h				

勉话、标敏只有零星的几个字读如端组——勉话 2 个（tiu⁵⁵³酒、taŋ³³¹蚕）、标敏 3 个（tiu³⁵酒、diau³⁵早、tuei³³催）。

标敏和金门有一套舌面前塞音，所涉字数量少，勉话和藻敏没有这一读法。金门的主流读音是齿间塞擦音，这是标敏和藻敏两个方言没有的，而勉话也仅限于长坪和罗香两个小土语存在。标敏的主流读音是ts组和tɕ组，其表现跟金门和藻敏相异，也跟精组没有分化仍读舌尖前音的勉话不同（如柘山）。藻敏没有塞擦音，除了读t-组、s-外，精组字还读擦音h-（清心母字为多，从邪母字亦有），这些特点异于其他方言。这样，方言间便形成了比较复杂的对应关系，略举几例以见一斑：

	勉话	金门	标敏	藻敏
稽精	tsai³³	ȶei³⁵	ȶai³³	te⁴⁴
租精	dzou³³	—	dzəu³³	du⁴¹
接精	dzip⁵⁵	tθip⁵⁴	tɕin⁵³	tep⁴⁴

葱清	tshuŋ³³	toŋ³¹	tshɔŋ³³	huŋ⁴⁴
槽从	tsu³³¹	dðau³³	tsu³¹	—
腥心	dʑiŋ³³	—	dʑiɛ³³	deŋ⁴⁴
星心	sɛŋ³³	tθiŋ³⁵	—	hɛŋ⁴⁴
涎邪	tsan³³¹	ɖan³³	—	—

4. 心母

勉话里汉语借词心母字多数读唇齿音f-，这是与其他三个方言不同之处。对应的词， 金门主要读tθ组（个别读t组、舌根音），标敏读s-、ç-，藻敏读s-、h-。 例如：

	勉话	金门	标敏	藻敏
四	fei³⁵	tθei⁴⁴	səi²⁴	he⁴¹
锁	fo⁵⁴⁵	kja⁵⁴⁵	sɔ³⁵	ho²⁴
伞	fan³⁵	tθaːn⁴⁴	san²⁴	hon⁴¹
送	fuŋ³⁵	tθuŋ⁴⁴	suə²⁴	hiŋ⁴¹
写	fie⁵⁵³	tja⁵⁴⁵	ça³⁵	sia²⁴
心	fim³³	tθim³⁵	çin³³	hum⁴⁴
锡	fi⁵⁵	tθɛ²⁴	çi³⁵	he⁴⁴

5. 知章庄组

瑶语各方言早期汉语借词中知章庄组的主要读音[1]：

勉话	ts	tsh	dz	s			
金门	tθ	dð	ȶ	ȡ	s		
标敏	ȶ	ȶh	ȡ	tç	tçh	ç	s
藻敏	t	d	ts	s	h		

---

[1] 标敏方言早期汉语借词读ts、tsh、dz的词只有"中tsuŋ³³、齐dzuai³¹、抓tsua³³"等几个，可以忽略不计。读dz、dʹ的几乎都是现代借词。

　　勉话、金门只有零星读 t 组的字（勉话 6 个，金门 4 个），标敏有 12 个，相比其他的读音，这些读音出现的频率不高，可以忽略不计，所以在上表中没有标出来。藻敏读 t 组的字最多，有 20 个（知组 11 个、章组 6 个、庄组 3 个），在所收字中所占比重较大，因而作为主要读音列出。

　　瑶语各方言早期汉语借词知章庄组已经合流，这是共同点。但具体的读音及分布有分别。首先，金门和标敏主要读舌面前塞音组，藻敏和勉话没有这一组音，这是最大的差别，例如：

	勉话	藻敏	金门	标敏
胀知	tsuŋ³⁵	tiŋ⁴¹	ȶuːŋ⁴⁴	tuə²⁴
撑彻, 撑伞	tshen³⁵	han⁴¹	ȡɛn²¹	ȡau²⁴
箸澄	tsou³¹¹	tau²²	ȶou²²	ȶəu⁴²
渣庄	tsa³³	tsap⁴⁴	ȶa⁴³	ȶa³³
炒初	tshau⁵⁵³	hau²⁴	ȶau⁴³	ȶha³⁵
纸章	tsei⁵⁵³	tsi²⁴	ȶei⁵⁴⁵	ȶəi³⁵
铳昌	tshoŋ³⁵	tsuŋ²⁴	ȶɔŋ²¹	ȶhoŋ²⁴

　　金门有一套来自生母、部分书母字和个别庄崇昌禅母字的齿间塞擦音，标敏有一套舌面前塞擦音、擦音，涉及的字数少，其中读舌面前擦音的字更少；虽然金门和标敏都有舌尖擦音 s-，但来源不太一样，金门的 s- 源自部分章组字，还有个别知母字，标敏的 s- 源自生母和大部分书母字。上述这些特点既是两者的相异之处，也有别于勉话和藻敏，因为藻敏没有舌面音和齿间音，勉话除了罗香、长坪两个小土语有齿间音外，广大分布区都没有齿间音，舌面音也只是见于部分地区。

　　目前可以肯定标敏的舌面前塞擦音、擦音是后起的，理由有二：一是目前知章庄组字多数仍读舌面前塞音；二是方言中的同词异音借词的读音（从声调、韵母的表现判断，一个为早期读音，一个为现代读音）为我们提供了层次分别的线索①，如：

准　ṭuən³⁵准许　tɕyn⁵³bi²⁴准备　　主　ṭau³⁵（作）主　tɕy⁵³（作）主

车　ṭha³³ 车子　huŋ³³tɕhie³³风车

至于金门的齿间音读法似乎也是晚于舌面前塞音，因为齿间音的分布范围较小。

藻敏有 h-，它来自彻、初、生、书四母，这是一个与众不同的语音特点，例如，　hit⁴⁴拆彻、hoŋ⁴⁴疮初、heŋ⁴⁴生生、ho⁴⁴收书。

6. 见晓组

瑶语各方言早期汉语借词中见晓组字的主要读音：

勉话　　k　kh　g　　ŋ　　h　　ø

金门　　ṭ　ḍ　　k　g　　h　　s　　w（j）

标敏　　ṭ　ṭh　ḍ　tɕ　tɕh　ɳ　k　kh　g　ŋ　h

藻敏　　k　kh　g　ŋ　　h　ɳ　f　v

金门和标敏有一组舌面前塞音，藻敏和勉话没有；标敏还有一套舌面前塞擦音和擦音，藻敏没有，而勉话也只见于局部地区。例如：

	勉话	（江底）	藻敏	金门	标敏
句见	kiou³⁵	tɕou²⁴	kui⁴¹	ṭou⁴⁴	ṭəu²⁴
救见	giou³⁵	dʐou²⁴	geu²⁴	ḍou⁴⁴	ḍau²⁴
解见	kiai⁵⁵³	tɕai⁵³	—	ṭai⁵⁴⁵	tɕi³⁵
苦溪	khou⁵⁵³	khou⁵³	ku⁵³	ṭou⁴³	—
桥群	kiou³³¹	tɕou³¹	ku⁵³	ṭou³³	ṭou³¹
裙群	kiun³³¹	tɕun³¹	kon⁵³	ṭuən³¹	ṭuən³³
骑群	kiei³³¹	tɕei³¹	ki⁵³	ṭei³³	tɕi³¹

---

① 标敏早期汉语借词声调：阴平 33、阳平 31、阴上 35、阳上 42、阴去 24、阳去 42、阴入 53、阳入 42，（其中阳上和阳去已为一个调值，但为了便于跟其他方言比较仍分开标写）；现代汉语借词声调：阴平 33、阳平 42（部分古入声字归入阳平）、上声 53（部分古入声字归入上声）、去声 35。这两个层次的声调有别。

下（下去）匣　　　gie³¹¹　　　　dʑe¹³　　　　ga²²　　　　ɖa²²　　　　ɖa⁴²

金门和标敏这些读音主要分布在见组，晓组只有零星几个字，此外，标敏多读舌面前塞音。

藻敏溪母读 h- 的字比其他方言多，还有读 f- 的层次，这是受汉语粤、客方言的影响。此外，藻敏晓母一二等合口字声母读 f-，这类词主要是借自客家话。举例：

溪　h　hu²⁴口、hum²⁴坎、hum⁴¹欠、hi⁴¹气、huŋ⁴⁴空 、heŋ⁴⁴坑、hau⁴⁴敲、hun⁴⁴牵、 hoi⁴⁴开

　　　f　fu²⁴苦、fo⁴⁴壳 、fai⁴⁴快、 fai²⁴块、fia⁴¹裤

晓　f　fa⁴⁴花、fui⁴⁴灰、fian⁴⁴欢、fo⁴¹火（药）

在见组字中，金门有部分字读 s-，藻敏、勉话也有零星的几个字读 ts- 或 s-，这些字多是开口三等字：

金门　sam³⁵金、san³⁵斤、san³⁵筋、sai⁴⁴贵、sen⁵⁴⁵笕、sam²¹欠、sou³²臼、sap⁵⁴急、sen⁵⁴⁵紧、sou³⁵菇菌子、sei⁵⁴⁵季小孩、set⁵⁴蕨

藻敏　tsam⁴¹禁、tsan⁴⁴斤、tsan⁴⁴筋、tsan²²近

勉话　suŋ³³姜、suəŋ⁴⁴江河、sa³⁵嫁

虽然在共时层面上，这种音变现象遗存的字少，但正是金门的读音支持了我们把勉话"姜、江、嫁"作为汉语借词的判断。这种现象在标敏的汉语借词里没有发现。

7. 以母

早期汉语借词以母字的声母，在勉话、金门、标敏里绝大多数是零声母或半元音 j-。而在藻敏方言里，以母字的声母油岭点记为 j，但巢宗祺（1989）曾在声母部分说明"j 声母一般都发舌面中半元音 [j]，也有人发成舌面前浊擦音 [ʑ] 或舌面前塞擦音 [dʑ]"（《连南八排瑶语》第 4 页），20 世纪 50 年代调查的大坪点记为 dz，记音者也说明"dz 的擦音成分轻微，与舌面前的浊擦音 [ʑ] 十分相似"（《瑶族勉语方言研究》第 128 页），因此，藻敏以母的表现跟瑶语其他方言不同。

8. 先喉塞音声母

勉话、标敏、藻敏基本上没有先喉塞音，只有金门的防海土语音系里

有一部分这类声母，除了固有词，也见于汉语借词，以滩散为例，多见于帮（20 个）、並（10）、端（19 个）、定（14 个）母，而滂（1 个）、非（3 个）、奉（2 个）母虽有，但只是零星几个：

ʔp：　ʔpa^{35}疤、ʔpiːu^{35}包、ʔpin^{35}斑麻脸、ʔpun^{35}搬、ʔpaːŋ^{55}绑、ʔpɛːŋ^{35}兵、ʔpaːi^{335}拜、ʔpaːu^{335}豹、ʔpiːn^{335}变、ʔpou^{42}抔捧、ʔpɛːŋ^{33}平、ʔpa^{32}白、ʔpuŋ^{335}放、pou^{55}斧、ʔpuŋ^{33}房乳房、ʔpaːm^{31}犯

ʔph：　ʔphɔu^{331}炮

ʔt：　　ʔtu^{35}刀、ʔtɔːi^{335}对、ʔtam^{55}胆、ʔtɔːŋ^{35}东、ʔtiŋ^{35}顶、ʔtu^{35}得、ʔtɛi^{32}地、ʔti^{32}袋、ʔtaːn^{35}弹、ʔtin^{31}靛蓝靛、ʔtɔŋ^{33}糖、ʔtɔːŋ^{33}铜、ʔtiːp^{32}碟

9. 塞边音型复辅音声母

在标敏、金门以及勉话的罗香、长坪两个土语里固有词有塞边音型复辅音声母，汉语借词声母也有些读复辅音，例如：

标敏[①]　klin^{31}圆、blɛ^{31}排、blɛ^{35}爆爆裂、blɛ^{35}迸迸裂、blɔ^{35}薄、blai^{35}暴暴芽、pla^{31}扒、plau^{24}跑奔跑、glai^{33}开、glu^{31}牢监牢、gli^{24}盖指甲、glan^{31}栏、kla^{31}梁高~、klə^{33}虹、klɔ^{33}角屋角、klɔ^{24}铃、klən^{53}刮、klin^{24}滚、klɔŋ^{33}空~心树、khlɛ^{33}溪、khla^{33}虾~耙、khlən^{35}啃

金门　　tlun^{33}圆、dlɔn^{22}卷

勉话（罗香）　klun^{31}圆、plen^{33}斑麻脸、plɔ^{32}雹、pla^{31}爬

勉话（长坪）　khliŋ^{33}圈项圈、glon^{22}卷、plen^{33}斑花牛、kleŋ^{53}梗玉米秆

其中标敏无论固有词还是汉语借词读复辅音声母的数量都是最多的。藻敏和绝大多数地区的勉话都没有复辅音声母。

二　早期汉语借词声母的演变

1. 浊音声母

瑶语各方言都已经经历了古全浊声母清化的阶段，这是毋庸置疑的。全浊声母藻敏只有 b、d、g 三个（前面提到的ʐ和dʐ只是音位变体），数量最少，而且没有浊塞擦音，其他方言个数多：勉话b、d、g、dz（有些方言还有dʐ、长坪土语有ð），标敏b、d、g、ɖ（dz、dʐ非常少），金门b、d、

---

　　①《苗瑶语方言词汇集》失收"奔跑""爆裂"、"暴芽"、"迸裂"四个词，现据《从瑶语论证上古汉语复辅音问题》一文补充。

g、ɖ、dð（滩散土语还有ð和先喉塞浊音[①]）。

汉语帮母、并、端母、定母藻敏读浊音的词，其他方言多是清音，例如：

	藻敏	勉话	金门	标敏
饱	beu^{24}	peu^{553}	peu^{545}	piau^{35}
兵	biaŋ^{44}	pεŋ^{33}	pεŋ^{35}	piε^{33}
赔	be^{41}	pui^{331}	—	pəi^{31}
碓	dui^{41}	tɔi^{35}	tɔi^{44}	tuai^{24}
灯	daŋ^{44}	taŋ^{33}	tɔŋ^{35}	tɔŋ^{33}
蹄	di^{41}	tei^{331}	tei^{33}	təi^{31}
断	daŋ^{41}	taŋ^{35}	—	taŋ^{24}

2. 送气音声母

勉话和标敏早期汉语借词都有送气音声母，但是勉话的罗香、长坪两个土语送气塞擦音少，有些字多读擦音s-、ç-、θ-与同一方言的其他土语和标敏的送气声母对应，例如：

	标敏	勉话	（罗香）	（长坪）
初	ȶhəu^{53}	tshou^{33}	çou^{33}	sau^{33}
叉	tçha^{13}	tsha^{35}	ça^{35}	sa^{35}
出	ȶhue^{53}	tshuət^{55}	çwət^{43}	swət^{54}

金门方言中梁子代表的滇桂土语汉语借词没有送气音声母（只有防海土语送气成分比较清晰），但声母带有浊流成分。1、3、5调以古全清和次清声母为条件分化为两个调值，7调不仅如此，还以元音长短为条件进一步分化，共有四个调值，带浊流成分的字一般读下表次清一栏的声调（但有些例外见于7调字）：

[①] 邓方贵曾在《现代瑶语浊声母的来源》里说过东兴金门记作ʔp、ʔt的实为ʔb、ʔd，不知是否指的是滩散，即使不是，我们推测滩散也是这样的情况，因为该点在上思县，属于东兴管辖，因此把它们放在浊音部分来讨论。

	平	上	去	入
古全清	35（1调）	545（3调）	44（5调）	24(7a调)54(7b调)
古次清	31（1'调）	43（3'调）	21（5'调）	31（7'a）32（7'b）

勉话和藻敏的送气音字跟金门带浊流成分的字对应。藻敏也没有送气音声母，与勉话和藻敏的送气音字相对应的字也都出现在单数调，但藻敏与金门略有不同，单数调不再分化。

藻敏早期汉语借词中古次清声母字，除了滂、敷、昌母不读h-外，清、初母以及部分透、彻、溪母无论洪细音都读h-，这是与瑶语其他方言相异之处：

	藻敏	金门	勉话	标敏
破劈开	po⁴¹	paːi²¹	phai³⁵	—
车	tsa⁴⁴	sa³¹	tshie³³	ʈa³³
剃	hi⁴¹	tei²¹	thei³⁵	thəi²⁴
炭	hon⁴¹	tan²¹	than³⁵	than²⁴
撑	haŋ⁴¹	ɖeŋ²²	tsheŋ³⁵	thiɛ²⁴
炒	hau²⁴	ʈau⁴³	tshau⁵⁵³	ʈha³⁵
铲	han²⁴	ʈan⁴³	tshen⁵⁵³	ʈhan³⁵
插	hep⁴⁴	ɖap⁴²	tshep⁵⁵	tsha⁴²
牵	hun⁴⁴	kin³¹	khin³³	khən³³
欠	hum⁴¹	sam²¹	khien³⁵	ʈhan²⁴

藻敏方言这种读音究竟是由于藻敏人的本族语里没有送气音，用h-模仿汉语送气声母造成的，还是借入的汉语方言本身当时就是读h-的，还很难判断。因为现存汉语方言多是透定母读h-①：赣语透定母字读h-的一共有

---

① 目前发现福建闽语崇安话、建阳话h-声母大部分来自透定彻澄母，但从地域上看藻敏受这种方言影响的可能性似乎不大。

24 个点，音类方面体现两个特点：1. 读 h- 上透母和定母表现一致。换句话说，如果一个点有读 h- 的现象，就既有透母字，又有定母字（一两个字的点除外）。2. 如果一个点透定母字既有读 h-，又有读 th- 的，那么洪音字倾向读 h-。四邑粤语和海南闽语也有 th-（透定一部分）> h-，四邑片透定母字读 h- 在大多数点都数量很多，洪音字几乎是全部，细音字也有不少，闽语文昌话透母读 h-，定母平声大部分读 h-，小部分读 ʔd-，仄声基本读 ʔd-。

3. 关于清鼻音声母

勉（除了长坪土语）、标敏（除了石口土语）语音系统里有清鼻音声母，特别是标敏，有些汉语借词其他方言都读作浊声母了，它仍然按清声母借入。金门基本上消失了清化成分，藻敏全部消失了清化成分，所以这两种方言里的汉语借词也没有清鼻音声母。

	墨	麦	木	袜	泥
标敏	m̥ɔ⁴²	m̥ɛ⁴²	m̥ɔ⁴²	m̥un⁴²	n̥i⁴²
勉话	mat³¹¹	mɛ³¹¹	muə³¹¹	mat³¹¹	nie³³
金门	mak²¹	mai³²	—	maːt⁴²	ni³¹
藻敏	ma²²	ma²²	mu²²	mat²²	ne⁴⁴

参考文献

[1] 巢宗祺：《连南八排瑶语》，中山大学出版社 1989 年版。

[2] 巢宗祺：《广东连南八排瑶语言概要》，华东师范大学出版社 1990 年版。

[3] 邓方贵：《现代瑶语浊声母的来源》，载《民族语文研究》，四川民族出版社 1984 年版。

[4] 邓方贵、盘承乾：《从瑶语论证上古汉语复辅音问题》，载《古汉语复声母论文集》，北京语言文化大学出版社 1998 年版。

[5] 李如龙、张双庆：《客赣方言调查报告》，厦门大学出版社 1992 年版。

[6] 刘泽民：《客赣方言历史层次研究》，甘肃民族出版社 2005 年版。

[7] 毛宗武：《瑶族勉语方言研究》，民族出版社 2004 年版。

[8] 舒化龙：《现代瑶研究》，广西民族出版社 1992 年版。

[9] 王福堂：《汉语方言语音的演变和层次》，语文出版社 1999 年版。

[10] 王辅世、毛宗武：《苗瑶语古音构拟》，中国社会科学出版社 1995 年版。

[11] 赵敏兰：《柘山勉话概况》，《民族语文》2004 年第 1 期。

[12] 詹伯慧：《粤北十县市粤方言调查报告》，暨南大学出版社 1994 年版。

[13] 詹伯慧：《广东粤方言概要》，暨南大学出版社 2002 年版。

[14] 中央民族学院苗瑶语研究室：《苗瑶语方言词汇集》，中央民族学院出版社 1987 年版。

（原载《民族语文》2008 年第 1 期）

勉语中的壮侗语借词

赵敏兰

一　引言

　　一直以来学界比较关注南方少数民族语言与周边语言相互影响、融合的诸多现象。苗瑶语研究专家也投身于相关研究，承认勉语借词主要来自汉语，不否认有来自壮侗语的借词，但有关后者的研究甚少。例如，巢宗祺在《广东连南油岭八排瑶语言概要》（1990）中曾明确指出排瑶话中的"想、穿山甲、田鸡、身体、轻"等少数词"应该认为是向壮侗语借来的，排瑶与壮族邻近，所以这些词直接来源于壮语最为可能"。（第181页）吴安其在《汉藏语同源词研究》（一）之《汉藏文化的历史背景和汉藏语的历史分布》（2000）一文中谈到"勉语中有一批侗台语借词。《苗瑶语古音构拟》中列出了此类词在勉语诸方言中的读法，并加以构拟，这些词在瑶族人的勉方言中声韵调有对应关系，表明他们是在勉语从原始苗瑶语中分离出来不久的一时间里从侗台语借来的"（第425页），"以上说明勉语与苗语分家以后与侗台语有过密切的接触"（第426页），列举了"回"、"鬼"、"鬼神"、"刺"、"浇"四个词①。遗憾的是，相应的研究太少，以至于在进行苗瑶语古音构拟的时候，我们同样会犯将壮侗语借词误作苗瑶语同源词的错误。而要想在勉语和周边语言的接触研究上有所突破，还必须加强勉语与壮侗语特别是壮语的接触研究。

　　最近几年，公开出版了不少苗瑶语和壮侗语的调查材料，如《瑶族勉语方言研究》、《壮语方言研究》，客观上为我们研究勉语中的壮侗语借词提

---

　　① 这里的术语"侗台语"即我们所说的"壮侗语"。

供了便利。为避免过多纠缠于同源和借用的论争中，我们首选苗瑶语内部苗语支和瑶语支不一致的词，特别是勉语内部也不一致的词作为考察对象。我们判断这些词为壮侗语借词的理由是：第一，现在选用的词，绝大部分在勉语内部没有一致说法，这些词与壮侗语而不是苗语支语言形成对应关系。其中与之对应的不少壮侗语词被壮侗语研究专家看作该语族同源词①。第二，从语言分布现状和迁徙史两个方面能找到证据加以证明，存在较多对应词语的勉语方言或土语则是那些至今仍与壮语发生接触或能笃定在历史上曾与壮语有过密切接触关系的方言或土语，如勉语金门方言和勉方言的罗香土语和长坪土语。桂西的金门方言目前仍处在壮语的包围中。而长坪土语所在的广西蒙山县，当地现今使用大量来自壮语的地名，境内部分地区至今仍有壮族分布，就连当地的粤语都包含着壮语的底层。这些都表明了壮族是那里的早期居民，瑶族从外地迁入此，至迟在9世纪定居下来，长期与壮族一起在这块土地繁衍生息，直到明朝初年，当地仍是"百姓居三，瑶壮居七"的局面，汉族人数逐渐占优应是明代以后的事了。根据口碑传说，操罗香土语的瑶族与操长坪土语的瑶族有密切的关系。第三，历史上，瑶族不断往南、往西迁移，不断深入壮侗语分布的腹地。壮侗民族居于强势地位，勉语受其语言的影响也是在情理之中。必须说明的是，当中有一些借词目前只在壮语方言中找到对应关系，为方便称呼，仍称为壮侗语借词。

　　本文使用的材料②：《瑶族勉语方言研究》（简称为《瑶研究》，下同）、《苗瑶语方言词汇集》（《苗瑶语》）、《汉瑶词典》（《词典》）、《苗瑶语古音构拟》（《构拟》）、《连南八排瑶语》（《连南》）；《壮语方言研究》（《壮研究》）、《壮侗语族语言词汇集》（《壮侗语》）、《侗台语族概论》（《概论》）③、《连

---

　　① 有些词虽然汉语粤方言也说，例如"想"，但不少学者把它们处理为壮侗语底层词，而非汉藏语同源词，我们采纳他们的意见。

　　② 在引用勉语的材料时，声调一律标调类。针对那些调类已经混同的方言，标调的处理方式是：若能找出它与勉语其他方言的对应关系，则标出相应的调类；若无法判别，则列出可能的几个调类。

　　③ 为使表述更清楚，我们在引用《概论》的材料时，把相关语言的名称稍作了改动，如原书"版纳"、"傣拉"、"侗南"、"侗北"分别改为"傣语西"、"傣语红"、"侗语车江"、"侗语高坝"，在武鸣、邕宁、柳江前加"壮语"，其他名称多加一个"语"字。银云忠老师（仫佬族）指出《概论》中仫佬语的记音有错误，我们把他提供的材料附在后面供参考。

山壮语述要》(《连山》)。考证过程中还参考笔者的母语广西金秀柏山勉语。

二 源自壮侗语名词的借词

1. "弟",勉语长坪 noŋ⁵。这跟壮侗语的"弟、妹"有对应:壮语武鸣 nuəŋ⁴、柳江 nu:ŋ⁴、布依语 nu:ŋ⁴、傣语西 nɔŋ⁴、傣语红 noŋ⁴、侗语车江 nəŋ⁴、侗语高坝 noŋ⁴、锦语 nuŋ⁴、老挝语 nɔ:ŋ⁴、临高语 nuŋ⁴、毛南语 nuŋ⁴、莫语 nuŋ⁴、水语 nu⁴、佯僙语 nɔ:ŋ⁴、仫佬语 nuŋ⁴。

2. "油渣",勉语长坪 klem⁵、罗香 a³kem³。《概论》找到了三种壮侗语言有对应关系:壮语武鸣 ke:m⁵、布依语 kva:m⁵、拉珈语 cẽ:m⁵。《壮研究》不收该词条,而据《连山》记录,邻近藻敏勉语的连山壮语为 men²kjiem⁴。

3. "醋",勉语长坪 mi⁵、罗香 mei⁵。这跟壮侗语有对应:壮语武鸣 mai⁵、傣语红 mi⁵、拉珈语 mi⁵、佯僙语 mi³。

4. "粥",勉语大坪 a⁴ham⁴。《概论》未收,《壮侗语》没有很一致的说法。大坪的说法跟壮语方言内部不少点有对应,例如:连山 ʔam³、融安 ʔam³、砚山 khau³ʔam³、龙胜 ʔom³、凌乐 ʔɔ:m⁴、柳江 ŋum³、来宾 ʔŋom³。《构拟》的"粥"(只收瑶语支)实际是汉语借词。

5. "(量米的)竹筒"、"筒量词",勉语江底 mo⁷、柏山 mo⁷、镇中 mɔ⁸。这两个词,《构拟》和《瑶研究》都没有收。"竹筒",《概论》所列的一种对应是:壮语武鸣 bo:k⁹、龙州 bu:k⁷、布依语 bo⁶、傣语西 bɔk⁹、泰语 bɔ:k⁹、黎语 ru:k⁷。这两个词在壮语方言很多点中形成对应,有三种情况:一是"竹筒"、"筒量词"的说法相同的,如来宾bat⁷、扶绥mat⁷、砚山buk⁹,二是两者的读音虽有些差别,但仍能看出来源相同的,例如:

	德保	靖西	平果	田东	贵港
竹筒	bok⁷	bu:k⁹	bo:k⁹	buak⁹	bo:k⁹dok⁷
筒量词	bat⁷	bat⁷	bat⁷	bat⁷	bat⁷

三是同一个方言点只有一种说法与其他点形成对应的对应,或是"竹筒",如广南沙语 buk⁷、凌乐 bo:k⁹,或是"筒量词",如柳江 bat⁷、大新 bat⁷、都安 bat⁷、连山 mak⁷、隆安 mat⁸、钦州 mat⁷、邕南 mat⁷,其中以后者为多。

6. "支锅三脚架",勉语庙子源 tsheŋˈtɕiŋ²、长坪 sjeŋˈkjeŋ²、罗香 ɕeŋˈtɕeŋ²、梁子 theŋˈˈgeŋ²、滩散 the:ŋˈˈge:ŋ²、石口 thaŋˈtsɔn⁶、大坪 haŋˈkjaŋ²,

第一个音节都是"锅"，第二个音节意即"三脚架"。"三脚架"，《概论》未收，《壮研究》收有，其中绝大多数点有对应。例如：

柳江	田东	邕南	南丹	河池	上思	凌乐	广南_侬	丘北

$kjaŋ^2$　$kiaŋ^2$　$keːŋ^2$　$kiəŋ^2$　$kiːŋ^2$　$khiːŋ^2$　$tɕiaŋ^2$　$tɕieŋ^2$　$tɕiŋ^2$

7. "鼎锅"，勉语梁子 $mɔ^3$。这跟壮侗语有对应：壮语龙州 mo^3、邕宁 mo^3、傣语_西 $mɔ^3$、傣语_红 mo^3、老挝语 $mɔ^3$、泰语 $mɔ^3$。而勉语牛尾的"鼎锅"为 $hɣa^{55}tjɯ^{31}$（后一音节为"铛"），其中 $hɣa^{55}$对应的是壮语的"炒菜锅"，试比较：壮语武鸣 $ɣeːk^9$、龙州 $heːk^7$、邕宁 $hleːk^7$、锦语 $ɬhik^7$、拉珈语 $cheːk^9$、老挝语 $heːk^9$、毛南语 $chiːk^7$、莫语 $ɬhik^7$、仫佬语 $chik^7$。

8. "男青年"^①，勉语江底 $bjaːu^2$、梁子 bau^2、览金 $baːu^2$。这个词苗瑶语内部说法不一致，因此《构拟》分别构拟："青年男子 1"（苗语支）* $ŋɣeu^6$，"青年男子 2"（瑶语支）* $mbjɒːu^2$。而勉语的说法跟壮侗语一致：壮语武鸣 $baːu^5$、龙州 $baːu^5$、邕宁 $maːu^5$、傣语_西 $baːu^5$、傣语_红 $vaːu^5$、老挝语 $baːu^5$。

9. "结巴"，勉语江底 a^2lan^2、庙子源 $a^5laŋ^2$、大坪 $am^5bɐi^6$（am^5应是丢失了 l—）；梁子 tat^{31}、滩散 $a^{55}tat^{32}$。它们分别与壮语方言对应（《概论》未收此词）：

柳江	崇左	扶绥	宁明	钦州	融安	上思	宜山	邕南	邕北	横县

$lɯːn^5$　$ɬam^2$　$ɬam^2$　$ɬam^2$　lyn^3　lan^5　$ɬam^2$　$lɯːn^5$　$ʔa^5tot^8$　$ʔa^3tat^8$　ba^3tat^8

10. "悬崖峭壁"，勉语柘山 $bɛŋ^{5-2}that^7$。"悬崖"，壮侗语：壮语武鸣 $taːt^9$、龙州 $taːt^7$、邕宁 $taːt^9$、布依语 $taːt^7$、傣语_西 $taːt^9$、傣语_红 tat^7、老挝语 $taːt^9$。勉语 $that^7$与此有对应。

11. "鞭痕、条痕"，勉语江底 biu^4。这跟壮侗语的"疤"有对应：壮语武鸣 $piəu^3$、老挝语 $pɛːu^4$、毛南语 $pjeu^3$。

12. "皱、皱纹"，勉语江底 $ȵau^5$、镇中 $ȵiau^5$、东山 $ŋie^4$。这跟壮侗语的"皱纹、皱眉"有对应：壮语武鸣 jau^5、龙州 nu^3 / ju^3、邕宁 jau^5、黎语 $ȵiːu^3$、标语 $ȵau^5$、布依语 $ȵau^5$、侗语_{车江} $ȵiu^3$、侗语_{高坝} $ȵiu^3$、拉珈语 $ȵau^3$、

---

① 《瑶研究》只收"男人"，并把江底 $bjaːu^2$列于此条。这是错误的，实际上 $bjaːu^2$指"男青年"（《词典》记为"瑶族男青年"）。《构拟》列为"青年男子"是对的。

临高语 ŋeu³、毛南语 ʔnju³、莫语 ŋəu³、水语 tiu³、佯僙语 niu³³、仫佬语 ŋau⁵。

13. "锉子"，勉语江底 tu²、罗香 tau²、梁子 ɗau⁵、滩散 dou⁵、大坪 tɔu²。这跟壮侗语 "锉刀" 有对应：壮语武鸣 taːu²、龙州 taːu²、邕宁 taːu²、柳江 taːu²、标语 to⁴、布依语 taːu²、侗语高坝 tau²、拉珈语 taːu²、临高语 hau²、仫佬语 to²。

14. "锥子"，勉语罗香 ŋwei³、滩散 ȵuːi¹。这跟壮语有对应：德保 nøi⁴、东兰 ŋɯi⁴、广南沙 ŋwi⁴、河池 ŋwi⁴、环江 sim¹ŋwi⁴、南丹 ŋwi⁴、平果 ŋwəi⁴、丘北 ŋwei⁴、砚山 ŋi⁴、都安 ŋwei⁴、广南侬 ŋi⁴、靖西 ȵei⁴、田林 ŋwi⁴、连山 ȵei¹。

15. "短裤"，勉语大坪 fjɛ⁵kɔt⁸。《壮研究》、《概论》未收该词，但《壮侗语》收有：壮语 va⁵kɔt⁸、临高 xo³xut⁸、傣语西 teu⁵kɒt⁸、侗语 so⁵tot¹⁰。这些双音词第一个音节是 "裤子" 义，有对应的是第二个音节。

16. "手镯"，勉语江底 tɕom²、长坪 kjəm²、罗香 tɕem²、梁子 sam²、滩散 ɕam²、东山 phau⁴khən¹、石口 pou⁴klɔ³、牛尾寨 pu²tɕwan²、大坪 kɔn²fin¹ᐟ⁴①。这跟壮侗语有对应：壮语武鸣 kon⁶、柳江 kvan⁶、布依语 kwan⁶、侗语高坝 ɕen⁶、锦语 gun⁵、毛南语 wən⁵、莫语 gwan⁵、水语 vən⁵、仫佬语 ceːm²。

17. "囟门"，勉语江底 pu²pjei¹na²、庙子源 pei¹na²、长坪 bə²ŋa²、罗香 pje³na²、梁子 pjei³na²。后一音节跟壮侗语 "囟门" 有对应：侗语车江 na²、拉珈语 na²、毛南语 na²、水语 na²、仫佬语 na²。

18. "汗垢"，勉语江底 kaːi²、庙子源 ga²、东山 hi³、大坪 hɔn⁶kɛi³（前一音节 hɔn⁶ 是汉语借词 "汗"）。《壮研究》、《概论》未收该词，但《壮侗语》收有：壮语武鸣 hai²、布依语 hi²、傣语德 xai²、侗语 jaːi¹／taːi¹、临高语 kɔi²、水语 zaːi¹、仫佬语 ɳaːi¹。

19. "酒糟"，勉语大坪 sjɛt⁷tiu⁴hau⁵，后一音节应借自壮侗语的 "稻米"；"稗子"，梁子 hou³waŋ³，前一音节也是借自壮侗语的 "稻米"。试比较壮侗语的 "稻米"：壮语武鸣 hau⁴、龙州 khau³、邕宁 hau⁴、柳江 hau⁴、标语 kau³、布依语 fiau⁴、傣语西 xau³、傣语红 khau³、侗语车江 au⁴、侗语高坝 əu⁴、

---

① 跟壮侗语有对应的，东山、石口、牛尾寨是第二音节，而大坪是第一音节。

锦语 əu³、拉珈语 kou³、老挝语 khau³、临高语 ŋau⁴、毛南语 hu⁴、莫语 həu³、水语 au⁴、泰语 khau³、佯僙语 ɣəu⁴、仫佬语 hu³。

20. "葱"，勉语东山 tshɔŋ¹bɔ⁵，前一音节是汉语借词"葱"，后一音节跟壮侗语"葱"有对应：壮语①东兰 bu⁶、凌乐 bu⁵、田林 bu⁵、布依语 bu⁶、傣语西 bo⁵、傣语红 bo⁵、锦语 bəu⁵、老挝语 buə⁵、莫语 ʔbəu⁵。

21. "花瓣"，勉语梁子 faŋ²djeːp⁷ᵃ，后音节借自壮侗语的"花瓣"：壮语龙州 kiːp⁷、邕宁 tip⁷、柳江 tip⁷、布依语 tuːp⁷、傣语西 kaːp⁹、老挝语 kiːp⁹、水语 dip⁷、泰语 kliːp⁹。

22. "韭菜"，勉语梁子 tɔŋ³¹kaːt²⁴、罗香 lep³²。这跟壮语的"韭菜"有对应：来宾 tsoŋ¹keːp⁹、上林 ɕoŋ¹keːp⁹、大新 suŋ¹tseːp¹⁰、都安 ɕoŋ¹keːp⁹、隆安 tsuŋ¹kleːp⁹、宁明 suŋ¹keːp⁹。

23. "韭菜"，勉语油岭 ȵam²、长坪 ȵon²、柘山 lai¹⁻²ȵam²；大韭菜，江底 lai¹⁻²ȵaːm²、柘山 tom²lai¹⁻²ȵam²；野韭菜，江底 tshat⁸gai³ȵaːm²。ȵam²、ȵon²、ȵaːm²跟下列壮侗语有对应：侗语车江 ŋam²、侗语高坝 ŋəm²、拉珈语 ȵam²、水语 ŋam²、佯僙语 ŋam²。

24. "稗子"，勉语长坪 vaŋ³、梁子 hou³waŋ³、滩散 thu⁸kɔŋ¹。vaŋ³、waŋ³、kɔŋ¹跟壮侗语有对应：壮语武鸣 vaŋ¹、龙州 vaŋ¹、邕宁 vaŋ¹、柳江 vaŋ¹、黎语 hweːŋ¹、标语 θiaŋ¹、布依语 vaŋ¹、傣语西 vaŋ¹、傣语红 vaŋ¹、侗语车江 khwaŋ¹'、侗语高坝 kwaŋ¹、锦语 faŋ¹、拉珈语 khwãŋ¹、临高语 vɔŋ¹、毛南语 vaŋ¹、莫语 faŋ¹、水语 faŋ¹、佯僙语 waŋ¹、仫佬语 khwaŋ¹。

25. "木耳"，勉语大坪 ku¹biu²kat⁸。kat⁸跟壮侗语的"菌子"有对应：壮语武鸣 ɣat⁷、龙州 vit⁸、邕宁 hlat⁷、柳江 hjvat⁷、布依语 zɛt⁷、傣语西 het⁷、傣语红 het⁷、老挝语 het⁷、临高语 hit⁸、泰语 het⁷。

26. "松树" tsjɔŋ²dən¹、"杨柳树" liɔu² dən¹ŋi⁴，勉语石口的 dən¹跟下列语言的"树"有对应：临高语 dun³，傣语德 ton³mai⁴（参见《壮侗语》第69页）。

27. "柚子树"，勉语梁子 da²bok⁸ᵇgjaŋ⁵、滩散 lau²buk⁸gjaŋ⁵。bok⁸ᵇ、buk⁸跟壮侗语"柚子"有对应：壮语武鸣 puk⁸、龙州 puk¹⁰、邕宁 puk⁸、

① 壮语的材料根据《壮研究》补充。

柳江 puk[8]、布依语 po[2]、傣语西 puk[8]、锦语 puk[8]、拉珈语 pup[8]、老挝语 phuk[8]、临高语 ŋok[8]、毛南语 puk[8]、莫语 puk[8]、佯僙语 puk[8]、仫佬语 muk[8]。

28. "马蹄指马的蹄子"，勉语长坪 ma[4]tip[7]。tip[7]跟壮侗语的"蹄"有对应：壮语柳江 hip[8]、河池 rip[8]、钦州 te:p[9]、连山 jip[8]、布依语 zip[8]、傣语西 kip[9]、临高语 lip[8]、毛南语 dip[7]、泰语 ki:p[9]、佯僙语 rip[7]。

29. "蚱蜢"，勉语罗香 gap[8]ta[7]、滩散 kim[2]dɛ:k[7]。ta[7]、dɛ:k[7]跟壮侗语的"蚱蜢"有对应：壮语武鸣 tak[7] / ɣak[7]、邕宁 thak[7]、柳江 tak[7]、黎语 tuɯ:ʔ、标语ŋak[8]、布依语 ta[5]、傣语西 tak[7]、侗语车江tak[7]、侗语高坝ta[5]、锦语 dja:k[9]、拉珈语 plak[7]、老挝语 tak[7]、毛南语 djak[8]、莫语 djak[8]、水语 djak[7]、泰语 tak[7]、佯僙语 rjɛ:k[9]。

30. "蚂蟥"，勉语石口 biŋ[5]、大坪 a[1]biŋ[5]。这跟壮侗语有对应[①]：壮语武鸣 pliŋ[1]、龙州 piŋ[1]、邕宁 pliŋ[1]、柳江 piŋ[1]、黎语 ziŋ[1]、标语 phiaŋ[1]、布依语 piŋ[1]、傣语西 piŋ[1]、傣语红 piŋ[1]、侗语车江 mjiŋ[1]、侗语高坝 ma[4]lin[2]、锦语 piŋ[1]、拉珈语 pliŋ[2]、老挝语 piŋ[1']、临高语 biŋ[1]、毛南语 mbiŋ[1]、莫语 piŋ[1]、泰语 pliŋ[2]、佯僙语 min[2]、仫佬语 miŋ[2]。

31. "乌龟"，勉语江底 tu[6]nɛ:ŋ[6]、长坪 tu[6]、罗香 to[6]、梁子 to[6]、滩散 ʔtu[6]、牛尾寨 tu[6]。tu[6]跟壮侗语"乌龟"有对应：壮语崇左 tau[5]、宁明 tau[5]、上思 tau[5]、田东 tau[6]、黎语 thau[2]、傣语西 tau[5]、侗语车江ta:u[5]、老挝语 tau[5]、水语 tja:u[5]、泰语 tau[5]。

32. "蜈蚣"，勉语江底 sap[7]、长坪 θap[7]、罗香 çap[7]、梁子 tθap[7b]、滩散 θa:p[7]、牛尾寨 sai[7]、大坪 bjau[4]kɔŋ[1]tsap[7]（有对应的是后一音节）。这跟壮侗语有对应：壮语武鸣 θip[7]、龙州 khip[7]、邕宁 hlət[7]、柳江 sip[7]、标语 jap[8]、布依语 sip[7]、傣语西 xɛp[7]、傣语红 tshap[7]、侗语车江 khəp[7]、侗语高坝 jap[7]、锦语 sip[7]、老挝语 khep[7]、临高语 lip[8]、毛南语 chap[7]、莫语 sip[7]、水语 khup[7]、泰语 kha:p[9]、佯僙语 khe:p[7]、仫佬语 khɣəp[7]（银记 khɣap[7]）。

[①] 勉语与壮侗语声调的对应是依相近调值对应。第 5 调的调值石口为 44、大坪为 42。邻近恭城石口的壮族是明代因剿匪的需要从庆远府（今南丹、宜山等地）迁来的，目前仍有少数长者会说壮语，虽然我们没有找到有关恭城壮语的调查材料，但其源出地南丹壮语的第 1 调是平调 22，据此推断邻近石口的壮语也是个平调，调值与石口接近。邻近大坪的连山壮语第 1 调调值为 42，与大坪一致。至于勉语的声母读浊音，可能是借入时就为浊音，也有可能是借入后受到勉语中存在的清音浊化现象的影响类推的结果。大坪的-n 与石口的-ŋ 有对应。

33. "蝴蝶"，勉语长坪 kə²bjəu⁵、罗香 ka²bjeu⁵、梁子 buŋ⁵blou⁴、滩散 buŋ²blɔu⁴、东山 sui⁷bja⁶、石口 pu²pjɔu⁵、牛尾寨 phu²phjəu⁵、油岭 baŋ¹bai⁴。勉语的后一音节跟壮侗语有对应：壮语武鸣 ba³、龙州 fu⁴、邕宁 ma³、柳江 ba³、布依语 ba⁴、傣语西 bə³、傣语红 vɯ³、侗语车江 ma³、侗语高坝 ma⁵、锦语 ba³、拉珈语 wie³、老挝语 bɯə⁴、毛南语 ba⁴、莫语 ʔba³、水语 ba³、泰语 sɯə³、佯僙语 ŋwa³、仫佬语 ʔwa³（银记 wa³）。《概论》里有些点收的是语素，我们发现从构词角度来观察，一些勉语和壮侗语也是有对应的：壮语武鸣 bum⁵ba⁵、毛南语 buŋ⁴ba⁴。

34. "癞蛤蟆"，勉语江底 tɕɛːŋ³⁻²kop⁷、柘山 keŋ³⁻²kop⁷。kop⁷跟壮侗语的"田鸡"有对应：壮语武鸣 kop⁷、龙州 kap⁷、邕宁 kap⁷、柳江 kop⁷、标语 kap⁷、布依语 kɔp⁷、傣语西 kop⁷、傣语红 kɔp⁷、侗语车江 əp⁷、拉珈语 kop⁷、老挝语 kop⁷、临高语 op⁷、毛南语 kəp⁷、莫语 kwap⁷、水语 qup⁷、泰语 kop⁷、仫佬语 kəp⁷。

35. "手心"，勉语东山 phau⁴⁻⁷uŋ³、长坪 pu⁴tswaŋ³ən³。前一音节是勉语固有词"手"，后一音节跟壮侗语的"手心"有对应：壮语武鸣 aːŋ³、龙州 oːm³、傣语西 uŋ³、傣语德 oŋ³、泰语 uŋ³。

36. "孙子"，勉语罗香 laːn³。这跟壮侗语有对应：壮语武鸣 laːn¹、龙州 laːn¹、邕宁 laːn¹、柳江 laːn¹、标语 lɔːn¹、布依语 laːn¹、傣语西 laːn¹、傣语红 laːn¹、侗语车江 khwaːn¹、锦语 l̥aːn¹、拉珈语 chaːn¹、老挝语 laːn¹、临高语 laːn¹、毛南语 caːn¹、莫语 lui¹、水语 haːn¹、泰语 laːn¹、佯僙语 laːn¹。

三　源自壮侗语动词的借词

1. "看"，勉语长坪 nom³、罗香 lom³；"盯、瞥"，江底 ljom⁴（据《词典》补充）、柘山 liom⁴。勉语的说法跟壮语方言有对应①：连山 loːm¹、上林 ʔneːm⁵、贵港 ʔneːm⁵、大新 nɔːm⁶、邕北 ʔeːm⁵、南丹 doːm¹、都安 doːm⁵、隆安 teːm⁵。

2. "量（米）"，勉语江底 ła:u¹、庙子源 ła¹、镇中 ła:u¹、长坪 laːu⁴、

---

① 壮语北部方言"看"的调值要么是高降调，要么是平调，连山和南丹的调类例外便是依据这个规律，按调值跟其他点匹配的结果（前者42，后者22）。邻近勉语的贵港壮语调值为53，而53恰是罗香、长坪第3调的调值，我们认为勉语"看"读3调而非5调是按调值跟壮语相配的。

罗香 ga:u^1、梁子 gau$^{1'}$、滩散gau$^{1'}$、东山 ɬa^1、石口 lau^1、牛尾寨 hɣa^1、大坪 dzau^1、油岭 jau^1,绝大多数是第 1 调。《构拟》"量(米)"分两条构拟,苗语支*ļuəŋ^2,瑶语支*ŋkhlɔ:u^1。事实上瑶语支的表现与壮侗语有关:壮语武鸣 ɣa:u^1、龙州 ha:u^1、邕宁 hla:u$^{1'}$、柳江 hjva:u^1、布依语 zva:u^1、侗语高坝 wo$^{1'}$、锦语 jo^1、拉珈语 sɔ^1、毛南语 wo^1、水语 qho^1、佯僙语 ro^2、仫佬语 hɣo^1。而再拿勉语和壮语方言内部的说法作比较,可明显地看出勉语与壮语的对应关系更密切。特别有意思的是,与之关联的另一个词"比量、度量",江底 do^8、镇中 dɔ^{8}也与壮语形成对应。例如:

	靖西	宁明	隆安	柳江	崇左	凌乐	上思	都安	龙胜
量(米)	khja:u^1	khja:u^1	hla:u^1	hjwa:u^1	la:u^1	lwa:u^1	la:u^1	ra:u^1	ja:u^1
比量	ta:k^{10}	ta:k^8	ta:k^8	ta:k^{10}	ta:k^8	ta:k^8	ta:k^{10}	ta:k^{10}	ta:k^8

3. "踣(脚)",勉语江底 ni:ŋ^5。这个词《构拟》和《瑶研究》未收,但跟壮侗语有对应:壮语龙州 ji:ŋ^5、邕宁 je:ŋ^3、柳江 diŋ^5、标语 nɛ:ŋ^5、布依语 ʔju:ŋ^6、傣语西 jɛ:n^6、傣语红 juŋ^1、侗语高坝tən^1、锦语 deŋ^3、拉珈语 jɔ:ŋ^3、老挝语 jo:n$^{1'}$、临高语 ɳeŋ^3、水语 djoŋ^1、佯僙语 ʔjɔ:ŋ^1。

4. "点(头)",勉语江底 ŋa̠^{7}、庙子源 ŋa̠^{7}、柘山 ŋa̠^{7}、长坪 ŋa^7、罗香 ŋat^7、梁子 kap^{8b}、滩散 kap^8、石口 kɔu^8、大坪 dzut^7。这跟壮侗语有对应:壮语武鸣 vak^7、龙州 vak^7、邕宁 ŋak^7、柳江 ŋak^8、标语 nak^7、布依语 ŋap^8、傣语西 ŋɔk^7、傣语红 vɔp^7、侗语车江 nap$^{7'}$、侗语高坝 ŋet$^{7'}$、锦语 ŋak^7、拉珈语ŋ̊ak^7、水语 ʔŋwat^7、佯僙语 ʔŋak^7、仫佬语 ŋ̊wak^7(银记 ŋwak^7)。

5. "缺(口)",勉语长坪 ba:ŋ^5。这跟壮侗语有对应:壮语①柳江 viŋ^5/ma:ŋ^5、河池 ba:n^5、凌乐 be:n^5、邕北 we:ŋ^5、贵港 wa:ŋ^5、连山 wa:ŋ^5、龙胜 wa:n^2、黎语 ve:ŋ^2、傣语西 ba:ŋ^3 / ve:ŋ^3、傣语红 va:ŋ^3、侗语车江 piŋ^5、侗语高坝 miŋ^5、锦语 biŋ^5、拉珈语 wa:ŋ^5、毛南语 mbiŋ^5 / mba:ŋ^5、莫语 biŋ^5、水语 mba:ŋ^5、佯僙语 ba:ŋ^5、仫佬语 ʔwaŋ^5。

6. "割(猪菜)",勉语梁子 kom^5、长坪 kwan^6、滩散 kwan$^{3'}$。这跟壮

---

① 壮语的材料根据《壮研》补充。

侗语的"收割"有对应：壮语龙州 kun²、邕宁 ko:n²、黎语 thun¹、布依语 kwan²、侗语高坝 ən⁶、锦语 gun¹、莫语 gun¹、泰语 kon¹、佯僙语 kun¹。

7. "嚼"，勉语梁子 ɳa:i⁴、滩散ɳai⁴，其他点为汉语借词"嚼"。《构拟》只收苗语支的"嚼"。梁子、滩散的说法跟壮侗语有对应：壮语武鸣 ʔja:i³、柳江ɳa:i³、布依语 ɳa:i³、侗语高坝 ŋai⁶、锦语 ɳ̥a:i⁵、拉珈语ŋ̥a:i⁵、莫语 ɳ̥a:i⁵、佯僙语 ŋa:i²、仫佬语ŋa:i⁵（银记ɳa:i⁵）。

8. "闻（香）"，江底 ŋom³、庙子源 ɳuŋ⁵³、长坪 hom⁵⁵、罗香 hom⁵⁵、梁子 hɔm²¹、滩散 hɔm³³¹、大坪ɳuŋ⁴⁴。这跟壮语"闻"有对应：广南沙 ho:m¹、河池 num¹、环江 nam¹、龙胜 nam¹、融安 nam¹、连山ɳuŋ⁵。《概论》未收"闻"。

9. "跺"，勉语江底 dam⁶、柘山 dam⁶（《瑶研究》和《构拟》都未收"跺"）。这跟壮侗语有对应：壮语武鸣 θam⁵、龙州 tam⁶、邕宁 tam⁶、布依语 ɕam⁵、傣语红 tom⁴、侗语车江 tam⁶、侗语高坝 tən⁶、锦语 tham⁵、拉珈语 cam⁶、临高语 sam³、毛南语 njam⁵、水语 tjam⁵、佯僙语 tjam⁶、仫佬语 tjəm⁴。

10. "背（小孩）"，勉语大坪 ba^{1/4}。这跟壮侗语有对应：壮语文马 bo²、邕北 pa²、柳江 ma⁵、标语 mia⁵、拉珈语 mɛ⁵、毛南语 ʔma⁵、仫佬语 ma⁵。

11. "抱"，勉语江底 ɬɔp⁷、庙子源 ɬɔ⁷。这跟壮侗语的"抱（柴）"有对应：壮语龙州 hop⁷、邕宁 hləp⁸、柳江 hjo:p⁷、傣语西 hɔp⁹、傣语红 hɔp⁹、拉珈语 chop⁷、老挝语 hɔ:p⁹、仫佬语 khəp⁷（银记 khɣəp⁷）。

12. "摆动"，勉语梁子 va:i⁴。这跟壮侗语有对应：壮语①德保 wai¹、砚山 wai¹、上思 wa¹、傣语西 vai¹、侗语车江 nai¹'、侗语高坝 nai¹'、老挝语 vai¹、毛南语 nai¹、水语 ŋhai¹、泰语 wai¹、仫佬语 nai¹。

13. "摆动"，勉语长坪 vje:t⁷'、滩散 ʔpa:t⁸；"招（手）"，长坪 vjet⁷'、梁子 pat⁸ᵇ、滩散 ba:t⁸、大坪 bjɛt⁷。这跟壮侗语的"摇（手）""招（手）"有对应：壮语武鸣 va:t⁸、邕宁 pa:t⁷、柳江 wa:t¹⁰、黎语 hwet⁷、布依语 va:t⁸、傣语西 pat⁸、锦语 wa:t⁸、拉珈语 wa:t⁸、临高语 vi:ʔ⁸、毛南语 wa:t⁸、莫语 wa:t¹⁰、水语 va:t⁷。

14. "摆动"，勉语大坪 ɳou⁶、石口 ɳiɛ⁴。这跟壮侗语的"动摇"有对

---

① 壮语的材料根据《壮研究》补充。

应：壮语武鸣 ŋa:u²、邕宁 ŋau²、柳江 ŋa:u²、侗语高坝 ŋau²、临高语 ŋɔu²、毛南语 ŋa:u⁶、莫语ɳa:u⁴、仫佬语 ŋa:u⁶（银记 ŋau⁶）。

15. "搬"，勉语梁子 pjau⁵。该词《构拟》和《概论》都不收。据《壮研究》，可知这跟壮语有对应，例如柳江 pe:u³、百朋 pe:u³、东兰 pe:u³、凌乐 pe:u³、田林 pɛ:u³。

16. "剥（树皮）"，勉语梁子 tat⁸ᵇ、滩散 ʔtat⁸。这跟壮语的"削（果皮）"有对应，例如：河池 ta:t⁷ / ta:t⁹、来宾 ta:t⁹、凌乐 ta:t⁹、平果 ta:t⁹、丘北 ta:t⁷、田东 ta:t⁹、都安 ta:t⁹、隆安 ta:t⁹、融安 ta:t⁷、田林 ta:t⁹、宜山 ta:t⁹。

17. "拔（刀）"，勉语滩散 mu:t⁷。这跟壮语一些方言有对应：来宾 mɯ:t⁸、上林 fuɯt⁸、宜山 mjo:t⁹。

18. "爬（树）"，勉语长坪 pla:n²；"（虫子）爬"，牛尾 pɣaŋ⁶。这跟壮语"爬（树）"有对应，例如：平果 ple:n²、横县 ple:n²、隆安 ple:n²、邕南 ple:n²、贵港 pre:n²、邕北 pe:n²、上思 pe:n²、扶绥 pe:n²、柳江 pin¹、龙胜 pin¹。

19. "爬（树）"，勉语东山 ma¹。这跟连山壮语"地上（爬）" me¹有对应。

20. "（虫子）爬"，勉语江底ɳo:n¹。这跟壮语"（地上）爬" ɳ-或 l-类有对应：德保ɳa:n²、靖西ɳa:n²、田东 luan²、邕北 lu:n²、东兰 lu:n²、上思 lu:n²、横县 lo:n²。

21. "碰"，勉语梁子tθa:m⁶、滩散θa:m⁶。这跟一些壮语方言有对应：南丹θam³、广南sum⁴。

22. "迷（路）"，勉语长坪 ləŋ³、梁子 lɔŋ³⁻、滩散 lɔŋ³⁻。该词《概论》不收，依据壮语的材料，勉语的说法跟壮语"迷（路）"有对应，例如：柳江 lɔŋ¹lo⁶、来宾 lɔŋ¹lo⁶、贵港 lɔŋ¹lo⁶、扶绥 luŋ¹lo⁶、凌乐 lɔ:ŋ¹lɔ:n¹、河池 lɔŋ¹wan¹、龙胜 lɔŋ¹wan¹、广南依lɔŋ¹（双音节中后一音节指"路"）。

23. "喷（水）"，勉语梁子 pu:t⁷ᵃ、滩散 phu:t⁷。根据《壮侗语》的材料，水语 phut⁷和毛南语 phut⁷跟梁子等是有对应的。

24. "摸（着）"，勉语滩散 lɔm¹；"掏取"，江底 lom¹。这跟壮侗语的

"摸（鱼）"有对应①：壮语武鸣 θum⁶、龙州 luːm⁶、邕宁 ləm⁶、柳江 luːm⁶、布依语 tɕum⁶、傣语西 sum¹、拉珈语 lum⁶。

25. "抓（饭）"，勉语江底ȵau¹、罗香ȵau¹；"（鸡）刨（土）"，长坪ȵau¹。这跟壮语一些方言"抓（痒）"有对应：上林 ʔnaːu¹、横县ȵaːu¹、连山ȵaːu¹、钦州ȵaːu³、上思ȵaːu¹。

26. "抓（一小撮）"，勉语江底ȵop⁷②、庙子源ȵɔ⁷。这跟壮侗语有对应：壮语武鸣 jeːp⁸、邕宁 joːp⁹ / jeːp⁹、柳江ȵap⁷、标语ȵaːp⁹ / ȵiaːp⁷、傣语西 jɔːk⁷、傣语红 jup⁸、锦语ȵap⁸、毛南语ȵap⁸、泰语 jip⁷。

27. "搔（痒）"，江底ȵaːi³、庙子源ȵa³、梁子ȵaːi³、滩散ȵaːi³、大坪 va³。这跟壮语一些方言"抓（脸）"有对应：柳江 ŋwaːi¹、来宾 ʔŋwaːi³、上林 ʔŋwaːi³、贵港 ʔŋwaːi³、宁明 hjaːi¹。

28. "扶（起来）"，勉语长坪doŋ²。这跟壮侗语的"竖"有对应：壮语武鸣 taŋ³、龙州 taŋ³、邕宁 taŋ³、布依语 daŋ³、傣语红 taŋ³、锦语 taŋ³、拉珈语 teŋ¹、老挝语 taŋ⁴、临高语 dɔŋ²、毛南语 taŋ³、莫语 taŋ³、泰语 taŋ³。

29. "低（头）"，勉语梁子 kom⁴、滩散 kum⁴。这跟壮侗语有对应：壮语武鸣 kam²、龙州 kam³、邕宁 ŋam¹、柳江 kum³、傣语西 kum³、傣语红 kam³、侗语车江tam³、锦语 kəm³、老挝语 kom⁴、临高语 dom³、毛南语 tsam³、莫语 kəm³、水语 tsam³、泰语 kom³、佯僙语 tsam³。

30. "抖（尘土）"③，勉语江底 sou¹、罗香 ɕou¹、牛尾 sau¹。这跟壮侗语有对应：壮语武鸣 θau³、龙州 khjau⁵、邕宁 ɬau³、傣语西 xau⁵、傣语红 tshau⁵、侗语高坝təu⁵、拉珈语 chau⁵、水语 kau⁵、仫佬语 khɣəu⁵。

31. "弹（指）"，勉语江底 dit⁷、庙子源 di⁷、罗香 the⁷、梁子 dit⁷ᵇ、石口 thi⁷、牛尾寨 thi⁷。这跟壮侗语有对应④：壮语武鸣 plik⁷、邕宁 tət⁷、傣语西 dit⁹、傣语红 let⁷、侗语车江 tit⁹、老挝语 diːt⁹、临高语 hit⁷、毛南语 piːt⁷、水语 pit⁷、泰语 diːt⁹、佯僙语 peːt⁹、仫佬语 pit⁷。

---

① 虽然壮侗语内部大多数点读 6 调，但也有部分读 1 调或 4 调的，如傣语、临高语（琼山）。

② 可以表示量词"抓"，此外还可专指老鹰抓小鸡的动作，可参见《词典》，第 223 页。

③《瑶研究》，第 566 页"抖"词条下把"抖（尘土）"和"发抖"混在一起，导致有些点所指为前者，有些点所指为后者。实际上，江底的"抖"除 pho⁷外，还有的 sou³的说法，可与罗香、牛尾寨对应。

④ 《概论》为 plik⁷，《壮研究》为 tik⁷，这里采用的是《概论》的说法。

32. "硌"，勉语大坪 dam⁴。《概论》、《壮侗语》不收"硌"。依据壮语的材料，发现勉语的说法跟壮语有对应，例如：柳江 dam⁵、德保 dam⁶、河池 dam⁵、来宾 dam⁵、凌乐 dam⁵、田林 dam⁵、宁明 dam⁵。

33. "猜"，勉语梁子 tɔŋ²、滩散 ʔtɐŋ²。《概论》不收"猜"。依据壮语的材料，发现勉语的说法跟壮语有对应，例如 柳江 twa:n²、东兰 twa:n⁵、凌乐 to:n⁵、邕北 tu:n²、广南沙 θien⁵、靖西 θy:ŋ⁵。

34. "踩"，勉语东山 ȵa:n⁵①、大坪 ɛm⁵。这跟壮侗语有对应：壮语龙州 jam⁶、宁明 ȵam⁶、砚山 ȵam⁶、傣语西 jam⁶、傣语红 ȵam⁶。

35. "勒（马）"，勉语长坪 hat⁸。这跟壮侗语"勒（紧）"有对应：壮语武鸣 hat⁸、龙州 łat¹⁰、邕宁 hlat⁸、柳江 hat⁸、黎语 rat⁷、傣语西 hɛt⁸、侗语车江 jat⁸、侗语高坝 jat⁹、拉珈语 fat⁸、老挝语 hat⁸、临高语 kat⁸、水语 ɣat⁸、泰语 rat⁸。

36. "放（松）"，勉语梁子 lɔm³、滩散 lɔm³。虽然这跟《概论》所收的"松（紧）"和"松（软）"没有对应，但跟下列语言有对应：布依语 lɔm¹、傣语德 lom¹（参见"（鞋袜）松"）；壮语凌乐 lɔ:m¹、贵港 lo:m¹、横县 lə:m¹、靖西 lo:m¹（参见《壮研究》"（捆得）松"）。

37. "撕（纸）"，江底 pit⁷、庙子源 pei⁷、长坪 sje⁷、罗香 phɛ⁷。这跟壮侗语有对应：壮语武鸣 bek⁷ / sik⁷、布依语 sik⁷、傣语西 sik⁷、傣语德 sik⁷、侗语 ja:k⁹、水语 pja:k⁷（参见《壮侗语》第 241 页）。

38. "洒（水）"，勉语江底 fu⁷、罗香 fak⁷、大坪 fat⁷。这跟壮侗语有对应：壮语 vu:t⁸ / vit⁸、布依语 vit⁷、傣语西 hot⁷、傣语德 hot⁹、毛南语 fət⁷、黎语 vi:t⁷（参见《壮侗语》第 235 页）。

39. "洒（水）"，勉语梁子 ban⁵、长坪 bwən⁵。这跟壮侗语的"（米）洒（了）"有对应：侗语车江 pja:n⁶、毛南语 phən⁵、水语 phjən⁵、佯僙语 pa:n⁶、仫佬语 hwon⁵（银记 hwon⁵）。

40. "追"，勉语梁子 lui³、滩散 lu:i³②。这跟壮侗语的"追（赶）"有对应：壮语龙州 hu:i⁵、黎语 ho:i²、标语 lu:i³、布依语 lai⁶、傣语西 lai⁶、傣

---

① 东山的 -m 已演变为 -n，我们认为 ȵa:n⁵ 的 -n 来自 -m，可以跟大坪、壮侗语的 -m 形成对应。

② 《瑶研究》绝大多数点"追"（第 591 页）和"赶（牛）"（第 617 页）是同一个词，而滩散分别记为 lu:i³² 和 lu:i⁴²，根据与梁子的对应关系，因此断定 32 为误记。

语红 lai⁶、老挝语 lai⁶、泰语 lai⁶。

41. "追"，勉语长坪 leːt⁷。这跟一些壮侗语有对应：壮语龙胜 neːt⁸、融安 neːt⁸、德保 neːp⁸、广南沙 neːp⁸、靖西 neːp¹⁰、南丹 nap⁸，布依语 nep⁸、傣语西 luɯp⁸、傣语德 luɯp⁸（参见《壮研究》第729页，《壮侗语》第264页）。

42. "捉（鸡）"，勉语滩散 tɔm⁴。这跟一些壮语方言有对应：壮语武鸣 kam⁶、东兰 kam⁶、都安 kam⁶、融安 kam⁶、宁明 kan⁴。

43. "穿（衣）"，石口 ȵu³、大坪 nɔŋ³。这跟壮侗语有对应：壮语龙州 nuŋ⁶、柳江 tan³、标语 nuŋ⁶、傣语西 nuŋ⁶、傣语红 nɯŋ⁶、老挝语 nuŋ⁵、泰语 nuŋ³、仫佬语 tan³。

44. "剩（饭）"，勉语长坪 lə³。这跟壮侗语有对应：壮语武鸣 lɯ¹、龙州 lɯ⁵、邕宁 li¹、柳江 lɯ¹、布依语 lie¹、傣语西 lə¹、傣语红 ljɯ¹、侗语车江 ka¹、侗语高坝 ta¹、锦语 l̥i¹、拉珈语 luo¹、老挝语 lɯə¹、泰语 lɯə¹、佯僙语 ta¹、黎语 za¹。

45. "吸（血）"，勉语梁子 dut⁷ᵃ、滩散 duːt⁷、大坪 tit⁷。这跟壮侗语有对应：壮语武鸣 dot⁷、邕宁 niːt⁹、布依语 dɔt⁷、傣语西 dut⁹、傣语红 lut⁹、侗语车江 ljut⁹、老挝语 duːt⁹、临高语 dɔt⁷、泰语 duːt⁹、仫佬语 tɔːt⁷（银记 tot⁷）、黎语 tuːt⁸。

46. "陷（下去）"，勉语长坪 lom³。这跟壮侗语有对应：壮语武鸣 lom⁵、龙州 lum⁵、邕宁 lam⁵、柳江 lom⁵、布依语 lɔm⁵、傣语西 lum⁵、侗语车江 ləm⁶、侗语高坝 ləm⁶、锦语 l̥om⁵、毛南语 lam⁵、水语 lum⁶。

47. "陷（下去）"，勉语江底 pjop⁸、庙子源 ma⁷、罗香 mɛp⁷、梁子 plop⁸ᵇ、滩散 pluːt⁷、东山 phlə⁸、大坪 mɔp⁷。这跟壮侗语有对应：壮语 bup⁷、黎语 kɯ²lok⁷、临高语 mep⁷、仫佬语 lɔːp⁸（参见《壮侗语》第252页）。

48. "（睡）醒"，勉语梁子 diu¹、滩散 diu¹。这跟壮侗语有对应：壮语武鸣 diəu¹、龙州 du¹、邕宁 niːu¹、柳江 diːu¹、布依语 deu¹、侗语车江 ljo¹、侗语高坝 ljo¹、锦语 djo¹、毛南语 dju²、莫语 ʔdu⁶、水语 lju¹、佯僙语 rwə¹、仫佬语 hɣø¹。

49. "（猪）拱（土）"，勉语长坪 mun³、罗香 m̥un¹、梁子 mun³、滩散 mun³。这跟壮侗语有对应：壮语 muːn⁴、傣语德 mon⁴、仫佬语 ŋyn⁵（参见《壮侗语》第205页）。

50. "想"，勉语江底 ŋam³、长坪 lam³、罗香 lam³。这跟壮侗语有对应：壮语邕宁 nam³、柳江 nam³、标语 nam³、拉珈语 nam³、仫佬语 ŋam³（银记 nə:m³）。

51. "跨"，勉语江底 tɕha:m⁵。这跟壮侗语有对应：壮语武鸣 ha:m⁵、龙州 kha:m³、邕宁 ha:m⁵、柳江 ha:m³、黎语 hja:m³、布依语 fia:m³、傣语西 xa:m³、傣语红 xa:m³、锦语 ha:m³、老挝语 kha:m³、泰语 kha:m³。

52. "垮（田坎）"，勉语梁子 la:k⁸ᵃ、滩散 la:k⁸。这跟壮侗语的"倒塌"有对应：壮语武鸣 la:k⁹、龙州 la:k⁷、邕宁 la:k⁹、柳江 la:k⁷、布依语 la⁵、锦语 l̥a:k⁹、拉珈语 l̥a:k⁹、毛南语 la:k⁷、仫佬语 la:k⁷。

53. "石缝"，勉语罗香 gau¹ja:p⁸。后一音节跟壮侗语"缝（衣服）"有对应：壮语武鸣 jip⁸、龙州 jap¹⁰、邕宁 jip⁸、黎语ɳop⁷、布依语ɳep⁸、傣语西 jep⁷、傣语红 jap⁸、拉珈语 cap⁷、老挝语ɳip⁷、临高语ɳop⁸、泰语 jep⁸、仫佬语 kəp⁷。

54. "打（谷子）、抽打"，勉语江底 fɛ⁷、柘山 fɛt⁷ / fat⁷。这跟壮侗语有对应：壮语武鸣 fa:t⁸、龙州 fa:t⁸、邕宁 fa:t¹⁰、柳江 fa:t⁸、黎语 fi:t⁷、布依语 fa:t⁸、傣语西 fa:t⁸、傣语红 fa:t⁸、锦语 va:t⁹、老挝语 fa:t¹⁰、毛南语 mbat⁷、莫语 va:t⁹、水语 vat⁷、仫佬语 fa:t⁸。

55. "盖"，勉语（带"—"表示另有说法）：

	江底	庙子源	长坪	罗香	梁子	滩散	石口	牛尾寨	大坪
盖（房子）	kom³	goŋ⁵	kəm³	kom³	h:ɔm³ʼ	ham³ʼ	—		kwan³ hum³
盖（被子）	hom⁶	oŋ⁶	kəm³	kom³	hɔm³ʼ	hom³ʼ	—		kwan³ —
盖（锅）	kom³	goŋ⁵	kəm³	kom³	kɔm³	kam³	kwɔn³	kwan³ kɔn¹⁄⁴	

从勉语的表现来看，这三个词有些点说法一致，有些点稍有差别，而实际上它们有内在的联系。"盖（被子）"，《概论》把壮侗语内部的说法分作两条构拟，这种做法值得商榷，事实上两者有同源关系：

盖（被子）*qum 武鸣 kam⁵ 布依 kom⁶ 临高语 kum³ 水语 qum⁵　佯僙语 kəm⁵

盖（被子）*hom 邕宁 ham⁶ 柳江 hom⁵ 傣语西 hum⁵ 侗语高坝 əm⁵ 老挝语 hom⁵ 泰语 hom⁵

　　南方汉语方言也有类似的说法。游汝杰在《汉语方言学教程》中讨论过这个词（只是他没有注意到勉语的情况），"盖：广州 khɐm³　潮州 kham⁵　漳州 kam³　厦门 kham⁵　福州 kaiŋ⁵　福安 kaŋ⁵　温州 kaŋ³　傣语（西双版纳）kom¹　侗语 qam³　仫佬语 kəm⁶。从这个词在汉语方言的音韵地位来看，其本字可能是'籛'。《集韵》感韵古覃切：'籛'，盖也。此字不见于《广韵》之前的字书，也不见于其他历史文献或北方口语。这个词只用于南方方言口语。所以籛字可能只是用以记录南方方言的这个口语词而已。古汉语只用'盖'。'盖'在今广州、潮州、厦门与'籛'兼用，这应该是从北方借入的词，在方言中是后起的。温州方言至今只用籛，不用'盖'作为单音节的名词或动词"（第 191 页），他认为南方汉语方言中的这个词是壮侗语的底层词。现吸取他的意见。

　　56. "哑巴"，勉语长坪 am³、罗香 am³ba³、滩散 am³。它们与壮语方言"哑"有对应（《概论》不收此词）：邕北 ŋam⁴、上林 ŋam⁴、贵港 ŋam⁴、柳江 ŋom⁴、凌乐 ŋom⁴、崇左 wam⁴、靖西 wam⁴、上思 wam⁴、德保 wɔːm⁴。

　　57. "疯子"，勉语梁子 ta²but⁷ᵇ、滩散 mun²boːt⁷。其中 but⁷ᵇ、boːt⁷跟壮侗语的"疯"有对应[①]：壮语武鸣 paːk⁸、柳江 paːk¹⁰、布依语 pa⁶、锦语 baːk⁸、拉珈语 paːk¹⁰、毛南语 mbaːk⁷、莫语 baːk⁹。

　　58. "砍（猪菜）"，勉语江底 dzap⁷、庙子源 dza⁸。"砍骨头"，傣语德 tɛp⁹、临高语 tsap⁸。

　　59. "埋"，勉语江底 pjop⁷、庙子源 pəu⁷、罗香 plop⁸、梁子 mɔk⁷ᵇ、滩散 mɔːk⁷、牛尾寨 pwa⁷。壮侗语：壮语武鸣 mok⁷、邕宁 mok⁷、柳江 mok⁷、布依语 mɔ⁵、傣语西 mok⁷、侗语高坝 mo⁵、锦语 m̥ok⁹、拉珈语 mok⁷、临高语 bok⁷、毛南语 mɔk⁷、莫语 m̥ok⁹、水语 ʔmok⁷、佯僙语 mɔːk⁸、仫佬语 m̥ok⁷（银记 mɔk⁷）。

　　60. "扎（手）"，勉语江底 pa⁷、庙子源 pa⁷、镇中 pa⁷、柘山 pa⁷；长坪 boːŋ⁵、罗香 phɔŋ¹、滩散 phɔŋ¹'。勉语的说法尽管跟《概论》所收的"戳"

[①] 勉语塞音韵尾演变的总体情况是-p、-t 保留，-k 先消失，而绝大部分-k 变为喉塞尾，少量变为-p、-t，因此我们认为 but⁷ᵇ、boːt⁷的-t 是由-k 演化而来的，可以跟壮侗语的-k 形成对应。至于声母读浊音，可能是借入时就为浊音，也有可能是借入后受到勉语中存在的清音浊化现象的影响类推的结果。

没有对应，但分别跟一些壮语方言点"（用针）扎"的表现有对应：

大新	连山	隆安	河池	环江	都安	宜山	上林	上思	扶绥
pak⁷	pak⁷	pak⁷	bo:ŋ⁵	bo:ŋ⁵	bo:ŋ⁵	bo:ŋ⁵	bo:ŋ⁵		
pø:ŋ⁵	mu:ŋ⁵								

61. "打瞌睡"，勉语长坪 lap⁷gjom²。lap⁷ 借用壮侗语的"闭（目）"：壮语武鸣 lap⁷、龙州 lap⁷、邕宁 lap⁷、柳江 lap⁷、黎语 kɯp⁷、布依语 la:p⁷、傣语西 lap⁷、傣语红 jap⁷、侗语高坝 lap⁹、老挝语 lap⁷、毛南语 khap⁷、莫语 lap⁷、水语 hup⁷、泰语 lap⁷、佯僙语 lap⁷、仫佬语 khɣap⁷。

四　源自壮侗语形容词的借词

1. "辣椒"，勉语梁子 duŋ²man⁶、罗香 lok⁸ma:n⁶。这个词的后一音节"辣"，与《概论》选取的"辣"无对应关系，但与许多壮语方言形成对应，例如：

	德保	东兰	凌乐	贵港	连山	龙胜
辣椒	lok¹⁰ma:n⁶		luuk⁸ma:n⁶	luuk⁸ma:n⁶	lak⁸ma:n⁶	lik⁸ma:n⁶
	lək⁸ma:n⁶					
辣	ma:n⁶		ma:n⁶	ma:n⁶	ma:n⁶	ma:n⁶
	ma:n⁶					

罗香的前一音节则是借自壮语表示植物的通名。

2. "钝"，勉语长坪 mut⁷、罗香 mut⁷。壮语方言内部不少点有对应，例如：柳江 mo:p¹⁰、河池 mo:t⁸、邕北 mat⁸、都安 mot⁸、横县 mot⁸、连山 mo:p⁷、融安 mu:p⁷。根据《壮侗语》提供的材料，武鸣壮语 muut⁷和临高 bup⁸有对应。此词《概论》未收。

3. "忙"，勉语梁子 kɔ:n⁵、大坪 kin⁵、滩散 kɔ:n³、石口 kluŋ²。它们的说法跟壮侗语的"急"有对应关系：壮语邕宁 han¹、柳江 han¹、布依语 fian¹、锦语 jan¹、黎语 zuɯn³。比较勉语"忙"与壮语"（水流）急"的读音，可见勉语的声韵更近于壮语，例如：崇左 kan³、横县 kan³、隆安 kan³、宁明 kan³、钦州 kan³、上思 kan³、贵港 kin³、柳江 han¹、东兰 han¹、田林 haŋ¹、凌乐 haŋ¹。

4. "湿（衣服）"，勉语长坪 gai⁴、罗香 jai⁴，跟壮语方言几个点宁明 lo:i³、砚山 ja:i³、广南侬 ja:i³有对应。勉语大部分点是另一个读音。

5. "歪嘴儿"，勉语梁子ɗɛt⁷ᵇmjeu³、滩散ɗɛːt⁷meu²。其中 mjeu³、meu² 与壮侗语"歪"有对应：柳江 beːu³、黎语 ziːu³、傣语西 beu³、傣语红 iu³、泰语 biəu³（壮语方言内部既有读 b—的，也有读 m—的，例如来宾 beːu³、贵港 beːu³、邕北 meːu³，证明勉语的 m—确实是跟壮侗语有对应）。

6. "打瞌睡"，勉语东山 ŋau³n̥wai⁴、柘山 ŋyei⁵。东山 n̥wai⁴、柘山 ŋyei⁵ 借自壮侗语的"累"：壮语武鸣 naːi⁵、龙州 naːi⁵ naːi⁵、柳江 naːi⁵、标语 naː⁵、布依语 naːi⁵、傣语西 mɔi⁵、锦语 me⁴、拉珈语 cãi⁵、老挝语 mɯəi⁵、临高语 nuai³、毛南语 nɛ⁵、莫语 ne⁵、水语 fe⁵、泰语 nɯəi⁵、佯僙语 ɣe⁴、仫佬语 nɛ⁵。

7. "腻"，勉语江底 n̥aŋ⁵、东山 niaŋ⁵、石口 jen⁴。这跟壮侗语有对应：壮语龙州 jən³、邕宁 jəːn¹、丘北 niaŋ⁵、侗语车江 wən¹、侗语高坝 win¹、毛南语 n̥in⁴、佯僙语 n̥in⁵。

8. "脏"，勉语大坪 ɔu⁴tɔu⁴。ɔu⁴跟壮侗语的"脏"有对应：壮语武鸣 u⁵、柳江 u⁵、侗语车江 wa⁵、侗语高坝 wa⁵、锦语 wa⁵、拉珈语 wuo⁵、老挝语 ʔuai⁵、毛南语 ʔwa⁵、仫佬语 wa⁵。这个说法尤近于邻近的连山壮语，根据刘先生的记录，连山壮语食品、衣物"脏"为 ʔou⁵、环境"脏"为 ʔou⁵nou⁵。

9. "烦闷"，勉语梁子 mou⁵、滩散 mɔu⁵、大坪 u⁵。壮侗语：壮语武鸣 bɯ⁵、龙州 bɯ⁵、邕宁 mə⁶、柳江 bɯ⁵、龙胜 wɯ⁵、布依语 bɯə⁶、侗语高坝 mja⁵、锦语 le⁶、莫语 ʔbi⁵、水语 bja⁵、泰语 bɯə⁵。

10. "蓬乱"，勉语江底 n̥oŋ⁵、庙子源 foŋ²、长坪 n̥oŋ⁵、罗香 n̥uŋ³、梁子 n̥uŋ¹、滩散 n̥oŋ¹、石口 n̥oŋ¹、牛尾寨 n̥oŋ⁵、大坪 n̥uŋ²。这跟壮侗语有对应：壮语武鸣 juŋ⁵、龙州 juŋ³、邕宁 juŋ⁵、柳江 n̥uŋ⁵、标语 n̥uŋ³、布依语 n̥uŋ⁵、傣语西 juŋ⁵、傣语红 n̥uŋ⁵、侗语高坝 nən¹、锦语 n̥aŋ⁵、拉珈语 n̥oŋ⁵、老挝语 n̥uŋ³、毛南语 n̥uŋ⁵、莫语 n̥aŋ⁵、水语 n̥uŋ¹、泰语 juŋ³、佯僙语 noːŋ⁵、仫佬语 n̥oːŋ⁵。

11. "酽（茶）"，勉语梁子 nok⁸ᵇ。根据《壮侗语》的材料，"（粥）稠"，布依语 nuuk⁷、侗语 nak⁷。勉语跟这两种语言有对应。

12. "酽（茶）"，勉语滩散 ʔdɔŋ⁵。这跟一些壮语方言"（水）浑"有对应：德保 toŋ⁵、东兰 toŋ⁵、广南沙 toːŋ⁶、环江 toŋ⁵、上林 toŋ⁵、砚山 tuŋ⁵、都安 toŋ⁵、靖西 toŋ⁵、邕南 toŋ⁵。因为壮侗语"浓"、"稠"、"浑"的表示有些点是相同的。

13. "囟门"，勉语大坪 maŋ²mɔp⁸、滩散 ʔpjɛi³ɳa²maːp⁷。最末音节跟壮侗语的"凹"有对应：壮语龙州 bup⁷、邕宁 map⁷、标语 miːp⁹、布依语 baːp⁷、临高语 mep⁷。

14. "（粥）稠"，勉语江底 dzat⁸、梁子 kat⁸ᵇ、滩散 kat⁷、镇中 dʑiet⁸。这跟壮侗语有对应：壮语武鸣 kɯt⁸、龙州 kut¹⁰、邕宁 kut⁸、柳江 kɯk⁸、标语 kat⁸、布依语 kə²、临高语 kɔt⁸、仫佬语 cat⁸。

五 存疑

1. "骨髓"，勉语罗香 θuŋ³lau¹、梁子 tθuŋ³lau¹'、滩散 θuŋ³lau¹'、大坪 hɛŋ⁴li¹。前一音节指"骨头"，后一音节可能跟壮侗语的"荤油"或"板油"有关（因为骨髓跟动物的板油观感非常相似）：壮语武鸣 laːu²、龙州 laːu²、邕宁 laːu²、柳江 ŋvi²、布依语 laːu²、侗语车江 laːu²、拉珈语 lieu²、仫佬语 ɳui²。

2. "流"，勉语东山 thwəi¹。这跟仫佬语 tho¹的说法相似（参见《壮侗语》第 222 页），但是否跟《概论》所列的材料有对应，尚需证明，因为这些语言的声母几乎都是 l-：壮语武鸣 lai¹、龙州 lai¹、邕宁 lai¹、柳江 lju¹、标语 lai¹、布依语 lai¹、傣语西 lai¹、傣语红 lai¹、侗语车江 ui¹'、锦语 lui¹、拉珈语 lei²、老挝语 lai¹、临高语 lɔi¹、毛南语 lwai¹、莫语 lui¹、水语 lui⁵、泰语 lai¹、佯僙语 loi¹。

3. "脾脏"，勉语江底 paːŋ³、柘山 faːŋ³。虽然这跟《概论》所找到的对应没有关系，但是却跟《壮侗语》中傣语西 paŋ³的表现相似。

4. "打哈欠"，勉语庙子源 taː³kaː²haː¹、长坪 kaː²hau¹、罗香 kaː¹aːu¹、滩散 kaː²haːu¹'kaː²、东山 te³klɔ⁴hɔ¹。"打哈欠"，有些壮语方言是单音节，例如：崇左 haːu¹、扶绥 haːu¹、上思 haːu¹、田林 lwaːu¹，有些方言是以此为基础跟别的语素构词，例如：宁明 haːu¹lum²、宜山 hjaːu¹hjum²、凌乐 lwaːu¹lum²。勉语可能跟它们是有对应的。

5. "皱、皱纹"，勉语江底 ɳap⁸。ɳap⁸的程度比 ɳau⁵深些。但只在龙胜壮语里找到对应的说法 ɳap⁷。

6. "（粥）稠"，勉语长坪 mo⁷、罗香 mɔk⁷。壮语一些点除了跟绝大多数壮侗语有对应的说法外（参见前文），还有另外一个词，如柳江 me:t⁹、百朋 me:t⁹、环江 me:t⁹。勉语两点的说法可能与此有关。

六 结语

通过对勉语中的壮侗语借词这一论题的研究，我们有如下三点认识：

1. 勉语里确实有壮侗语借词存在，只是各个方言多寡不一。

2. 在勉语方言中，壮侗语借词最多的是金门方言，其次是藻敏方言、勉方言的罗香土语、长坪土语，标敏方言、勉方言的广滇土语、湘南土语相对少些。以下是统计数字：

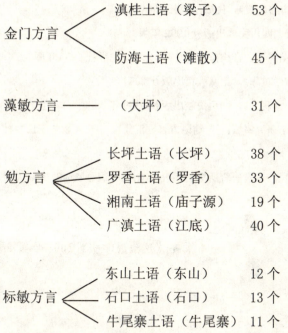

金门方言
   滇桂土语（梁子）　　53 个
   防海土语（滩散）　　45 个

藻敏方言————　　（大坪）　　31 个

勉方言
   长坪土语（长坪）　　38 个
   罗香土语（罗香）　　33 个
   湘南土语（庙子源）　19 个
   广滇土语（江底）　　40 个

标敏方言
   东山土语（东山）　　12 个
   石口土语（石口）　　13 个
   牛尾寨土语（牛尾寨）　11 个

虽然作为勉方言的代表点江底有 40 个壮侗语借词，绝对数量不小，但相对的比例却小，因为这些词是从《汉瑶词典》所收的 6000 多个词中才找到的。而其他点的数据都是从 1549 个常用词中挖掘出来的（材料出自《瑶族勉语方言研究》），比较有可比性，上述结论也是据此而定的。

3. 在借用的范围上，勉语向壮侗语借用实词，尚未发现借用虚词，实词中动词借的最多，其次是名词、形容词。这跟勉语吸收汉语借词的情况不同。勉语吸收汉语借词是全面的、开放性的,不仅吸收实词,还吸收大量的虚词。据此,我们推测壮侗语对勉语的影响可能是表层的影响。

参考文献

[1] 巢宗祺、余伟文:《连南八排瑶语》,中山大学出版社 1989 年版。

[2] 丁邦新、孙宏开:《汉藏语同源词研究》(一),广西民族出版社 2000 年版。

[3] 李新魁等:《广州方言研究》,广东人民出版社 1995 年版。

[4] 刘村汉:《广西蒙山语言图说》,《方言》1985 年第 4 期。

[5] 刘叔新:《连山壮语述要》,高等教育出版社 1998 年版。

[6] 梁敏、张均如:《侗台语族概论》,中国社会科学出版社 1996 年版。

[7] 毛宗武:《瑶族勉语方言研究》,民族出版社 2004 年版。

[8] 毛宗武:《汉瑶词典》,四川民族出版社 1992 年版。

[9] 王辅世、毛宗武:《苗瑶语古音构拟》,中国社会科学出版社 1995 年版。

[10] 游汝杰:《汉语方言学教程》,上海教育出版社 2004 年版。

[11] 张均如等:《壮语方言研究》,四川民族出版社 1999 年版。

[12] 中央民族学院苗瑶语研究室编:《苗瑶语方言词汇集》,中央民族学院出版社 1987 年版。

[13] 中央民族学院少数民族语言研究所第五研究室编:《壮侗语族词汇集》,中央民族学院出版社 1985 年版。

(原载《汉藏语学报》2008 年第 2 期)

试论中泰两国瑶语的词汇差异

赵敏兰　马　骏

　　瑶族在中国和泰国都有分布。据泰国政府民众福利厅山民福利局 1986 年的统计显示，泰国瑶族人口共 34101 人，占泰总人口的 0.16%，分布在清莱、清迈、帕夭、难府、南邦、甘烹碧、素可泰等 7 个府、39 个县、159 个村。[1]而根据差博·卡差·阿南达 1990 年的统计，泰国瑶民分布在 8 府、181 个村寨，人口 35652 人。这些瑶族的名称有"红瑶"（自称"勉"）、"兰靛瑶"（自称"金门"）之分[2]，原籍在中国南方五岭地区的湖南、广东、广西等地，在移居泰国之前，他们曾居住在老挝和缅甸，到泰国的时间最早可追溯到清代道光年间。

　　中泰两国瑶语尽管同源，但由于所处的社会和地理环境之间的差别，受主体语言影响的不同，以及历史的演进，相互之间已经出现了差异。笔者曾就两国瑶语的语法差别作了探讨[3]。本文就中泰两国瑶语勉方言在词汇上的差异进行初步比较分析。文中泰国瑶语材料主要来自隆巴德、珀内尔的《瑶英汉词典》[4]，并参考 Smith Panh（珀内尔的瑶名）1995 年编著的 Yao-English Dictionary（《瑶英词典》）[5]，差博·卡差·阿南达《泰国瑶人——过去、现在和未来》所收瑶语词汇①[2]；国内瑶语材料主要以广西金秀柘山瑶语为主，并参考公开发表的其他地方瑶语材料，如龙胜大坪江瑶语、金秀长垌镇中瑶语等[6][7][8]。

　　中国和泰国瑶语的词汇，大部分相同，通过对斯瓦迪士第 100~200 核心词比较，二者没有差异。《瑶英汉词典》收集的 3240 条主要词目中，与中

---

　　① 两本词典的记音我们转写为国际音标，差博·卡差·阿南达使用的记音符号非国际音标，由于不明了两者之间的对应关系，故引用时不予转写。

国瑶语相异的单音节词（不包括借词）有 222 个，相异的多音节词有 289 个，两者相同率在 70％左右。词汇系统中的词汇组成有四个部分：一是瑶族固有的核心词；二是来自其他语言的借词；三是民族文化习俗词；四是民族的新创词。

一　固有词存留方面的差异

瑶语中有些固有词，国内一些瑶方言只见于歌谣存留，而在多数瑶方言日常口语中已经消失不见，被汉语借词所取代。但在泰国瑶语口语里，这些词依然很活跃。例如：

"河"，国内勉方言湘江话念 da^2、长坪话念 $da:i^2$，标敏方言东山话念 da^2，藻敏方言大坪话念 $dɔi^{2[9]}$；而多数地方已经借用汉语的"江"，如柘山 $suaŋ^1$，大坪江 $swaŋ^1$，镇中 $suɐŋ^1$（大坪江和镇中瑶语只在"天河"一词里才使用 $da:i^2$组词，$da:i^2$不能单用）。但这些地区的瑶歌里仍用 dai^2，不用 $suaŋ^1$。这说明了瑶语口语用词发生变化，而瑶歌滞后，仍保存了固有形式。泰国的瑶语则不论口语还是歌谣，仍然只用 dai^2，如 dai^2si^3 "红河"、$dai^2jaaŋ^2$ "黄河"。

"不"（否定），瑶语固有说法，国内口语大多已消失，仅保留在瑶歌里，但是，泰国瑶语现在仍说 $haam^6$。

"养育"、"照料"，泰国瑶语念 $fjou^5$，如"做春耕" $fjou^5tshun^1keŋ^1$、"照料孩子" $fjou^5fu^3tɕwei^3$。此词国内瑶语口语中已经不见，仅保留在少数瑶歌里。国内瑶歌的歌本里用汉语近音字"秀"记录，如金秀盘瑶有一首盘歌的歌词："借问锦/茶秧出世哪山头/茶秧出世哪人秀/哪个情人秀出来。"在许多瑶歌里都出现的"秀春"意即种庄稼。

当固有词和汉语借词并存时，在词语的分布和使用频率上，中泰瑶语反映出差异。泰国瑶语倾向使用固有词，或采用固有词作为构词语素；而国内瑶语更多受汉语的侵袭。例如：

"地" dau^1，中泰瑶语除都保留固有词外，还有汉语借词。国内瑶语固有词 dau^1和汉语借词 tei^6的分布不同，dau^1用于指与"天"对举的"地"，而汉语借词 tei^6指土地。在泰国，这两个词的词义是有交叉现象，珀内尔《瑶英词典》对 dau^1的解释："ground; earth; a piece of land; soil; dirty"，而对 tei⁶ 的解释是 "①earth；land ②site;lot of a house ,etc③to transfer"（经考察，"地" 并无意义③——笔者注）。《瑶英词典》收了 41 个含 dau¹ 的词语，23 个含 tei⁶ 的词语（不包括 9 个以汉借语素 "地方" 为构词语素的词）。有些国内用 tei⁶，泰国仍用固有词 dau¹。试比较：

	泰瑶《瑶英汉词典》	《瑶英词典》	柘山话
（一块）地	dau¹/ dau¹tei⁶	dau¹/ dau¹tei⁶	tei⁶
荒地	dau¹faaŋ¹	—	huaŋ¹tei⁶
挖地	wet⁷dau¹	—	uet⁷tei⁶
瘦土	dau¹tɕai⁶	dau¹ tɕai⁶	tei⁶kai⁶

"地主" 一词泰国瑶语念 dau¹tsiou³/tei⁶tsiou³，两种用法并存，而国内则更多使用汉语借词，广西柘山话念 tei⁶tsiou³。虽然个别词国内瑶语的表达要民族化些，例如 "补药"，泰国 pu³jo² 全部借自汉语，柘山 pu³dia¹ 是半借词，但总体而言，泰国瑶语比国内瑶语更多地保存了民族固有词。

二　借词差异

借词的差异主要反映在借源、借用方式和借词义类的分布三个方面。

（一）借源差异。泰国瑶族除会说瑶语外，一般还会说克罗语、新罗语，部分人会说老挝语、苗语、格比语、白投语、傈僳语以及汉语西南官话，少部分还会讲英语、法语。日常使用泰文，社交场合主要是用泰语交流[10]。分析结果表明，中泰瑶语中的借词绝大部分为汉语借词。除此之外，泰国瑶语还有泰语借词（包括个别以泰语为中介的英语借词），其中又以名词为主，少许量词。以下略举几例：

1. 名词。如：taau¹ 可作菜的甜棕榈树的树心，ma⁸muŋ¹piəu³ 芒果，ka⁸pɔŋ¹ 锡、锡罐，phaa¹jaaŋ¹ 塑料制品，nam¹ 河，pɔ⁶ 井，mɔ¹ 医生，khi³tut⁸ 麻疯病，phi¹jak⁷ 恶魔，lam²boŋ¹ 泰国古典舞，muŋ³ 城镇，baat⁷ 铢（泰币），bat⁷ 身份证，thip⁷ 磁带（从泰语借进的英语词），khit⁷ 基督徒。

2. 量词。如：lɔ⁵ 打，pip⁷ 比普，be¹ 号。

3. 泰国瑶语有一些来自其他东南亚民族语言的借词，例如：

kha⁸lɔm⁵ 北泰人（礼貌说法），kɔ¹lɔk⁷ 北泰人（非礼貌说法），ŋaan²thɛp⁷ 缅甸卢比，ŋaan²man¹（缅甸用的）银卢比，ŋaan²leŋ⁵（老挝用的）银卢比，

tɕan⁵man¹缅甸人，tɕan⁵li²sɔ³傈僳人，tɕan⁵lɔ¹he⁶拉祜人，tɕan⁵jaŋ³克伦人①。

4. 有些古汉语借词在国内瑶语中已消失，但在泰国瑶语仍然存留。例如：

泰国瑶语 jia³（敬礼），为古汉语的"揖"（还可组词 tsɔ³jia³"作揖"）。paa⁶即古汉语"罢"，常跟在动词后补充说明动作行为的完结，如：tsəu⁵paa⁶（做罢）、to⁸paa⁶səu¹（读罢书）。khɔ⁵（税）为古汉语的"课"。泰国瑶语里还保存一些古代中国对周边国家和民族的称呼，如，tɕau¹tsei¹kua⁷"交趾国"（指越南）、tɕau¹tsei¹mien²"交趾人"（指越南人）、sien¹lɔ²"暹罗（泰国）"。

（二）借用方式的差异。瑶语中的汉语老借词的借用方式，中泰两国瑶语没有区别，而较新的借词，国内瑶语多用全借，泰国瑶语则倾向于半借，语序也倾向于使用瑶语固有语序（即修饰词位于中心词之后）。例如（加横线者为固有语素）：

钢笔，广西瑶语念 uam¹pat⁷（水-笔），泰国瑶语念 pat⁷uam¹（笔-水）；油菜，广西瑶语念 iou²tshai⁵（油-菜），泰国瑶语念 lai¹jou²（菜-油）。

有些表达，国内瑶语直接借用汉语词，而泰国瑶语则采用解释的方法。例如："电剃刀"泰国瑶语说成 naaŋ²ɲei¹dzu⁸（活的刀），"天公"lu²tsaaŋ⁶ɲei¹tia⁵（天上的爹）。

（三）借词义类分布的差异。泰国瑶语中不同于国内瑶语的那部分借词，主要分布在以下三类词：

1. 地名和称谓词。如：muŋ³phan¹潘镇（泰国地名）、muŋ³siŋ¹芒新（老挝地名）、tshiŋ²khɔŋ⁵清孔（泰国地名）、nam¹kop⁷湄谷河（在泰国清莱省），tɕan⁵thai³泰人、tɕan⁵man¹缅甸人、tɕan⁵lɔ¹he⁶拉祜人、mɔ¹医生。

2. 日常用品和货币。如：ka⁸pɔŋ¹锡罐、ka⁸sɔt⁸粗麻布口袋、fai¹faa¹电筒、sa⁸bu¹肥皂、phaa¹jaaŋ¹塑料制品，baat⁷铢（泰币）、ɲaan²thep⁷缅甸卢比、ɲaan²leŋ⁵老挝银卢比。

3. 基督教词。如：je¹su¹耶稣，tsun²to⁴sai¹传教士，tsiep⁸dzaaŋ⁶tɕaa⁵十字架，等等。

_____

① ɲaan²"银"和 tɕan⁵"汉"语素为汉借语素，其后的语素才为借用的非汉泰语素。

　　两国瑶语借词差异与瑶民生活在不同国家密切相关。在未迁徙异国之前与汉语接触的时期，它们拥有相同的汉语老借词，一旦从母体分离，相互隔绝，就必然出现歧异。国内瑶族跟汉族来往密切，新中国成立后的新词基本上借自西南官话。泰国瑶民在移居泰国前居住在老挝和缅甸，迁入泰国后生活在北部，有些村落就在与老挝、缅甸接壤的边境上，周围分布着其他东南亚民族，日常生活中瑶族与这些民族接触，因此借词来源会有泰语等东南亚语言，借词也以地名、人称、日常用品、货币名为多。泰国瑶语借词中出现了与基督教有关的词语则与瑶民转信基督教有关。随着基督教的传入，基督教词语也渗入泰国瑶语，而国内瑶语则不受基督教的影响。

三　瑶族文化词的存留

　　在国内，瑶族的许多传统文化曾长时间被当作迷信遭受批判和禁止。虽然改革开放后一些习俗在一些地区逐渐得到了恢复，但有些习俗需要专门的传授者（如师公）和经籍（如师公书、歌书等），而现在许多村落已经没有师公，许多经籍也遭毁坏或失传。随着现代化进程的加深，年轻的瑶民放弃民族特性，瑶族传统文化的传承面临着严重危机。相比之下，泰国瑶族由于没有受到国内政治运动的影响，传统文化的传承没有遭到人为的中断，瑶族住在山地，以务农为主，有利于传统文化的保存。尽管在泰国，部分瑶族改变了信仰，加入基督教或其他教派，但这毕竟是少数，即使在这些信徒中，也有信仰动摇者。人类学家观察到这样的现象，"有些被说服转信基督教的瑶人问我，如果他们对基督教不满，他们所有神的圣像都被烧掉了，他们怎样才能再次转向崇拜神灵呢？他们许多人看到圣像被烧都表现忧伤"[2]194。总体上说，泰国瑶族对民族传统文化的保留比国内要好，这直接反映在两地瑶语言中传统文化习俗词语的存留差异上。泰国瑶语中的传统文化词比国内瑶语多，表述更系统、更细致。例如，两国瑶民都把绣花叫 tshoŋ⁵piaŋ²，但具体的绣法和图案名，国内的瑶族往往说不上。民族文化词存留的主要差异在服饰、礼仪和宗教方面比较明显。

　　（一）服饰。国内多限于老年妇女穿瑶装，甚至平日也只戴头饰，着汉衣汉裤，只在传统节日时才穿齐整的瑶装。特别是靠近汉区的瑶寨，年轻人大都没有瑶装，也不会刺绣。根据我们的调查，广西瑶族对绣法和图案的名称只有个别人能说出来。《汉瑶词典》记录的是广西龙胜各族自治县的江底瑶话，在服饰类目下，也没有调查到更多相关的说法。泰国瑶民和泰国山地部落群一样仍然保持其传统服装。有些老人仍忠于他们的传统服装，妇女也穿着瑶服，甚至时髦的年轻女孩也最少有一套传统服装，平时在村寨穿瑶装，到城市逛街则穿泰装，而且所有女人从小就必须学会刺绣。因此，有关传统服饰的词语泰国瑶语比国内瑶语丰富得多。下面的词语只见于泰国瑶语，而不见于国内瑶语：tom²lom²tseu³ "大猫爪"（妇女衣服上的一种十字花形），jen²foŋ¹pjaaŋ²十字花形，waan¹tsu¹waa¹（一种十字花形刺绣的名称），sjaŋ¹tshoŋ⁵新十字花样，tshoŋ⁵nɔp⁷用两条穿线的十字花型，tshoŋ⁵tshia⁵绣斜线，həu⁵tsau⁵bin⁴女式裤脚花边，həu⁵tshaam³大裤脚的裤子，ŋet⁷pjei¹一种新娘头饰，m²goŋ³ŋak⁷一种新娘头饰，ba⁸pjei¹mua⁶新娘用长头巾。

根据差博·卡差·阿南达的记载，泰国瑶族绣花的图案有小豹子的眉毛（Tom Nian mung mai）、小豹子的肋（tom siam ngao）、四朵罂粟花（in foey piang）、虎爪（da mao ngiu）、老虎背（da mao dob）、苗人的熊（Miu sca）等。

（二）人生礼仪。历史上，瑶民自小孩出生直至成年，每个重要阶段都有专门的礼仪，如"添人口"（thim¹mien²khu³）、"出花林"（tshwət⁷piaaŋ²liem²）、"度戒"（təu⁶saai¹）便是这样的礼仪。添人口是小孩出生一至三天后告知家神和祖先，家里添了新婴儿的仪式。出花林是撤走小孩的保护神"花魂"，将他们置于姓氏神灵或家族神灵的保护之下的仪式。这个仪式在 12 岁举行。度戒是瑶族男子的成年仪式，往往跟还愿仪式一起做。泰国瑶民保留了完整的仪式体系。国内瑶区已很少有这样的仪式。调查中发现，国内瑶民即使能说出仪式的名称，但有关仪式过程则很难说得上。

有意思的是，受添人口仪式的深刻影响，信奉基督教的泰国瑶族甚至把幼儿献给耶稣也叫作 thim¹je¹su¹（添耶稣）。

（三）婚姻。瑶族的婚姻形式除了嫁女，还有招郎入赘的风俗。瑶族从中国迁到泰国，也把这种婚俗带到泰国。因其内容和方式不同，分为"上门改姓"(又叫"上门过房"或"招郎")、"上门顶两头"(又叫"养女还舅")、"上门养老送终"、"上门还礼钱"、"上门还酒礼"五种。国内瑶族的招郎风俗则日趋简化，能说出的专用词语不多。有些婚姻礼俗词语，泰国瑶语与国内瑶语出现了差异。例如：tshiŋ¹tçaa¹婚礼，tom¹tshiŋ¹tçaa¹大婚礼，tshiŋ¹tçaa¹ton¹小婚礼，tsəu⁵tshiŋ¹tçaa¹在新娘家举行的喜宴，tshiŋ¹tçaa¹jin¹亲家宴，kap⁷tiu³结婚喜酒，maa¹ȵɔ⁵ȵaan²奶钱①，tshiŋ¹tsjəu³婚礼主人，ȵet⁷pjei³muŋ²mien²帮新娘办喜事的人，tshiŋ¹swi³新婚夫妇握手以示结为夫妻，tsəu⁵tshɛ⁷除名②，həu⁶tçaa¹庆祝婚礼。

我们根据差博·卡差·阿南达的记载补充的词有：tia ma jiai "爹妈鸡"、on go jiai "公婆鸡"、mai mian jiai "妹人鸡"、mui mian tung "妹人汤"、sia ong thai fin kwo tung "女方祖先辛苦汤"、jiai yan tung "娘人汤"、chuat ong thai "出翁太"。若婚姻终止，泰国瑶民还须付 lei²tshai¹ȵaan² "离婚钱" 或者 taŋ⁵tshien¹ȵaan² "断亲钱"（乱伦夫妇交的罚金）。

（四）宗教方面。瑶族以信仰原始宗教和道教为主。瑶族宗教研究专家张有隽教授曾多次到泰国瑶族地区考察，他说泰国瑶族的宗教文化确实保存得好。《瑶英汉词典》所收集的宗教方面的词语比较丰富。如：

自然崇拜、鬼神崇拜与祖先崇拜：ba⁸oŋ¹kəu³雷神爷，ba⁸oŋ¹ȵei⁴雷神婆，tu²tei⁶mien³土地神，tsau⁵mien³足印鬼，sjaŋ¹tçaa¹fin¹拜祖宗，sjaŋ¹mien³敬鬼。

禁忌及法术：kiŋ⁶dau²mau²禁老虎，kiŋ⁶dzjaau⁵禁风，kiŋ⁶naau⁴禁老鼠，kiŋ⁶laaŋ⁴禁村，kiŋ⁶lo⁶禁水沟，tsəu⁵faat⁷做法，faat⁷təu⁶斗法术，faat⁷bua⁵法名，bəu³kwaa⁵卜卦，bəu³kwaa⁵tɔn¹小卜卦，tom²bəu³大卜，tçaa⁵nen²phen¹tçəu²架桥骗鬼，tçaa⁵lɔŋ⁴tɔŋ⁶tçəu²架避鬼桥，tçaa⁵jem²tçəu²架银桥。

道教信仰：tei⁶ȵua⁸huŋ²阎王，sai¹tsjəu³fəu³阎王府，liŋ²tsien²灵官，faam¹tshiŋ¹三清，tsiep⁸tin⁶liŋ²huŋ²十殿灵王，tsaaŋ⁶tia⁵天师。

相比之下，国内瑶族的宗教信仰具有不平衡性，传统仪式在有些地区已经消失，而即便保留有仪式的地区，流程也简单化了。例如，这十几年

---

① 新娘给母亲的奶钱，表示补偿对女儿的养育，属于结婚费用的一部分。

② 这是一种仪式，即巫师把出嫁者的名字从家谱上取掉，表示她即将不是家族的成员。又叫 tshɛ⁷mien²khu³ "拆人口"。

来在湘桂粤边界 10 县盘王节上，虽然还保留着祭盘王的传统仪式，但祭盘王的仪式已简化为一二十分钟。过去极为隆重的度戒仪式在云南一带也从数天简化为一天[11]。这些情况都影响到国内瑶族对宗教词语的传承。

四　新创词方面的差异

国内瑶语新创词语很少，新词语多直接借自汉语；而泰国瑶语新创词数量较多，构词词素多用民族固有语素和来自老借词层的汉语语素，语序也沿用民族固有语序。如：uam¹sui¹ "醋" 是由 uam¹ "水" 和 sui¹ "酸" 两个固有语素构成，构词语序是正偏式；tshia¹dai⁵ "飞机" 是由借用汉语的语素 "车" 和固有语素 dai⁵ "飞" 构成，tshui¹tshia¹ "喷雾器" 是由借用的汉语语素 "吹" 和 "车" 构成。此外，个别泰语借词也参与构词，如 fai¹faa¹dia¹ "电池" 是由泰语语素 fai¹faa¹ "电筒" 和瑶语固有语素 "药" 构成，ka⁸sɔt⁸bua⁸daau³ "粗麻布长口袋" 是由泰语语素 ka⁸sɔt⁸ "粗麻布口袋" 和瑶语固有语素 bua⁸ "口袋"、daau³ "长" 构成。新创词主要见于以下三类：

物品器具词。除了上面所列的外，其他如：飞机场 dzaaŋ³dai⁵tshjaŋ³（船-飞-场），摩托车 tshia¹puŋ⁵puot⁷（车-放-屁），自行车 siaŋ¹phiŋ¹tshia¹（簸箕-滚-车），拖拉机 lai²liŋ²tshia¹（犁-田-车），降落伞 nan³dzjaau⁵faan⁵（抓-风-伞），录音机 sjou¹waa⁶faan¹（收-话-箱），挂钟 tom²pjau³（大-表），打火机 jaaŋ²hɔ³phat⁷（洋火-啪），调味品 dia¹muei⁵（药-味），面粉 ŋaaŋ⁵bwən³（饭-粉）。

医疗卫生词。如：医院 dia¹pjau³（药-屋），医生 dia¹sai¹（药-师），打针 paa³dia¹（打-药），注射 dzip⁸tɕaan¹（戳筋），分娩痛 mun¹ku²ŋwaa⁴（痛-小孩），肚痛 mun¹gaai³（痛屎）。

与鸦片相关的词。鸦片曾是泰国瑶民重要的经济作物。阿南达指出，"在过去，差不多所有家庭开支如日常用品都是靠卖鸦片得来的钱支付的。……他们比别的群体更懂得如何栽培鸦片。……过去某些瑶族家庭用大量的时间种鸦片而用少量种稻米。他们可以得到许多钱，如果他们愿意，他们可以向其他家庭买大米，也可以向低地居民买米"。[2]74-75 这种与国内瑶民不同的经济生活而导致了一批新创词的产生。鸦片除如国内一样被叫作 "洋烟" 外，在泰国瑶语中还有 in¹tsua⁸、ka⁸nai³ŋou² 等称呼，海洛因叫

in¹pɛ⁸。

根据阿南达的记载，泰国瑶民种植的鸦片有 sow、klang、Pi、To 四个品种。这些名称也可能是创词。瑶语"in¹"本指一般烟草，为了区别一般的烟草和鸦片，泰国瑶民给烟草起了一个新名字 in¹bjaat⁸。鸦片的重量，除用汉语的厘、分、钱、两外，还有 joi、khan、hong、tam long，为了方便买卖，生鸦片一般按称为"joi"（约，1.6 公斤）的重量单位包好。在栽培罂粟的季节，瑶民留在田间，以免往返村寨而耗费时间，他们向服务到地头的商人赊购用品，待鸦片收获后偿还欠款，由于鸦片的收割季节在冬天，因此催生了两个词 tsiaŋ²toŋ¹ "年冬（付借贷利息的时候）"和 puŋ⁵tshjəu¹ "每年（制作鸦片时）借贷利息的报酬"。这些创词的出现跟鸦片在瑶民经济生活中的地位息息相关。

其他类别的创词比较少，主要与泰国瑶语系统的完整性以及瑶族山民地位和相对自足封闭的社会生活有关。语言具有系统性，当它处于一个自足的状态，就很少借用或创新。例如，泰国瑶语中有关作物类的创词不多，原因在于，许多种类的作物在他们未脱离母体之前就已经有了固定的名称，当他们迁徙到泰国时，种植的作物变化不大，而且新环境里的一些作物，要么直接借用当地的说法，如 ma⁸muŋ¹piəu³ "芒果"借自泰语，要么不予以关注。人类学家注意到，瑶民没有发现在泰国其他地区通常有许多水果可以用作食物。极少的创词是他们从新的角度观察的结果。例如，"茄子"的说法除了借用汉语的"茄"外，他们还注意到它很软 mau¹，因此命名 lai¹mau¹，番石榴（即榴莲）很臭，很多人不喜欢吃，因此叫 m²ɔi⁵pjəu³（不爱果）。泰国瑶族是生活在山地，以游耕为主，与山地生活没有关系的创词自然就少。他们的山民身份也影响到他们对入住国政治事务的参与，在过去相当长的时间里，泰国政府把瑶、苗等山地民族看作是对其国家安全和经济利益的威胁，而将其定位为"问题民族"。人类学家注意到，从未见到泰国瑶民参与国家政治事务，因此反映在语言里就是政治生活方面的创词少，即使有限的创词中也带有瑶族人的思维痕迹，如：

seŋ³tsjou³省长　　　oŋ¹phia³高官　　　lu²phia³loŋ⁵最高官员

省　主　　　　翁　?　　　　大　?　?

前面提到有部分泰国瑶民改变了自己的信仰，加入基督教，但是基督

教对瑶族地区的影响毕竟有限，有关的创词只有零星几个，如 tɕiu¹paaŋ¹
"教帮（指基督徒）"、sjaŋ¹ŋeŋ⁶pu³ "《新约全书》"。

参考文献

[1] 广西民族学院赴泰国考察组：《泰国瑶族考察（二）》，广西人民出版社 1992 年版。

[2] 差博·卡差·阿南达：《泰国瑶人——过去、现在和未来》，谢兆崇、罗宗志译，
民族出版社 2006 年版。

[3] 赵敏兰：《试论中泰两国瑶语在语法上的差异》，《广西师范大学学报》2006 年第 1 期。

[4] 隆巴德、珀内尔：《瑶英汉词典》，李增贵译，广西民族学院民族研究所（油印本）
1985 年版。

[5] Smith Panh. Yao-English Dictionary. American.1995.

[6] 毛宗武：《汉瑶词典》，四川民族出版社 1992 年版。

[7] 毛宗武：《瑶族勉语方言研究》，民族出版社 2004 年版。

[8] 中央民族学院苗瑶语研究室编：《苗瑶语方言词汇集》，中央民族学院出版社 1987
年版。

[9] 王辅世、毛宗武：《苗瑶语古音构拟》，中国社会科学出版社 1995 年版。

[10] 黄方平：《泰国瑶族社会考察点滴》，《广西民族研究》1992 年第 2 期。

[11] 玉时阶：《瑶族文化变迁》，民族出版社 2005 年版。

（原载《暨南学报》2008 年第 1 期）

标敏瑶语汉借词的韵尾特点

赵敏兰

标敏瑶语是瑶语四大方言之一，主要分布在广西的全州、灌阳、恭城三县，邻近的湖南省双牌、道县等也有少量的分布。

和瑶语比较，标敏瑶语里汉借词韵尾的读音较有特色。

1.-m 尾消失，部分阳声韵尾脱落

瑶语音系一般-m、-n、-ŋ齐全，只有勉话湘南土语和标敏瑶语特殊，标敏瑶语只有-n、-ŋ尾，湘南土语只有-ŋ尾。

（1）标敏瑶语的-m 尾已消失。这个特点与瑶语绝大多数方言相异，而与周边土话的演化趋势是一致的。从南岭土话群的总体情况来看，有-n、-ŋ两个鼻音尾的现象相当普遍，而有鼻音尾-m 的方言少见。就近而言，-m尾消失，全州文桥土话读鼻化，枧塘土话多数为鼻化，少数为- n。标敏瑶语读-n。比较：

	文桥土话	标敏	勉话
胆	$tõ^{24}$	tan^{35}	tam^{553}
嫌	$tẽ^{21}$	$gien^{31}$	gem^{331}
心	$sĩ^{55}$	ςien^{33}	fim^{33}

（2）标敏瑶语中不少宕江梗摄早期借词以及少量咸曾通摄早期借词韵尾脱落，而山臻摄早期借词鼻韵尾几乎不脱落，只有个别字如此。统计数字如下：宕摄42个，江摄5个，曾摄3个，梗摄32个，通摄9个，咸摄5个，山摄2个，臻摄1个。相比之下，勉话里汉语借词的鼻音韵尾很稳定。举例如下：

词目	标敏	勉方言	韵目	等呼
担挑	da^{33}	dam^{33}	谈	开一
担量词	da^{24}	dam^{35}	阚	开一
三	sa^{33}	fam^{33}	谈	开一
粘~米	tsi^{33}	tsi^{553}	盐	开三
黏	nia^{33}	---	盐	开三
点打~	die^{42}	tim^{553}	忝	开四
便~宜	pi^{42}	---	仙	开三
团	tɔ^{31}	tun^{331}	桓	合一
人媒~	ɲi^{31}	---	真	开三
钢	kɔ^{33}	kɔŋ^{35}	唐	开一
铛	thie^{33}	tshɛŋ^{33}	唐	开一
黄~牛	ua^{42}	wiaŋ^{331}	唐	合一
箱	ço^{33}	siaŋ^{33}	阳	开三
姜	ȶuɔ^{42}	suŋ^{33}	阳	开三
两	luɔ^{42}	luŋ^{231}	养	开三
放	pə^{24}	puŋ^{35}	漾	合三
蒸	ȶɔ^{33}	tsaŋ^{33}	蒸	开三
牲	sɛ^{33}	sɛŋ^{33}	庚	开二
平	pe^{31}	peŋ^{331}	庚	开三
影	ɛ^{35}	ɛŋ^{553}	梗	开三
井	tçe^{35}	tsiŋ^{553}	静	开三
病	pɛ^{42}	pɛŋ^{311}	映	开三
瓶	pɛ^{31}	pɛŋ^{331}	青	开四
虹	klə^{33}	kuŋ^{33}	东	合一
穷	ȶuə^{31}	kom^{311}	东	合三
送	suə^{24}	fuŋ^{35}	送	合一
浓	nuə^{31}	—	锺	合三

标敏瑶语里的鼻韵尾脱落现象跟周边方言呈现鼻音韵尾演变的区域性

特征有关。标敏瑶语周边的许多方言都有鼻韵尾弱化或脱落现象。桂北资源延东土话梗曾咸山摄部分字读开尾，其余字鼻化（很多字不是纯粹的鼻化，还能辨出鼻尾），全州文桥土话所有的古阳声韵都鼻化；全州枧塘土话咸山宕江臻摄部分字鼻化，部分梗摄字读开尾；恭城土话除江摄外，其余各摄都不同程度地读开尾，没有鼻化韵。湘南土话、粤北土话、桂北平话鼻韵尾脱落现象，李冬香、陈曼君的《平话、湘南土话和粤北土话鼻音韵尾脱落现象考察》（2004 "桂北平话与周边方言"学术研讨会论文）一文讨论过。

2. 部分舒声韵韵尾脱落

中古一些舒声韵，今普通话带元音尾的，标敏瑶语里汉语借词里没有韵尾，呈单元音化，主要表现在蟹摄一二等和效摄开口一二等上。特别是蟹摄韵尾的脱落跟桂北土话、湘南土话和老湘语一些点有惊人的一致。而勉方言里的蟹效摄字读音却与此不同，一般带有元音尾。试看下表：

词目	标敏	勉方言	文桥	枧塘	韵目	等呼
台	te^{31}	ti^{331}	di^{21}	die^{312}	咍	开一
灾	tse^{33}	tsai^{33}	tsæ^{55}	tsai^{44}	咍	开一
排	blɛ^{31}	bai^{331}	bi^{21}	bie^{312}	皆	开二
筛	se^{33}	sai^{33}	çie^{55}	çie^{44}	佳	开二
快	khua^{24}	—	khue^{33}	khua^{213}	夬	合二
刀	ta^{33}	tu^{33}	tu^{55}	tu^{53}	豪	开一
宝	pu^{35}	pu^{553}	pou^{24}	pu^{334}	晧	开一
炒	ƫha^{35}	tshau^{553}	tso^{24}	tsho^{44}	巧	开二
罩	ƫa^{24}	tsau^{35}	tso^{33}	tso^{213}	效	开二

我们通过比较发现，周边土话、老湘语有蟹摄一二等字韵尾脱落以后主元音为 a 的现象，以蟹摄二等字为例：

	排	斋	牌	柴	鞋	乖	怪	歪	快
恭城土话	bia^{21}	tsia^{33}	bia^{24}	zia^{21}	ɣia^{21}	—	kya^{24}	ya^{33}	khya^{24}
高尚土话	ba^{13}	tsa^{35}	ba^{13}	dza^{13}	ha^{13}	kua^{35}	kua^{22}	ua^{35}	khua^{22}
东安土话	ba^{13}	tçia^{33}	ba^{13}	dʑia^{13}	ɣa^{13}	kua^{33}	kua^{22}	ua^{35}	khua^{35}
双峰	ba^{23}	tsa^{55}	ba^{23}	dza^{23}	ɣa^{23}	kua^{55}	kua^{55}	ua^{55}	khua^{35}

枧塘土话蟹摄一二等也有一些读 a 的字，但其表现不如上面所举方言

齐整，现列举如下："菜 tsha²¹⁴、"裁" dza³¹²、"筷" khua²¹³、"块" khua²¹³、块 khua²¹³、"来" la³¹² 、"猜" tsha⁵³。

虽然这一类读 a 的蟹摄字吸收到标敏瑶语里不多，只有"败、带、太、块、快、卖、擤"几个字，但是这种音变现象的影响力并不只如此。标敏瑶语和勉方言湘南土语有相当数量的 a 韵本族词，它们与古瑶语带韵尾的长元音 a 韵母字相对应，此类现象不见于瑶语其他方言和土语，尚没有人提出过解释，笔者认为它很可能与该地区的上述演变有一定的关联，值得注意。如：

	来	有	咸	洗	长
标敏	ta³¹	ma³¹	dza³¹	dza³⁵	da³⁵
勉话（湘南庙子源）	ta³¹	ma³¹	dza³¹	dza³⁵	da⁵³
勉话（镇中）	ta:i³¹	ma:i³¹	dza:i³¹	dza:u³⁵	da:u⁵³

标敏瑶语由于所处的地理位置邻近湘桂边土话，受到这些土话较深的影响，因而无论是汉语借词的数目，借词所反映出的语音特点，还是词汇和语法，都与多数瑶语有相异之处。对这些现象，过去的研究者都没有给出很好的解释。

参考文献

[1] 鲍厚星：《东安土话研究》，湖南教育出版社 1998 年版。

[2] 鲍厚星：《湘南东安型土话的系属》，《方言》2002 年第 3 期。

[3] 鲍厚星、陈晖：《湘语的分区》，《方言》2005 年第 3 期。

[4] 陈曦：《枧塘方言的语音研究》，广西师范大学硕士学位论文，1997 年。

[5] 关英伟：《广西恭城直话音系》《方言》2005 年第 3 期。

[6] 广西壮族自治区地方志编纂委员会：《广西通志·汉语方言志》，广西人民出版社 200 年版。

[7] 林亦：《兴安高尚软土话研究》，广西民族出版社 2005 年版。

[8] 罗昕如：《湘南土话词汇研究》，中国社会科学出版社 2004 年版。

[9] 毛宗武、蒙朝吉、郑宗泽：《瑶族语言简志》，民族出版社 1982 年版。

[10] 毛宗武：《瑶族勉语方言研究》，民族出版社 2004 年版。

[11] 唐昌曼：《全州文桥土话研究》，广西民族出版社 2005 年版。

[12] 王辅世、毛宗武：《苗瑶语古音构拟》，中国社会科学出版社 1995 年版。

[13] 张桂权：《资源全州土话初探》，《桂林师范高等专科学校学报》2002 年第 4 期。

[14] 张桂权：《资源延东直话研究》，广西民族出版社 2005 年版。

[15] 赵敏兰：《瑶语早期汉语借词的声母》，《民族语文》2008 年第 1 期。

[16] 中央民族学院苗瑶语研究室：《苗瑶语方言词汇集》，中央民族学院出版社 1987
年版。

（原载《民族语文》2011 年第 6 期）

《广西瑶歌记音》难字词考（释）

赵敏兰

一　引言

《广西瑶歌记音》是赵元任先生 1930 年发表的著作（以下简称《瑶歌》）①。《瑶歌》问世 80 多年来，受到不少人的关注。如李荣在《切韵音系》（1956：124，156）中引用瑶歌的记音材料证明切韵音系的浊声母不送气以及四声三调说。又如英国的唐纳（G. B. Downer）（1973/1980）曾利用瑶歌的材料对瑶语中的汉语借词进行分层。近期李在锱（2001）又对《瑶歌》的声韵调和同音字表进行了整理。但迄今为止，尚未有人对原文进行校勘、考释。当中还有一些疑问没有解决：

一是赵元任先生和瑶歌的最初搜集者石声汉先生留下的存疑。他们都是治学严谨的学者，对瑶歌有疑惑之处都作存疑处理，正如石声汉曾说过"就这一点点舞歌里面，也还有很多阙疑解不出来的地方，在没有充分了解以前，我可不敢妄补上去，宁愿留它一处空白"（赵元任，1930:5）。这些疑问给后人留下了进一步研究的空间。

二是囿于当时的研究条件，当初所作的某些结论，有待商榷。赵元任

---

① 本文是以《广西瑶歌记音》为研究基础和讨论对象的，由于现在很难看到这本著作，有必要对《广西瑶歌记音》作一个简介。它共分五个部分：第一部分"序言"介绍记音的情形、瑶歌音韵概况和记音凡例。第二部分"瑶歌正文"收录了"正瑶舞歌" 90 首、"十二月花开歌" 12 首和"甲子歌" 95 首的单字音材料。正文后是"歌注"。第三部分"瑶歌音韵"，列瑶歌音韵表，仅讨论瑶歌音韵当中自己的特点，不跟别种音系作比较。第四部分"比较的音韵"，把瑶歌的音读字、假借字跟切韵系统的音作比较，列有声母比较表、韵母比较表、声调比较表，每一个表后有音韵特点的简单讨论。第五部分"附录"，介绍瑶歌的乐调和若干瑶语口语使用的词汇。为方便输入，本文将原文声调的竖线表示法改为数字表示，特此说明。

发现虽然《瑶歌》的歌词是用汉字记录，且都是照瑶人自己的写法，并经发音者自己审定了的，但歌中字、音、义的对应关系比较复杂，他将之区分为三种性质的字：（1）音读字。即汉字、汉音、汉义，字、音、义源于汉语。（2）假借字。一个瑶语字假借一个读音相近的汉字代替的，这种性质的汉字就是假借字。如"能 naŋ^{42}"，被假借来表示意义为"好像"的瑶语字 naŋ^{42}。（3）训读字①。"有些字，比方须（指根须——引者注）读 klaːn，显然不是汉语的字，不过找一个当那么讲的汉字代替他"（赵元任，1930：7）。绝大部分字的分类毋庸置疑，但有部分字的性质归向有误，如"云 $_2$"原归音读字，实际应是训读字；他把训读音全部处理为源自瑶语（这表现在在瑶歌音韵表的训读字下他都加注小"瑶"字），不过就目前我们掌握的材料看训读音除了大多数来自瑶语外，还有少数是非瑶语的，如"住 $_2$ieu^{55}"，在瑶语口语里不出现，经分析它跟壮语 ju^{55}、jou^{5}有密切的关系（参见后面有关住 $_2$的讨论），这些问题都值得深入探讨。

此外，回顾以往的研究，有些研究者未能认识到瑶歌以汉语词语为主瑶语词语为辅的性质，未能理解赵元任先生在《瑶歌》一书中的处理方式方法，因误读《瑶歌》而作出错误的研究结论，例如李在锱的《再读〈广西瑶歌记音〉》就犯了这样的错误。我们对《瑶歌》进行难字词考释，也意在提醒后来的研究者进一步认识瑶歌的这种性质，用好《瑶歌》的材料，更好地为相关研究服务。

二 与瑶歌有关的背景及文中涉及材料说明

2.1 背景

今广西金秀瑶族自治县境内有五种支系的瑶族，通常称之为茶山瑶、花蓝瑶、山子瑶、盘瑶、坳瑶。为赵元任先生提供帮助的瑶民是罗香乡坳瑶。根据《广西瑶族社会历史调查》（第一册，第 219 页）对坳瑶的介绍，"由于远在清康熙二年已向清朝官府纳粮，名为'粮瑶'，又因男子的头髻位置，不偏不倚地结在头顶的正中，不同于茶山瑶的髻偏于前，也不同于

---

① "乌 3no^{42}"（只出现 3 次，见于"乌鸦 no^{42}a^{42}"和"乌燕 no^{42}in^{55}"。"乌燕"指燕子），赵先生认为是训读字，但 no^{42}是瑶语对"鸟"的称呼（可比较瑶语罗香土语的乌鸦 nu^{32}a^{33}、燕子 nu^{32}in^{55}），不符合他对训读的定义。这种情况可能是因"鸟"误写为"乌"造成的。

花蓝瑶髻偏于后，故也称'正瑶'"。坳瑶所操的语言属瑶语支勉方言罗香土语，笔者所说的盘瑶话与它同属一种方言，但土语有别。罗香地处金秀县与平南县交界地带，新中国成立前归平南县管辖，所以那里的坳瑶除了瑶语之外，还会说平南土白话。

坳瑶瑶歌是传统歌谣，有别于用平南白话唱的歌（坳瑶会用平南白话唱歌始于 20 世纪 20 年代）。据《广西瑶族社会历史调查》（第二册，第 217 页）的调查研究，"坳瑶这些传统歌谣，不管情歌也好，乐神歌也好，它的形式和风格，都和盘瑶的'盘王歌'极为相似，甚至有些歌词还大体相同呢。而且，据两个族系的老人们说，他们唱这些歌子的时候，都不是用纯粹的瑶语，而是用瑶语夹杂着一些音近汉语（据说是湖广话）的语音歌唱的。"赵元任先生对《瑶歌》字音义关系的分析，也印证了瑶民对瑶歌语言性质的素朴认识。这说明了瑶歌的性质是以汉语词语为主瑶语词语为辅。经我们进一步分析，《瑶歌》反映的语言成分大体包括两个部分：（1）日常瑶语中使用的语言成分，包括瑶语本语词与汉借词。如"菜"，瑶语口语 gɑi^{42}，《瑶歌》gɑi^{42}，这是瑶语本语词；"是"，瑶语口语 tɕei^{11}，《瑶歌》tɕei^{11}，这是汉借词。（2）非瑶语口语使用的语言成分，仅在瑶族歌谣或宗教经典中出现。这部分基本上是汉音。如"火"，瑶语口语 tou^{11}，《瑶歌》k'uɑ^{53}。《瑶歌》中的汉语借词是瑶族在不断的迁徙过程中从当地的汉语中借用的，存在时间和地域上的差异。

坳瑶瑶歌中情歌占了很大的部分，这种现象产生的原因很可能和当地的风俗习惯有关。新中国成立前乃至新中国成立后很长一段时间，坳瑶地区存在情人制——男女双方婚前可自由恋爱，婚后仍可自由找情人，分同食不同住和同住不同食两种类型。熟知这种背景，能帮助我们理解一些瑶歌的内容。

《瑶歌》的主要演唱者赵光荣时任广西平南县驻罗香联络处负责人，是当地有名望的坳瑶首领，卒于 20 世纪 80 年代初。至今罗香村仍有其后人居住。2012 年 2 月笔者曾到村里拜访其孙、孙媳妇以及村里尚存的歌者，得以聆听八十多年前记在纸上的瑶歌。

2.2 材料说明

本文考释利用了广西金秀瑶族民歌、苗瑶语族语言词汇、壮侗语族语言词汇以及相关汉文献资料。特别指出的是，《广西瑶族社会历史调查》（第二册,以下简称《瑶族》)收录的金秀瑶歌(采集时间为 1956—1957 年)仅有文字无记音,与《瑶歌》完全相同的只有一部分,相异的部分由于它们的形式与风格相似,仍给人以启示。《瑶歌》歌注部分屡次提及清代李调元编的《粤风》,该书收有 21 首瑶歌。盘美花(1999)认为《粤风·瑶歌》的歌者应是广西金秀的坳瑶,所论有一定的道理,因此必要时我们也参考《粤风·瑶歌》的材料。罗香土语材料主要用原中国科学院少数民族语言调查第二工作队于 50 年代调查的材料,不足部分由笔者调查补充。柏山勉话是笔者的母语。其他材料随文提及。

三 难字词考(释)[①]

3.1 对"英"等 25 个字性质的考订

3.1.1 音读字

(1)"英 çan^{11}"(哥兄好₁伦祝英台),赵元任作训读字,应是音读字。根据《汉语方音字汇》(1989:354—370)提供的材料,南方一些汉语方言有通梗摄字-ŋ→-n 的现象,如老湘语的代表点双峰话,它的通摄字绝大部分读 an,只有 16 个晓、影、云、以母字读 iɛn/yɛn,"梦"是 man;梗摄字主元音 ɛ,韵尾-n,"英"是 iɛn,那么《瑶歌》的"梦"、"英"读-n 尾,主元音是 a 不足为奇。《瑶歌》乃至盘瑶瑶歌影喻以开口三等字声母的读音比较零乱,例如,喻以开口字在《瑶歌》中既有读零声母的如"也、夜",又有读 h-的如"寅、筵、叶",因此尽管除"英"外,《瑶歌》的其他影母开口三等字都是零声母,但不能由此说明"英"读 ç 是非常态,毕竟《瑶歌》只出现了一部分影母字。影母不同的读音反映的层次不同,"英"代表一个层次,其他影母开口字是另一个层次。

(2)"搁 kɑːp^{42}"(搁笼搁线线同为),赵元任作假借字,应是音读字。致其误判的原因大致有二:一是在当时的条件下,不清楚瑶语里汉借词的面貌,所以对收-p 尾感到不解[②],一是对第 53 首歌的内涵不甚明了。这首

---

① 一般每个字(词)后附上一句歌词,以便读者参照。

② 《瑶歌》中宕江曾梗通五摄入声字除了"叭、滴"外都没有-k 尾:绝大部分字的塞音韵尾脱落,两个字读-p 尾("搁 kɑːp^{42}"、"窄 tçep^{42}"),1 个字读-t 尾("郁 it^{11}")。这种音变现象,跟瑶语早期汉借词所反映出的现象一致。

歌说的是当地照明用具石油灯，大意是：在黄秆竹筒上叠加石头，是为了做灯盏，此外，还要在灯盏上搁上笼子和线，为了不让风把灯盏吹干了。这里的"搁"就是表示放置义的"搁"，它的音变是符合规律的。

（3）"内 li^{42}"（解心内乱放心宽），应是"里"。因为这个字在《瑶族》中作"里"的。况且《瑶歌》中泥来母字都不相混，泥母读 n-，来母读 l- 或 g-，所以不应是"内"。

（4）"落$_2$ $i:a^{11}$"（烧落$_2$半丈观音身），应是"下"。我们注意到《瑶歌》的"下"，虽被记作 ha^{11}（"下"字在第 21、127、128、129、130 首共计 5 首歌里出现），但这些字音旁边都标有"*"号。这个*号，赵元任（1930：117）用来"表示记音时遗漏或没有听清楚，但如照规则变化就该如此读的意思"。也就是说，"下 ha^{11}"是他推导的读音，并非听到的实际读音。但"下"并没有按照规则变化读 ha^{11}。"吃"和"下"同音假借可作一明证。吃"字，《瑶歌》作"$i:a^{11}$"，而同样表示"吃"之义的，在《瑶族》中常记作"下"字，累计 9 次之多（如"三年牛皮下青草/九年鱼炕下石苔"（1984：222）、"今朝下饭文书到/丢碗落盘手接书"（1984：228），显然，"吃"与"下"音相同，才会出现这种同音假借情况。罗香土语"下"，读 ja^{11}，恰与此切合。此外，"下"是匣母字，《瑶歌》中匣母字"嫌 $jiem^{42}$"（罗香土语 jem^{31}）、晓母字"乡 $jwaŋ^{42}$"和"香$_{1（形容词）}$ $jwaŋ^{42}$"，都没有辅音声母；广西粤语常把"下"读成零声母，如玉林白话 $ŋ^{24}$，这说明"下"读零声母而不读 h 是合乎规则的。

因此，《瑶歌》的"下"是 $i:a^{11}$，与"吃"同音。"落$_2$"和"落$_1$"也并非同字多音关系，"落"实际只有"落$_1$"一读，若按音读情况标写，则"落$_2$"改为"下"，"落$_1$"为"落"。

（5）"远$_2$ $veŋ^{42}$"（撑船过海船流$_2$远$_2$），赵元任标注它的韵尾不规则。实际上它应是"横"。第 25 首歌与《瑶族》中的一首几乎完全相同，后者是"横"。比较：

中园菜$_2$芥霜打烂	园里菜芥着霜打
问娘新种是旧生	问你新种是旧生
撑船过海船流$_2$远$_2$	撑船过海船流横
问娘撑去是撑回	问你撑去系撑回
——《瑶歌》（1930：22）	——《瑶族》（1984：234）

"横横竖"，梗合二平声匣母字，在一些南方汉语方言和瑶语里，常读零声母或 v-，如：

梅县	广州	阳江	罗香土语	金秀镇中勉瑶语	全州东山标敏瑶语
$vaŋ^{11}$	$waŋ^{21}$	wa^{43}/$waŋ^5$	$vɛŋ^{31}$	$wɛ:ŋ^2$	ue^4

"远"为上声字，"横"为平声字。瑶歌的平声是 42 调。显然从声韵调来看，"远₂"也应为"横"。

从歌的内容看，第一、三句给出的都是现象，隐含着两可的理解，故第二、四句就采用选择问句提问：菜园里的芥菜已被霜打烂了，没了，究竟是新种还是旧生啊？撑船过海船横着漂流，究竟是要撑去还是撑回啊？把它看作"横"字，也比较合乎整首歌的意思。

（6）"米 me^{11}"（斑鸠飞过思白米），赵元任最初在"米"后注"（麦）"，而在《瑶歌音韵表》（1930：122）和《韵母比较表》（1930：155）中多加了问号"（麦？）"。《瑶族》有"布谷飞过思白麦"句，证明他第一次的判断是正确的，"米"应为"麦"。

（7）"达 $tɑ:p^{11}$"（冇人₁达到₂木根美），赵元任对此持疑，在其后注"（踏？）"。瑶语汉借词中凡属咸深山臻摄的入声字，仍保留各自的塞音韵尾，"达"带-t尾，"踏"带-p尾。因此 $tɑ:p^{11}$ 对应的是"踏"而非"达"。可参见下面的（8）。

（8）"美 vei^{42}"（冇人₁达到₂木根美），应是"围"。《瑶族》里类似的一首歌，记作"围"而非"美"。比较：

深山大木几十丈	平地栽木几十丈
冇人₁达（踏？）到₂木根美	无人来到打尺围
大木又长尺又短	柞木又长尺又短
娘心难定水难量	娘心难定水难量
——《瑶歌》（1930：24）	——《瑶族》（1984：221）

歌注："根原来写咁，粤语'如此'的意思。后来瑶人给他改作根字，现在倒难讲了"（赵元任，1930：112），赵元任没有想到问题的关键在"美"字上。"美"是明母字，除它外，《瑶歌》的明母都不读 v，就汉语方言情况看，明母字以读 m 为常。"围"，罗香土语 vei^{31}，《瑶歌》皆读 vei^{42}。若把"美 vei^{42}"看作"围"，音义切合，这首歌的意思也好理解了。

（9）"订 tun⁵⁵"（订定入炉订定熔），应作"断"。凡表示"断定"义，《瑶族》都写作"断定"，从未有过"订定"的写法。把"订"改作"断"，无论音义，更加切合。

（10）"渴 tɕei⁴²"（冇饭有茶兄解渴），应是"饥"。根据盘美花提供的材料，"肚饥"，广西贺县大坪乡瑶族口语叫"tou³¹ɕi³³"，指饥饿，而在瑶歌里出现则要说"tou³¹tɕei³³"，可指口渴或者饥饿，意义宽泛。

（11）"矮 ep⁴²"（我村矮窄恶），应作"狭"。《瑶族》中类似的一首歌记作"狭"。比较：

我村矮窄恶	兄村狭窄恶
拎伦兄村光₂（广）大堂	唔象娘村少年多
我村矮窄冇年少	兄村狭窄冇少年
兄村光₂（广）大少年多	娘村落来少年多
——《瑶歌》（1930：50）	——《瑶族》（1984：225）

"狭"是中古匣母字，今读零声母不奇怪，前述匣母字"下 iːɑ¹¹"、"嫌 jiem⁴²"，都读零声母。"狭"收-p尾，这也解决了赵元任提出的韵尾不合规则的质疑。

（12）"云 vien⁴²"（十分想吃手难云），歌注："云字意瑶人也讲不出来。"（赵元任，1930：116）从歌意和音韵看，应是"揾"。

3.1.2 假借字

（1）"定国 tiŋ¹¹koːŋ⁴²"（火烧定国炭），赵元任都作音读字。"国"应是假借字，"定"本是假借字，后由于歌者已不明白假借关系，把"定"读成 tiŋ¹¹。参见3.2中第2条。

（2）"蘭 laːn⁴²"（唱歌嘱报你蘭村），赵元任作音读字，应是假借字。

"蘭 laːn⁴²"分别在第72、81、82首歌里出现。第72首的"唱歌嘱报你蘭村"，《瑶族》为"唱歌嘱报尔阑村"（1984：221）（"阑"应是繁体"蘭"的误写，下同——引者注）；第81首的"邓兄蘭村住"，《瑶族》为"同娘阑村住"（1984：230）；第82首"邓兄蘭村住/蘭条江水蘭条河/蘭条江水蘭河饮/几时流到得相逢"，《瑶族》不收。《瑶族》其他首还写作"蓝村"。蘭、阑、蓝所指相同，只是写法不同。

第72首的"蘭村"，歌注："蘭村'=各村'"（赵元任1930：115）。

"蓝村"，《瑶族》注：村的通称，兰（蓝的误写——引者注）有名物冠词的意味。广西马山一带的壮语，an^1的本义是"果、果实"，作量词用的时候表示"个"的意思，壮语常常用 an^1 来作名词的词头，表示某一器物或某一物体是单个的，如 $an^1\text{ʔbo:n}^5$（床），$an^1\text{ri:p}^7$（蚊帐）（蒙元耀 1999）。不管壮语的 an^1 与这里的 $la:n^{42}$ 是否有同源关系，但它启发我们想到 $la:n^{42}$ 也可能有这样的功能。《瑶歌》的瑶语字部分所记的表示"个"的量词"$la:n^{42}$"（这个词，罗香土语记的是 31 调）即有此功能。只是在今瑶语里，它仅限用于计量"人"。由上述材料看，过去它的功能应远不止于此。因此"蘭村"的"蘭"是假借字，记录的是瑶语词。"蘭"有"单个"之义，"蘭村"可意译为各个村，"阑条江水"即各条江水。如此歌义便得以明了，例如，第82 首意即：（我）和兄住在各自的村里，（你）有江，（我）有河，一个饮江水，一个饮河水，江河要流到什么时候才能够相逢？

（3）"月头 $\text{ɲut}^{11}\text{tɑu}^{55}$"（月头出远 $_1$ 朝朝见），"月"赵元任作音读字，应是假借字。唐纳撰写《瑶语勉方言中汉语借词的层次》时，利用了《瑶歌》的材料。贺嘉善是该文的译者，在译者注 37 写道："勉话'日'，'月'同音，令人怀疑"。而他仅仅怀疑，没有找原因。为何会出现这种现象呢？

《瑶歌》的"日"有两读：日 $_1\text{ɲiet}^{11}$、日 $_2\text{ɲut}^{11}$。"日 $_1$"总计在 5 首歌里出现，指时间单位"天"，如"石落深潭何日 $_1$ 上/问兄回去何日 $_1$ 逢"。与"月"同音的是日 $_2$。日 $_2$ 分别在第 1、2、13、39 首出现，都是指太阳：日 $_2$ 头初出三丈平（1）| 日 $_2$ 出黄黄哥心乱（2）| 日 $_2$ 晒根枯也难生（13）| 日 $_2$ 头初出鸟初唱（39）（而《瑶族》中除了第 13 首没找到外，前二首作"月"（搜集地点：罗香村），类似第 39 首的作"日"（搜集地点：罗运村））。

《瑶歌》里的"月"有三种用法：①指"月亮"，如"头上插花伦象月出/便伦象月亮天上光"；②时间单位"月"，如"二月二"；③"月头"（出现 3 次），分别见于第 3 首"月头初出初拎出"、第 80 首"我兄路远恶/便伦月头出远 $_1$ 州/月头出远 $_1$ 朝朝见/我兄路远 $_1$ 也难逢"。"月头"何指？值得注意的是，《瑶歌》第 1、2 首是以太阳（日 $_2$ 头、日 $_2$）起兴的，紧接着的第 3 首表现手法与第 1 首相似，依照民歌的惯例，所用以起兴的事物也应该是相同的。而且从歌义看，"月头"能朝朝见，说明这是太阳而不是"月亮"。此外，《汉语方言大词典》收有"月头"，义项①为"太阳"，并列出材料：①客话。广东翁源。民歌："懒偷公，懒偷公，朝朝睡到～晒私窗。"<u>清水</u>《民间恋歌》："指紧～发只誓"——'断哩情来天火烧'"。②闽语。福建顺昌 ŋøʔ²⁴tʰae³³⁵（许宝华、宫田一郎，1999：882）。至此，可以肯定《瑶歌》的"月头"也是指太阳。换句话说，"太阳"一义在《瑶歌》中有三种形式：①日₂、②日₂头、③月头。

为何太阳又叫"月头"？下表是从《广西通志·汉语方言志》（2000）摘录的广西境内汉语方言相关的说法（调值改用数字标注）：

表1　广西境内方言对"太阳"、"月亮"、"日时间单位"的称说

地点 ＼ 词义·词	太阳	月亮	日时间单位
陆川客家话	热头 niet⁵tʰə²¹³	月光 niet⁵koŋ³⁵	日 nit³
玉林白话	热头 niet¹¹tau³² 日头 nat¹¹⁻³³tau³²	月亮 nyet¹¹la⁵¹	日 nat¹¹
南宁白话	热头 jit²²tʰeu²¹	月光 jyt²²koŋ⁵⁵	日 jet²²
梧州白话	热头 nit²²tʰeu²¹	月光 jyt²²koŋ⁵⁵	日 net²²
廉州白话	热头 nit³³tʰeu³³ 日头 net³³tʰeu³³	月亮 nut³³lɯŋ³³	日 net³³
南宁亭子平话	热头 nit²⁴teu²¹	月亮 nyet²⁴lieŋ²²	日 net²⁴
桂林大河平话	日头 li⁵ta²¹³	月亮 nyœ⁵kuaŋ³³	日 li⁵⁻²¹³
全州湘语	日头火 ʐ̩²³dəu²³xo⁵⁵	月亮 yɛ²³liaŋ³³	日 ʐ̩²³

由表1可见，广西有很大一部分地区把太阳叫"热头"，"热"字和"日"字、"月"字和"日"字读音有别，少数如陆川客家话 niet⁵tʰə²¹³（热头）和 niet⁵koŋ³⁵（月光）的第一个音节同音，这便启发我们：人们在记录"太阳"这个词项时有可能会选用它的同音字如"月"，于是太阳便成了"月头"，"月"是假借字。这便是某些方言区的人把太阳叫"月头"的原因。同样，《瑶歌》的"ɲut¹¹tɑu⁵⁵"的 ɲut¹¹ 用"月"去记录，最关键的在于"月"是"ɲut¹¹"的同音字，而不是"日"字、"月"字是否真正同音（"日"可能是音读字，也可能是训读字），只要不被文字的表面现象所蒙蔽，同音的现象很好理解。

（4）"布 pou⁵⁵"（传报蘭村布兄弟），赵元任作音读字，应是假借字。

"布"被假借用来记录表示"咱们、我们"的苗瑶语本族词(这个词在许多苗瑶语里还可以跟人称代词构成复数,类似汉语的"们")。"我们",罗香土语有 pu^{33}、pu^{33}lɔi^{213}两说①。而 pu^{33}与《苗瑶语古音构拟》中 20 个点的"我们"都有对应,现略举几个有代表的点:养蒿 pi^1、吉卫 puɯ^1、先进 pe^1、长峒 pa^1、江底 bwo^1、长坪 bu^1、檠子 bu^1、览金 pu^1、大坪 bu^1(王辅世、毛宗武 1995:113)。《瑶歌》的音系无 u 韵母,古遇摄字都读 ɔu,用"布"记罗香土语的 pu^{33}也算相近。

此用法的"布"只在第 188 首歌中出现,只有把"布"理解假借为"我们",所出现的那句歌词的意思便好理解了,即:告知各村我们的兄弟。

为使假借的"布"跟白布的"布"(见哥白布赖绸衣)、布谷鸟的"布"(布谷飞过思白麦)相区别,可依例标作布₁、布₂。

(5)"追 tɕuei^{42}"(欠追拎见别人₂行),赵元任作音读字,应是假借字。"追"被假借为表示"漂亮"的汉语借词"水"。具体论证请参见(二)部分第(4)条的考证。

3.1.3　训读字

(1)"云₂buɔn^{55}"(月头乍出白云₂挡),赵元任作音读字,应是训读字。"云雾",罗香土语记作 bwən^{55},罗香土语虽被划归勉方言,但这个词异于勉方言 mou^6,近于金门方言 ban^6、标敏方言 huan^5,《苗瑶语古音构拟》拟作*mpwo:n。因此,云₂是瑶语音,有别于"云₁vien^{42}",后者很明显是汉借词。

(2)"那岸 lau^{42}ŋa:n^{11}"(那岸云岩(崖)出白影),赵元任分别处理为训读字、音读字。但远指代词"那",文末所记的瑶语字为 iua^{42},罗香土语 wa^{53},都与此不合,亦非苗瑶语其他语言的指代词。这个远指代词比较接近白话、平话的远指词,尤近于桂北的平话,如大河 luə^{35}、九屋 nauɯ^{24}②:

---

① 20 世纪 50 年代调查搜集的罗香土语的语法材料有三处出现"我们",分别记为 pu^{33}lɔi^{213}、bu^{33}、pu^{33},浊音 b 应是误记。《瑶族勉语方言研究》用的同份材料,但书中"我们"的说法是 ja^{33}lɔi^{213},令人费解,我们复查当年的材料并咨询罗香坳瑶,最终确认罗香没有这种说法。笔者的同学赵秀清(坳瑶)告知,pu^{33}lɔi^{213}和 pu^{33}的表义有些许差别,前者强调的是"我们这伙人、我们大家",平时最常用的是 pu^{33}。

② 九屋平话是 2002 年 7 月笔者与赵日新、高晓虹一起调查的。亭子平话引自覃远雄等著的《南宁平话词典》,江苏教育出版社 1997 年版。其他材料出自《广西通志·汉语方言志》,广西人民出版社 1998 年版。

表 2　指代词"这"、"那"的白话、平话比较

方言 指代词	白话				平话		
	南宁	梧州	玉林	廉州	南宁亭子	桂林大河	灵川九屋
这	阿a³³	呢ni⁵⁵ 阿a① 个kɔ³³	个kɤ³³	个kɔ³³	亚a³³	个kuə³⁵	近指kaɯ²¹
那	噜lu³³	噜lou³⁵	阿ɔ³³	□net³³	二ɲi²²	□luə³⁵	中指naɯ²⁴ 远指naɯ⁵³

由表 2 可见广西白话和平话近指和远指的对应模式多为"个——l/n-"。据张惠英（2001：94—95）研究，"個"在广州话、吴语等方言，乃至古籍里，都有指示词的用法。瑶歌的近指是否为"个"，近指和远指的模式是否与此类同呢？与"那"对举的近指词，未现于《瑶歌》和《瑶族》所收的坳瑶瑶歌。庆幸的是我们在盘瑶的《盘王歌》里（见于《瑶族》）找到了远指和近指同时出现的四首歌，如：

那岸有风蕉叶破　　个岸无风焦叶飞　（1984：37）
那岸有风蕉叶破　　个岸无风焦叶齐　（1984：37）
火烧那岸平田竹　　个岸平田竹笋生　（1984：40）
火烧那岸平田竹　　个岸平田竹笋垂　（1984：40）

该书编者注：个即这。同书中山子瑶的乐神歌神书插曲之二有一首也出现"个岸——那岸"对举，可供参考：

十几情　情十几　个岸不来那岸岭头企　那岸岭头人识尔　个岸同行把伞遮阴你（1984：145）

"那"和"个"不仅能与量词"岸"结合，在山子瑶的乐神歌里还跟别的量词组合：

个担鸭母只只在　　那担鸭儿都无只　（1984：150）
吃了个岭到那岭　　吃了个枝到那枝　（1984：150）
还愿得我川光降　　个堂财马达阴间　（1984：152）
一兄便对二兄说　　个等笞子保船沉　（个等即这样。1984：149）

"个"在《粤风·瑶歌》第二首歌里记作"呵"。"个"和"呵"音近，都是果摄字。那么可以断定瑶歌的近指词就是"个"。"个"是音读字。瑶

---

① 原文缺调值。

歌"个——那 lau⁴²"不能单用，必须跟别的量词组合，此特点也跟白话、平话的指示代词相同。瑶歌的"个——那 lau⁴²"跟它们有关系无疑。至于"l/n-"的远指来自何种语言，暂时存疑。

（3）"怕 ɖiːɑ⁵⁵"（又怕风来吹树离），赵元任作音读字，应是训读字。它跟罗香土语的"怕"dʐa⁵是同一个词，因为《瑶歌》音系里舌面前音的组配是 tɕ、tɕʻ、ȡ、ɲ、ɕ，没有 dʐ，ȡ 与罗香土语音系中的 dʐ 是相对应的。这个词苗瑶语语族内部有对应，属于固有词，例如：吉卫 ntʃha⁵、先进 ntʃhai⁵、石门 ntʃhai⁵、高坡 nshe⁵、文界 ntɕɛ⁵、江底 dzje⁵、樱子 ȡa⁵、览金 ȡa⁵、东山 ȡa⁵（王辅世、毛宗武，1995：240），而且樱子等点声母就为 ȡ，由此看来，赵元任很奇怪"怕"的声母为 ȡ，也不足怪了。

（4）"骨 ɕɛ⁴²"（贵₁州细骨扇），赵元任作训读字。这里讨论一下 ɕɛ⁴²的来源。苗瑶语族语言内部"骨"有对应：养蒿 shoŋ³、吉卫 soŋ³、先进 tshaŋ⁵、枫香 ɕaŋ³、长垌 θeŋ³、罗香 θuŋ³、长坪 θuŋ³、樱子 tθuŋ³、东山 swə³、三江 sjɔŋ³（王辅世、毛宗武，1995：139）。坳瑶瑶歌"骨"ɕɛ⁴²与口语罗香土语"骨"θuŋ³，声调和声母的对应很明显，声调上，罗香土语的第3调调值为53，与赵元任记的42调型相似，有对应；声母上，《瑶歌》里有些字，声母有 ɕ、θ 两读，如"草₁青草"θo⁵³、"草₂草鞋"ɕo⁵³，罗香土语音系也有类似《瑶歌》里的情形，说明罗香坳瑶无论口语和歌谣 ɕ 和 θ 能形成对应；至于如今韵母的不一致，我们认为是由于 ɕɛ⁴²鼻韵尾脱落而致，-ŋ 尾脱落的现象在同语族中不少见，例如标敏瑶语东山的 swə³鼻尾便已消失。因此，瑶歌的 ɕɛ⁴²是苗瑶语的固有词。

（5）"棉 bui⁴²"（订定棉麻棉子₁开₂），赵元任没把"棉"字处理为训读字，但也不是很肯定，"一个棉字读 bui，-i 像是 -n 变来的（？）"。它应是训读字。

棉花，罗香土语叫 bui⁵⁵，与《瑶歌》bui⁴²不同的只是调值。这个称呼与大多数的瑶语勉方言一致。在勉方言里，有两个词表示"棉（花）"，一个是 min（有些地方读 mian），一个就是 buːi/pui（柘山勉话语素 bu 是它的变体）。前者明显是借自汉语，很多年轻人已不知道有后者，倾向于全部使用前者。勉方言的代表点金秀镇中话四个与"棉"有关的双音词，3 个用 pui⁶，1 个用 min²，而龙胜江底话 9 个双音词，7 个用 min²，只有 2 个用 buːi⁶。就目前的材料看，勉方言 buːi（或 pui）一读，与同语族的其他语言没有同源关系，倒是与仍存于部分南方民族语言和汉语方言中的古老称呼是对应的，例如，黎语 buːi³，侗语（融水聘洞）pui⁵①，广西平话"南宁郊区多读 poi⁵，宾阳、上林、马山平话念 pui⁵"（林亦 2003），贺县大平乡本地话 pui²⁴（据盘美花告知）。这种称呼实由棉花称"贝"而来。目前学界普遍认为棉花是由国外传入中国的，"贝"、"吉贝"是历史上有关棉花的译名，但译自何种语言众说纷纭，杨武泉（1999：229）认为从史传看，吉贝多涉及南海诸国，当以译自印支或马来语近是。海南岛黎族居住的古崖州一带是我国最早出产棉花的地区之一，黎语仍把棉花称为"buːi³"，可见是极古老的称呼。

因此，《瑶歌》用"棉"记 bui⁴²，"棉"是训读字。

（6）"住"有两个读音：住 ₁tçou¹¹（泥土修家住 ₁得落）和住 ₂ieu⁵⁵（娘小置围拎围住 ₂），赵元任分别处理为音读字和训读字，他的判断是对的。这里要进一步探讨住 ₂的来源。住 ₂不是瑶族日常口语所用的词。它出现 5 次，都是充当结果补语：遮拎住、围拎住、围娘拎住、同为住，与住 ₁的功能不同（住 ₁做谓语）。壮语龙州话（李方桂，1940）ju⁵⁵、靖西壮语（郑贻青，1996）jou⁵都表示活着、在、住等意义，这两个词之间音义有对应关系，实出一源。在语音上，住 ₂ieu⁵和 ju⁵⁵、jou⁵有对应关系。在功能上，龙州壮语 ju⁵⁵除了能在介宾结构、述语的位置上出现外，还可以在动词后充当结果补语，如：

ʔin³³ taːi³¹ liːn³¹ kaʔ³¹ pu³³ kiːu¹¹ tço²⁴ ju⁵⁵koːn⁵⁵
英　台　连　告　夫　轿　阻　住　先（译文：英台忙告轿夫且站住）

这一点跟住 ₂相同。从音义和句法功能上看，住 ₂与壮语中的 ju⁵⁵、jou⁵有密切的关系。

（7）"量 gau⁴²"（娘心难定水难量），赵元任作音读字（但对韵尾有疑问），应是训读字。理由是：《瑶歌》但凡宕摄舒声字没有脱落韵尾的，而独"量"字韵尾脱落，让人生疑；而在口语中，动词"量"，罗香土语为 gaːu³³，与瑶语其他点的说法有对应：江底 łaːu¹、湘江 ła¹、长坪 laːu¹、樱子 gau¹、

---

① 黎语、侗语的材料出自中华文化通志编委会编《中华文化通志·第 3 典·民族文化·侗、水、毛南、仫佬、黎族文化志》（1998：35）。

览金 ga:u^1 、东山 ła^1 、三江 lau^1 、大坪 ʤau^1（王辅世、毛宗武，1995：316）。gau^{42}是瑶语本族词，并非汉语"量"脱落韵尾而成。至于口语为33调，瑶歌为何读42调，我们推测可能是由于歌中字调随歌的韵律走造成的，因为根据附录记录的《瑶歌乐调》，"量"处在句末,对应的是 $\widehat{6^{5\#}}$ 这样的乐调。

（8）"烟₂ çi:u^{35}"（烧烟₁拎饱但出烟₂），歌注："出烟的烟读 çi:u^{35}想是烧字的变读。"（赵元任，1930：113）赵元任在瑶歌音韵表上写作"烧₂（烟₂）"，即他认为 çi:u^{35}的本字是"烧₂"。我们认为 çi:u^{35}是瑶语的本族词，烟₂是训读字。这个词，罗香土语读 çeu^{35}。该词苗瑶语族内部有对应，参见《苗瑶语古音构拟》"烟炊烟"条：吉卫 ntçho^5、先进 ntçho^5、石门 ntçho^5、青岩 ntçhu^5、高坡 ntçhə^5、宗地 ntçho^{5b}、复员 nʔtçhu^B、枫香 ntçhau^5、江底 sjou^5、湘江 çəu^5、罗香 çeu^5、梁子 sou^5、览金 sɔu^5（王辅世、毛宗武，1995:274）。

3.2 对"细花"等五个词词义的探讨

（1）"细花"（白影隐隐出细花），其所指为何，书中没有注解。

这种植物的名称出现在第8、9首歌里。其实它与第93首的"丝柳花"所指相同，学名为细花杜鹃。同种植物，《瑶族》歌花部分记作"流花"（编者注：杜鹃花）、"的流花"，在散歌中都写成"细流花"，编者注：细流花即杜鹃花。如：

三月流花花正萌（歌花，1984：245）

三月三　正是的流花正开　　的流花开满江口　风吹落地映江河（歌花，1984：246）

娘系里岗细流树 兄系本岗林罗枝 细流花开人拗折 林罗冇兄人买丢（散歌，1984：226）

"流花"、"的流花"的原形都是"细流花"，前者应是为符合诗歌的字数限制对"细流花"的省略，后者反映的是心母字"细"读塞音的现象。细花杜鹃（Rhododendron minutiflorum Hu）是杜鹃花的一个品种，跟映山红（Rhododendron simsii Planch.）（别名杜鹃花）同属于杜鹃花科杜鹃花属(Rhododendron linn.)，但不是同一种植物。《广东植物志》（第一卷）有关二者的介绍较周详：细花杜鹃"别名：细榴花（海丰）。产地：海丰。生于海拔1000米的灌丛中。分布广西"（中国科学院华南植物研究所编，1987：319），映山红"别名：杜鹃花。产地：本省大部分山区常见。生于海拔 400 米以上向阳的疏林中或溪边；亦常见栽培。盛产于长江流域以南各省区，西至云南、越南"（1987：324—325）。据《广西植物名录》（第二册）的记载，在广西的灌阳、龙胜、灵川、临桂、大苗山、罗城、贺县、马山、大明山、隆林都有细花杜鹃分布（1971：505）。《汉瑶词典》所收的两个词"映山红树（si²ljou⁴⁻²khwɛːŋ³djan⁵）"、"映山红花（si²ljou⁴⁻²khwɛːŋ³pjan⁵）"（毛宗武，1992：34），由其读音看应指细花杜鹃，而非映山红。

弄清这两种杜鹃花的分布地域意义重大，因为民歌比兴喜取周边熟悉的事物。凡出现有关细花杜鹃名称的瑶歌，均和两广一带有关联。

（2）"定国 tiŋ¹¹kɔːŋ⁴²"（火烧定国炭），歌注："定国树名"（赵元任，1930：113）。究竟为何树？《瑶族》里虽未见有类似第 35 首的瑶歌，但一首歌中出现了"定塔"、"定绞"两种树名，结构都是"定+x"：

定塔玲珑有旧叶 定绞玲珑有旧心 娘有好心俾旧交 短心人诱话思兄 （1984：232）

在坳瑶瑶歌里，一些表动植物的名词语序以后置式为常，如"鸟燕"（燕鸟），"竹栏"（栏竹），"竹丹"（丹竹），"竹熔"（熔竹），"菜芥"（芥菜），但若缺"木/树+修饰语"形式的树木名则令人奇怪，因为在日常口语里也有后置式，所以可推断上述"定+x"结构中的"定"是假借字，记录的正是瑶语表"树木"义的通名"dian⁵"。最初记录者选用"定"（梗开四定母去声字），是因为它非常切合瑶音，特别是它的韵母主元音应是 a。推断的依据是：曾梗摄字读-aŋ 的汉语方言，两广一带有，如平话、勾漏片粤语。瑶歌里便经常假借"能 naŋ⁴²"和"邓 taŋ¹¹"分别记"好像"义和"同"义的瑶语词。至于"定"如今读成 tiŋ¹¹，只因后来的歌者已不清楚"定"和"树"的关系，只是按照字面的音念，而这时"定"已有 tiŋ¹¹一读了（如今柘山勉话便是读 tiŋ⁶或 tɛŋ⁶）。由此，便形成了下面的关系：

汉字"定" {
A 汉音 dian⁵ 同音 瑶音 dian⁵ 瑶义"树"

B 汉音 tiŋ¹¹ 非同音 瑶音 dian⁵ 瑶义"树"
}

"国"，中古为-k 尾入声字，赵元任认为此处韵不合。我们认为"国"

是假借字，记录的是瑶语双音节词的后一音节"kɔːŋ⁴²"。为何会选"国"作假借字呢？这涉及对韵不合的解释，有三种可能：第一，"国"-k 尾失落后，成了开音节字（参见前面有关韵尾的注释）。在语流中，由于受前音节韵尾的同化，带上了-ŋ 尾。第二，"国"的-k 尾变为-ŋ 尾。第三，"牛角"，罗香土语读 kɔːŋ¹，当地汉语"国""角"同音，三者可能经历了这样的同音相借过程：国（汉）同音角（瑶）同音 kɔːŋ⁴²。从瑶语汉借字的历史音变来看，第一、三种可能性较大。

"定国"就是空桐树（也叫泡桐、水桐木），即罗香土语的 tə²kuŋ² diaŋ⁵①、柘山勉话的 tə²kuŋ² diaŋ⁵、江底瑶语的 te²tɕuŋ² diaŋ⁵（江底音节 tɕuŋ²，声母已经腭化，柘山勉话没有腭化，仍读 k）。《瑶族》有一首盘瑶瑶歌，桐木的汉称和瑶称同时出现，可资比较：

三月桐木花正绽　柯木花开春正深　郎来一夜无同伴　正是春深郎正归（1984：43）

编者注："柯木指水桐木，瑶语叫水桐为得柯，柯音弓。"可见，"柯"和"国"记录的是同一个瑶语语素②。"柯木"是瑶汉合璧的形式，纯瑶语式就是"定国"。

由于木质疏松，用空桐树烧出的木炭不耐烧，一会儿便成灰烬，所以冬天人们伐薪烧炭取暖时，一般不用它。这首歌以"定国炭"作比，取譬两情相好天长地久便像定国炭入炉便熔的特性一样是毋庸置疑的。

（3）"娘细同胞我便念"（第 90 首第一句），"细"应是"系"，意即"是"。第一句"同胞"，到了第四句却成了"同跑"，音相同，让人费解。《瑶族》虽不是"同胞"，而是"里肚"，但其前后句是一致的。因此，这里的"同跑"也应是"同胞"。

（4）"追 tɕuei⁴²"（欠追拎见别人₂行），歌注："追字在瑶歌中用得极多，可是极难翻译。其意义大概是恋爱而不曾或不能进到订婚的地步的一对痴儿女的一方面。"（赵元任，1930：111）《瑶歌》的 tɕuei⁴²译为情人比较恰切。它虽然异于罗香土语的"漂亮"gɔŋ³¹，但跟瑶语勉、标敏方言表

---

① 20 世纪 50 年代调查的罗香土语材料缺此词。该词为笔者最近调查所获。

② 柯，《集韵·东韵》："柯，木名"，但未说是何树。在没有充分的理由之前，我们仍认为瑶歌中的"柯"是假借字。

示"漂亮、美丽"的词有对应，例如江底 dzwei⁶、柘山 dzuei⁶、长坪 ðei⁶、东山 tsəi⁶。歌中的 tɕuei⁴² 是由口语的"漂亮、美"的意思借指为情人。tɕuei⁴²、dzuei⁶ 等借自汉语的"水"。黄典诚《闽语的特征》（1984）一文举了 35 个古语词作为代表，其中便有"㿷水"，"㿷[ᶜtsui|ᶜtsui|ᶜtsui]《集韵》上声旨韵之诔切：'闽人谓水曰㿷'。通常写作'水'"，而在闽语广东澄海话，它的意义有引申，"'水'字（即㿷——笔者按）今训读为 tsui⁵²，实为 sui⁵²，指漂亮"（林伦伦，1996：143）。粤语凡物美也称"有水色"。瑶语"漂亮、美"的说法与这些汉语方言一致，而被借指为"情人"是瑶歌的修辞性用法。

（5）"哥（我侬）biɑu⁴²"（哥唱条歌解乱心、我丽深深来念你、侬是丑人₁抌好₁话），本义是青年男子。因男性歌者常在歌中用它作自称，所以 biɑu⁴² 往往被人误解为代词而写作"我"或"侬"。龙胜大坪江勉话、连南八排瑶油岭话里都有这个词。柘山勉话口语无，但在瑶歌里有。李方桂先生的《武鸣壮语》里也记有这个词。

四　对《再读〈广西瑶歌记音〉》的补正

赵元任在《瑶歌》中分两部分讨论音韵：一是瑶歌音韵，仅就瑶歌本身的情况来讨论。在这部分的音韵表里，凡是训读字（真瑶字）和假借字，分别在字旁加注小"瑶"字和"借"字。二是比较的音韵。赵元任把瑶歌中的音读字和假借字跟切韵音作比较。为何不用训读字呢？"因为'训读'的真瑶字数甚少，并且咱们对于西南非汉语的知识非常少，即使他们与汉语是同源在现在还谈不上跟汉语作比较的研究呢。"（赵元任，1930：146）

李在锱的《再读〈广西瑶歌记音〉》（2001）整理了《瑶歌》的声韵调和《同音字表》，但都没有按照赵元任原来的做法加注小"瑶"字和"借"字，这会让没读过原文的人误以为里面全都是音读字。而且李文的第三部分不加区别地把所有的字拿来跟切韵比较，这也是违背赵元任原意的做法。这导致他总结的一些音韵特点站不住脚，举例也有些问题，如：

（1）"少数古明母字读[p-b-]"。读 b- 的"棉"是训读字，因而明母并无 b- 的读法。

（2）"古来母字有[l-g-b-]三种读法"。读 b- 的"劳"是训读字，因而来母并无 b-的读法。

（3）"极少数古鼻韵尾字的鼻音韵尾脱落"。这一条，举了四个例字：棉 bui⁴²|量 gau⁴²|寅 hɛi⁴²|岩 ɲɑi⁴²。"棉"、"量"、"岩"这三个例字举的不恰当。前面我们已论证了"棉"、"量"为训读字。至于"岩"，赵元任在一旁注的"（崖）"，即 ɲɑi⁴² 的本字，他认为是"崖"而不是"岩"，因此在第154 页的韵母比较表中，"岩（崖）"是放在蟹摄佳韵的位置上的。

地支词"寅"非鼻尾的读音似另有来源。"寅"在《广韵》有两个反切——翼真切和以脂切。今贵州荔波水语汉语借词"寅"仍分两读 jən² 和 ji²。绝大多数汉语方言沿袭了翼真切的读法，如《汉语方音字汇》的 20 个点（除了梅县）皆如此。梅县"i¹¹"的读法似来自以脂切，有两个理由：（1）据《汉语方音字汇》，梅县话除了"寅"外其他鼻韵母字都保留鼻尾。（2）梅县的 17 个开口三等脂韵字都是前高不圆唇元音，或读 i（如梨），或读 ʅ（如迟），以母为零声母。《瑶歌》的"寅"似也源自以脂切，因为《瑶歌》以母字有的读 h-，有的读零声母，"寅"读 h-非孤例；止摄开口字绝大部分读-ɛi，"寅"读-ɛi 也切合。

因此，所举的四个例字没有一个是因鼻韵尾脱落的。

（4）"哥我"是训读字，不应举作一二等读细音的例字。

五 结语

本文利用广西金秀瑶族民歌、苗瑶语族语言词汇、壮侗语族语言词汇以及相关汉文献资料互证，对《瑶歌》的一些"难字"、"难词"进行考释，辨明了 25 个难字的来源，包括 12 个音读字、5 个假借字和 8 个训读字，以及明晰了 5 个词的意义。其目的在于通过难字词的考释，增进学界对《瑶歌》和瑶歌以汉语词语为主以瑶语词语为辅的性质的认识。我们希冀误读《瑶歌》的现象不要再度出现，只有正确理解瑶歌，才能更好地将瑶歌材料用于汉语音韵、汉语方言、民间文学等的研究中，使《瑶歌》的价值得以最大化的发挥。

参考文献

[1] 北京大学中国语言文学系语言学教研室编：《汉语方音字汇》（第二版），文字改革

出版社 1989 年版。

[2] 巢宗祺：《广东连南油岭八排瑶语言概要》，华东师范大学出版社 1990 年版。

[3] 广西壮族自治区编辑组：《广西瑶族社会历史调查》（第一册、第二册），广西民族
出版社 1984 年版。

[4] 广西壮族自治区地方志编纂委员会编：《广西通志·汉语方言志》，广西人民出版
社 1998 年版。

[5] 广西植物研究所编：《广西植物名录》（第二册），油印本 1971 年版。

[6] 黄典诚：《闽语的特征》，《方言》1984 年第 3 期。

[7] 李荣：《切韵音系》，科学出版社 1956 年版。

[8] 李方桂：《龙州土语》，商务印书馆 1940 年版。

[9] 李在镅：《再读〈广西瑶歌记音〉》，《方言》200 年第 3 期。

[10] 林亦 ：《关于平话等的壮语借词》，《民族语文》2003 年第 2 期。

[11] 林伦伦：《澄海方言研究》，汕头大学出版社 1996 年版。

[12] 毛宗武：《汉瑶词典》，四川民族出版社 1992 年版。

[13] 蒙元耀：《壮族时空概念探微》，载《三月三》（增刊·民族语文论坛专辑），1999 年。

[14] 盘美花：《〈粤风·瑶歌〉属性考》，.载《广西语言研究》（朱方棡主编），广西师
范大学出版社 1999 年版。

[15] 覃远雄等：《南宁平话词典》，江苏教育出版社 1997 年版。

[16] 唐纳：《瑶语勉方言中汉语借词的历史层次》，贺嘉善译，载中国社会科学院民族
研究所语言研究室编《汉藏语系语言学论文选译》，1980 年。

[17] 王辅世、毛宗武：《苗瑶语古音构拟》，中国社会科学出版社 1995 年版。

[18] 许宝华、宫田一郎主编：《汉语方言大词典》（4 卷），复旦大学出版社 1999 年版。

[19] 张惠英：《汉语方言代词研究》，语文出版社 2001 年版。

[20] 赵元任：《广西瑶歌记音》（中央研究院历史语言研究所单刊甲种之一），国立中
央研究院历史语言研究所 1930 年版。

[21] 郑贻青：《靖西壮语研究》，中国社会科学院民族研究所 1996 年版。

[22] 中国科学院华南植物研究所编：《广东植物志》（第一卷），广东科技出版社 1987
年版。

[23] 中华文化通志编委会编：《中华文化通志·第 3 典·民族文化·侗、水、毛南、
仫佬、黎族文化志》，上海人民出版社 1998 年版。

[24] 中央民族学院苗瑶语研究室编：《苗瑶语方言词汇集》，中央民族学院出版社1987年版。

[25] 周去非著，杨武泉校注：《岭外代答校注》，中华书局1999年版。

（原载《语言科学》2013年第1期）

后　记

我校 1979 年获得汉语史硕士学位授予权。老一辈学者陈振寰、李谱英、季永兴、刘村汉、毛毓松、黎良军、王志瑛等在汉语史、汉语语法语义、汉语方言学方面为该学科打下了坚实的基础。

二十余年来，学科根据广西语言资源的优势，在学术研究上确立了接续 50 年代由李谱英教授主持的广西汉语方言普查工作，组建了汉语方言和少数民族语言研究所，重点转向南方族群语言的调研，取得了较大的成绩：刘村汉教授参与国家重点课题"中国语言地图"的编制，首次全面地展示了广西的语言面貌，他带领孙建元、杨世文、白云、陈小燕、骆明弟等指导广西多个县、市编写了县、市志的语言篇。

十余年来，学科在引进和培养人才时，注重成员的学术方向的配置，赵敏兰博士的加盟，在广西民族语言的研究上取得了新的突出的成绩，关英伟教授在南开大学、北京大学进修实验语音学后，在汉语方言的实验性求证上取得可喜的成绩。刘兴钧、高列过、宗守云三位教授在学科工作的几年里，也为学科留下了宝贵的研究经验。袁卫华、崔金涛两位新入职的博士，为汉语语法史和训诂学研究的研究增添活力。学科形成了以汉语音韵方言研究为重点，汉语史和南方汉语方言、民族语言研究密切结合为特色的新的势态。

这个文集选编的文章，大体上反映了学科的上述特色。作为师范大学的汉语言文字学研究学者，除了各自的主攻方向之外，常常因为教学上的琢磨及其心得，通常会在汉语研究的几个方向上有些自己的感悟和创获，这些文章，这次在选编时没有编入。我们希望通过这个文集展示学科专家在各自主攻方向上的那些思辨：孙建元教授的朝鲜汉字对音文献研究和宋代音注研究，樊中元教授的汉语量词研究，白云教授的疍家话及相关的广西汉语方言研究，陈小燕教授主要着眼南方族群语言认同关系的方言研究，关英伟教授的恭城直话研究，杨世文教授的勾漏片粤语研究，骆明弟副教授的临桂平话研究，马骏副教授的金秀柘山话研究，赵敏兰教授的广西民族语言研究。

　　本学科的学者的研究，传承了学科老一辈学者和各自受业的导师学术研究的一个好的传统，就是非常注重研究的体量。收入这个论文集的文章，都是建立在对一个相当大的语料梳理的基础上形成的成果。朝鲜汉字音的研究不仅参照各个不同时期、层次和类型的朝汉对音资料，而且注意到明清不同汉语官话资料的情况；宋代音注则是建立在对大量音注文献的总体调查的基础上而作的。汉语量词的几个专题的研究顾及到汉语量词由古及今流变的历史。疍家话的研究对其流播地域的各种变体及其流变原因作了相当详尽的调查考察。贺州话的研究更是细致调查分析该方言内部复杂的层次后作出的较为深入的阐释。恭城直话在系统精细调查、描写后，进而选取学术界关心的问题作了实验分析。临桂平话、勾漏片粤语、柘山方言的几篇文章也都是在大量调查获取整个方言的整体语料后对某个专题的描写。民族语言的几篇文章也可见作者在田野调查和文献参证方面下的功夫。袁卫华博士的专书语法研究，崔金涛博士的训诂体式研究也都是梳理大量实证后的新得。大的体量为文章的描述提供了更多的参照，很多看似寻常的描述背后常常蕴含着需要了解这些研究关照着的问题才能体会它平实中透着辛苦。这些大的体量的研究，获得了国家社科基金和广西壮族自治区社科基金的支持。2010 年以来，先后获准国家社科立项的有"宋代音注研究"、"广西汉语方言的发声类型研究"、"广西金秀瑶族语言生态及其保护模式研究"、"广西疍家话调查研究及有声数据库建设"、"基于有声语料库建设的广西粤语比较研究"。教育部人文社科规划基金项目有"量词语义的类型学研究"、广西社科基金项目有"基于语料库的唐宋禅宗语录疑问句研究"，广西人文社科研究中心重点支持的项目有"广西语言研究团队"。学科专家的大体量语料研究，对本学科研究生的培养也产生了积极的影响和良好的效应，十余年来，学科专家指导学生系统地梳理了一批文献语料和几十个点的方言语料，为区外重点高校输送了 30 多位博士研究生，为学科的发展奠定了更为坚实的基础。

　　这个文集的文章反映出本学科的同人各自师承的特长和相互借鉴、促进的精神，这是我们在选编这个论文集时最为欣慰的地方。把这个文集的文章奉献给学术界的朋友，希望能够得到更加集中的、广泛的教益，以便我们今后的研究有更多的参照。

孙建元

2014 年 3 月 8 日